調味料の重量一覧

重量は実測値のため、大さじ量が小さじ量の3倍ではない場合があります。
メーカーなどにより重さが違うことがあります

食品名	小さじ（5mℓ）	大さじ（15mℓ）	カップ（200mℓ）
水	5g	15g	200g
酒	5g	15g	200g
酢	5g	15g	200g
醤油	6g	18g	230g
みりん	6g	18g	230g
味噌	6g	18g	230g
精製塩	6g	18g	240g
あら塩	5g	15g	200g
上白糖	3g	9g	130g
グラニュー糖	4g	12g	180g
黒砂糖	3g	9g	130g
はちみつ	7g	21g	280g
サラダ油	4g	12g	180g
オリーブ油	4g	12g	180g
ごま油	4g	12g	180g
バター	4g	12g	180g
マーガリン	4g	12g	180g
小麦粉	3g	9g	110g
片栗粉	3g	9g	130g
生パン粉	1g	3g	40g
パン粉	1g	3g	40g
わさびチューブ	5g	13g	–
からしチューブ	5g	13g	–
しょうがチューブ	5g	13g	–
にんにくチューブ	5g	13g	–
カレー粉	2g	6g	–
ブラックペッパー（パウダー）	1.5g	4.5g	–
ウスターソース	6g	18g	240g
中濃ソース	7g	21g	250g
めんつゆ（ストレート）	6g	18g	230g
めんつゆ（3倍希釈）	6g	18g	240g
ポン酢醤油	6g	18g	–
オイスターソース	6g	19g	–
豆板醤	5g	14g	–
コチュジャン	6g	14g	–
ラー油	3g	9g	–
ナンプラー	6g	18g	–

この表は「日本食品標準成分表２０２０年版（八訂）」やメーカーのホームページなどを参考に作成しました。あくまで目安の値なので商品などの個体差で異なることがあります。

調味料の塩分量

食品名	塩分量(小さじ1)
食塩	6 g
昆布茶	2 g
コンソメ	1.3 g
中華だしの素	1.23 g
鶏ガラスープ	1.2 g
和風だしの素	1.2 g
薄口醤油	0.9 g
濃口醤油	0.8 g
ポン酢	0.4 g
めんつゆ(2倍濃縮)	0.4 g
めんつゆ(ストレート)	0.2 g
料理酒	0.2 g
みりん風調味料	0.1 g
ウスターソース	0.5 g
中濃ソース	0.3 g
とんかつソース	0.3 g
ケチャップ	0.2 g
マヨネーズ	0.07 g
オイスターソース	0.7 g
味噌	0.8 g
味噌(だし入り)	0.7 g
麦味噌	0.6 g
白味噌	0.4 g
豆板醤	0.8 g
コチュジャン	0.5 g
甜面醤	0.3 g
わさびチューブ	0.3 g
からしチューブ	0.5 g
しょうがチューブ	0.1 g
にんにくチューブ	0.3 g
粉チーズ	0.1 g
有塩バター	0.05 g
ナンプラー	1.4 g

主食1食分の糖質量

食品名	量	糖質量
クロワッサン　1個	45 g	19.0 g
食パン　1枚(6枚入り)	60 g	26.6 g
ロールパン　2個	60 g	28.0 g
ライ麦パン　1枚	60 g	28.2 g
ぶどうパン　2個	60 g	29.2 g
フランスパン　1個	60 g	32.9 g
そうめん	145 g	35.5 g
そば	160 g	38.4 g
玄米ごはん　1杯	150 g	51.3 g
即席中華麺	85 g	51.9 g
うどん	250 g	52.0 g
ベーグル　1個	100 g	52.1 g
白米ごはん　1杯	150 g	53.4 g
中華麺	100 g	53.6 g
ビーフン	75 g	59.2 g
スパゲッティ	220 g	64.2 g

糖質の多い野菜(100gあたり)

食品名	糖質量
さつまいも	30.3 g
にんにく	21.3 g
かぼちゃ	17.1 g
とうもろこし	13.8 g
さといも	10.8 g
じゃがいも	8.4 g
玉ねぎ	6.9 g
にんじん	6.5 g
えだまめ	3.8 g
トマト	3.7 g
なす	2.9 g
だいこん	2.7 g
さやいんげん	2.7 g
アスパラガス	2.1 g

SHINSEI
料理の教科書
シリーズ

ひと目でわかる料理のきほん

デリス・ド・キュイエール
川上文代料理教室主宰
川上文代

CONTENTS

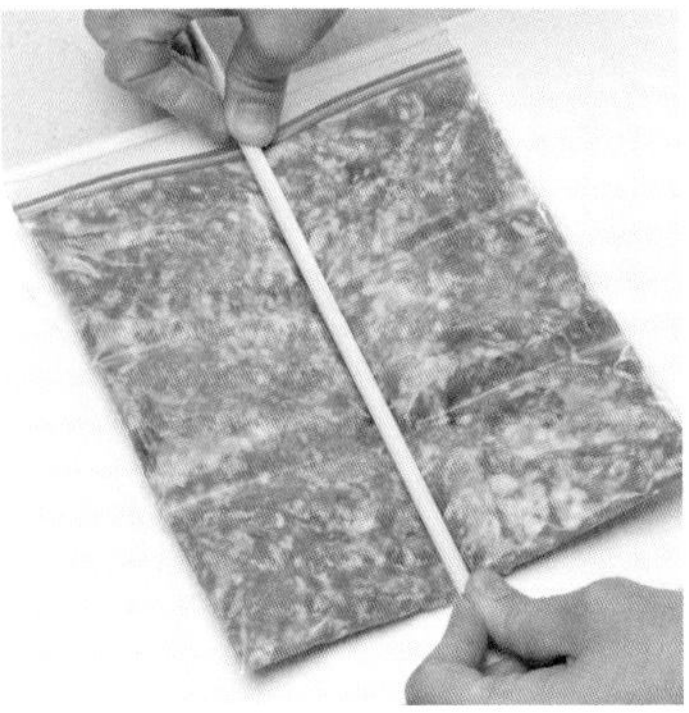

第2章　調理の基本

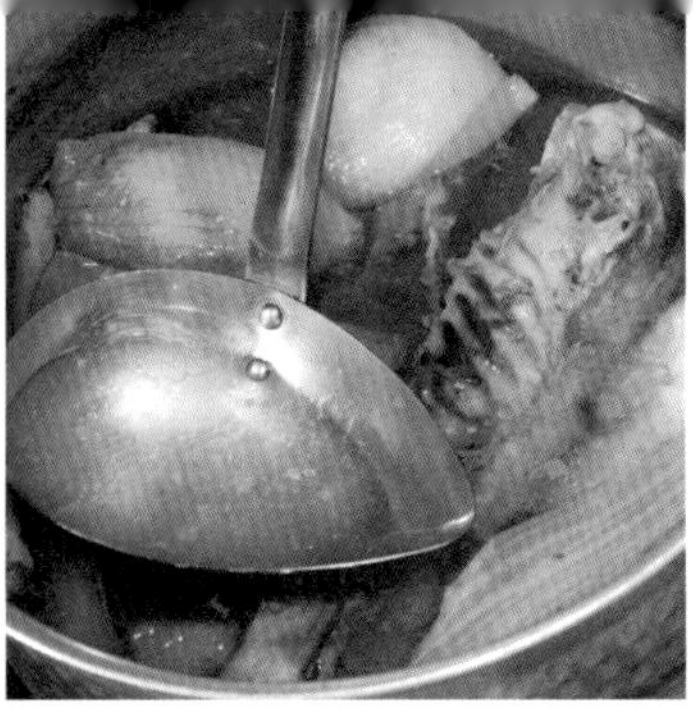

第3章　味つけの基本

本書の決まり

●材料の表記は、カップ1=200ml、
大さじ1=15ml、小さじ1=5mlです。

●オーブンや電子レンジは機種によって性質が異なるので、
様子を見て時間や温度を調節してください。

●保存方法と期間は目安です。季節や温度、環境によって変わるので注意して保存してください。

●「だしをひく」と説明しているところは、
「だしを取る」と同じ意味です。

●写真撮影／大内光弘・永山弘子

●デザイン／タートルファクトリー

●イラスト／きくちりえ（Softdesign）

●編集・制作／バブーン株式会社
（矢作美和・佐々木勝・古里文香・長縄智恵・宮毛麻奈美）

●料理制作協力／結城寿美江・鳥海璃衣子・岩崎康代

●商品協力／チェリーテラス（P15）
㈱池商（P9,10,12,15～19）

第4章　素材別事典

基本をおさえておくと
料理はもっと上手になります

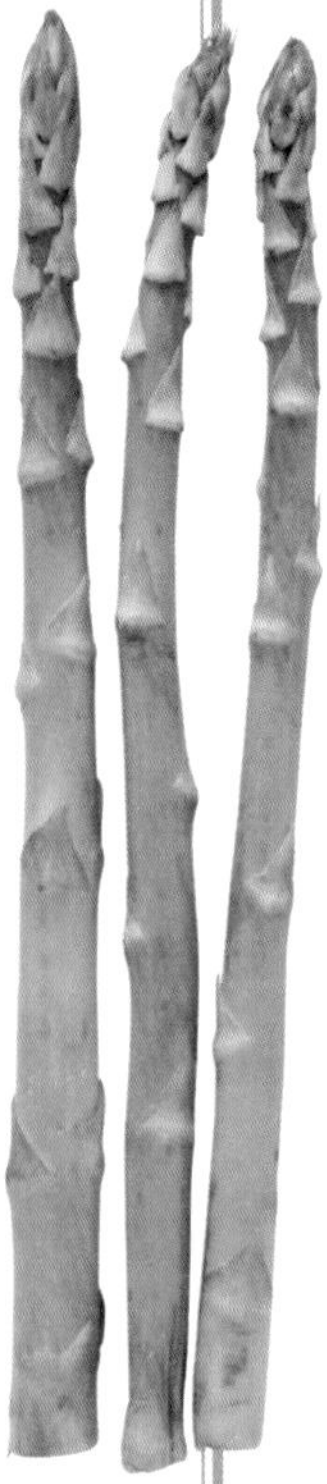

「料理上手になる近道は？」
料理教室に通ってくださる生徒さんによく聞かれる質問です。
食べること・料理を作ることが好きになること。
積極的にチャレンジすること。そして基本をきちんとおさえること。
これが料理上手になる近道。
それでも料理を始めたばかりの頃、
料理本を読んでも上手にできない経験は誰にでもあると思います。
レシピ本の中にある、さまざまな壁や謎。
ひと口大ってどのくらいの大きさ？　少々ってどのくらい？
三杯酢ってなんだっけ？　この野菜の旬はいつ？
合う料理はなんだろう？　火加減は？
基本がわからないと、レシピ通りにおいしく作れないことでしょう。

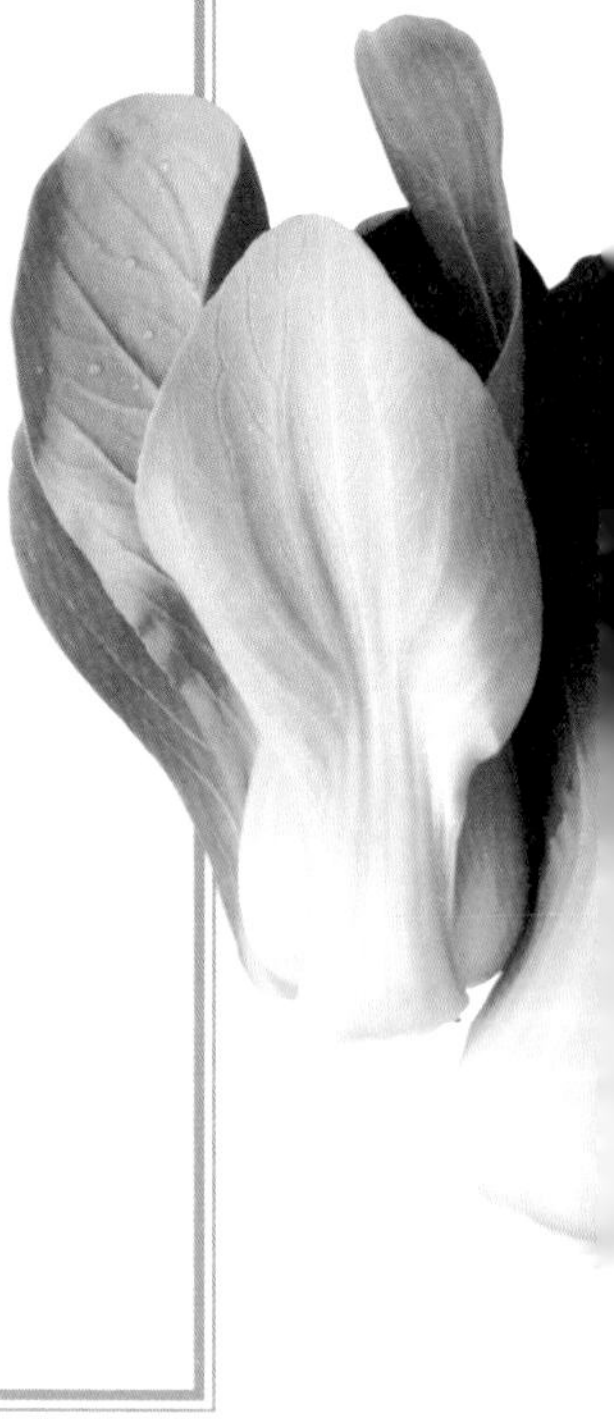

本書では、今さら聞けない料理の疑問や
基本の手順をわかりやすくひと目で解決できるように
紹介しています。
また、食材の下ごしらえ、切り方、ゆで方などを
詳細な解説と写真でまとめています。
基本をおさえておくと、料理は一段と手早くおいしく仕上がります。
最初はゆっくりでも慣れることで、
料理作りが楽しい時間へと変わるはず。
ぜひ、料理をする前の教科書としてご愛用ください。

川上文代

第1章

料理基本のキ

Lesson 1

道具をそろえる

あれもこれもとよくばっていると不要なものが増えるばかり。少しずつ買い足しましょう。

良質なものをかしこく徐々にそろえましょう

調理道具は無計画に購入すると、場所をとるばかりであまり使わなかったり、同じようなものが増えてしまったりといったことが起こりがちです。はじめは最低限、必要な道具だけをそろえて、不便を感じたら、後から必要なものを少しずつ購入していくとよいでしょう。

ごくごく初心者なら、フッ素樹脂加工のフライパン、まな板、包丁の3つさえあれば、まずは料理を始めることができます。

フライパンは少し深めのタイプを選ぶと、炒めものをはじめ、パスタをゆでたり、味噌汁や煮物を作ることもできます。小道具などは作る料理に応じて少しずつそろえていきましょう。

扱いやすい道具は人によって違います。小柄で力の弱い人には、重くて大きい道具は使いづらいもの。道具の機能や大きさを考えて自分に合った道具を探しましょう。

最低限必要な道具

普段の料理作りならこれだけあれば大丈夫。使いやすいサイズを吟味して購入しましょう。

1. ボウル
野菜を水にさらしたり、ハンバーグなどのたねをこねたりと用途はさまざま。大きさ違いでそろえたい。

2. ざる
水気をきる、スープをこすなどに使う。ボウルとセットになったものや持ち手つきのものも便利。

3. 小さめのボウル
計った調味料を入れておいたり、下ごしらえが済んだ食材を入れたりと使い勝手がよい。

4. 深めのフライパン
直径 18 ～ 22cm の少し深さがあるものなら煮物やスープが作れる。内側がフッ素樹脂加工なのも◎。

5. まな板
木製よりもプラスチック製のほうが手入れしやすい。おすすめのサイズは横 40 ×縦 23cm ぐらい。

6. 包丁
刃渡り 18cm ほどのステンレス製の三徳包丁がよい。研がなくてもよいセラミック製のものもおすすめ。

7. ゴムべら
とろみのあるソースを混ぜたり、容器を移し替えるのに使う。耐熱のものが便利。大小あると便利。

8. 木べら
炒め物や煮物、和え物などを作るときに使える。ある程度柄が長いほうが使いやすい。

9. 菜箸
揚げ物を返すときや薄切り肉をゆでるとき、盛りつけなど、つまんで作業したいときに。竹製がよい。

10. おたま
汁物をすくったり、アクを除いたりするときに使う。しずく型長のレードルがいろいろ使えて便利。

11. 計量カップ
金属製のものよりも透明なもののほうが計量しやすい。耐熱性のものならなおよい。

12. 計量スプーン
大さじ 1 と小さじ 1 がセットになっているものが多い。すりきりが付属したタイプもある。

Lesson 1

鍋

鍋の種類は豊富。素材や大きさを吟味するのはもちろん、収納するスペースがあるかどうかも大事なところ。本当に必要かどうか、考えてから買いましょう。

自分の料理スタイルに合った鍋を厳選して選びましょう

鍋の種類は本当に多く、どれを購入すればよいか悩むところです。

前ページでも紹介した深めのフライパンのほかに購入するなら、大きめの両手鍋と片手鍋、ミルクパンを買い足せば、たいていの料理に対応できるでしょう。

フライパンは炒め物や煮物などオールマイティーに使えますし、片手鍋は汁物を作るときや野菜をゆでるときなどに便利です。大きめの両手鍋はカレーなどをまとめて作るときに、ミルクパンはソース作りやひとり分の汁物を作るときなどに重宝します。

また、フッ素樹脂加工のフライパンが大きさ違いでセットになったものもおすすめ。セット内容はいろいろですが、取っ手をつけ替えて使えるタイプで、ガラスのふたやソースパンもついたものが便利です。重ねると収納スペースの節約に。だいたい1万円以内で購入できます。

[持っておきたい鍋はこの4つで決まり!]

フライパンは炒め物用、片手鍋は煮物用という固定観念を捨てると、少ない鍋でもいろいろな料理がこなせます。

深型の
フライパン

フッ素樹脂加工が施されたものだと焦げつきを防げる。炒め物はもちろん、魚や肉のソテーに。

片手鍋

煮込み料理やスープはもちろん、水をはって耐熱容器を入れると蒸し器のかわりになる。

ミルクパン

ひとり分の汁物を作りたいときや少量の野菜をゆでたいときなどにおすすめ。

両手鍋

煮物をたっぷり作ったりするなら、大きめの両手鍋を。麺をゆでるときにも使いやすい。

“深めのフッ素樹脂加工”は万能です！

鍋をひとつだけ選ぶなら、炒める、煮る、ゆでるなどができる深さのある万能フライパンを！

大きさは……

やや小さめのものが軽くておすすめ。直径22cm くらいが使いやすい。

深さは……

10cm ぐらいの深さがあると、煮る、ゆでるなどの作業ができて便利。

ふたつきだとさらに便利!

中が見えるガラスのふたを用意する

ふたはガラス製の中が見えるものがよい。いろいろな大きさの鍋に対応できるタイプならさらに便利。

さまざまな用途に大活躍！

焦げつきにくい

具材を炒めるとき、フッ素樹脂加工のものなら焦げつきにくい。

スープやシチューもOK

深いものは意外と量が多く入るので、カレーやシチューにも対応。

青菜や麺類をゆでられる

熱伝導がよく、湯がすぐに沸くので調理時間が短縮できる。

Lesson 1

包丁

切れ味の悪い包丁を使っていると、食材の味が悪くなるうえに、手をケガする原因に。いつでもよく切れる包丁を使うことが、お料理上手になるための第一歩です！

三徳包丁→牛刀→出刃→ペティナイフの順にそろえて

最初に包丁を買うときには、肉、魚、野菜のすべてに対応する刃渡り18㎝ぐらいのステンレス製の三徳包丁を1本手に入れましょう。実際に自分で持ってみて、重すぎないか、柄は持ちやすいかなど扱いやすさを確認してください。刃はまっすぐでゆがみのないものを選びます。

本格的にそろえるなら牛刀、出刃包丁、ペティナイフの3本を持っておけばよいでしょう。ある程度はよいものをそろえたほうがよいですが、料理人が使うような高価なものは必要ありません。また、どんなに高価な包丁でも、手入れを怠ると、切れ味が悪くなります。月に1回は包丁を研ぐ習慣をつけましょう。研ぐのが面倒ならさびと汚れに強いセラミック製のものを選ぶと便利です。また、普段の包丁の扱い方も大切です。使用後はすぐ洗い、水気をふき取ってからしまうようにしましょう。

[持っておきたい包丁はこの3本で決まり!]

いろいろな種類の包丁を持っていても使わなければ宝の持ち腐れ。三徳包丁以外に牛刀、出刃包丁、ペティナイフの３本をそろえればたいていの料理に対応できます。

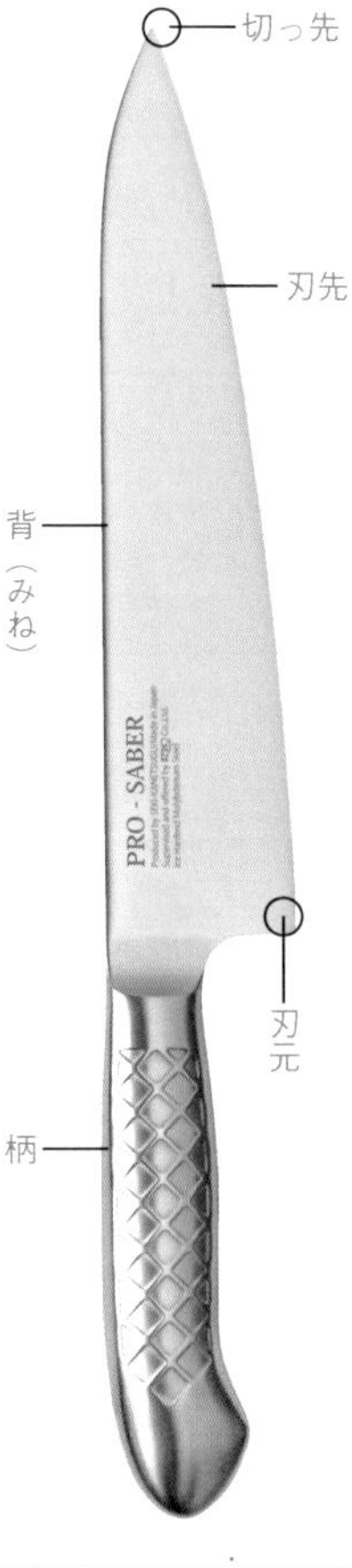

牛刀

刃渡り21㎝ぐらいのものが使いやすい。三徳包丁に比べて刃が長く、筋切りなどに向く。

出刃包丁

片刃で刃元が厚いのが特徴。魚の身をおろすのはもちろん、頭や骨を切る作業もしやすい。

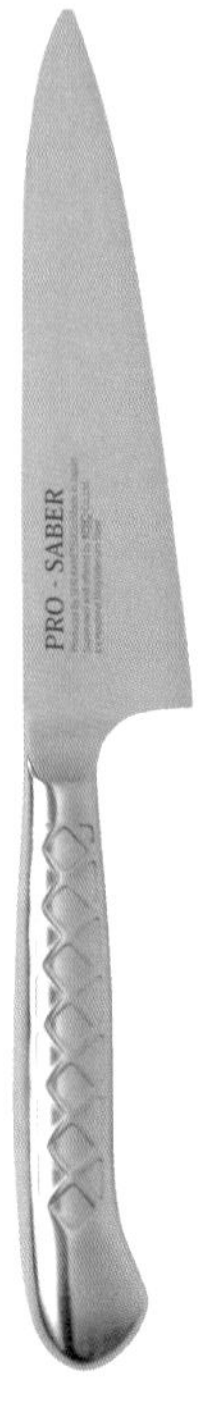

ペティナイフ

ペティとは小さいという意味。野菜の皮をむいたり小さいものを刻んだりするときに便利。

包丁の手入れ術

切れ味がちょっとでも悪くなったら、早めに手入れすることが肝心です。正しい研ぎ方を覚えましょう。

[牛刀の研ぎ方]

基本の手の位置

湿ったタオルの上に約30分水に浸けた砥石を置く。包丁をななめ45℃に傾けて砥石にあて、刃先近くを3本の指で軽く押さえる。

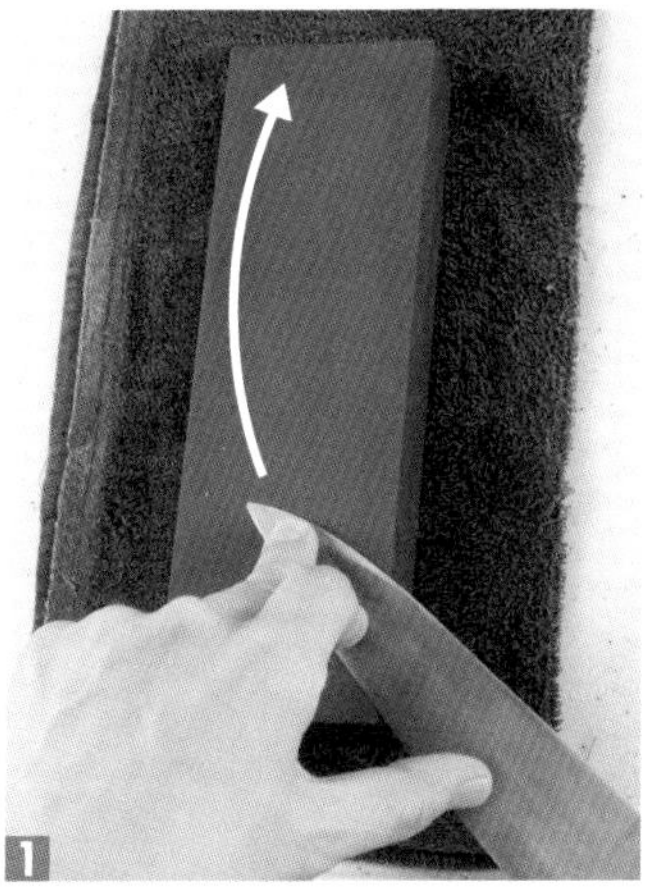

1 砥石の手前のほうに包丁の切っ先をあて、基本の手の位置のまま奥に向かって円を描くように動かす。

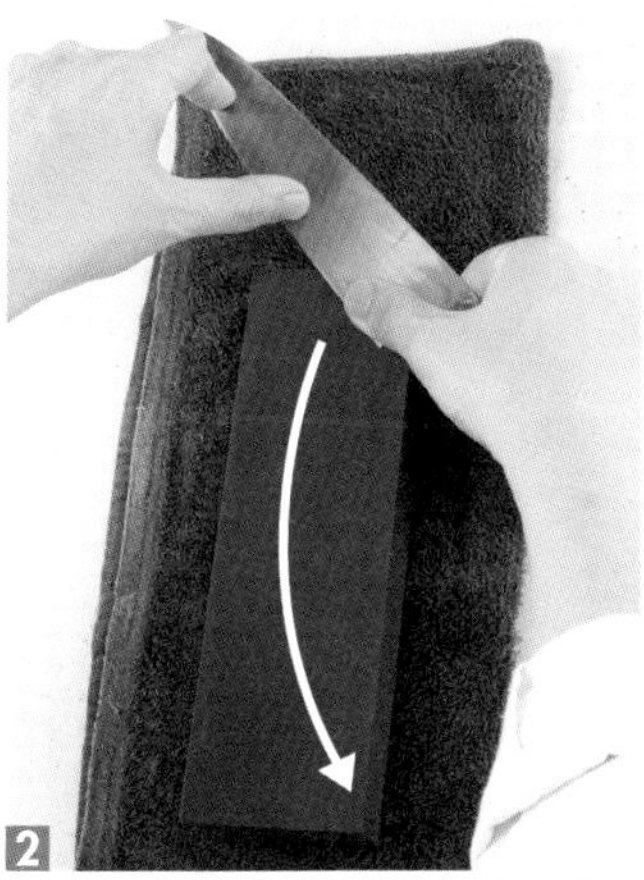

2 刃元までしっかりと砥石の奥に動かし、そのまま手前に引いて同じ位置まで戻す。1と2を約10回くり返す。

3 裏返すと刃先にぬめり（研ぐそ）がついているので、これを落とすようにに包丁を手前から奥に向かって約10回研ぐ。

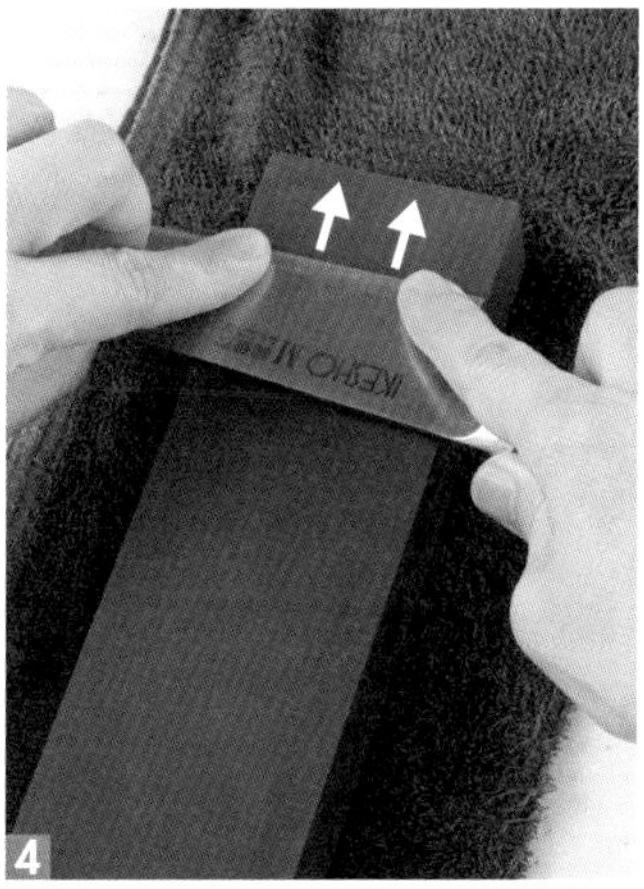

4 研ぎにくい刃元は、砥石に刃を直角にあてて研ぐ。刃元だけ研ぎすぎることがないように注意すること。

POINT

角度をつける

刃を砥石にあて、砥石と背の間に10円玉が入るか入らないくらい起こす。

水をかける

砥石が乾くとすべりが悪くなるので、途中で湿らせる。

包丁を研ぎ終わったら…

包丁は研ぎ終わった後が一番大切。刃に残った砥石や削れた鋼をきれいに洗い、しっかりと水気をふき取ること。

洗剤をつけたスポンジで刃をみがき、水洗いする。

乾いたふきんで刃の水気をしっかりふいて、しまう。

Lesson 1

便利な道具

少しでも短時間でおいしいものを作りたい！　そんな願いをかなえてくれるのがここで紹介する便利な道具たち。下ごしらえや調理にかかる時間をぐんと短縮してくれます。

本当に必要なのか考えてから購入しましょう

家族が多くて毎日ごはんを炊くなら炊飯器はもちろん必需品です。でもひとり暮らしで週1回程度しか炊飯しないなら、鍋でまとめて炊いて冷凍しておくという方法もあります。固定観念にとらわれず、その家電が本当に必要かどうかを考えてみることが大切です。

ほかにも、オーブントースターは、オーブンレンジのトースター機能でまかなえるから必要ないと思っている方も多いようですが、毎朝トーストを食べるなら、焼き上がりの早いトースターはあったほうがよいでしょう。ただし、週1回しかトーストを焼かないという人なら、魚焼きグリルでもパンを焼くことができます。

このように家電や道具は各自の使用ひん度に応じて吟味してから購入するようにしましょう。

[持っておきたい調理家電一覧表]

多機能なものも多く、どれを買ったらよいか悩んでしまう台所家電について、
使い方と便利な機能を紹介します。購入に迷ったらぜひ参考にしてください！

家電	こんな使い方	こんな機能があると便利
ミキサー	ジュースやスープ、ソース作りだけでなく、パン粉作りなどにも使える。	高速、低速が選べるものや、上部を付属のミル容器につけ替えることで、乾燥食材のふりかけなどが作れるものもある。
炊飯器	ごはんやおかゆを炊くのはもちろん、ケーキなどを作ることもできる。	かまどで炊いたようなごはんのおいしさを引き出すため、さまざまな機能がついている。分解できて食洗機で洗えるタイプも。
電子レンジ	料理の温め直しはもちろん、食材を焦がさずに加熱できるので下ごしらえに便利。	オーブンやトースター機能、スチーム機能がついたものならスイッチひとつで料理を作ることができる。
オーブントースター	トーストはもちろん、グラタンや、餅、魚、肉などが予熱なしで焼ける。	両面焼きや片面焼き、火力切替、温度調節がついているものも。扉がはずせたり、丸洗いできたりと掃除が楽なタイプも多い。

“意外と使える便利な道具”

圧力鍋とハンドブレンダーは使い方次第でいろいろな料理に挑戦できます。

ハンドブレンダー

つぶす、混ぜる、泡立てる、砕く、刻むが1台でできる。お菓子作りや離乳食作りなどにも使える。

▼

野菜を一気に砕く

ポタージュを作るとき、ゆでた野菜をミキサーに移し替えずに、鍋の中でくずすことができる。薄切りの肉ならひき肉にできる。

ドレッシングがラクラク

通常は泡立て器を使って乳化させるドレッシングが、すぐに均一に混ざる。果実入りのドレッシングなら、果実をつぶせて便利。

圧力鍋

煮込み料理のほか、野菜を丸ごと蒸したり、豆の下ゆでをしたりと下ごしらえにも便利。

▼

牛筋や胃袋の肉を短時間で煮る

何時間も火にかけて煮込まなければやわらかくならない牛筋や胃袋の肉が、20～30分ほどでやわらかくなる。

魚が骨までやわらかくなる

さんまやあじなど骨が細めの魚なら、短時間の加圧で身は煮くずれずに骨まで食べられるようなやわらかさになる。

Lesson 1

調理器具

ちょっとした道具なら100円均一で適当に買えばよいと思っていませんか？ しかし、使い勝手がよくて気に入ったものを選んだほうが、料理の腕が上がり、楽しさも増します！

安くてよいものと高いほうがよいものがあります

だいたいの調理器具は、100円均一などの安売り店で売っています。ひとり暮らしや結婚などでいっぺんにそろえなければならないとなると、ついすべてを安いものでそろえようと思いがちです。

でも、ちょっと待ってください。料理ばさみやおろしがねといった切れ味が重要なものは、ある程度高いものを購入したほうが、結果的にはお得です。温度計や量り、キッチンタイマーなどの電子器具も、それなりの値段のものを手に入れたほうが、故障が少ないでしょう。

一方、レードルや菜箸、木べら、泡立て器、フライ返しなどはとりあえず100円で買い、少しずつ、良質なものに取り替えていくとよいでしょう。

調理道具は毎日使うものです。気に入った道具で料理を作ったほうが楽しさも増します。

[持っておきたい調理器具はこの4つで決まり!]

9ページで紹介した器具も耐熱のものや多機能つきのものを選ぶと料理の効率がアップします。

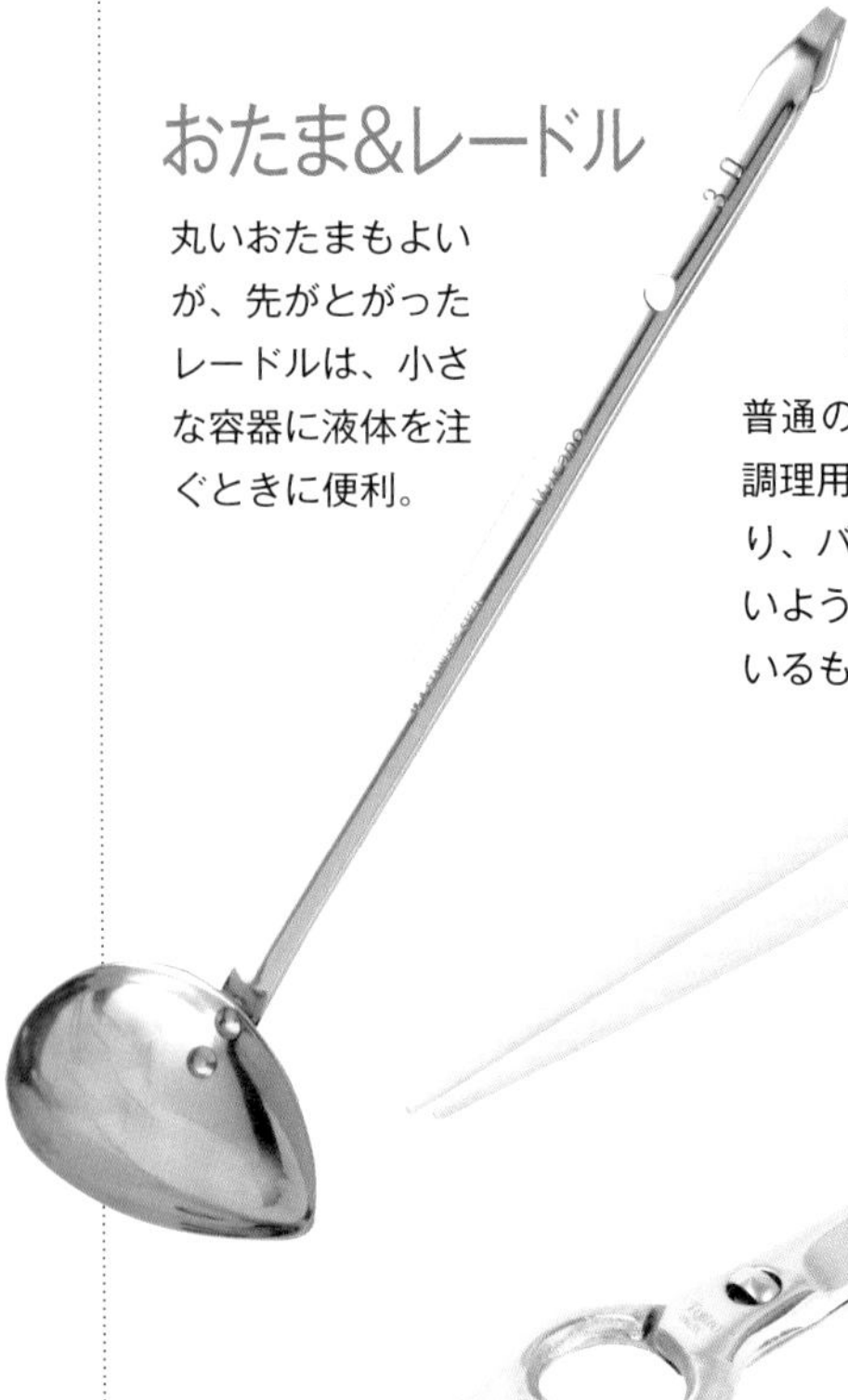

おたま&レードル

丸いおたまもよいが、先がとがったレードルは、小さな容器に液体を注ぐときに便利。

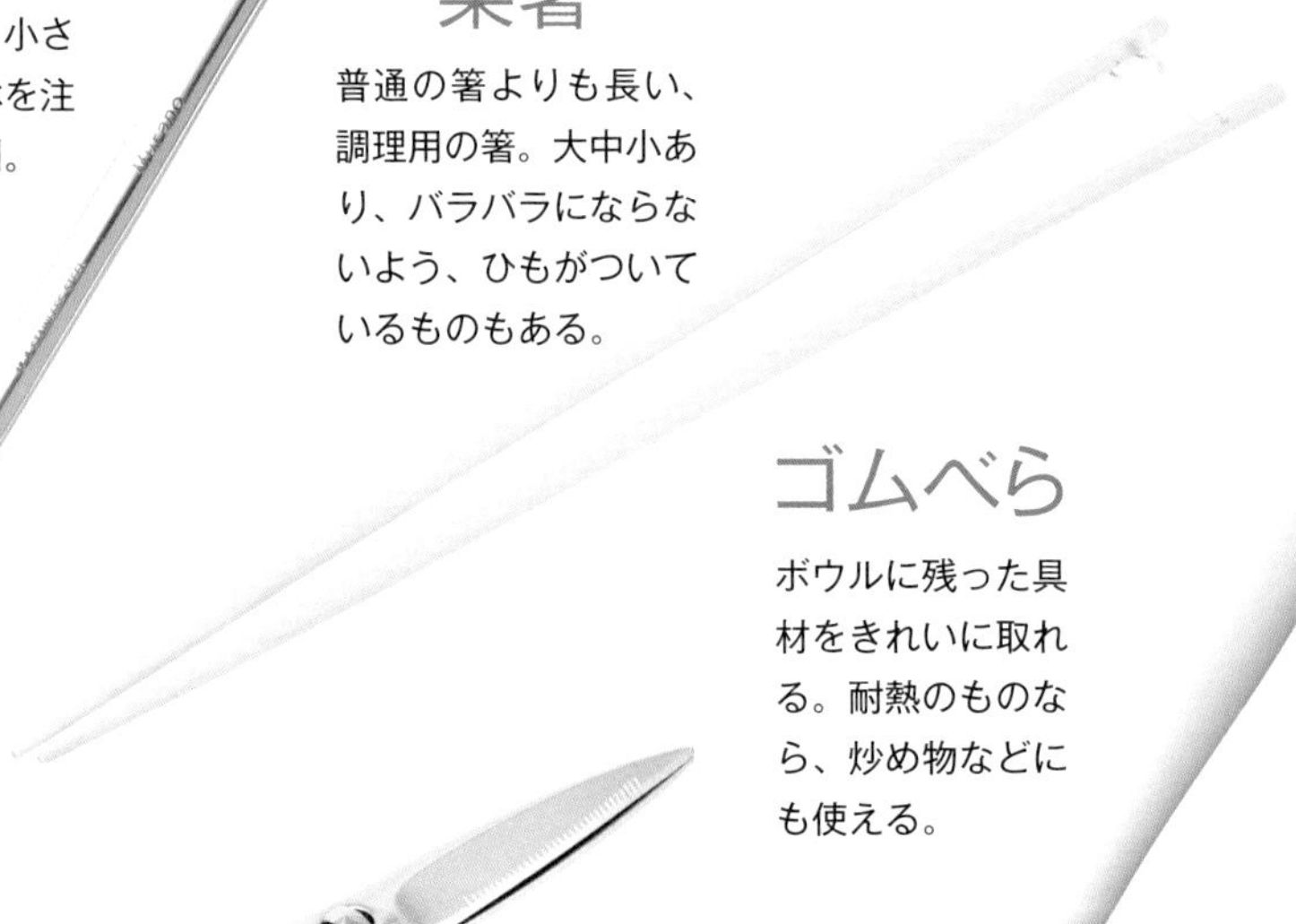

菜箸

普通の箸よりも長い、調理用の箸。大中小あり、バラバラにならないよう、ひもがついているものもある。

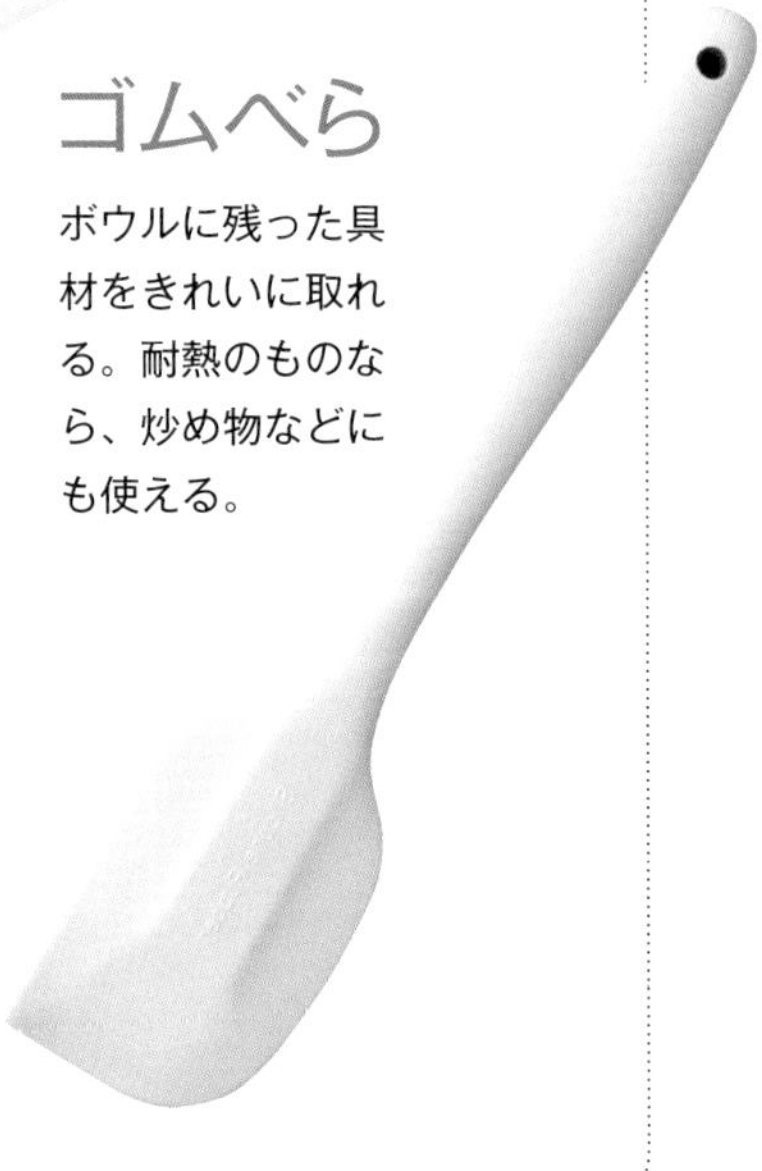

ゴムべら

ボウルに残った具材をきれいに取れる。耐熱のものなら、炒め物などにも使える。

料理ばさみ

包丁では切りにくいものに使うとよい。写真は栓抜きやくるみ割り機能がついた万能タイプ。

こんな調理器具も便利

細かな作業をするときに役立つアイテムをそろえておくと
料理の段取りがスムーズに進みます。

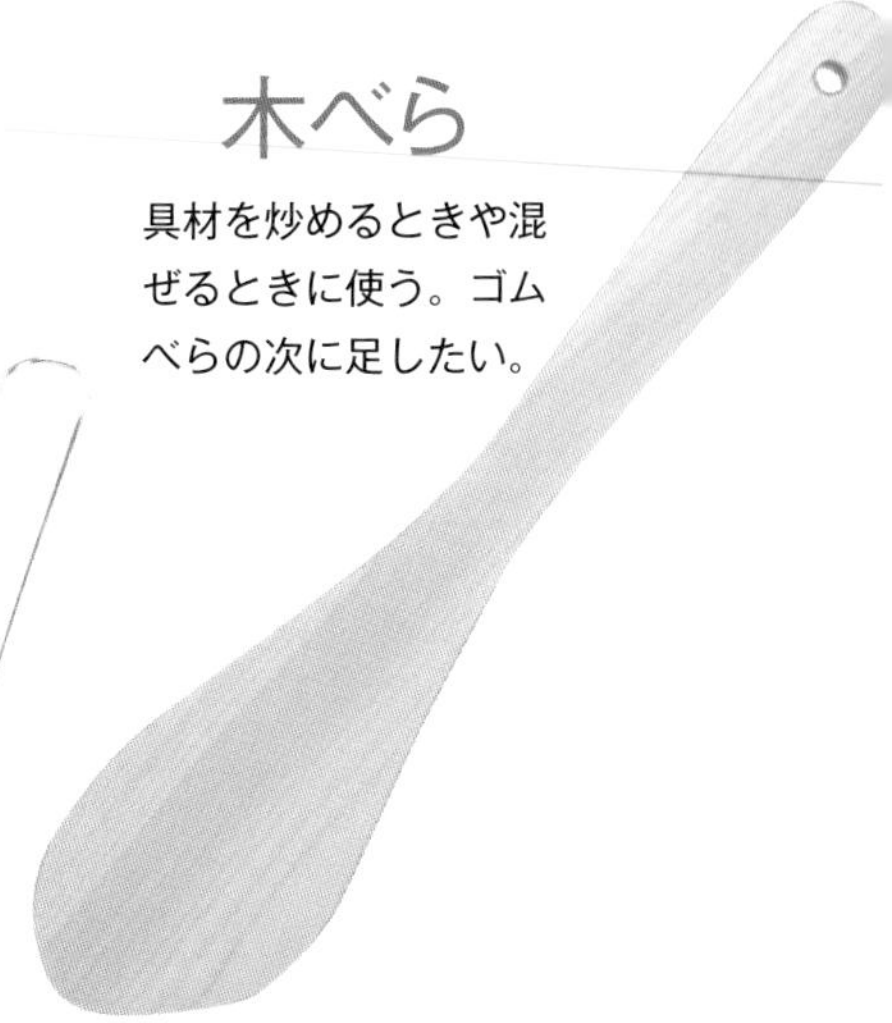

木べら

具材を炒めるときや混ぜるときに使う。ゴムべらの次に足したい。

揚げ網

揚げ物のとき、油をきったり残った揚げかすを取るときに使う。ゆでた食材をすくうのにも使える。

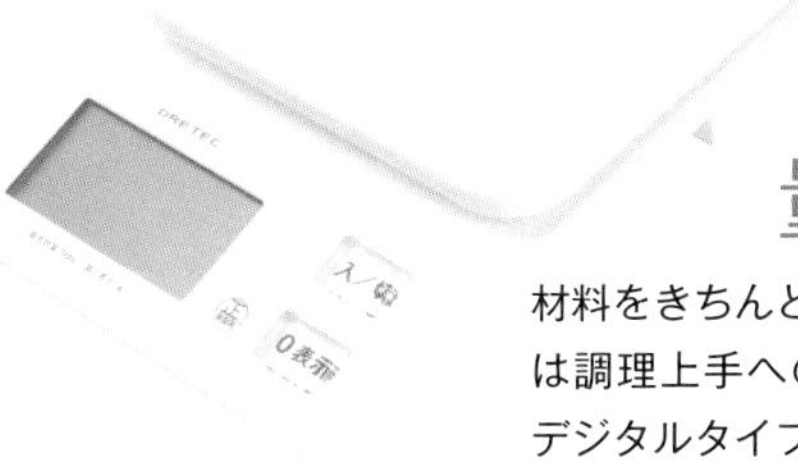

量り

材料をきちんと量るのは調理上手への近道。デジタルタイプのほうが使い勝手がよい。

おろしがね

写真はセラミック素材のおろしがね。わさびはサメ皮など食材で使い分けると本格的。

カード

切った具材をまとめたり移動するときに便利。ハンバーグなどのたねを分割するときにも。

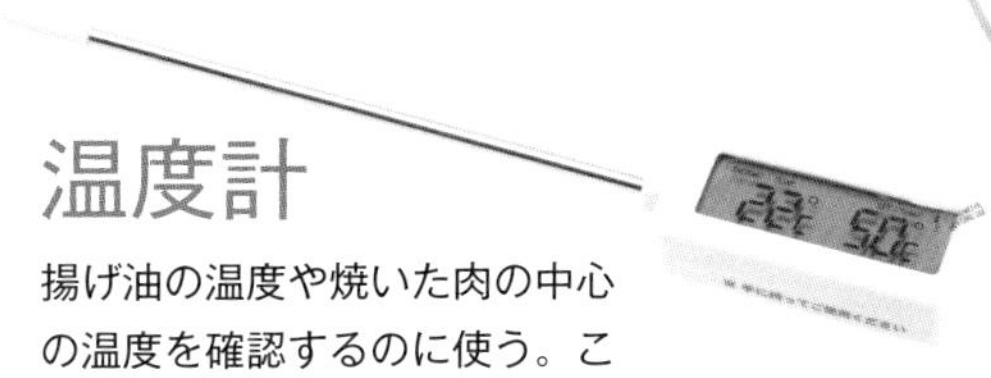

温度計

揚げ油の温度や焼いた肉の中心の温度を確認するのに使う。こまめに測ると失敗が少なくなる。

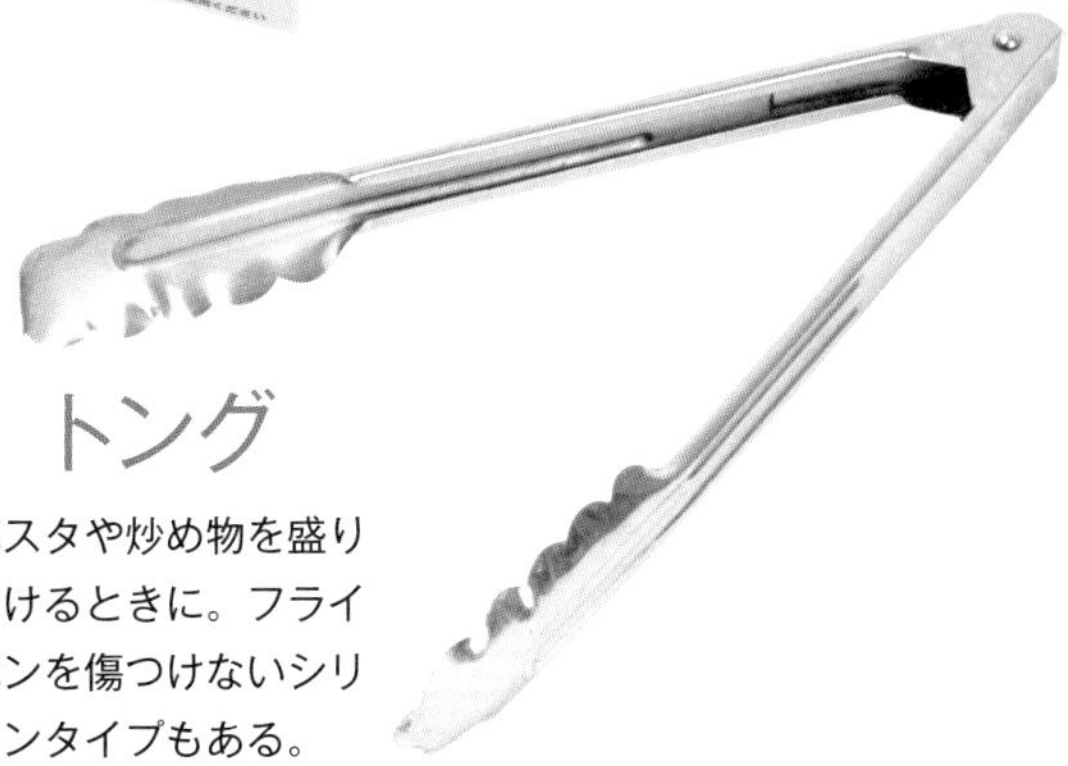

トング

パスタや炒め物を盛りつけるときに。フライパンを傷つけないシリコンタイプもある。

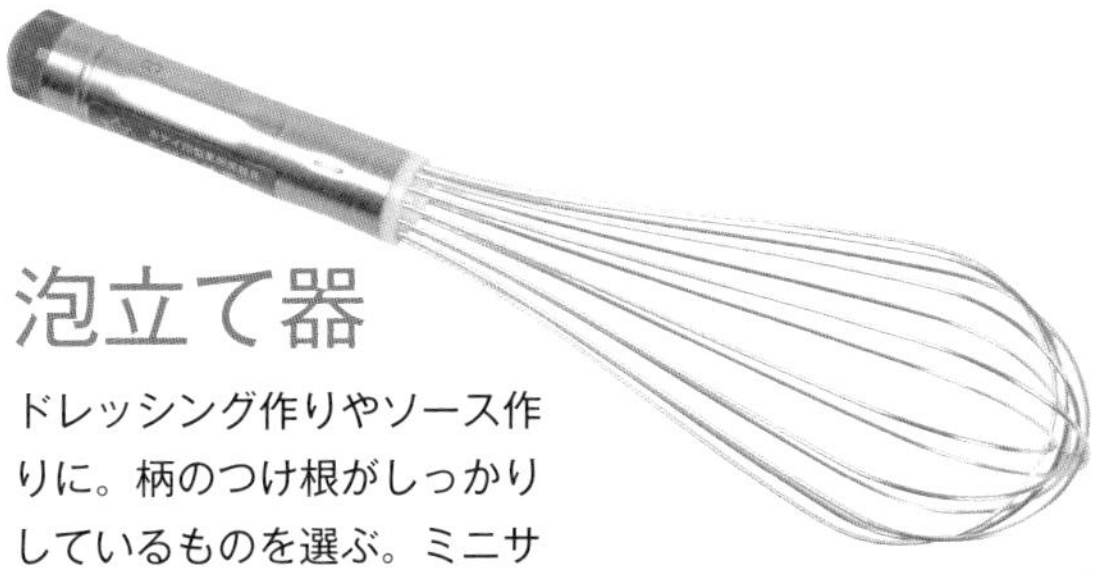

泡立て器

ドレッシング作りやソース作りに。柄のつけ根がしっかりしているものを選ぶ。ミニサイズもある。

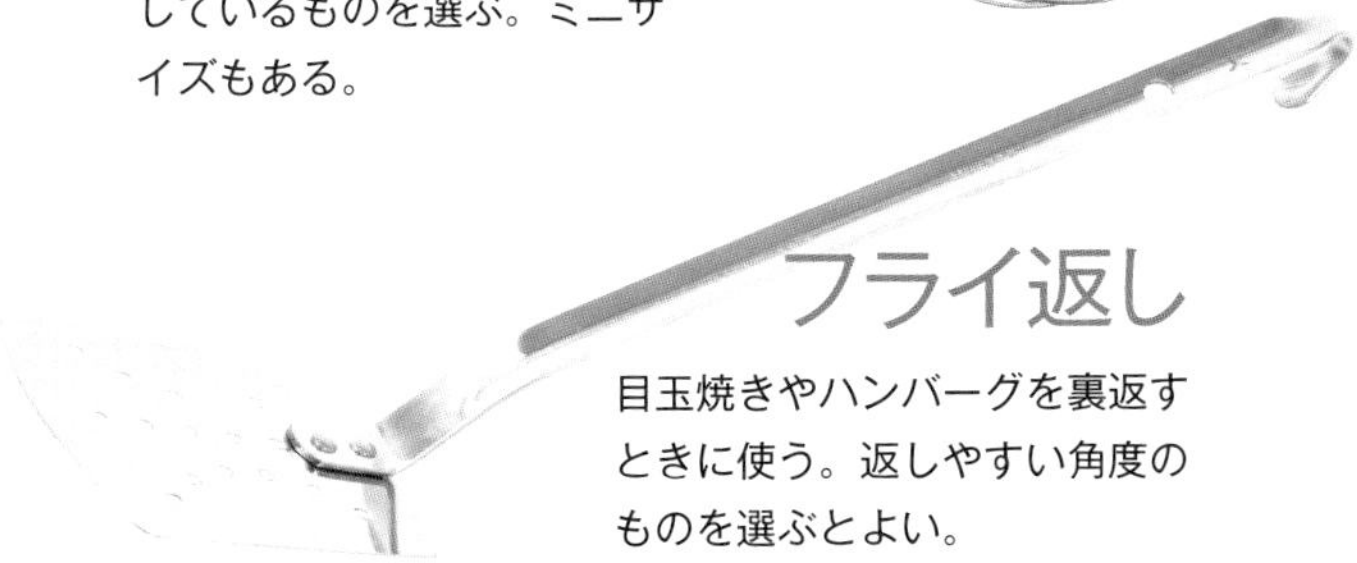

フライ返し

目玉焼きやハンバーグを裏返すときに使う。返しやすい角度のものを選ぶとよい。

キッチンタイマー

煮込みやゆで時間を正確に計るときに。数字がデジタルのものが使いやすい。

Lesson 1

和洋中で使える道具

本格的に料理をしたいと思うなら、それなりの道具をそろえていくのも楽しみのひとつ。

道具にこだわって料理の腕を磨きましょう

和食はシンプルな料理が多いからこそ、だしをしっかりひく、下ごしらえをきちんとするなど、ひとつひとつ手を抜かないで調理することがポイントになります。

和食の下ごしらえをするときにあると便利なのが盆ざる。熱に強く水はけがよいので、ゆでた食材の水気をきったり冷ましたりと重宝します。また、煮物に欠かせないのが落としぶた。ごまや、やまいもをするときにはすり鉢があるとよりおいしくできるでしょう。

中華はやはり中華鍋で作るのがいちばん。揚げ物にはザーレン、蒸し物にはせいろと必要な道具をプラスすればたいていの料理は作ることができます。

洋食の煮込み料理には、焦げにくい厚手の重い鍋が必需品です。ソースをこすシノワやチーズおろし器もあると本格的な仕上がりを目指せるでしょう。

和食

細かい作業をきちんとすることで味わいが変わってきます。昔ながらの道具にこだわるのも楽しいものです。

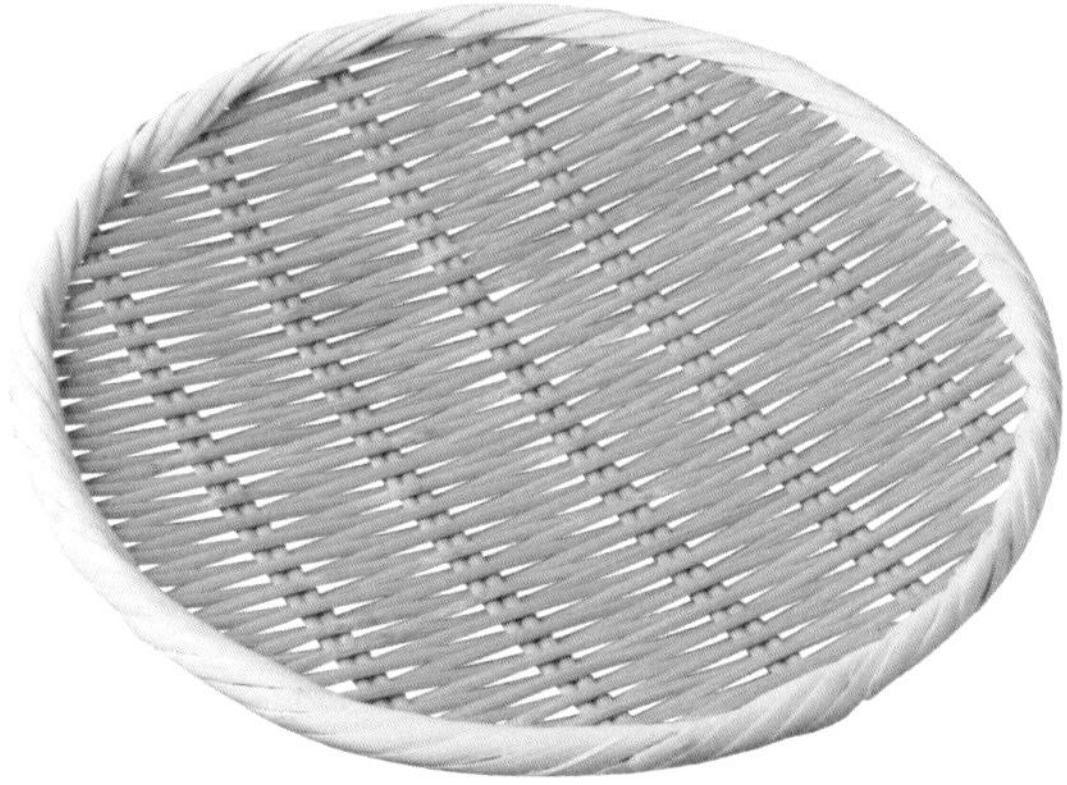

盆ざる

下ごしらえに使うほか、塩分に強いので、干物や梅干作りにも利用できる。

すり鉢&すりこぎ

すべり止めのついているものが使いやすい。薬味用の小さいものもある。

落としぶた

煮物を作るときだけでなく、食材に熱湯をかけるときや水にさらすときにも使える。

中華

中華はスピードと火力がキモ。材料をあらかじめ下ゆで、または油通しする料理も多く、そんなときに中華鍋＆ザーレンは便利です。

せいろ

中華鍋に重ねて使う。ふたのすき間から余分な水分が蒸気となって出るので、蒸し上がりがよい。

中華鍋

底の丸い鉄製の鍋。重すぎると扱いにくいので、実際に持って軽くふってみてから買うとよい。

ザーレン

小さな穴があいていて、油きりや湯きりに使う。材料を一度に取り出せるのでムラなく仕上がる。

洋食

洋食はスープとソースが基本。シノワとゴムべらを使って材料をこしてなめらかにするなど、細かな作業を大切にしましょう。

ココット

厚手の鍋は火の通りがよく、長時間煮込む料理に向く。ほかに寸胴鍋もあると便利。

チーズおろし器

ハードタイプのチーズは、料理の度にすりおろしたほうが風味がよくおいしく仕上がる。

シノワ

スープやソースをこす道具。目が細かいのでなめらかに仕上がる。お菓子作りにもよく使う。

Lesson 1

道具の手入れ方法

道具はきちんと手入れすることで長持ちします。日々の取り扱いが大切なのです。

土鍋

土で作られた保温性の高い鍋。弱火で食材にじっくり火を通す料理に向いています。

最初の手入れ

湯を捨て、米のとぎ汁をいっぱいに入れ、10 ～ 15 分強火にかける。

土鍋いっぱいに水を入れ、塩ひとつかみを溶かし、10 ～ 15 分強火にかける。

使った後の手入れ

冷ました後に、やわらかいスポンジなどでやさしく洗う。

洗った後きちんと水分を取らないとカビが生えるので、完全に乾かす。

こんな使い方をしないで!!

金属製のたわしでこすると、傷がつきゆう薬がはげたり、目に金属が入ってしまう。

鍋の底がぬれた状態で火にかけるとひび割れの原因に。乾かしてから火にかける。

中華鍋

中華鍋を買ってきたら、まず空焼きをしてさび止めを落とすという作業が肝心です。

使った後の手入れ

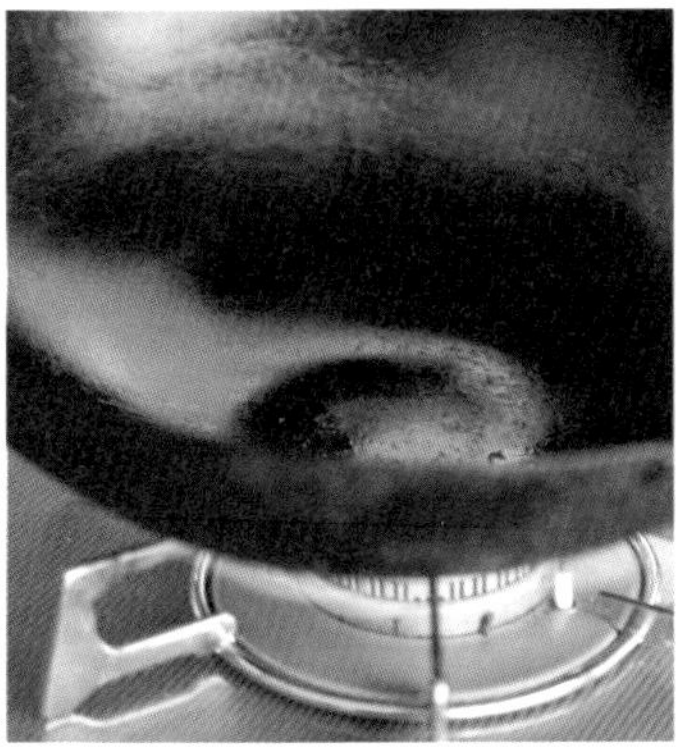

洗ったら空焼きする。完全に冷めたらしまう。蒸し物やゆでたときは、内側に油をぬってからしまう。

中華鍋を使った後、熱いうちにたわしなどで内側と外側を洗う。

最初の手入れ

表面が真っ黒から灰色になるまで空焼きする。たわしを使ってお湯で洗い、くず野菜を炒めて油ならしをする。

油ならしをした後、再度洗って空焼きし、内側全体に油をぬる。

木製品

木製品はぬれたままにしておいてはダメ。使った後はすぐに洗い、きちんと乾かすことが長持ちする秘訣です。

使った後の手入れ

水洗い後は風通しのいい日陰でよく乾かす。乾かないままビニール袋などに入れるとカビの原因になる。

使用後はたわしでよく洗う。長時間おくとにおいが残ったり変色したりするおそれがあるのですぐに洗う。

最初の手入れ

最初に木のにおいを抜くため、少量の酢を入れたぬるま湯の中に浸す。そのまま１～２時間おき、軽く水洗いする。

酢入りのぬるま湯に浸す以外に、米のとぎ汁につける方法もある。

Lesson 2

量り方をマスター

きちんと計量ができていないと、料理の仕上がりがなんとなくぼやけた感じになりがちです。

正しく量らなければ料理の味は決まりません!

レシピに書いてあるとおりの分量で作ったのに、なんとなく味が決まらなかったり、おいしくできなかったりする場合は、正確に計量ができていない可能性があります。

たとえば、液体を計量カップで量るとき、自分の目の高さに持ち上げて量っていませんか? 計量カップは平らなところに置き、目盛りと同じ高さに目線を合わせて量るのが基本です。持ち上げた状態では、カップが水平な状態でなくなるので、正確に量れません。

また、計量スプーンで粉や粒状のものを量るときは、「すりきり」で量らなければダメ。こんもりすくってから、ナイフの背やへらなどを使って表面を平らにします。ただし、浅いタイプのものは少し盛り上がる程度の量が適量です。

計量カップも計量スプーンも正しく使ってこそ、真価が発揮されるのです。

計量カップの使い方

計量カップで液体を量る場合は、中央の平らな面を基準にします。また、粉を量る場合は軽くゆすってならし、表面を平らにしましょう。

液体は本来、上から見ると表面張力で多く見える。それを考慮した計量カップもある。

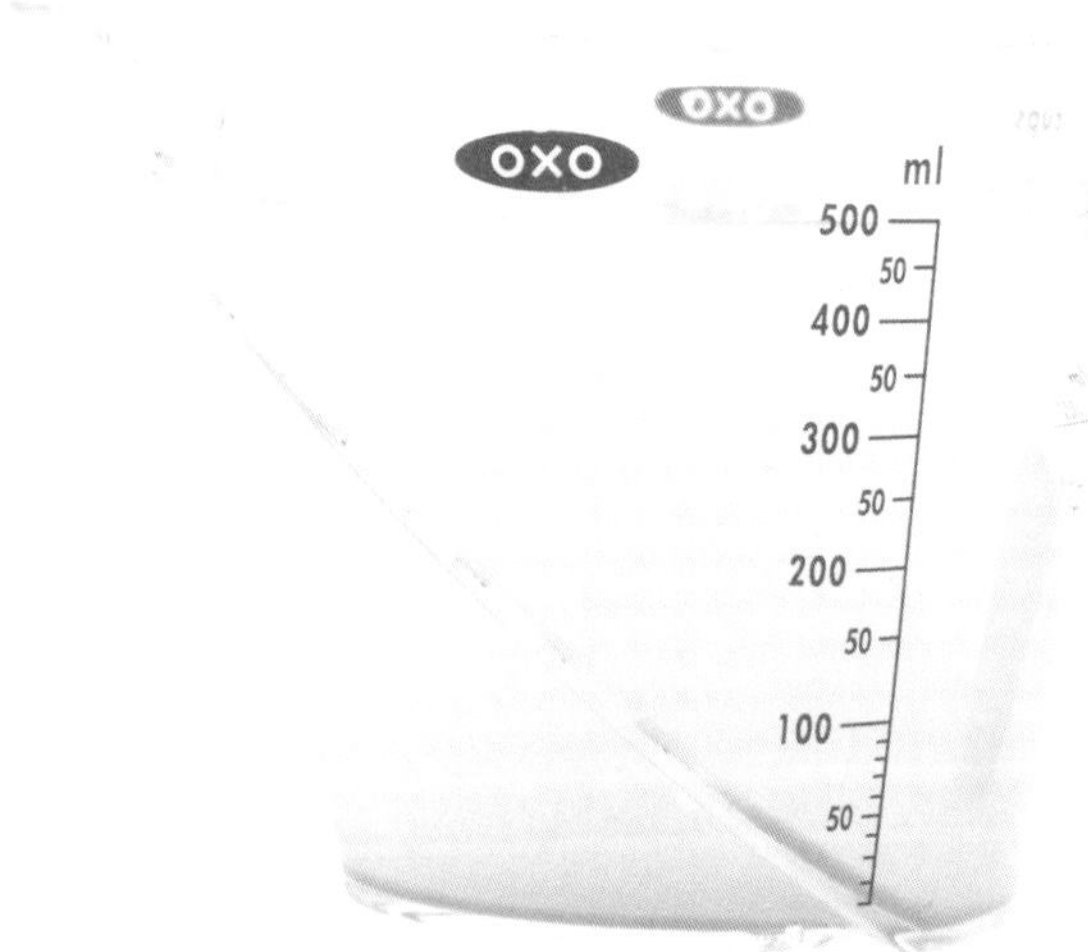

500mlを量る

だし汁や牛乳など多めに使うものを量るなら大きいサイズがあると便利。

200mlを量る

レシピで1カップと書かれている場合は、200mlを指す。ただし、米の1合は180ml。

計量スプーンの使い方

計量スプーンは水が大さじ 1=15ml、小さじ 1=5ml が基本。しかし、正確に量るのは難しいので、なるべくデジタルの量りを使い、目安と考えたほうがよいでしょう。

深いタイプ

半球形で深さのあるタイプは、直径 4cm。底の部分は容量が少ないので½を量るときに注意。

浅いタイプ

くぼみの浅い直径 5cm のタイプ。すりきると実は量が少ないので、少し盛り上がるように量る。

液体を量る場合は…

大さじ1、小さじ1

深めならぎりぎりに、浅めなら表面張力で少しだけ盛り上がる量。

1／2

深めなら六分目、浅めなら八分目まで入れる。

1／4

深めなら三分目、浅めなら四分目までの量。

粉ものを量る場合は…

大さじ1、小さじ1

深めなら多くすくってすりきる。浅めなら表面が少し盛り上がる量。

1／2

大さじ１を量ってから、半分のところにナイフですじを入れ、半量を落とす。

1／4

1/2 量をさらに２等分する。小さじ 1/4 は小さじ 1/2 のスプーンを使うとよい。

Lesson 2

目分量の本当の分量を知る

計量スプーンや計量カップを使わなくてもおおよその量を知ることは可能です。

計量道具以外でも分量を量ることは可能です

量りや計量カップをきちんと使うのは大切なことです。しかし、急いでいて量る時間がないときや、野外で作るときなどには面倒なもの。事前におおよその量の感覚を身につけておくと役立ちます。普段使っているおたまや普通のティースプーン、コップなど身近なもので量るとどれぐらいの分量になるかを知っておきましょう。

料理に慣れてくると、だいたいの分量で作ってしまいがち。でも、料理は毎日のこと。昨日はおいしくできたけれど、今日はイマイチおいしくなかったという味の波はないように作りたいもの。分量の感覚を知っているとそんな悩みを解決できます。

いいかげんに作った料理は失敗が多いもの。最初は本のレシピ通りに作って、慣れてきたら早くかつおいしく作る工夫をすることが大切です。

[主な調味料や粉類の量の重さ一覧表]

水や酒、酢は重量と体積がほぼ同じ（15ml ＝ 15g）ですが、液体の重量はさまざま。
粉や粒などの個体は、ひとつひとつ重量が変わるのでざっと覚えておきましょう。

調味料	小さじ(5ml)	大さじ(15ml)	カップ(200ml)
水	5g	15g	200g
酒	5g	15g	200g
酢	5g	15g	200g
醤油	6g	18g	230g
みりん	6g	18g	230g
味噌	6g	18g	230g
精製塩	6g	18g	240g
砂糖（上白糖）	3g	9g	130g
油	4g	12g	180g
バター	4g	12g	180g
牛乳	5g	15g	210g
小麦粉（薄力粉）	3g	9g	110g
片栗粉	3g	9g	130g

身近な容器どのくらい入るか知ってる?

自分の身のまわりにあるものを使って分量を覚えておくと便利！　いくつか目安を紹介します。

湯のみ

液体なら250ml！
粉物なら135g！

ティースプーン

液体なら4ml！
粉物なら2g！

カレースプーン

液体なら8ml！
粉物なら4g！

おわん

液体なら350ml！
粉物なら160g！

おたま

液体なら80ml！
粉物なら30g！

キャップだって計量道具に！

醤油や酒のキャップで量ったときの量を知っておくと、何かと重宝します。

液体なら4ml！
粉物なら2g！

量っておこう!

料理を作り始める前に、使う食材や調味料の分量をまとめて量っておくと、その後の工程がスムーズ。

※容器の大きさや深さによって容量に差があるので、必ず自分のもので計量して下さい。

Lesson 2

わかりづらい表記いろいろ

分量表記にまつわるちょっとした決まりを知っておくと、料理の腕がワンランクアップ。

「少々」や「ひとつまみ」には決まりがあります

レシピに記載される「大さじ1」や「15g」といったはっきりとした数値で表される分量は、計量道具を使えば誰でも正確に量ることができます。ところが、「少々」「ひとつまみ」「ひと口大」のような表記だと、料理初心者はとまどいがちです。実は、こうした表記にはそれぞれ決まりがあり、量り方やグラムはだいたい決まっています。

もうひとつ、料理初心者が悩む表記に「適量」があります。よく適量と表記されるのは、塩分量や油の量、揚げ物の衣の量などです。料理は食材の大きさ、鍋の大きさなど、すべて同じ条件で作れるわけではありません。仕上げの塩は、味見をしてちょうどよい味つけにしたほうがよいですし、衣は食材の大きさや表面積が違うので、あらかじめ分量を決めることができません。つまり、適量とは、状況や状態を見て、自分で量を加減するということなのです。

[ひとつかみ]

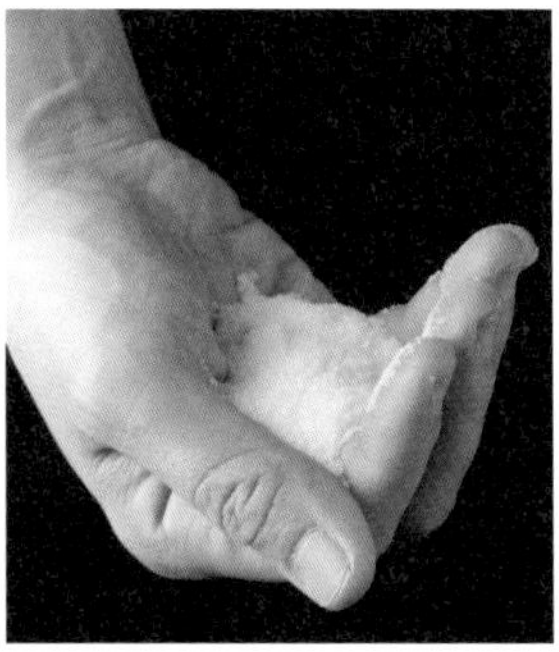

5本の指すべてを使って軽くにぎった状態。手の大きさによっても差が出る。

[ひとつまみ]

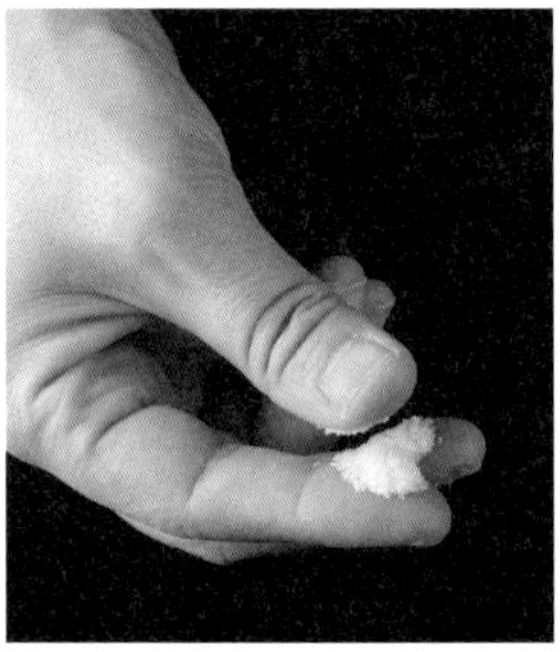

親指と人差し指、中指の3本の指でつまんだ量のこと。少々の2倍強の分量になる。

[少々]

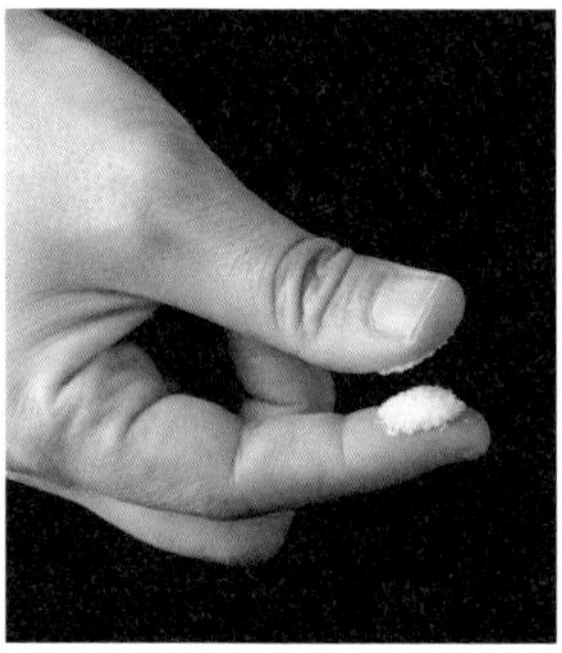

親指と人差し指の2本の指でつまんだ量のこと。およそ小さじ1/30ぐらい。

g《グラム》にすると…

ひとつかみは約25g。ただし、個人差があるので、正確を求めるときは適さない。

精製塩の場合、ひとつまみの量を量ると0.5gになる。約小さじ1/12になる。

精製塩の場合、少々の量を量ると0.2gになる。ちなみに、小さじ1は6g。

「ひと口大」のいろいろ

ひと口大は2～3cm角を指しますが、
食材によって切り方はさまざまです。

上の写真はさまざまな食材のひと口大である。複数の食材を使う場合、大きさをそろえるのが基本だが、煮くずれしやすい食材（たとえば、かぼちゃなど）のひと口大は少々大きめとなる。一方、肉類はおよそ2cm角がひと口大の基本。また、野菜でのひと口大と呼ばれる切り方は乱切りや角切り、いちょう切りなどがある。ただし、同じ食材でも調理法や組み合わせる食材の違いによって、形が変わってくる。

Lesson 3

加減を知る

料理上手＝火加減、水加減、塩加減がうまくできる人。その秘訣を教えます。

人によって作るときの条件が違います

レシピには食材の分量や加熱時間などが細かく書かれています。そのため、書かれている通りに作りさえすれば、基本的には正しく完成するはずです。ところが、作る人によって味が変わったり、仕上がりに差が出たりすることがあります。

レシピに書かれている数字はあくまで目安です。10分加熱するといっても、火力や使う鍋などの条件はさまざまです。また、野菜の大きさはまちまちなので、個数表示では一定の分量になりませんし、グラム表示だとしても、季節が違えば含まれる水分量などが異なります。

料理にはこうした不確定要素が多いので、「加減」が大切なのです。料理上手な人は、レシピに書かれていなくても仕上げに味を確認して調整します。状態をみて加減するからこそ、おいしい料理を作ることができるといえるでしょう。

“加減を失敗しない4か条”

加減を間違えないために覚えておきたいポイントを教えます！

第1条　仕上げの味つけは少量ずつ

塩・こしょうなどの最後の仕上げは、少量入れるごとにくり返し味見をする。

第2条　きちんと計量する

目分量に頼りすぎるのは失敗のもと。とくにはじめて作る料理のときは、きちんと量る。

第3条　道具の大きさを考える

鍋の大きさによって水加減や火加減を変え、食材にしっかり火が通るようにする。

第4条　食材の状態を知る

水分を多く含む食材は加熱すると水気が出る。液体の量を減らすなどの微調整が必要。

Lesson 3

水加減

料理にはそれぞれぴったりの水加減があります。水加減は食材が含む水分量や火力によって微調整が必要です。

[たっぷり]

食材がすべて浸り、さらに⅓量ほどプラスした水分量。

どんなときに？

麺をゆでるときや青菜をゆでるときなどに。豆を炊くときにもたっぷりの煮汁で。

[かぶるくらい]

食材が隠れ、浸るぐらいの水分量。

どんなときに？

すべて水に浸っていないと煮えないもののときに。代表的なのはかたまり肉を煮るとき。

[ひたひた]

食材が表面から少し顔を出すか出さないかぐらいの水分量。

どんなときに？

かぼちゃ、さといもなど煮くずれしやすい食材を煮るときに。リゾットにも。

水加減を失敗すると煮くずれや半生の原因に！

食材に合わせた水加減は煮物の基本です。すっぽりかぶるぐらいの煮汁で魚を煮ると、身はくずれ、旨味が逃げます。筑前煮や肉じゃがを作るときに煮汁が少ないと、食材に均一に火が通らず、半生状態になりかねません。

また、リゾットは仕上げにたっぷり液体を入れると、やわらかくなりすぎてべしゃべしゃになります。一方、乾燥豆など水をたくさん吸う食材を戻すときには、水をたっぷり入れないときちんと戻りません。

水加減を決めるポイントは水をどのぐらい吸わせるかなので、料理に合わせた分量を覚えるようにしましょう。

大豆などの乾物を戻すときの水分量は？

乾物を戻すときの水の量はたっぷりが基本。量が少ないと戻り方にばらつきが出る。大豆を戻すと、約2.5倍になるので大きめの容器にたっぷりの水を入れて戻す。

大豆は6倍の量の水に浸し、ひと晩おく。

Lesson 3

火加減

食材をちょうどよい状態に加熱するポイントは火加減をこまめに調節すること。強すぎても弱すぎても上手に作れません。

強火を火力全開と思い込んでいませんか？

食材にどのように火を通すかは、おいしい料理を作るための大切な要素です。火が強すぎると焦げますし、弱すぎるといつまでも火が通らず、食材の旨味が逃げることも。火加減は鍋の大きさや何人分作るのかによって変わってくるので、常に状態を見ながらこまめに調節してください。

レシピに書いてある通りの火加減にしたのに失敗してしまったとよく聞きますが、このような失敗が起こるのは、たとえば、強火と書いてあるとコンロのつまみを全開にした状態と誤解しているため。鍋やフライパンの横にまで火が回るほどの火力の調理は焦げつきの原因になります。

火の大きさではなく、鍋の中が大きく沸騰していたら強火ということです。状態をよく見て判断しましょう。

［弱火］

鍋底とコンロのガス穴の真ん中に炎の先が来るぐらいの火加減。とろ火は消えそうで消えない状態。

具材にじっくり火を通したいときは弱火かとろ火で。

［中火］

鍋底に炎の先が当たるか当たらないかぐらいの火加減。炎が丸みをおびている。

煮汁がいつもふつふついっているぐらいの状態が中火。

［強火］

鍋底に炎がしっかりと当たっている状態。炎が鍋やフライパンの横にまで出るようでは強すぎ。

炒め物は強火が基本。また、煮汁が煮立つまでは強火を使う。

火力は鍋とコンロの大きさで違う

やかんやミルクパンなど小さい鍋底と、大きなフライパンの鍋底との強火では火の大きさが違う。また、コンロの大きさも家庭によって違うので、加減をすること。

火が鍋底にどれくらいあたるかがポイント。

Lesson 3

塩加減

「うまいまずいは塩加減」ということわざもあるように、塩加減は料理の味つけの決め手。料理の味を左右します。

最初は薄味。少しずつ足していくのが基本

人がもっともおいしいと感じる塩加減は体液と同じ0.9％といわれています。ただし、ごはんなど塩分ゼロのものと一緒に食べるため、0.9％よりもう少し濃いめに味つけされています。

とはいえ、味覚は人によって違います。ちょうどよい塩加減にするための一番のポイントは、最初から全量を入れないことです。塩はちょっとずつ加え、味見をしながら足してちょうどよい味を見つけてください。また、使う塩によっても味は変わってくるので注意しましょう。

ただ、何回も味見をしていると、舌がマヒして判断ができなくなることがあります。そんなときは、水で口をすすいで一度舌をリセットしてから、味見をします。ほかの人がそばにいたら、かわりに味見をしてもらうのもよいでしょう。

振《ふ》り塩《じお》

食材の20cmほど上から直接塩をふりかけること。焼き魚などでよく用いる。食材の余分な水分を除くときにも有効。

ふり塩の加減は？

ひと口にふり塩といっても、ふる量はさまざま。料理によって変わってきます。

少

［甘塩《あまじお》］

食材に軽く塩をふって味をつけること。少量の塩を全体にいきわたらせるのは難しいので、立て塩をすることもある。

手のひらにのせた塩を高い位置からパラパラと全体にふる。

［薄塩《うすじお》］

食材にまんべんなく塩をふった状態。甘塩より少々濃い。同じく高い位置からふること。

手のひらにのせた塩を軽くふたふりする。

［強塩《ごおじお》］

「ごうじお」または「ごうしお」と読む。食材の表面が少し白くなるぐらい強く塩をふった状態。

手のひらにすくった塩を何回かに分けてふる。

多

ほかにもある！　塩をする方法

淡泊な小魚に向く。

立て塩

食塩水に食材をつけ、塩分を含ませること。濃度は3％ぐらい。

べた塩

食材の表面が真っ白になるぐらい塩をまぶすこと。脂の多い青魚に向く。

臭みが抜けて身がしまる。

Lesson 4

食材を保存する

食材を新鮮なまま味わうには保存方法が大切。食材に合わせた正しい方法を覚えましょう。

温度・空気・水気 この3つが保存のポイント

食材をまとめ買いしたものの、すぐに傷んで旨味が抜けたり、冷蔵庫のにおいが食材に移ったりしては、まとめ買いをする意味がありません。基本的な保存方法をおさらいしておきましょう。

まず、買ってきたら新鮮なうちに保存すること。冷凍するものは、冷気の伝わりやすいバットやアルミを使うと急速冷凍でき、新鮮な状態を保てます。また、保存する日付けをわかるように記入しておきましょう。

肉や魚は空気にふれると傷むので、キッチンペーパーなどでしっかりと水気をふき取り、空気を抜いてラップで包んでから保存袋に入れましょう。

ちなみに消費期限は期間を過ぎたら食べないほうがよい、賞味期限は期間内はおいしく食べられるという意味です。確認するときには間違えないように気をつけてください。

Lesson 4

野菜の保存

基本は冷蔵と常温保存。単純に冷蔵庫に入れたり、室内に置いたりするだけではダメ。正しい保存方法を覚えましょう。

キャベツ・レタス

丸ごと１個のキャベツやレタスは軸の部分をくり抜き、ぬらしたキッチンペーパーを詰め、ビニール袋に入れて野菜室へ。キッチンペーパーを毎日取り替えると、約１週間は持つ。

キッチンペーパーを詰めた部分を下にして、野菜室で保存する。

冷蔵で保存する野菜

キャベツやレタス、ほうれんそうなどの葉菜類や、きゅうり、トマトなどの果菜類は冷蔵保存が基本。かぶやだいこんなどは葉を切り落として保存する。また、密封すると野菜が呼吸できなくなるので注意が必要。

ハーブ類

青じそは茎を少し切り、切り口を十分に湿らせる。

青じそや生のハーブなどすぐに乾燥してしんなりするものは、ぬらしてかたく絞ったキッチンペーパーでふんわりと包み、保存袋に入れて野菜室へ。こうすると４～５日は香りが飛ばない。

青菜類

葉物は新聞紙にくるみ、水をふきかけて湿らせてからビニール袋に入れて野菜室で保存すると約１週間もつ。または、かためにゆでて小分けにラップして冷凍すると２～３週間は保存が可能。

束ねてあるひもやゴムは外してから新聞紙でくるむ。

きゅうりは枝つきが上を向くように立てて保存する。

にんじん・きゅうり

上の部分を切った牛乳パックやペットボトルに野菜を立たせて入れ、ビニール袋をかけて野菜室で保存。野菜からの水分で水腐れすることがあるのでキッチンペーパーでくるむとなおよい。

じゃがいも・たまねぎ

じゃがいもやたまねぎ、かぼちゃ、さつまいもはダンボール箱やかごの中に入れて冷暗所に置く。また、泥つきのごぼうややまいもは泥のついたまま保存したほうがよい。

りんごを1個入れておくと発芽防止に。

常温で保存する野菜

じゃがいもやさつまいもなどのいも類や、ごぼう、たまねぎなどの一部の根菜類は常温で保存することができる。ただし、常温といっても冷暗所で風通しのよいところに。湿気は禁物！

Lesson 4

肉の保存

空気を入れない、急速に冷凍する、解凍はできるだけゆっくりが冷凍保存のポイント。また冷蔵は氷温またチルドルームで保存します。

	冷蔵	冷凍	注意点
かたまり肉	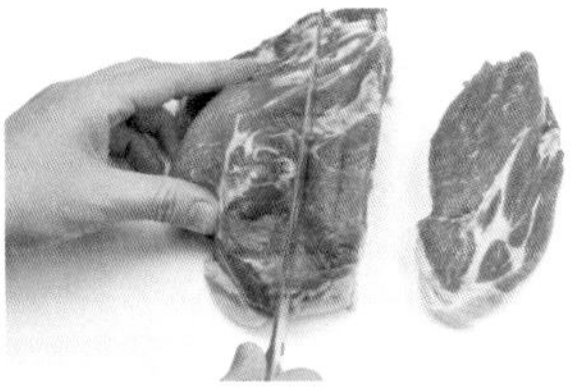 空気にふれると変色するので厚めに切り、ラップする。	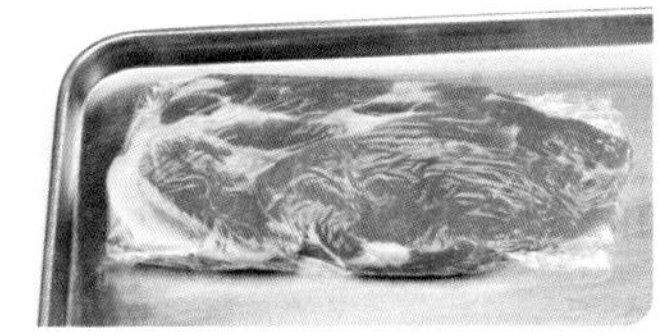 使う量ずつ切り分けてラップして真空密封し、冷凍する。	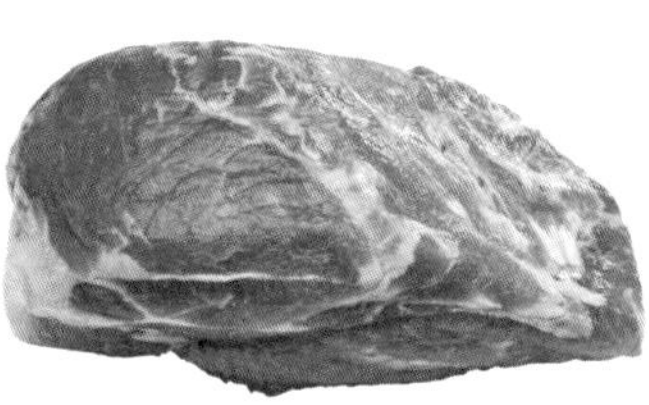 保存袋に入れて空気を抜いて保存すること。
薄切り肉	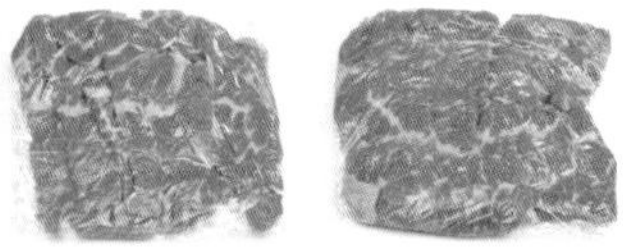 使う分量ずつ分けてラップで包み、冷蔵庫へ。	 重ならないよう、1枚ずつ広げてラップに包み、冷凍する。	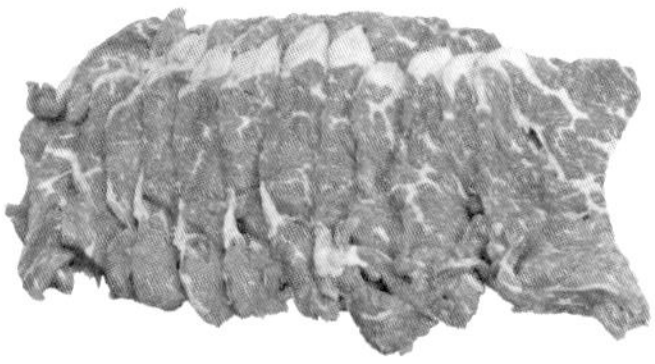 空気にふれる面が多いので、ラップに包み、さらに真空密閉を。
ひき肉	 キッチンペーパーで水気をふいてからラップで包む。	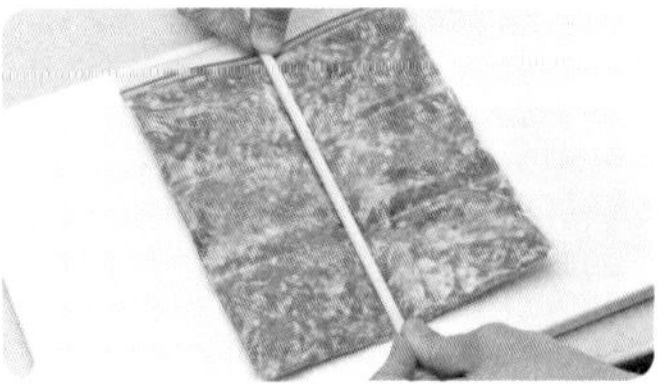 保存袋にぴっちり詰めてから、箸で筋をつけて冷凍すると使いやすい。	 傷みやすいのでなるべく買ったその日に使ったほうがよい。
ベーコン ウインナー	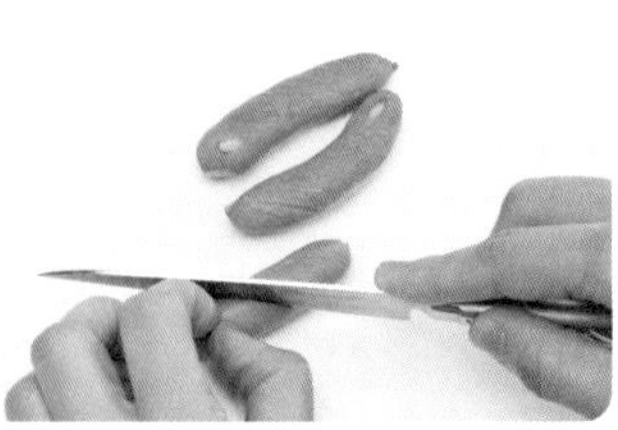 ウインナーは切り込みを入れてラップで包む。冷蔵も冷凍も同様。	 ベーコンは薄切にして保存袋へ。密閉して冷凍または冷蔵で保存。	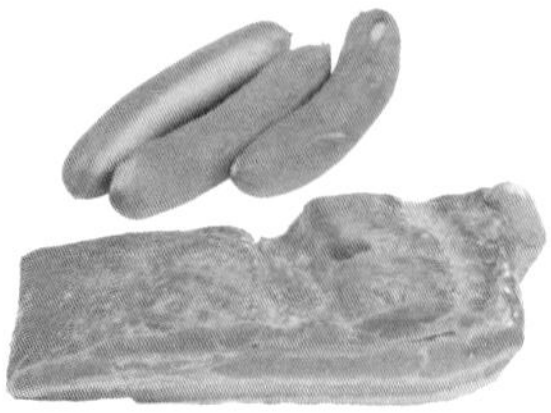 水気をふいてラップで包む。保存袋の空気を抜き、密閉するとよい。

Lesson 4

魚の保存

鮮度が落ちやすい魚介類は購入したらなるべく早く使うこと。冷凍ものの再冷凍は避けたほうがよいでしょう。

冷蔵	冷凍	注意点	
 買ってきたら3%の塩を入れた氷水に浸して冷蔵。早めに使うこと。	 内臓を取ってラップで包み、さらにアルミホイルで包み、真空密閉する。	 内臓や頭がついていると傷みやすいので早めに取ること。	一尾魚
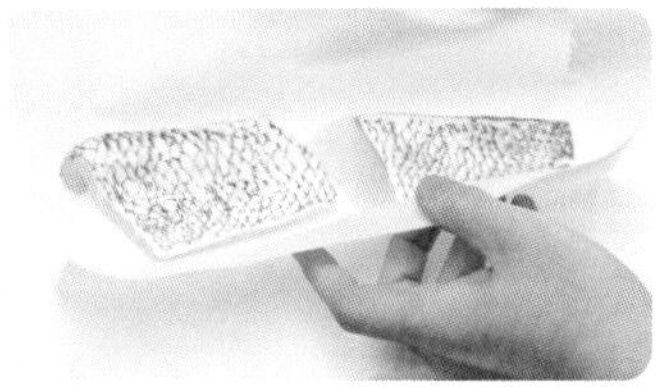 キッチンペーパーで水分をよくふいて真空密閉して冷蔵庫へ。	 冷蔵と同じ処理をして一度冷凍し、真空密閉し、冷凍する。	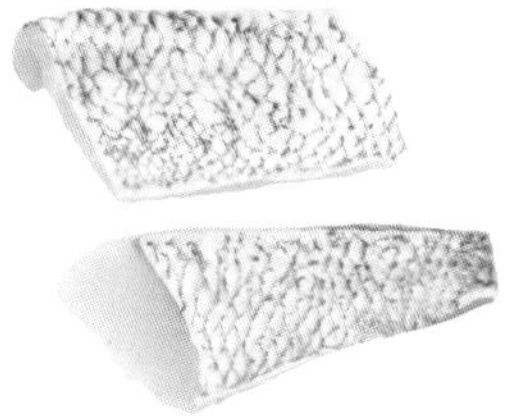 途中で塩水に浸してから再冷凍すると冷凍焼けを防げる。	切り身魚
 水分をふいてからムレないようにラップでふんわりと包む。	 一尾魚と同様にラップで包んだ後、アルミホイルで包み、真空密閉する。	 最近の干物は薄塩で日持ちしないものもあるので注意。	干物
 3%の塩水に浸し、冷暗所で砂抜きをする。水洗いして早めに使う。	 砂抜き後、殻をよく洗ってから水気をふいて保存袋へ入れる。	 砂抜き後は早めに保存する。冷凍するとそのまま加熱して使える。	貝類

Lesson 4

調味料の保存

調味料の賞味期限はあくまで開封前のこと。開封後はなるべく早く使い切ることが、おいしく使う一番の方法です。

冷蔵

劣化しないうちに使いきれる分量のものを買うとよい。

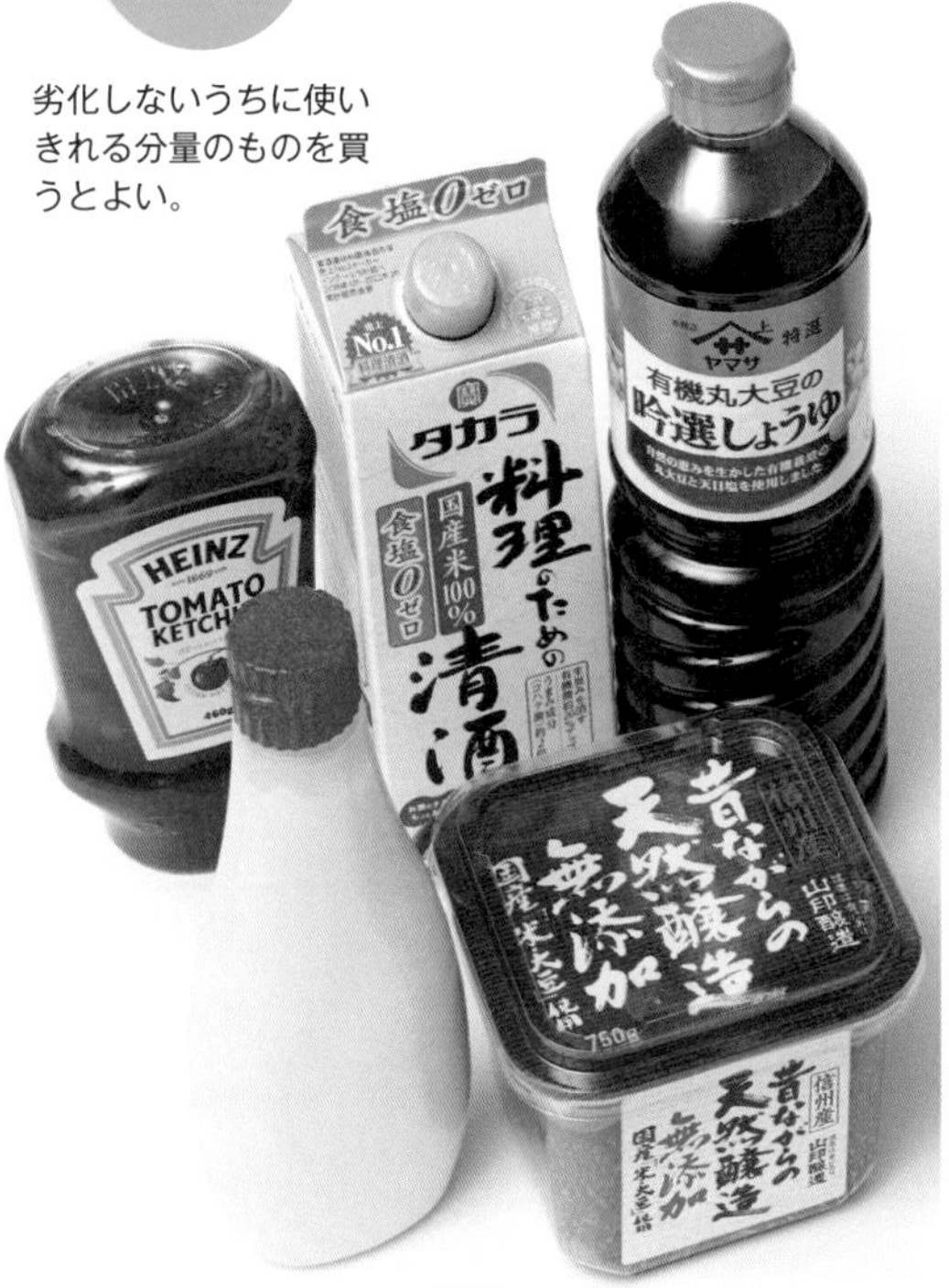

常温

粉類に湿気は厳禁。酢やみりんは開封後は冷暗所で保存する。

冷蔵保存で注意すること

開封前は冷暗所で

開封前もできれば冷蔵庫に入れたほうがよいが、スペースがないなら冷暗所に置くとよい。

ふたをしっかりと閉める

空気にふれないようしっかりとふたをする。味噌は表面にラップをしてからふたをするとよい。

常温保存で注意すること

コンロの横やシンクの下は避けて

熱くなりがちなコンロの横や、湿気がたまりやすいシンク下の棚に置いてはダメ。

陽の当たらない冷暗所で

直射日光の当たる窓際などに調味料を置くと変質してしまう。風通しのよい冷暗所に置くこと。

第2章

調理の基本

煮る

煮物上手になるために覚えておきたいこと

じゃがいもやだいこんなどの根菜に味をしっかりしみこませたい、けれど煮くずれる……。
失敗しない煮物のコツを解説します。

味も見た目も上手にできて完成といえます

肉じゃが、魚の煮つけ、シチューなど、定番料理が多い煮物料理。失敗するのは避けたいところです。押さえておくべきポイントは次の4つ。

その①：下ごしらえをしっかりしておく

野菜にはアクやえぐみ、肉や魚には臭みがあるので、煮る前に下ゆでをして取り除きます。また油揚げは湯をかけて油臭さを除くなど、細かな下ごしらえを面倒がらずにきちんとしましょう。

その②：味をしっかり含ませる

煮汁には、食材に応じた最適な分量があります。野菜の場合は具材がかぶるくらい、魚の場合は煮汁を魚が$\frac{2}{3}$浸るまで入れ、落としぶたをして煮るのが適当です。この煮汁を具材に含ませやすくするため、具材の表面に隠し包丁や飾り包丁を入れておくとよいでしょう。

その③：食材の形をきれいに残す

最初に炒めるときには鍋の中をさわってもよいですが、一度煮汁を入れて沸騰させてからは鍋の中をかき混ぜないことです。また、根菜の煮くずれの原因は切り口のかどとかどがぶつかるため。周囲のかどを削る面取りをしたほうがよいでしょう。

その④：味つけは足し算で考える

最も仕上がりを左右するのが味つけです。最初は薄めにしておき、足りなければプラスするようにしましょう。煮詰めていくと仕上がりが濃くなりがちなので、こまめに味見をしてさし水などをしながら調節することが大切です。

コレひとつあれば どんな煮物もOK!

煮物作りは、大きな鍋がなくても片手鍋がひとつあれば十分です。

18~24cmの片手鍋

ガラスのふたなら中を確認できる

味がしっかりしみ込んでいるか、また具材が煮くずれしていないかを確認できる。

大きさは直径18~24cm

具材が重ならないよう、幅が必要。2~4人分までなら直径約20cmの鍋で十分。

扱いやすさでも片手鍋が便利

片手で持てるほうが鍋を傾けながら具材に煮汁をかける作業がしやすい。

フッ素樹脂加工なら炒め煮もラクラク

炒め煮のときに具材が焦げたり、鍋底に焦げついたりする心配がない。

コレもあると便利!

落としぶた

落としぶたをすると少ない煮汁で対流が起き、味をムラなくしみ込ませることができる。金属やシリコンもある。

フッ素樹脂加工のフライパン

少ない煮汁で魚の煮つけを作るときは、深めのフライパンが便利。小さな魚なら丸ごと入る。

具と鍋の大きさのバランスを考えて!

鍋は大きすぎても小さすぎてもダメ。煮汁が全体に回らなかったり煮くずれなどの原因に。

材料が重ならないので均等に加熱でき、味がしみ込む。

具材が重なって煮くずれしやすく、味にムラが出る。

煮汁が蒸発しやすくなり、材料に味が入らなくなる。

煮るときのポイント①

野菜をくずさず煮る

だいこん、にんじん、かぼちゃなどの根菜は切り口にかどができます。そのまま煮ると、かどとかどがぶつかって煮くずれの原因となるので、面取りをしてかどを削っておくと煮くずれを防ぐことができます。

また、調味料は具材の上ではなく、かならず煮汁が煮立っている部分に入れましょう。ふつふつ煮立っている煮汁に加えることで味が全体に広がります。具材にかけてしまうと味にムラができます。

POINT 1 面取りなどの下ごしらえをする

具材は大きさをそろえて切る。根菜は切り口のかどを包丁で削って面取りをする。

かぼちゃは皮がかたいので、ところどころむく。

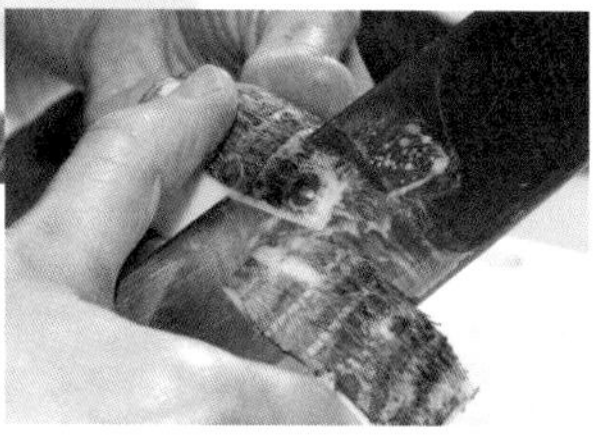

皮はなるべく同じ厚さにむく。

POINT 2 醤油は具材がやわらかくなってから

根菜に竹串が通るほどやわらかくなってから。

具材がやわらかくなってから醤油を入れると味も香りもよく仕上がる。

POINT 3 グツグツ煮てはダメ

沸騰後は火を弱めて煮ないと煮くずれる。

くずれやすい具材だけを別の鍋で下ゆでする。

青菜やアスパラガスなどの変色しやすい食材は最後。

煮汁の表面にかすかに泡が出る程度の火加減にする。

煮るときのポイント②

魚を上手に煮る

ほとんどの魚は、かたくなったり旨味が逃げたりしないように短時間で煮上げます。煮汁は魚が2/3浸かる量で、沸騰してから魚を入れます。

煮汁が少ないので味の含ませ方に注意しましょう。落としぶたで煮汁を対流させたり、身の厚い部分に煮汁をかけると味がよくしみ込みます。

また、臭みの強い青魚は濃口醤油で甘辛く、淡白な白身魚は薄口醤油であっさり味に仕上げるとよいでしょう。

POINT 1

鍋底に具材がはりつかないようにする

魚を直接鍋に入れると皮が鍋底にはりつくので、昆布やつけ合わせの野菜をしくとよい。

魚がはりつかないように野菜を底にしく。

POINT 2

煮汁を回しかけながら味をしみ込ませる

煮汁が少なくなったら、煮汁をすくって上から回しかけ、味をしっかり含ませる。

煮汁が少ないときは、鍋を傾けて煮汁を1か所にためてすくう。

煮魚の失敗ポイント

動かしすぎる

動かしたり裏返したりするとくずれる。魚を入れたら動かさないこと。

鍋が大きすぎる

魚の大きさに合ったサイズの鍋を。煮汁が蒸発して足りなくなる。

火加減が弱すぎる

煮汁は煮立たないと対流しない。常に沸騰した状態を保つ。

箸で持ち上げる

皿に移すときは、箸を使うと身がくずれやすい。フライ返しを使う。

煮るときのポイント③

乾物をおいしく煮る

乾物は十分に戻してから使います。戻し方が足りないと芯が残り、煮ても煮汁の味がしっかりしみ込みません。切り干しだいこんのように15分ほどで戻るものもあれば、干ししいたけのように半日かかるものもあるので、表示時間や状態をしっかり確認して完全に戻しましょう。

また、干ししいたけや干し貝柱などの乾物は戻し汁に旨味がたくさん含まれているので、煮汁にプラスすると仕上がりにコクが出ます。

乾物は水に浸すと倍以上にふくらむので大きめの容器を使う。

POINT 1

指定の時間通りきちんと戻す

袋に表示されている時間通りに、芯がなくなるまで戻す。芯が残っていると味の含みが悪くなる。

POINT 2

乾物の戻し汁も煮汁に活用する

干ししいたけや大豆などの乾物は、戻し汁に旨味が溶け出すので料理に加えると風味がよくなる。

戻し汁は一度こすか、上澄み液を使う。

炒めてから煮ると香ばしさもプラスされる。

POINT 3

ひたひたの煮汁で味を煮含める

淡白な乾物は炒めてから煮るとコクが出る。煮汁は具材が浸るくらいの量を入れると味がしみ込む。

乾物を戻すときのポイント

乾物名	戻し時間（目安）
ひじき	約30分
干ししいたけ	半日
切り干しだいこん	10～15分
高野豆腐	約30分

ひじき ポイント 水でふり洗いし、汚れを落としてからたっぷりの水に浸す。

干ししいたけ ポイント 水に浸し、上にラップをすると浮かばずに全体が水に浸かる。

切り干しだいこん ポイント 表面の汚れを洗ってから水に浸す。使う直前に絞る。

高野豆腐 ポイント ぬるま湯に入れてやわらかくなったら、水気を絞る。

煮るときのポイント④

肉をやわらかく煮る

肉は火を通すと縮んだり、かたくなったりして食感がパサパサになります。これは下ゆでや煮るときの温度が原因です。

肉に含まれるたんぱく質は、65℃以上でかたまります。中まできちんと火を通し、なおかつやわらかく仕上げるためには70℃くらいの温度が最適です。食材によって繊維がやわらかくなるまでの時間が違います。かたまり肉の場合、鶏肉は約20～30分、豚肉は約2時間、牛肉は約3時間でやわらかくなります。

脂はたくさんたまってから一気にすくう。

POINT 1 軽く沸騰する火加減で

強く沸騰すると肉の脂と煮汁が乳化してにごり、肉がくずれやすい。脂はある程度浮き出たらすくい取る。

POINT 2 煮込む前にさっとゆでる

肉類は煮る前にさっとゆでて炒めるとアクや臭みが除け、調理のときに鍋底にはりつきにくい。

薄切り肉は霜降りすることで、ばらばらにほどける効果も。

POINT 3 醤油を入れるのは肉がやわらかくなってから

醤油は塩分を含むので入れると肉が引きしまる。肉がやわらかくなってから加える。

肉がやわらかくなってからでないと味がしみ込みにくい。

薄切り肉を煮るときには

薄切りの肉を野菜などと一緒に煮る場合は、片栗粉をまぶすと片栗粉が肉をコーティングして肉から肉汁や旨味が抜けるのを防ぎ、やわらかさを保つことができる。また、煮汁にとろみがつき、全体の味がまとまる効果もある。片栗粉は多くつけると粉っぽさが残るので、はたいて落とし、薄くつけること。

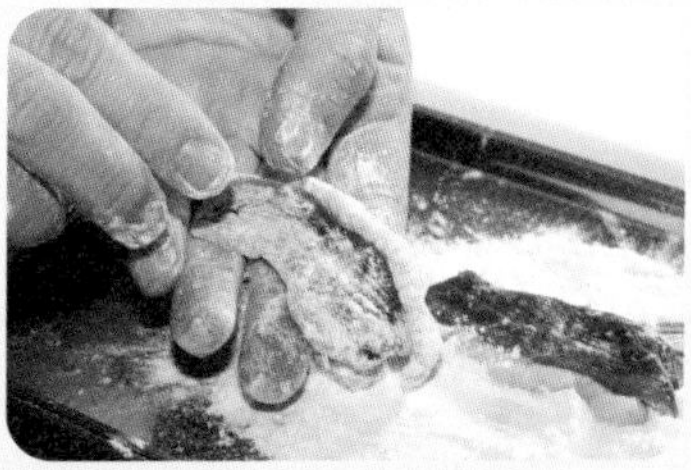

肉の旨味を閉じ込めることもできる。

煮るときのポイント⑤

ホワイトソースで煮る

シチューやグラタンに使うホワイトソースは、薄力粉とバターを1対1で炒めたルウに牛乳を足して作ります。

ホワイトソース作りに多い失敗は、バターを焦がしたり、だまができたりすること。焦げやすい乳製品を入れてからの加熱時間は短くしたいので、具材をはじめに炒めて火を通してからソースに加えましょう。黒こしょうはゴミのように見えてしまい、香りが強いので白こしょうで味をつけます。

POINT 1

下炒めの段階では色がつかないように炒める

野菜が焦げると、ホワイトソースを入れたときに茶色くにごったソースになる。

たまねぎは透明になるように炒める。

POINT 2

味つけは色の白い調味料で

色の濃い黒こしょうや醤油はタブー。塩や白こしょうなど、白か透明の調味料で味を調える。

材料を入れたら、絡めるように白く煮上げる。

煮るときのポイント⑥

トマトソースで煮る

クセのある魚介や肉はトマトソースで煮込むとまろやかな味わいになります。缶詰のトマトの水煮を使う場合は、そのまま入れるとかたまりが残るので、ざるでこして種を取り除きます。

約15分煮込んで2/3量くらいまで煮詰めれば完成です。また、具材やパスタを合わせるときにはしっかり絡め、トマトの鮮やかな赤で全体を覆うようにしましょう。

POINT 1

トマトはざるでこす

生のトマトはゆでてから種が入らないようにこす。缶詰はカットタイプがこしやすい。

ボウルにざるを重ねて置き、トマトをこす。

POINT 2

具材にソースをしっかり絡める

具材を入れたら、全体を大きく混ぜると味にムラが出ず、色も均一になる。

パスタ全体が均一にソースと絡むように混ぜる。

煮るときのポイント⑦

揚げ煮する

なすや豆腐など水分が多くて味が淡白な食材は、そのまま煮ると味に深みが出ないので揚げ煮が適しています。揚げることで油のコクが煮物にプラスされます。

揚げるときは160℃の低温にし、薄く色づく程度になったら取り出します。ただし、そのまま煮ると油っぽくなるので、熱湯にさっと通して油抜きをしましょう。がんもどきなどは淡白な味なので中心までじっくりと味を含ませます。

POINT 1

揚げた具材は油抜きをする

揚げたてを煮ると油が浮き、油臭さが煮汁に移るので、熱湯に通して油を抜く。

油抜きしたらざるにあげて冷ます。

POINT 2

具材を浸して煮汁を吸わせる

煮汁を煮立ててから具材を入れる。弱火でじんわり火を通して味を含ませる。

落としぶたをして味を全体にいきわたらせる。

煮るときのポイント⑧

炒め煮する

火の通りが悪かったりくずれやすかったりする食材は、最初に炒めて火を通してから煮ます。炒めると、野菜は旨味が、肉類は香ばしさが出るため、後から加える煮汁に味が移っておいしくなります。

しかし、後で煮るからといって、さっと炒めただけではダメ。具材が半生だと水分が残って水っぽくなります。旨味や甘味が凝縮するまでしっかりと炒めましょう。

POINT 1

油を絡めるようにしっかり炒める

油を熱して鍋になじませる。材料を入れたら焼き色がつくくらいよく炒める。

肉じゃがは野菜の切り口に透明感が出るまで。

POINT 2

具材から出るアクをしっかりと除く

煮汁を沸騰させると表面にアクが浮く。アクが残っているとえぐみの原因になるので除く。

煮汁が減りすぎないよう、アクだけをすくって取り除く。

お料理110番

こんな料理の「困った!」を解決します

煮物編

青菜の煮浸しの「困った!」

「青菜が色よく仕上がりません」

青菜は、長く火を通すと色が悪くなります。しかし、ほうれんそうなどはアクが強いので下ゆで作業は省けません。下ゆでするときには塩を溶かしたたっぷりの湯に入れ、再沸騰したら取り出して冷ましてください。その後、冷ました煮汁に青菜を入れて味を含ませます。そうすると、色よく仕上がるだけでなく歯ごたえも残ります。

下ゆでは1%の塩を入れて沸騰した湯でゆでる。

冷ました煮汁に青菜を入れる。

火を通すのは八割だけ

下ゆでするのも煮るのも短時間。ぐつぐつ煮ると色が悪くなる。

さばの味噌煮の「困った!」

「煮汁が水っぽくなってしまった…」

さばがぴったりと収まるサイズの鍋を選ぶ。

さばの味噌煮は、煮汁がとろりとしているのが理想的。汁気が多いと、煮汁がさばに絡みません。

煮るときの鍋は、魚の大きさに合ったものを選んでください。大きすぎると煮汁が蒸発して足りなくなります。逆に小さすぎると、味噌が溶きのばせず味が濃くなります。

煮すぎるとさばがパサパサに!

味噌を入れたら約8分煮る。長すぎると味噌の風味が消え、塩気で魚の身がしまる。

飾り包丁を入れると味がしみ込みやすい。

落としぶたを正しく使っていますか?

魚の臭みを取る霜降りのときに。

下ゆでした野菜を流水にさらすときに。

少量の煮汁で対流を起こすときに。

落としぶたは、下ごしらえのときにも大活躍。たとえば、魚の霜降りのときに魚に落としぶたをのせてから湯をかけると、魚の皮が縮むのを防ぐことができる。また、ゆでた野菜を流水にさらすときに使うと、鍋やボウルから具材があふれ出ない。使う前には水にぬらして湿らせるのを忘れずに。

煮魚の「困った！」

「魚に上手に味がしみ込まない」

魚の身の厚い部分は火が通りにくく、味がしみ込むまでに時間がかかります。味を均等に煮含めるために、下ごしらえのときに魚の身の厚い部分に飾り包丁を入れておきましょう。また、煮汁が煮詰まってきたら鍋を傾けて煮汁をおたまですくい、魚に回しかけると中までしっかりと味がしみ込みます。

煮汁にしっかり味つけをする

煮汁に薬味を入れて煮立たせる。煮立ってから魚を入れると煮汁が生臭くならない。

しょうがや梅を入れると魚臭さを除ける。

魚の表面に飾り包丁を入れる

魚の身のいちばん厚い部分に、半分の深さまで切り込みを入れる。

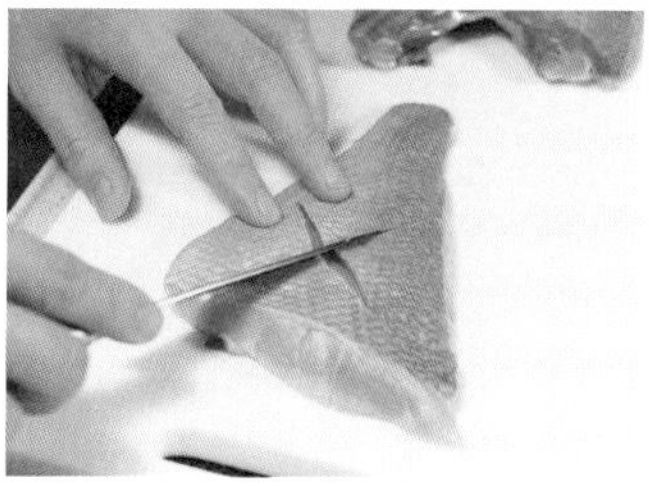

×の形に入れると見た目がきれい。

煮汁が減るまで煮詰める

煮汁は常に沸騰した状態を保つ。落としぶたをして煮詰め、煮汁の味を凝縮させる。

鍋を傾けて煮汁をため、すくって魚にかける。

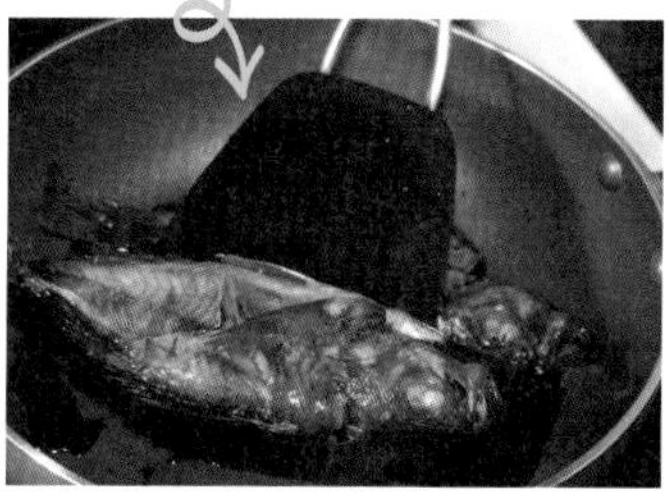

フライ返しで底からすくって器に移す。

肉じゃがの「困った！」

「肉が鍋底にはりついてしまう」

肉じゃがは、炒めるときに焦がすと、後から加える煮汁の味が悪くなってしまいます。

肉を炒めるときには、油を熱して鍋にしっかりなじませましょう。肉が鍋にはりつくのを油が防いでくれます。もしはりついたら、少量の水をさして鍋からはがすように肉を落としましょう。

鍋底にはりついてしまったら…

肉がはりついた部分に水をさして軽くこすってはがし、すぐに水分を飛ばすを、くり返す。

木べらで鍋底についた肉の旨味を落とす。

スプーン一杯ほどの少量の水をかける。

フライパンでも肉じゃがはできます!

肉じゃがを広めのフライパンで作ると、具材が重ならないので煮くずれしにくく、具材を炒めるときに楽。とくに、フッ素樹脂加工が施されたフライパンを使うと、野菜や肉が鍋底にはりつく心配がない。ただし、煮汁が蒸発しやすいので、落としぶたを使ったほうがよい。煮汁が減りすぎたら、水またはだし汁を少量足して調節する。

フライパンの場合も、青い野菜は最後に入れる。

揚げる

揚げ物上手になるために覚えておきたいこと

揚げている途中に衣がはがれたり、油がはねたり……。そんな、悩みの多い揚げ物もコツをつかめば簡単に作ることができます。

怖がらずにそっと油に入れ、タイミングよく取り出す

揚げ物は、サクッとした食感ときつね色に仕上げるのが理想です。4つのポイントを覚えておきましょう。

その①：油のすぐ近くから入れる

具材を揚げ油に入れるときに、高い位置から入れると油がはねます。また、衣がはがれたり、具材が曲がったりして見た目も悪くなります。具材は必ず油の近くからすべらせるように入れましょう。油はねも気にならず、形もきれいに仕上がります。

その②：具材を入れすぎない

揚げ鍋の中に具材を入れすぎると、揚げ油の温度が下がりすぎて衣がしんなりしたり、具材と具材がくっついたりするなど、失敗のもとです。たっぷりと新鮮な油を使い、揚げ油の表面積に対して具材が$\frac{2}{3}$以内を占めるようにするのが、適量です。

その③：揚げ上がりをつかむ

全体がきつね色になったら、揚げ物を取り出すタイミング。具材を入れたときに大きく泡立つ油が、小さくなるころです。取り出すときは、しっかり油をきることを忘れずに。油ぎれが悪いと、冷めてから油っこくなります。

その④：油の状態を考える

揚げ油は、新鮮なものがいちばんです。もし、一度使った油を再利用する場合には、いつもよりも温度を低くして揚げてください。一度使った油は温度が上がりやすい性質があり、焦げやすいからです。ちなみに油を使うのは2～3回が限度。茶色くにごったら捨てましょう。

油の温度の管理が大切

サクッとした歯ごたえにするには適度な温度で揚げること。衣を少し落として温度をチェック。

炒めものの下ごしらえ。色をつけないこと。

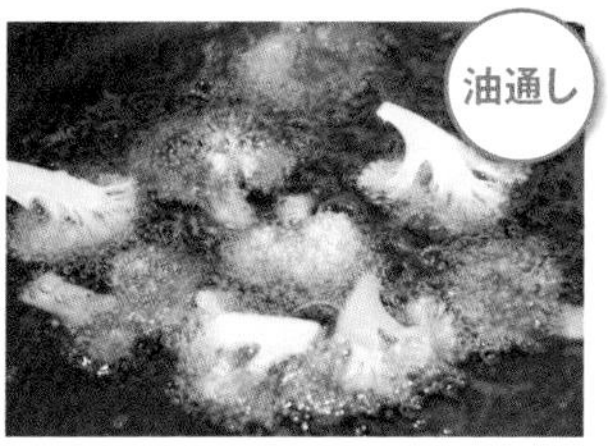

衣は鍋底に沈み、ゆっくりと浮き上がる。揚げ物ではなく、中華の下ごしらえの油通しに。

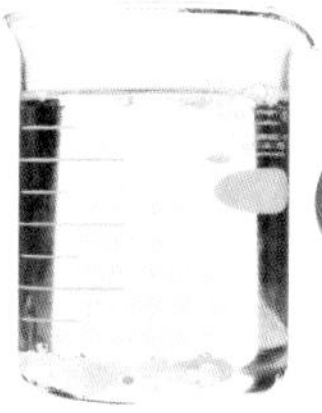

厚みのある根菜類はじっくりと揚げる。

衣は鍋底に沈んでから6秒ほどかけて浮き上がる。根菜類や、二度揚げの一回目に。

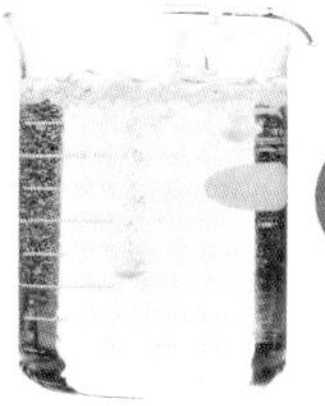

衣をつける揚げ物全般に向く。

衣は鍋底まで沈むがすぐに浮き上がる。コロッケやとんかつなどの揚げ物全般に。

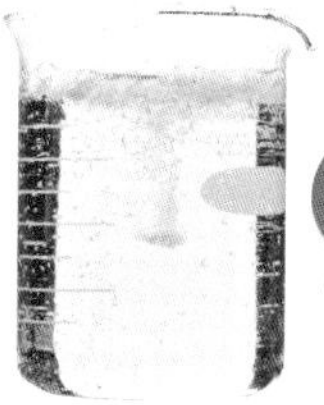

水気の多い野菜やえびなどに。

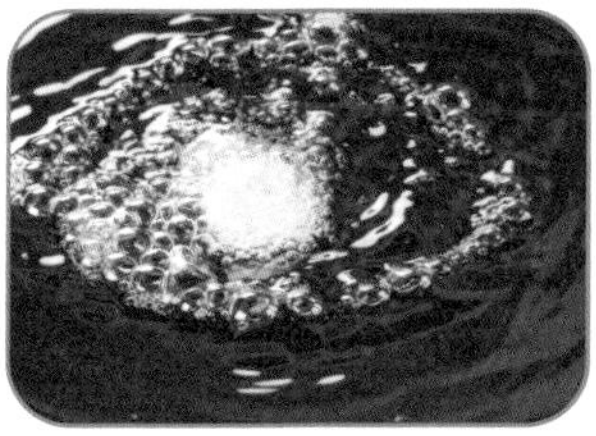

衣は沈まず、すぐに浮き上がって色づく。魚介や青菜などの、水気の多い食材を揚げる。

熱しやすく冷めやすい 油の温度をキープする秘訣とは

コロッケや天ぷらなどの揚げ物は、180℃の中温で揚げますが、食材によって適温が違います。火の通りにくい厚切りの根菜は、160℃の低温でじっくりと。えび、豆腐、なすなど、水気を多く含むものは200℃の高温で水気を飛ばして一気に揚げるとサクッとした食感に仕上がります。

揚げ油の温度を一定に保つのは、なかなか難しいことです。鍋に油を入れて熱したら、適温よりも5℃くらい高くなるように火加減を調節してください。具材が入ると油の温度が下がり、揚げるときにはちょうどよい温度になります。

また、違う食材を同じ揚げ油で揚げるときには、揚げる順番に注意。基本の順番は、はじめに野菜、次に肉、最後が魚です。魚のような臭みがある食材は後にしないと、揚げ油ににおいが移って、ほかの揚げ物の味を損ねます。また、数度に分けて揚げる場合は、次の具材を入れる前に揚げかすを揚げ網ですくって取り除きます。揚げかすが残っていると、具材について見た目が悪くなります。

揚げるときのポイント①

サクッとおいしく揚げる基本

天ぷらやコロッケなどをサクッとした食感に仕上げるためには、衣をつけた後にすぐ揚げてください。衣をつけたままにしておくと具材から水分が出るので、衣が湿ります。さらにその状態で揚げると衣がぶよぶよとやわらかくなります。

また、揚げている途中に具材をさわってはいけません。衣がはがれ、食感も見た目も悪くなります。

POINT 1 薄力粉をつけすぎない

具材の水気をふいてからふるった薄力粉をつける。全体に均一に薄くつけ、だまにならないようにする。

手で軽くはたくと、余分な薄力粉が落ちる。

厚切りの根菜は低温でじっくりと揚げる。

ししとうは高温の油で。衣は薄くつける。

えびは水気を一気に飛ばすため、高温で。

魚は尾を持って入れ、中温で揚げる。

POINT 2 食材に合わせて油の温度を変える

適温で揚げることで中までしっかり火が通り、衣が焦げずにきれいな色に仕上がる。

素材別揚げ温度 早見表

低温 160℃の低温は、葉野菜の素揚げ、火の通りにくい根菜の天ぷら。下味をつけてから揚げる唐揚げや竜田揚げに向く。

中温 180℃の中温は、とんかつ、ポテトフライ、コロッケ、魚の天ぷら、肉・魚のフライ、かき揚げなどに向く。

高温 200℃の高温は、なす、ピーマンなどの野菜の素揚げ。生食できるほたてやえびの天ぷらなどに向く。

POINT 3 揚げ油の量はたっぷりと

具材の厚みの倍以上の深さの油が必要。具材が油から出ていると揚げムラができる。

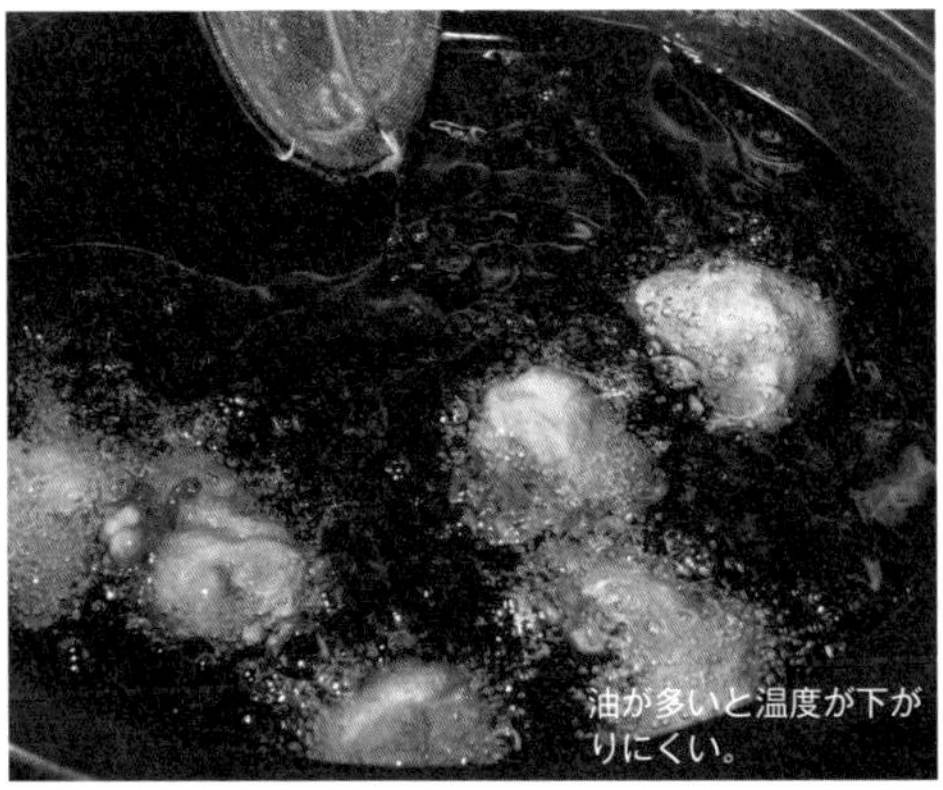

油が多いと温度が下がりにくい。

ちょっとした気配りが揚げ物上手への近道

揚げる前に具材の水気をふく、揚げたあとの揚げかすをすくうなどの細かな作業こそ、手を抜いてはダメ。揚げ物の失敗は、こうした作業を省いてしまうことから起こりやすい。ひとつひとつの作業をていねいに行うことが、揚げ物を成功させる秘訣。

●水気はきちんとふき取る

油はねの原因は具材に残った水気。野菜は水気をきり、肉は調味料に漬けた後にふく。

●油に入れるときは静かに

具材を高い位置から入れると油がはね、やけどの原因に。油の近くから入れること。

●揚げかすをこまめにすくう

揚げかすはこまめに取り除く。残っていると衣につき、見た目が悪くなる。

POINT 4

たくさん揚げすぎない

一度にたくさんの具材を揚げると、油の温度が急に下がりすぎ、火の通りが悪くなる。

表面積の2/3以内を目安に具材を入れる。

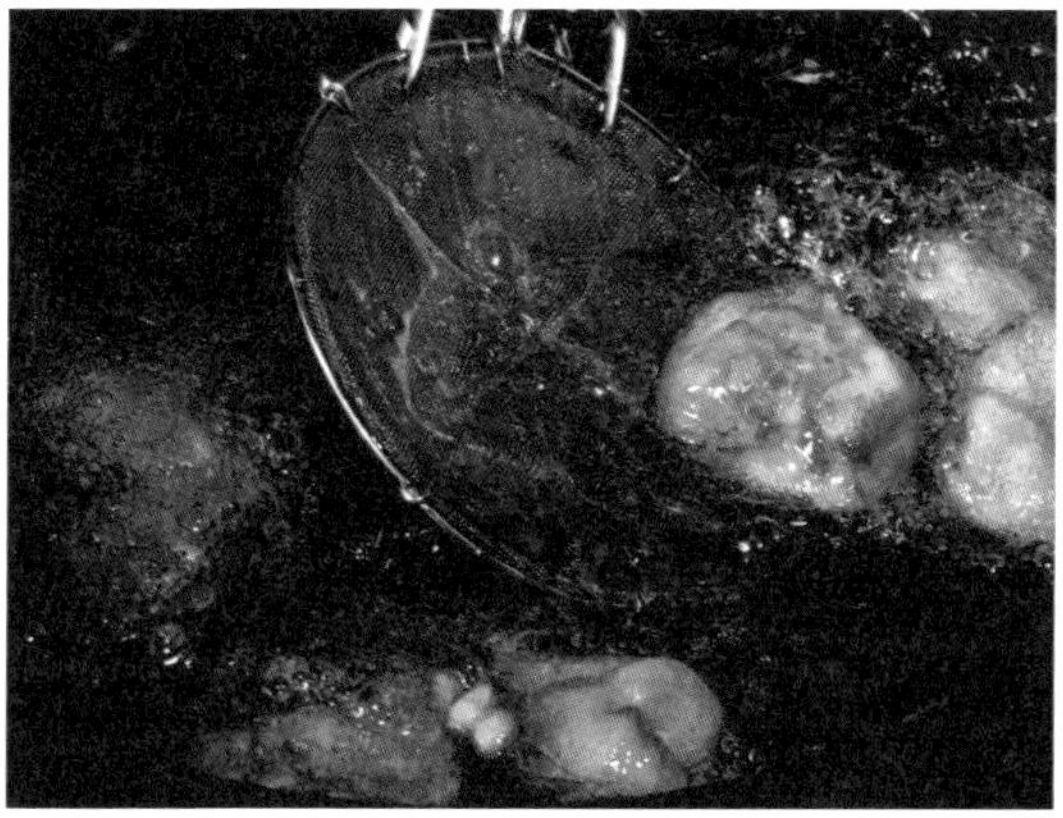

POINT 5

さわりすぎない

衣はやわらかいうちにさわるとはがれる。自然に浮いてくるまでさわらずに待つこと。

さわるときは菜箸や揚げ網で転がすように。

POINT 6

引き上げるタイミングを逃がさない

油に具材を入れると泡が出る。大きな泡が小さくなったら、中まで火が通った合図。

油の泡が落ち着いたら引き上げどき。

余分な油が残っていると、油っこくなる。

POINT 7

余分な油をきちんときる

具材を揚げ網ですくい、油の上で上下にふり、さらに網やペーパーにのせて余分な油をきる。

POINT 1 **天ぷら衣の割合を守る**

溶き卵と水を混ぜた後、薄力粉を徐々に足す。
表面に少しだまができるぐらいの量。

卵1個

＋

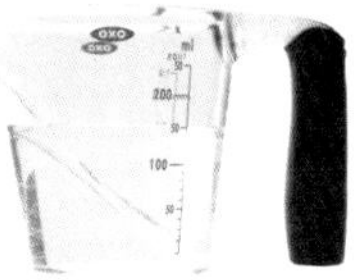

水150ml

＋

薄力粉適量

使う直前まで冷やしておく。

POINT 2

材料は冷やしておく

天ぷら衣の材料は冷蔵庫で冷やす。混ぜるときに使うボウルも冷やすとよい。

POINT 3 **天ぷらの衣はざっくり混ぜる**

天ぷらの衣は練り混ぜないこと。揚げる直前に、数回ざっくりと大きく混ぜる。

太めの菜箸や泡立て器で混ぜる。

細かい目のざるで薄力粉をふるう。

薄力粉は、ふるったものを使う。天ぷらの衣にだまがあると、食べたときに粉っぽさを感じる。

魚介はボウルの端で余分な衣を少し落とす。

POINT 4

衣をつけたらすぐ揚げる

衣の温度がぬるくなると、衣にねばりが出るので冷たいうちに揚げる。揚げ鍋の近くに置いたりしないこと。

揚げるときのポイント②

カラッと天ぷらを揚げる

衣がカラッとし、かつ具材がやわらかく、食材本来の味を感じられるのが天ぷらの理想の仕上がりです。

天ぷらの衣は、混ぜすぎたりぬるくなったりするとねばりが出ます。粘度のある衣を具材につけると仕上がりがベタッとします。ねばりを出さないようにするには、天ぷらの衣を作るときに使うボウルや材料を事前に冷蔵庫で冷やし、衣はさっと数回混ぜるだけで十分です。

また、揚げ油にごま油を少量入れると香ばしさが増し、プロの味に近づきます。

食材の持ち味をいかして揚げる

天ぷらは衣に色がつきすぎると焦げたようにみえるので、衣全体がうっすらと色づく程度に揚げるのがベスト。また、食材に合わせた工夫も必要。

野菜は鮮やかな色がよく見えるように薄くつける、魚はクセがあるので衣は厚めにつけ、その後に余分な水分の多い皮目の衣を落とす。

野菜の色が隠れないように衣をつける。

揚げるときのポイント③

パン粉の衣を上手に揚げる

フライやコロッケに多い失敗は、揚げている途中に衣がはがれること。それを防ぐには、薄力粉は薄く均一に、卵液とパン粉はしっかりつけることです。

パン粉を具材全体にまぶしたら、両手ではさんで軽く押します。パン粉が途中で落ちないようにしっかりつけましょう。

また、ライスコロッケやクリームコロッケなどのように中身がやわらかい場合には、パン粉をざるでこして細かくしてからつけると食感がよくなります。

POINT 1

薄力粉は薄づけする

薄力粉は、ふるってから使う。全体に薄くつけると卵が絡みやすい。

手に薄力粉をつけ、具材をやさしく包む。

具材の上から薄力粉を軽くふるってもよい。

POINT 2

返すタイミングを逃さない

とんかつなどの大きめの具材は､片面に色がついたら裏返す。

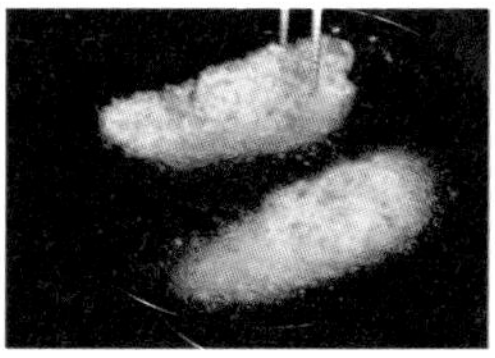

パン粉が薄く色づいたら、菜箸で裏返す。

両面がこんがりと色づいたら取り出す。

揚げるときのポイント④

ジューシーに唐揚げを揚げる

唐揚げは醤油や酒などの調味料を下味に使うため焦げやすく、さらに肉が厚いため火が通りにくいので、表面は焦げているのに中は半生といった失敗が起こりがち。唐揚げは、二度揚げが適しています。はじめは低温で肉の中に火が八割通るくらいに揚げて取り出します。次に油を高温にし、表面の水分を飛ばすようにさっと揚げます。こうすることで表面はパリッ、中はジューシな仕上がりになります。

POINT 1

下味をきちんとつける

皮に切り込みを入れて、調味料が中まで入るようにする。肉をよくもみ、味をなじませる。

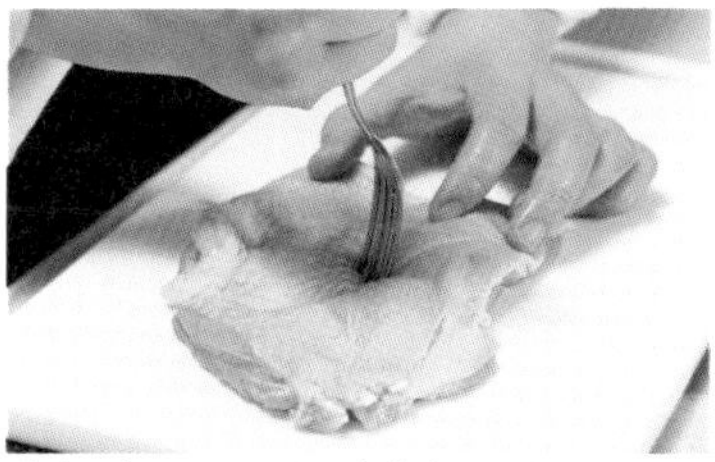

鶏肉の皮にフォークで穴をあけてもよい。

ビニール袋に入れると、肉をもみやすい。

片栗粉と薄力粉どっちで揚げる?

片栗粉なら竜田揚げのようにサクサク。薄力粉ならふんわりとした食感。

POINT 2

二度目は揚げすぎない

160℃の低温から200℃の高温にかえたら、表面がカラリとなるように揚げる。

油を高温にしたら表面の水分を一気に飛ばす。

こんな衣もあります　さまざまな変わり衣

具材に卵白をつけた後、ちょっと変わった衣をつけると風味や歯ごたえが変化します

［　ナッツ　］

煮たさといもに天ぷら衣をつけピスタチオ、ピーナッツ、かぼちゃの種などをつける。

ナッツは包丁で粗く刻んで細かくする。

ナッツをまぶし、中温で揚げる。

［　ごま　］

ほたての貝柱に卵白をまぶして黒ごま、または白ごまをつける。ごませんべいを砕いたものでもよい。

淡白な味の具材には香ばしさをプラス。

高温で約１分揚げ、上から塩をふる。

［　道明寺粉　］

そらまめに天ぷら衣と卵白をつけ、道明寺粉をまぶして揚げると、ふくらんでプチプチとした食感になる。

そらまめの緑色が見えるようにする。

中温で約２分揚げると、道明寺粉がふくらむ。

［　コーンフレーク　］

ビニール袋に入れて粉々にしてからなすにまぶす。かむたびに香ばしさが感じられる。

食材の色が見えるように、まばらにまぶす。

焦げやすいため高温でさっと揚げる。

［　しゅうまいの皮　］

しゅうまいの皮を細長く切り、具材を包むように巻く。春巻きの皮や餃子の皮でもよい。

具材が隠れるように厚めにくるむ。

全体が色づくまで、高温で揚げる。

［　そうめん　］

そうめんを３～4cm長さに折り、卵白をつけたえびにまぶす。はがれやすいので、手で押してつけるとよい。

えびなどの長くて幅のある具材に向く。

高温でさっと揚げる。パリパリの食感。

お料理110番

こんな料理の「困った！」を解決します

揚げ物編

●竜田揚げの「困った！」

「きつね色に揚がりません」

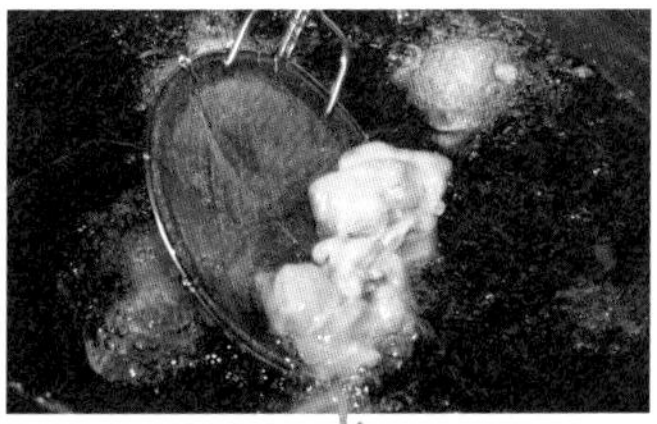

揚げはじめの温度は低温。約5分揚げる。

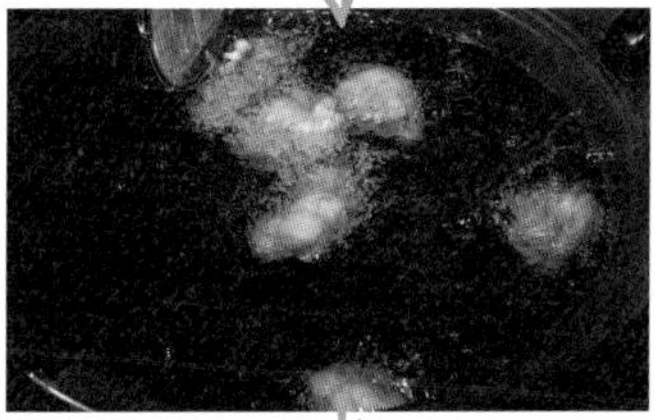

具材に火が通ったら高温に変える。

全体がきつね色になったら取り出す。

竜田揚げは、唐揚げと同様に、二度揚げをします。醤油で下味をつけるため、色がつきやすく、はじめの低温で揚げる時間が長いと焦げます。色よく仕上げるためには、低温の油から取り出すときのタイミングを間違えないことです。具材を低温の油に入れて衣がかたまったら菜箸で軽く転がし、全体が薄い黄色になる程度で一度取り出し、その後高温にすると、全体がきつね色になります。

●コロッケの「困った！」

「クリームコロッケがまとまりません」

クリームコロッケのたねを作ったら、成形する前に冷蔵庫で冷やすことでまとまります。冷やし方のコツは、バットにたねを広げ、ラップをたねの表面に密着させること。ラップのかけ方がふんわりだと、たねの熱が蒸発してラップに水滴がたまります。その水滴がたねに落ちると湿り、冷めてもべたっとして、まとまりません。

たねは、氷水で完全に冷ます。

形を整え、薄力粉、溶き卵、パン粉を順につける。

揚げ油はいつまで使えるの？

使用後は冷めたらすぐこし、劣化を防ぐ。

油を新聞紙などに吸わせて捨てる。

揚げ油は、くり返し使えるが、2～3回が限度。濃い茶色ににごったり、小さな泡が出たりしたら捨てること。劣化した油は嫌なにおいがし、使うと揚げ物の味が悪くなる。

ゆでる

ゆで上手になるために覚えておきたいこと

ゆでてそのまま食べる、調理の前の下ゆで作業など、目的によって火の通し方は異なります。また、余熱のことまで考えるのも、ゆでるときのポイントです。

湯に具材を入れるだけ？ 意外な落とし穴に注意！

単純そうに思えるゆで作業ですが、ゆですぎると具材の形がくずれて変色し、ゆで方が足りないと芯が残ってかたいまま。次の3つのポイントが大事です。

その①：ゆでるタイミングを知る

火が通りにくい厚切りの根菜は、水から入れて温度を徐々に高めながらゆでることで、中までやわらかくなります。逆に火が通りやすい青菜は、沸騰したたっぷりの湯でさっと塩ゆですると、色よく仕上がります。このゆでる温度とゆで上げるタイミングを間違うと、色味や形、味が悪くなります。

その②：ゆでた後にどのように調理するかを考える

下ゆでの場合は、後から煮る、炒める、和える、焼くなどの作業があります。下ゆででは具材に完全に火を通すのではなく八割方にとどめましょう。早めに引き上げると、料理を仕上げるときに程よいやわらかさになります。これは、パスタをゆでるときに、歯ごたえを残してアルデンテにゆでるのと同じことです。

その③：調味料を上手に活用する

青菜は塩を入れてゆでると色がよくなります。また、魚介類に酒を入れてゆでると臭みが取れます。このように、調味料を加えることで、そのままゆでるよりも仕上がりがよくなるケースが多々あります。

ただし、入れる調味料は少量。入れすぎると味が強くなりすぎるので、注意しましょう。くわしくは第4章のパーセンテージを参考にしてください。

なぜ「ゆでる」工程は必要？

アクを抜いたり、臭みを取ったり……。下ゆでをすると、食材の余分なものが取り除けます

沸騰した湯にさし水をすると温度が適温まで下がる。

肉類は、70〜80℃の湯に通すと臭みと余分な脂が取り除ける。また、炒める前に下ゆですると鍋底にはりつかない。

湯の量はたっぷりにし、かたい根元のほうから入れる。

ほうれんそうなどのアクの強い青菜は、沸騰した熱湯に1%の塩を入れてさっとゆでるとアクが抜ける。

大根などの白い野菜は、米のとぎ汁でゆでるとより白く仕上がる。

厚切りの根菜などは、水から具材を入れてゆで、アクを除きながらじんわり火を通してやわらかくする。

具材を熱湯の中に約1分浸して取り出し、水気をきる。

油揚げや厚揚げを煮物などにそのまま使うと煮汁が油臭くなる。沸騰した熱湯にさっとくぐらせて油を抜く。

余分なものを取り除いて本来の味を引き出す〝下ゆで〟

調理前に下ゆでする目的には、主に「アクを抜く」「臭みを取る」「やわらかくする」の3つがあります。

アクとは、食材に多く含まれるえぐみや苦味のことです。このアクはゆでると水に溶け出します。たとえば、ほうれんそうにはシュウ酸というえぐみのもとが含まれていますが、ゆでるとこのシュウ酸が湯に溶け出し、除くことができます。

独特の臭みがある肉や魚は、沸騰前の70〜80℃でゆでます。沸騰した熱湯だと、肉や魚に含まれるたんぱく質がかたまり、身が縮んで食感が悪くなります。ちなみに、魚や肉の下ゆでには、「霜降り」という魚の身に直接湯を回しかける方法もあります。

やわらかく仕上げたい厚切りの根菜は、熱湯からゆでると中に火が通る頃には外側がくずれてしまうため、水からゆでましょう。そうすることで、内側も外側も均一に火が通ります。また、かたまり肉は、沸騰前の70℃をキープしながらゆでることで、肉の繊維がかたくならずに仕上がります。

ゆでるときのポイント①

水＋αの上手な活用法

少量の塩や酢などの調味料を入れてゆでたほうがよい食材があります。

青菜は塩を入れてゆでると色がより鮮やかになり、ごぼうなどの野菜は酢で変色を防ぎ、肉や魚は酒で臭みが取り除けます。また、だいこんやれんこんなどの色が白い野菜は水ではなく米のとぎ汁を入れてゆでると米ぬかがアクを吸収し、なおかつ白く仕上がります。米のとぎ汁が用意できない場合は、米を大さじ1ほど入れると同じ効果が期待できます。

POINT 1 湯に調味料などをプラスして下ゆでする

塩や酢は、たっぷりの湯に対して全体の 1%ぐらいの量を入れる。量が多いと味がつき、色も悪くなる。

魚介類は酒を入れてゆでると、臭みが取れて風味がつく。

青菜やいんげん、アスパラガスなどは塩を入れると色がより鮮やかになる。

アクが吸収され、白く仕上がる。ゆでた後は水にさらしてぬか臭さを取り除く。

ごぼうやれんこんは切り口が変色しやすいため、酢を入れてゆでる。

ゆでるときのポイント②

このタイミングでゆでる

ゆで方は昔から「土より下の野菜は水から、上の野菜は湯から」といわれています。土の中で育つ根菜は繊維が細かいので、水からゆでることで外側と内側の温度差を均一にして、くずれずゆでられます。竹串をさし、すっと通るくらいがちょうどよいゆで具合です。

逆に、やわらかい葉野菜や青菜は水からゆでると火が通りすぎて変色するので、沸騰した湯でさっとかためにゆで、余熱で火を通します。

POINT 1 水からゆでる

火が通りにくい根菜はたっぷりの水に入れて、やわらかくなるまでゆでる。

土の中で育つ野菜は水から。

ゆで汁は捨てずに活用!

ねぎやにんじんなどのゆで汁は、旨味があるので料理に加えてもよい。

POINT 2 沸騰してからゆでる

葉菜は沸騰した湯でゆでる。また、肉や魚類は、熱湯にさし水をし、70 ~ 80℃に下げた温度でゆでる。

肉や魚は沸騰直前の温度でゆでる。

いんげんやもやしなども沸騰した湯で。

ゆでるときのポイント③

麺をおいしくゆで上げる

炭水化物を含む麺類は、火が弱いと鍋底に沈み、麺と麺がくっついてしまう性質があります。ゆでるときの湯はたっぷりで常に沸騰した状態にし、途中で全体をかき混ぜましょう。

パスタは、少し芯が残る状態のアルデンテに仕上げると、ソースを絡めるときの熱で火が通って歯ごたえのあるアルデンテに仕上がります。

うどんやそばは芯がなくなるまでゆで、冷水に移してしめるとコシが出ます。

パスタ

ロングパスタは、すぐに混ぜると折れてしまう。

ショートパスタは、入れたらすぐに全体を混ぜる。

POINT 1 ロングパスタとショートパスタ、鍋を使い分ける

ロングパスタは寸胴鍋、ショートパスタは浅くて広い鍋がゆでるのに適している。

POINT 2 塩を入れてゆでる

湯1ℓに対し10gの塩を入れ、溶かしてから麺をゆでる。表示時間の1分前に出して芯を残す。

塩を入れると、麺の外側がくずれず、べたっとしない。

ロングパスタは放射状に広げて入れる。

麺が湯に浸るようにかき混ぜる。

ショートパスタは大きくかき混ぜる。

ゆで汁は捨てない!

程よい塩加減のあるパスタのゆで汁は、ソースに少量加えると乳化してパスタに絡まりやすくなる。

そば

そば（乾）を鍋全体に広げながら入れる。

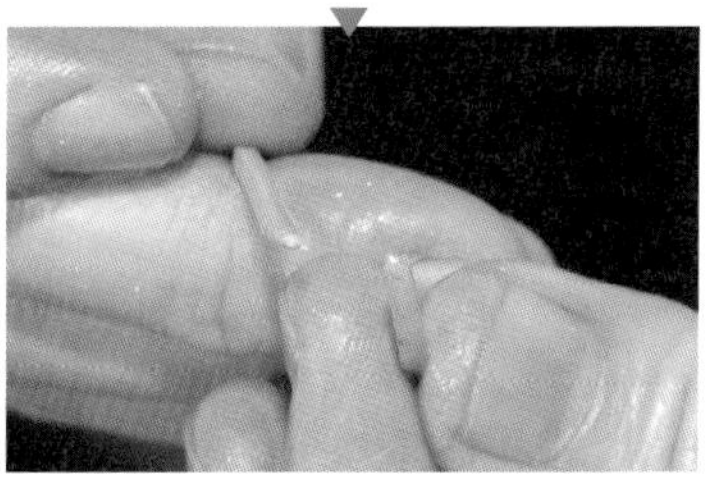

芯が残っていたら、再度ゆでる。

POINT 1 麺を広げて入れてゆでる

そばは重ならないように広げて入れ、沸騰したらさし水をし、芯がなくなるまでゆでる。

うどん

沸騰した湯に麺を入れ、再沸騰させる。

流水にさらしたら、きれいにほぐす。

POINT 1 たっぷりの湯でゆでてから冷水でしめる

うどん（乾）は沸騰した熱湯で混ぜながらゆでる。流水でほぐしながら冷まし、粗熱を取る。

炊く

ごはんを上手に炊くために覚えておきたいこと

ごはんを炊くのは、ついつい炊飯器まかせになりがち。ごはんの正しい炊き方をおさらいして、鍋でもふっくらおいしく炊けるようになりましょう。

でき上がりは、ふたを開けるまでのお楽しみ

鍋でごはんを炊くと、焦がしたり、べったりするのではないかと、敬遠しがちですが、正しく覚えると意外と簡単なうえ、早く炊き上がります。そして、なにより格別においしく仕上がります。そのために気をつけたいポイントは次の3つです。

その①：米の形を壊さずに研ぐ

米を研ぐのは、表面についている米ぬかを落とすことが目的です。水きりが楽だからとざるで洗ったり、ごしごしと強く何度も洗ったりすると、米が欠けます。ボウルの中で両手で米を包み、米と米をこすり合わせて洗い、ぬかが落ちていくのを手で感じながら研ぐことが、大切です。洗った後は10分ほど給水させてからざるにあげて30分ほどおきます。

その②：ふたを取らない

ごはんを炊くときには、昔から「はじめちょろちょろ、なかぱっぱ……赤子泣いてもふた取るな」といわれ、蒸らしが終わるまでふたを開けません。これは、炊く途中に蒸気が逃げたり、温度が急に下がったりして、芯が残らないようにするためです。何度も炊くうちに加減がわかってくるので、好みの炊き加減を見つけてください。

その③：蒸らした後に混ぜる

火を止めて蒸らしたら、しゃもじで底からすくって全体を混ぜ、余分な蒸気を逃します。底のほうにたまった蒸気を逃がすことで、全体が均一になりふっくらとしたごはんに仕上がります。

混ぜた後は、ぬらしたふきんをかけて乾燥を防ぎましょう。

まずは米の研ぎ方をマスター

ごはんをおいしく炊くためには、研ぎ方が大事。手は抜けません。

1 水をためたボウルに米を入れ、水の色が白くなるまで手早く混ぜる。

2 米が研ぎ汁を吸わないうちに、にごった汁を捨てる。

3 水を入れずに手で米をはさみ、こすり合わせて洗う。

4 2と3を数回くり返した後、10分浸水させる。

5 ざるにあげて水気をきる。ふきんをかぶせ、約30分おく。

炊くときのポイント①

土鍋でごはんを炊く

　熱を蓄えてじっくりと火を通す土鍋は、ごはんを炊くのにとても向いています。鍋のふちが内側にせり上がっているので、吹きこぼれる心配もありません。

　吸水させ、30分ざるにあげた米と同量の水を入れて火にかけ、沸騰したら弱火で約10分火を通します。火を止めたら、ふたを取らずにそのまま10～15分蒸らします。

　土鍋以外にも、厚手の鍋なら蒸気が逃げずにおいしく炊くことができます。

POINT 1 沸騰したら弱火で炊く

土鍋に、10分浸水させざるにあげた米と同量の水を入れ、ふたをして強火にかける。沸騰したら弱火にし、約10分火を通す。

1 米は1か所にかたまらないよう広げて入れる。

土鍋の中はこんな状態

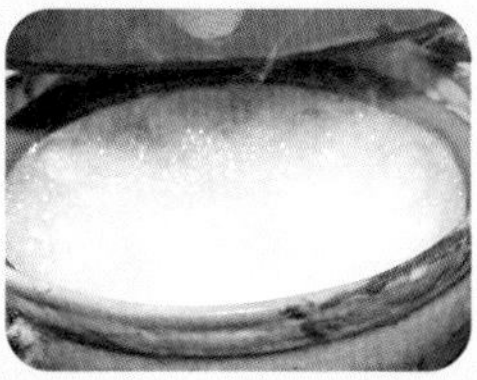

沸騰してぶくぶくと煮立っている。芯がなくなるまで、常にこの状態を保つ。

POINT 2 火を止めたら蒸らす

ふたをしたまま10～15分蒸らし、余熱で火を通す。蒸らしたら全体を混ぜて蒸気を逃がす。

2 10分経過したら火を止め、ふたをしたまま蒸らす。

3 ぬらしたしゃもじで底からすくって混ぜる。

炊くときのポイント②

炊き込みごはんを作る

炊き込みごはんは、醤油やみりん、砂糖などの調味料が入っているため、ふつうの米を炊くときよりも焦げやすいので注意が必要です。炊くときには強火で沸騰させ、弱火にして小さく沸騰するくらいの状態を保って炊くと焦げずに仕上がります。

具材に生野菜を入れるときには、水分が出るので水の量を減らします。また、かきやあさりなどの貝類は、火が通りすぎると縮んでかたくなるので、ごはんを蒸らすときに加えて余熱で火を通すと、身がふっくらと仕上がります。

POINT 1 炊くときの米と汁は同量に

汁は10分浸水させた米と同じ量に。計量カップに調味料を入れ、水を足して調節する。

計量は正しく行い、量ったらよく混ぜる。

POINT 2 米・具・汁をなじませる

鍋の中に材料を入れたら、ひと混ぜする。材料をなじませると、炊き上がりの味にムラが出ない。

炊くときの汁は全体に回し入れる。

POINT 3 途中でふたを開けない

蒸気が逃げないようにふたをして炊く。沸騰するかしないくらいの状態を保つ。

途中で開けるとうまく炊き上がらない。

具材の煮汁を活用する

煮た具材を入れて炊く場合、その煮汁を加えると風味が増す。

ごはんの活用 ❶

寿司飯を作る

寿司飯は、炊きたてのごはんと合わせ酢を混ぜます。ごはんが温かいうちに混ぜてうちわであおぎ、人肌くらいの温度になるまで冷まします。冷めすぎるとかたくなるので、冷蔵庫に入れてはいけません。

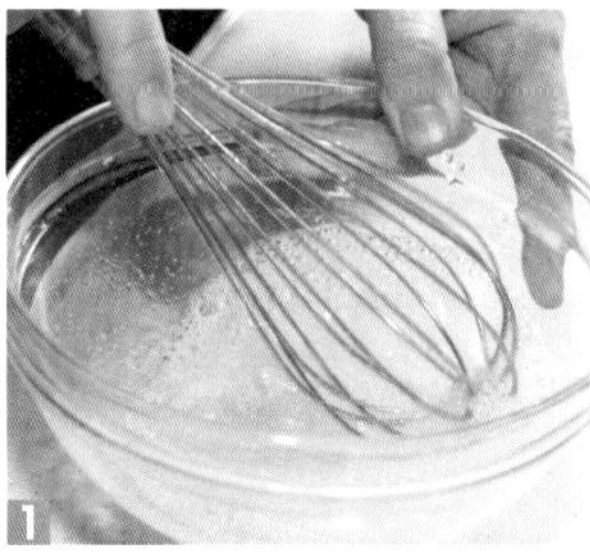

酢20ml、砂糖10g、塩3gを混ぜる。

POINT 1 釜ごと逆さにして飯台に入れる

※合わせ酢はごはん2合分。

ごはんの粒がつぶれないよう、釜をひっくり返して入れる。熱い状態で合わせ酢を回しかける。

ごはん（2合分）に合わせ酢をかける。

POINT 2 うちわであおぐ

ねばりが出ないようさっと混ぜ、人肌くらいまで冷ます。こうするとごはんがしまり、つやつやになる。

あおぐときは、混ぜないこと。

時間をおくときには…

食べるまでに時間がある場合は、乾燥しないように端によせ、さらしとラップをかける。

ごはんの活用 ❷

チャーハンを作る

チャーハンをパラパラに作るコツは、卵が半熟のうちにごはんを入れ、きれいに混ざったらごはんを広げて焼くこと。広げて焼くと米粒がほぐれます。

ごはんはかために炊いたものが、炒めやすくて向いています。冷凍ごはんを使う場合は自然解凍した後に、しばらく皿に広げ、水分を逃がしてから使います。

フッ素樹脂加工のフライパンで作るときには、ごはんがはりつく心配がないので、油の量を少なめにします。

ごはんはなるべく温かい状態で使う。

POINT 1

ごはんはかために炊く

やわらかいごはんだと、パラパラにならない。炊き時間を短くし、少しかために炊く。

POINT 2

油はよく熱する

中華鍋全体に油を広げて熱し、なじませる。こうすると具材やごはんが鍋にはりつかない。

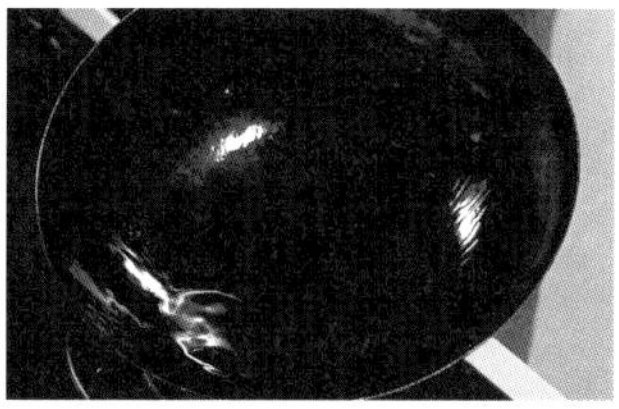

鍋を動かして、油を全体に広げる。

卵は鍋の中心に入れ、鍋を回して広げる。

POINT 3

卵は一気に流し入れる

熱々に油を熱した鍋に卵を一気に入れると、焼き具合が均一になる。

仕上げにごま油を鍋肌から入れる。

具材を入れて大きく混ぜる。

卵とごはんを混ぜ、広げる。

POINT 4

半熟状態でごはんを入れる

ごはんは、鍋全体に広げ、しばらくさわらない。焼けてきたら返し、全体を炒める。

日本米でリゾットを作る

通常は細長いイタリアの米を使うが、日本米でも作ることができる。米は研がずに鍋に入れて炒める。もし、研ぎたい場合は研いだ後に乾燥させてから使うこと。

米は洗わずに入れ、熱くなるまで炒める。無洗米がおすすめ。

米が熱くなったらチキンブイヨンを注ぐ。全体をひと混ぜする。

米の芯が少しだけ残る状態になったら、バターやチーズを入れる。

日本米にはねばりがある

日本米は、混ぜるとねばりが出るため、煮込む間は混ぜないこと。バターを入れて乳化させるときにも、大きく混ぜる。

蒸す

食材を上手に蒸すために覚えておきたいこと

蒸し上がった具材がびちゃびちゃと水っぽくなったり、かたくなったり……。そんな失敗が起こらないように、ほどよい蒸し加減を知っておきましょう。

蒸気を味方につける。それが、蒸し料理の鉄則

蒸し料理には茶わん蒸しや点心などのように蒸し器で作るものや、貝の酒蒸しのように鍋で作るものがあります。どちらも、やわらかく蒸し上げるのが理想的。蒸し料理のポイントは3つ。どちらで作る場合にも応用がききます。

その①：火加減に気をつける

火加減が強すぎると、まんじゅうなどは破れます。また、魚や肉を蒸すときには、弱火でじんわりと蒸すとしっとり仕上がります。素材により蒸すときの火加減が異なることを覚えておきましょう。

蒸し器を使う場合は、蒸し器の下に入れる水を常に沸騰した状態に保ち、蒸気の出る量を火加減で調節します。まんじゅうのように丸くふくらませたいものは、始終中火～強火で蒸します。

その②：水蒸気を逃がしすぎない

蒸している途中に、ふたを開けると水蒸気が逃げ、うまく蒸せません。

具材に火が通っているかを見るときには、ふたを少し開け、確認したらすぐに閉めましょう。このとき、火力を少し強め、鍋の中をふたたび水蒸気で充満させれば、最後まで蒸すことができます。

その③：水滴を作らない

水滴は、蒸し料理の最大の敵。水滴が具材や器にたまると味が薄くなったり水っぽくなります。水滴ができる原因は、鍋のふたに水蒸気がたまりすぎること。長く蒸すときは、少しふたを開けて外に蒸気を逃がす、乾いたふきんをはさんで水気を吸収させるなどの対策をしましょう。

蒸すときの道具の扱い方

竹製のせいろ、ステンレス製の蒸し器、それぞれの蒸し方の違いを確認しましょう。

蒸し器

ステンレス製。二段重ねになっており、下の段に水を入れて上の段に具材を並べて蒸す。

使い方

ふたの穴が小さいので、蒸気が充満しすぎたらふたをほんの少しだけずらす。

上の段の底には、蒸気が通る小さな穴がある。その上に、空間を開けて具材をのせる。

せいろ

基本は中華鍋に重ねて使う。竹製のふたのすき間から、余分な蒸気がほどよく抜ける。

使い方

せいろの下にひとまわり大きい鍋を用意し、水を入れて沸騰させてせいろを重ねて使う。

せいろの底にはりつきやすい具材の場合は、具材の下に野菜や耐熱容器をしく。

使うときはここに注意!

使用する容器は？

ふたをすると火が通りにくく、かたまらない。

器を入れて蒸す場合は、ふたやラップをしない。器は、耐熱製なのかを確認してから使う。

ふたに布を巻く

ふきんが中の蒸気を吸収する。

蒸し器の中で水蒸気が充満すると、ふたの裏側に水滴がたまる。具材に落ちないよう、ふたに布を巻く。

蒸すときのポイント①

茶わん蒸しをふんわり蒸す

茶わん蒸しの生地には卵が入っていて「す」が入りやすいので、温度が高くなりすぎないように火加減を調節するのがポイント。

卵の黄身は、温度が65℃以上になるとかたまってきます。茶わん蒸しを高温で蒸すと、気泡ができる「すが立つ」という現象が起こります。パサパサとした食感になる失敗はそのためです。

また、茶わん蒸しの生地を作るとき、だし汁は冷ましましょう。だし汁が熱いうちに卵と合わせると、卵に火が通って分離します。

POINT 1

茶わん蒸しの生地をざるかシノワでこす

卵とだし汁を混ぜたら、ざるやシノワでこして卵白のだまや膜を除く。

シノワ（左）を使うとざる（右）よりもきめ細かい生地になる。

POINT 2

最初は中火で途中から弱火にする

はじめは、中火で約２分、表面が白くなったら弱火にし、15～20分蒸す。

生地は容器の八分目まで入れる。

POINT 3

生地を蒸してから具材をのせる

上に飾る具材は別にゆでる。生地がかたまったら具材を上にのせ、１～２分蒸らす。

えびなどの鮮やかな具材が見栄えする。

蒸すときのポイント②

点心を蒸す

しゅうまいや餃子などの具を皮で包んだ点心は、皮がべたべたになったり、はがれたりしたら台なしです。

具材はすき間をあけて並べて中火を保ちながら蒸すと、肉にじんわり火が通っておいしくなります。

POINT 1

蒸し器の底にはりつかない工夫をする

すき間をあけて並べ、具材の下に野菜や蒸気を通すクッキングシートをしくと、皮がはがれない。

間隔をあけて並べ、蒸気の通り道を作る。

青菜やスライスしたにんじんなどをしく。

蒸し上がりをチェック

中まで火が通ったかどうかは、このように確認します。

皮の色が透き通る頃。金串をさして抜き、手に当てて熱ければよい。

中心に串を通し、卵液ではない透明な汁が出てくればよい。

貝の口が開いたらOK。火を通しすぎると身が縮んでかたくなる。

尻びれの端の太い１本を引っぱる。簡単にすっと抜ければよい。

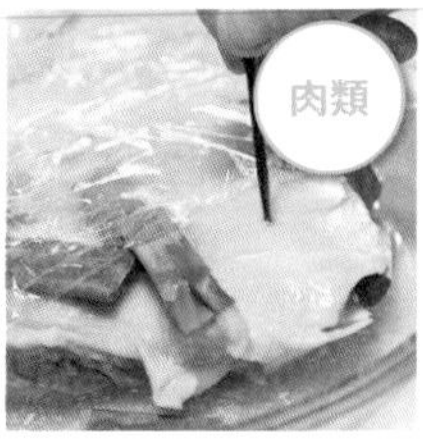

電子レンジで蒸した場合。竹串をさしてみて透明な汁が出たらよい。

お料理110番 こんな料理の「困った!」を解決します

蒸し物編

茶わん蒸しの「困った!」

「茶わん蒸しの生地に穴が…」

蒸し上がりに、卵液に泡ができるのは「すが立つ」という現象で、蒸すときの火力が強すぎたのが原因。中の生地がぼこぼこと沸騰しながらかたまったため、空気が入っています。火加減を弱くして蒸すようにしましょう。

かたまった卵液に気泡ができると食感が悪い。

すが立ったときの中の様子。全体に細かい泡が入っている。

蒸し魚の「困った!」

「中まで火が通ったかわからない」

魚の蒸し上がりは、目の色を見ましょう。目が白くなっていればOK。このとき、尻びれの端の太い1本を引き、簡単に抜ければ、身の中まで火が通っています。身がくずれやすいので、フライ返しで器に移します。

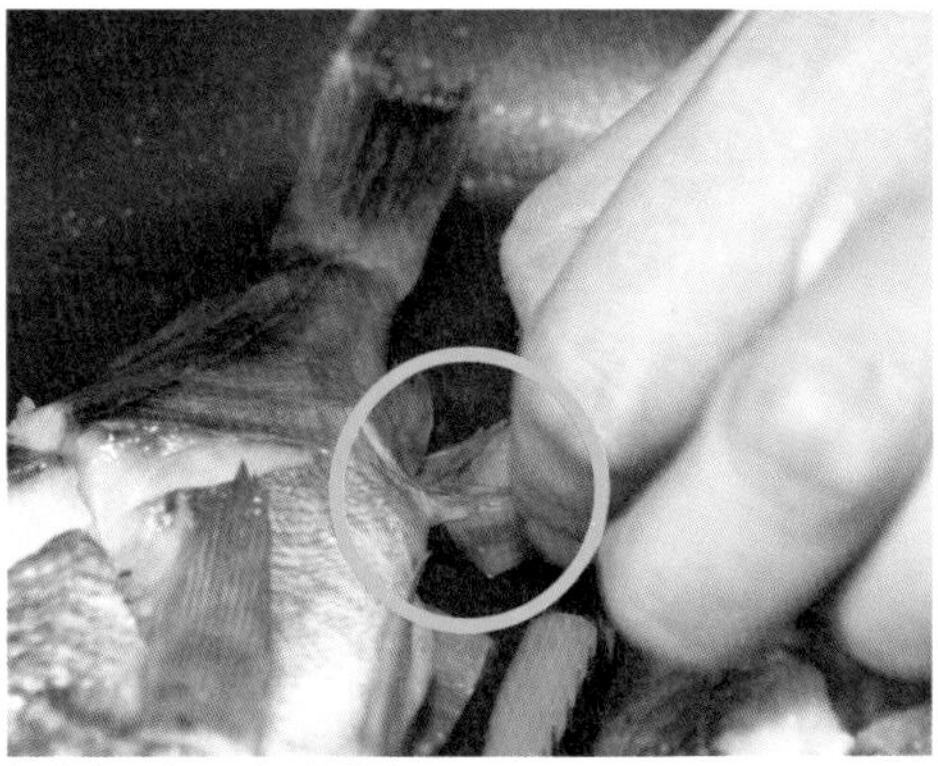

軽く引っぱってすっと抜く。

透明だった目の色が白くかたまったらしっかりと蒸せた証拠。

焼く

焼き物上手になるために覚えておきたいこと

焼き魚やハンバーグにきれいな焼き色をつけたい、でも、焦がしたくない……。この微妙な焼き加減をつかむコツを習得しましょう。

香ばしく、見た目もきれいに焼くためにはコツがあります

表面は真っ黒焦げ、それなのに中まで火が通っていない……。焼き物では、そんな失敗がしばしば起こりがち。

魚なら皮がぱりっとして香ばしく、肉なら中から肉汁が出るような仕上がりが理想。そんな理想の焼き方には、3つのポイントがあります。

その①：油ではりつきを防ぐ

魚の皮がはがれたり、肉が鍋にはりついたりすると見た目が悪くなります。使うフライパンや焼き網には、油をよくなじませましょう。油の膜があると、具材がすべって浮き、焦げつきません。

また、ハンバーグを焼くときには、手に油をつけて成形し、表面を油でコーティングします。

その②：表から先に焼く

皿に盛りつけるときに、表になるほうから焼きはじめるのが基本です。片面にきれいな焼き色がついたら裏返します。身くずれを起こしやすいので、裏返すのは一度だけ。肉や魚は、焼いているうちに具材の脂が器具などに落ち、焦げやすくなります。先に表を見栄えよく焼くと、裏面は多少くずれても隠せます。

その③：焼き色をきれいにつける

表面に茶色く焼き色をつけて、料理をより一層おいしそうに見せましょう。ただしステーキなどの厚めの肉は、表面に色がつきにくいので、焼きはじめる前にバターを熱し、その上に肉を置いて焼き色がつくまで動かさずに焼きます。

焼くときに覚えておきたい5つのこと

下ごしらえやちょっとした気配りをきちんと行うと、仕上がりに差がでます

1 事前の下準備をしっかりと

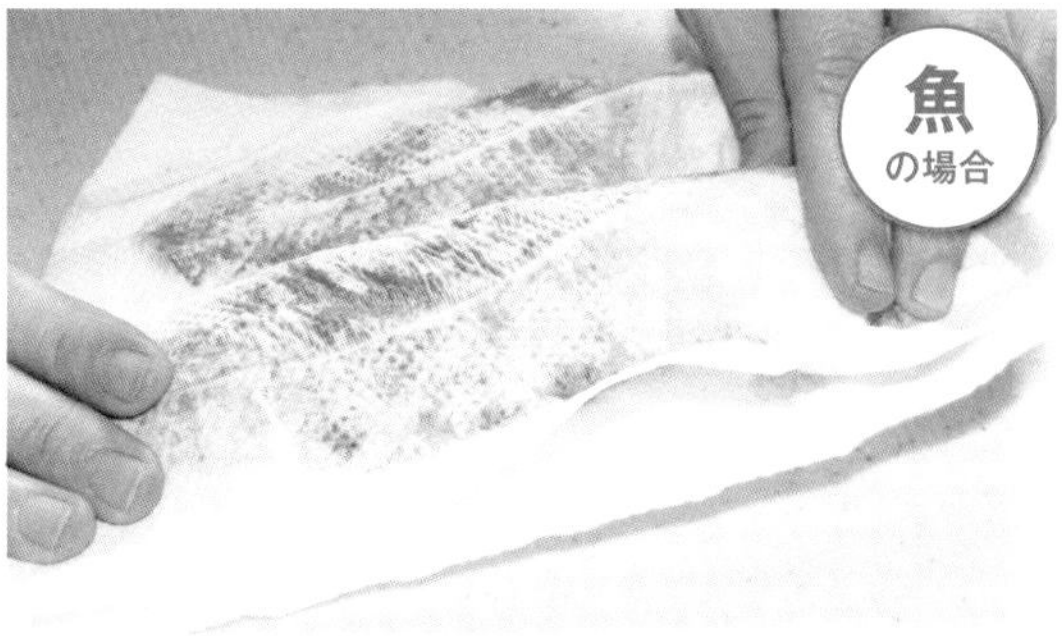

魚を焼く前には、水気をしっかりふいておくことが大切。水気が残っていると、油をはじいたり、皮がぶよぶよにやわらかくなったりして、香ばしく焼けない。

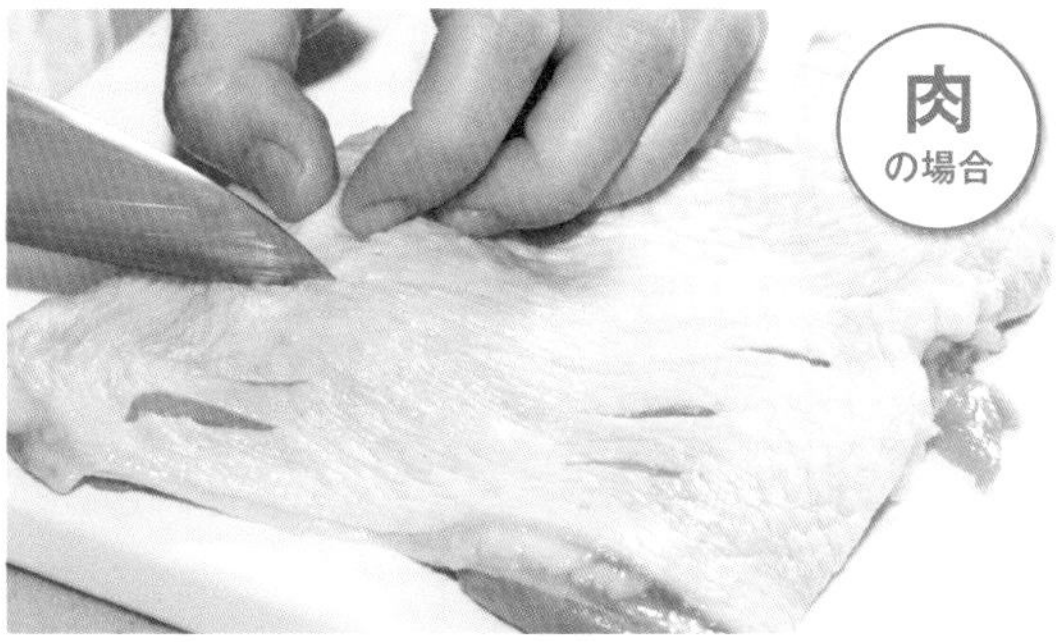

肉を焼く前には、身が縮まないように筋切りをする。また、下味をつける場合は、身に数か所、切り込みを入れると余分な脂が出て、中まで味がしみ込む。

2 調理法に合わせて道具を選ぶ

ソテーには、フッ素樹脂加工のフライパンを使うと、皮が焦げて取れるのを防げる。

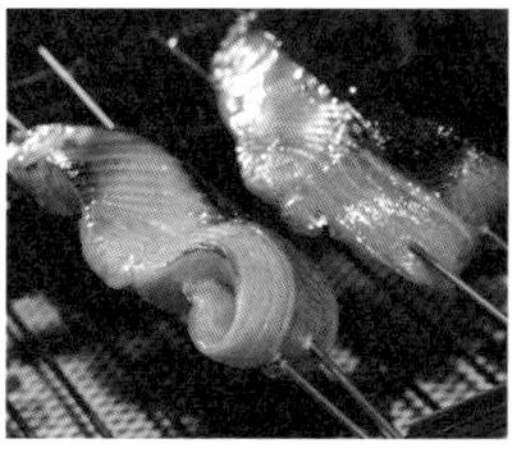

魚の塩焼きは、焼き網や鉄弓を使うと香ばしく焼ける。金串をさすと安定する。

3 道具をしっかり熱し、油をしくのを忘れない

フライパンを熱し、油を入れて広げる。バターは焦げやすいので遅めに入れる。

油をしみ込ませたキッチンペーパーで、焼き網に油を薄くぬる。

4 火を通しながら味を含ませる

フライパンで焼く場合、具材に焼き色をつけてから調味料を入れる。

串で焼く場合、具材に調味料をかけて焼き、乾いたらまたかけて焼く、をくり返す。

5 中まで火が通っているか焼き具合をチェック

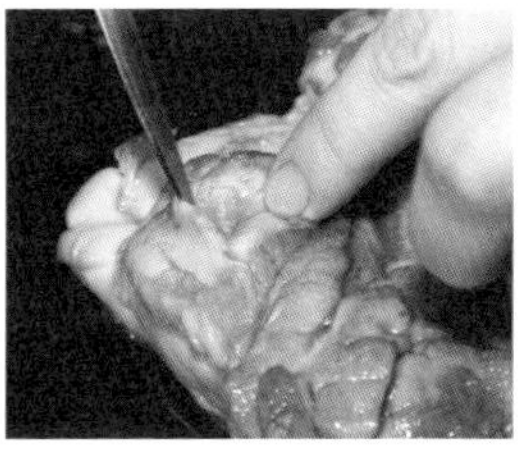

照り焼きは、身の厚い部分を少し切って確認する。中が赤かったら半生の状態。

ステーキは上から押して赤い汁の出方を確認し、好みの焼き加減にする。

焼くときのポイント①

魚を焼く

焼く前に、身の厚いところに飾り包丁を入れておくと、皮がふくらんで破れるのを防ぐことができます。

姿ごと焼く場合は盛りつけるときに表になるほうから、切り身の場合は皮から焼くと、きれいに仕上がります。

鉄弓や焼き網で焼くときには、「強火の遠火」が最適な火加減です。火から魚を10cmほど離して焼きましょう。また、薄いひれには塩をまぶしたりアルミホイルをかぶせたりすると、焦がさずにきれいに焼けます。

主な魚の焼き方は3パターン

魚焼きグリルで焼く
西京焼きなど全般に向く。片面焼きと両面焼きがある。網に油を薄くぬってから焼き、片面焼きの場合は、途中で裏返す。

串で焼く
塩焼きに向く。串にさすと安定するだけでなく身がうねるので、姿がよくなる。直火にかざして串をずらしながら焼く。

フライパンで焼く
ソテーや照り焼きに向く。フッ素樹脂加工のフライパンなら、魚の皮がはりつかずに焼ける。揚げ焼きもしやすい。

フライパンの場合

POINT 1　皮目から焼き、焼き色がついたら返す

フライパンに油をなじませ、皮に焼き色がつくまで焼き、裏返して身を焼く。

皮全体が茶色に色づいたら裏返す。

POINT 2　焼き油を身の厚い部分にかける

身の厚い部分は火が通りにくいので、フライパンをななめに傾けて焼き油をすくいかける。

焼き油をかけると均一に火が通る。

反って焼きにくいときは上から軽く押す。

POINT 3　一尾魚の場合は盛りつけ面を先に焼く

盛るとき表になる面を焼いた後、裏返して全体を焼く。身の厚い部分に焼き油をかける。

飾り包丁でより美しく仕上げる

飾り包丁とは、魚の身の厚い部分に切り込みを入れること。見た目が美しいだけでなく、焼いている途中に皮がふくらんで破けるのを防ぐことができる。

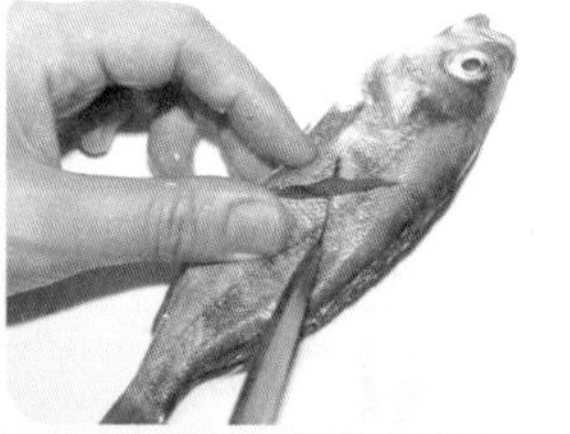

一尾魚の場合は、中骨にあたる深さまで。

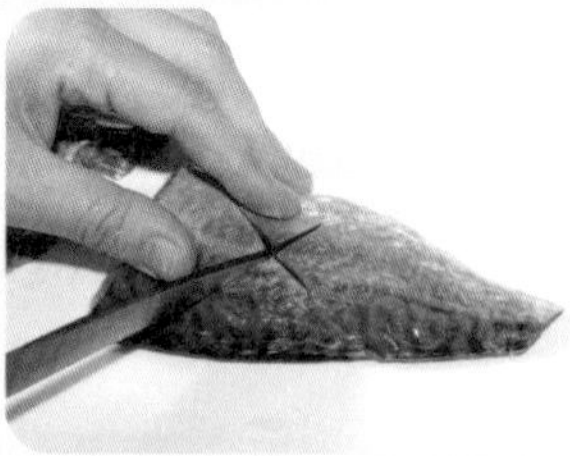

切り身は身の厚さの半分の深さまで。

串の場合

POINT 1

ひれに塩をつける

化粧塩と呼び、ひれが焦げないように守る役割がある。ひれが焦げずにパリッと焼ける。

指に塩をつけ、ひれをはさんでこすりつける。

落ちた脂から出る煙でいぶすように焼く。

POINT 2

火加減は強火の遠火

コンロの上に鉄弓を高くして置き、串を並べる。盛りつけるとき表になるほうから焼く。

串のうち方

魚をうねらせて串をうつと、魚が泳いでいるような美しい姿に仕上がる。うねり串と呼ぶ。

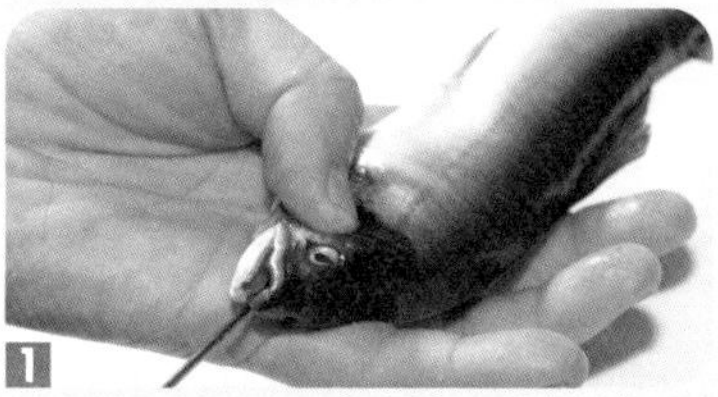

魚は盛りつけるとき裏になるほうを上にして持つ。口から串を入れる。

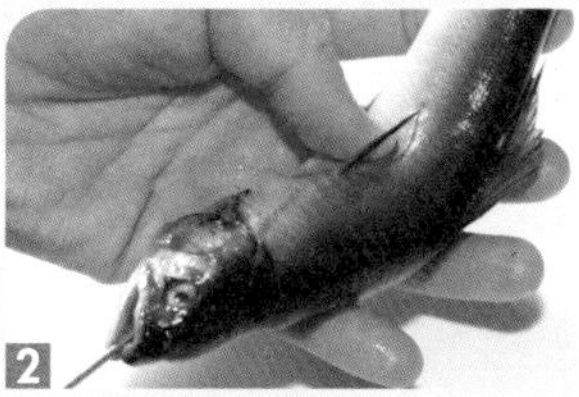

えらを縫って腹に通し、背の中央で外に出す。背骨の脇からさらに串を入れる。

魚をうねらせ、尾の近くの背骨の脇から出す。

串が1本だと焼くときに不安定なので、横に竹串をさして安定させる。

切り身に串にさすには…

皮の端から繊維に対して直角に串を入れ、身を少しだけうねらせて縫うように通す。身の幅が広い場合は、扇状に2本の串をさすと安定する。2本の串をまとめて持つことができるので焼きやすい。

魚の身の繊維に対して平行に串を入れると身割れするので、必ず直角に通す。

魚焼きグリルの場合

キッチンペーパーに油を含ませる。

POINT 1

焼き網に油をぬる

魚の皮が焼き網にはりつかないように、網に油を薄くぬっておく。

POINT 2

つけ合わせを一緒に焼いて調理時間を短縮

スペースに余裕があれば野菜も並べ、魚と一緒に焼く。野菜は焦がさないように注意。

魚を少し焼いてから、野菜を入れると同時に焼き上がる。

焼くときのポイント②

肉を焼く

肉は、焼きすぎるとかたくなるので、火の通し方を調節することが大切です。牛肉など生で食べられる場合は別ですが、中まで火が通った状態がベストな焼き上がりです。

注意したいのは油やバターなどの油脂の使い方。豚肉のように脂の多い肉は加熱すると脂が溶け出すので、油脂は少量使います。逆に、淡白な鶏肉は油脂を多めに使い、脂を補って焼くとジューシーに仕上がります。

ハンバーグ（中まで火を通す）

指の腹でたねの真ん中を軽く押す。

POINT 1 中央をくぼませる

たねを小判形に整えたら、中心にくぼみをつけると、中まで均一に火が通る。

POINT 2 片面ずつゆっくり焼く

たねをフライパンに入れ、底のほうが茶色く色づくまでさわらずに焼く。

厚さの半分まで茶色くなるように焼く。

「ジュワー」という音が出てくるまで焼く。

返すときは、くずれないよう手を添える。

理想の焼き上がり

両面にしっかり焼き色がつき、串をさしたときに透明な肉汁が出たら完成。

照り焼き

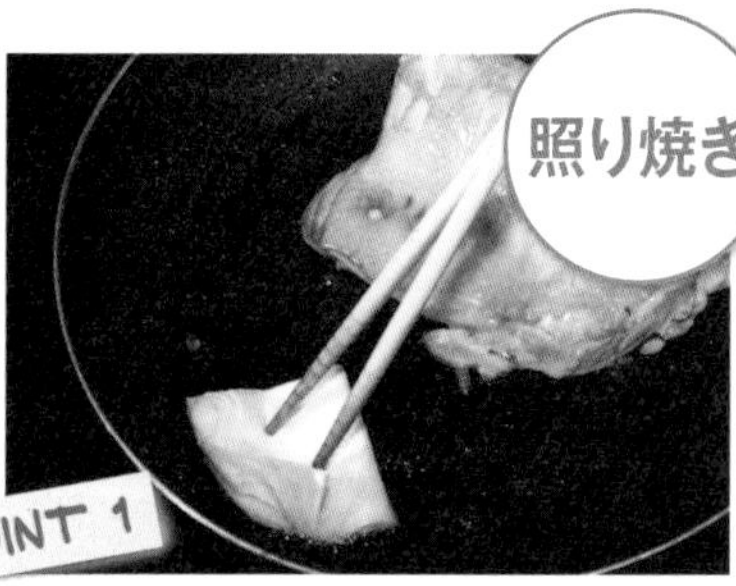
フライパンを傾け、脂をふき取る。

POINT 1 鶏肉から出る脂をしっかり取る

鶏肉は、皮を下にして焼くと脂が多く出る。余分な脂はキッチンペーパーで吸い取る。

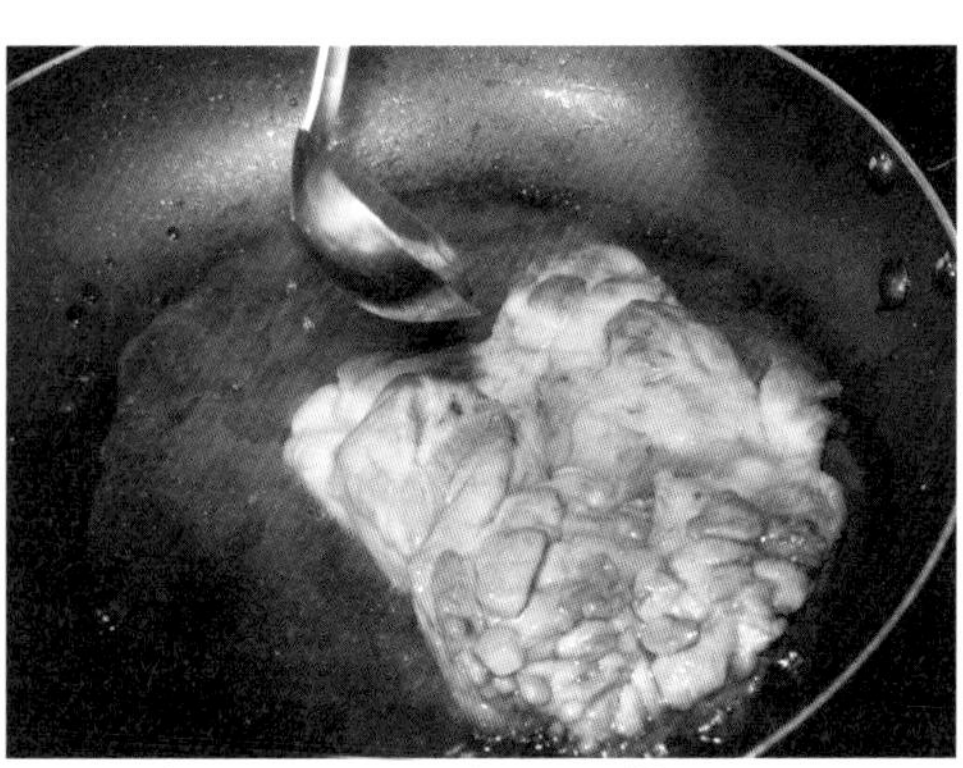
火が通りづらいときは、上から押さえたり汁をかける。

POINT 2 調味料をしっかり絡める

肉の身の厚いところに、おたまで汁をかける。中まで火が通り、味が入る。

ステーキ
（半生でもOK）

POINT 1
肉は室温に戻す

冷蔵庫から出したらラップをして乾燥と変色を防ぎ、約30分室温におく。

冷たいままだと火の通りが悪く、上手に焼けない。

POINT 2
焼いたらしばらくおく

焼き時間と同じ時間だけおくと肉汁が落ち着き、全体がピンク色に仕上がる。

焼いた後網の上に置くと、肉汁まみれにならない。

POINT 3
焼き方は焼き加減に合わせて

肉にどれくらい火を通すかで味とかたさに違いが出る。好みに合わせて焼き加減を調節するとよい。

ミディアム

表を3分、裏を3分焼く。側面に薄く焼き色がつく。全体がピンク色。

ベリー・レア

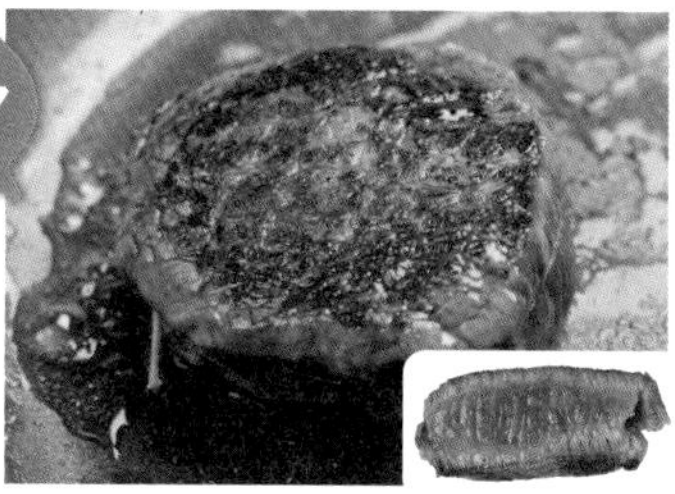

表を1分30秒、裏返して同時間焼く。中はほとんど生。表面に赤い部分も残る。

ウェルダン

表を4分、裏を4分焼いて中まで十分火を通す。血が出なくなるまで焼く。

レア

表を2分30秒、裏も同時間焼く。中の1/3が生。表面に血がうっすらとにじむ。

ローストチキン

POINT 1
途中でオーブンから出し焼き油をかける

丸鶏は身に凹凸があるので、くぼみに火が通りにくい。焼き油をすくってかけて火を通す。

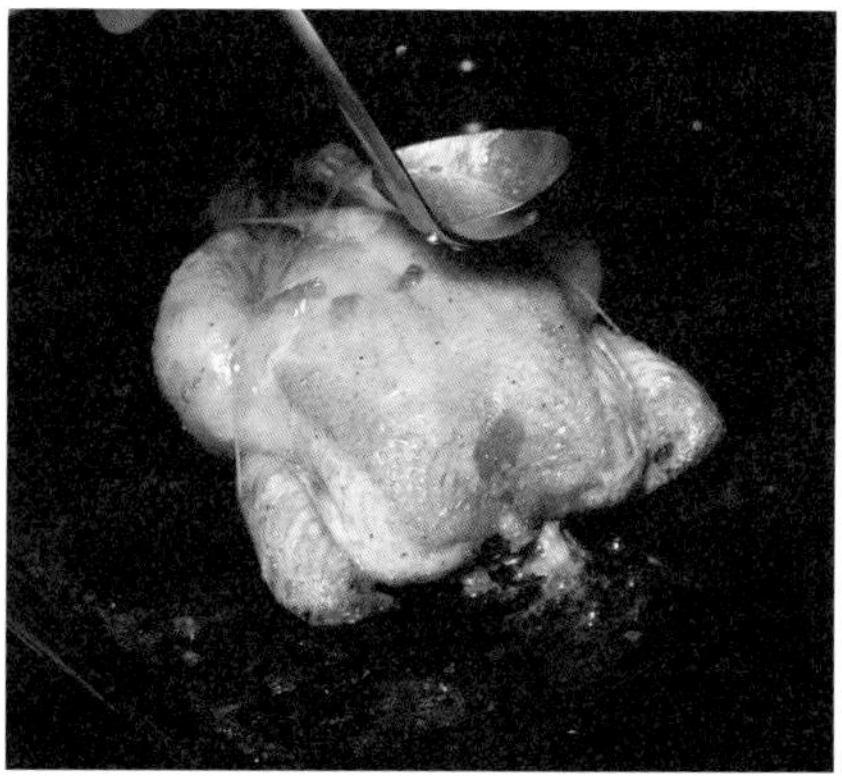

途中でオーブンから出し、天板に落ちた油をかける。

しょうが焼き

POINT 1
肉を押さえながら焼く

片面を焼いて裏返すと、肉の薄い部分が反り返りやすい。上から押さえて焼く。

反った部分を菜箸で押さえながら焼く。

POINT 2
先に調味料を絡めてから焼いてもOK

焼く前に肉と調味料を絡めておくと、味がまんべんなくしみ込み、やわらかくなる。

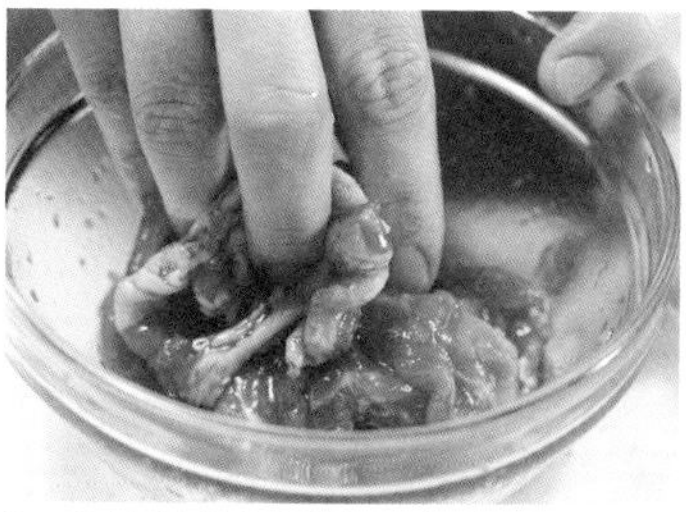

しっかり味がなじむように手でもみ込む。

焼くときのポイント③

卵を焼く

卵焼きや薄焼き卵を作るとき、卵が鍋全体に広がらない、途中で破ける、色にムラが出る、焦げつく……。これらの失敗は、焼きはじめのフライパンの温度に原因があります。

卵がきれいに焼ける適温は、およそ100℃。ほんの少しの卵液をフライパンに落とし、軽く「ジュン」という音がする程度です。熱しすぎた場合は、フライパンを火から外し、ぬれたふきんの上にしばらく置いて温度を下げてください。

薄焼き卵

POINT 1 卵を割るときは別々の器に

卵は１個ずつ別の器に試し割りをする。傷んだ卵があってもほかの卵に混ざらず、すべて割り直さなくてすむ。

同じ器に割り入れると、傷んだ卵があったときに混ざる。

1 ひとつの器にひとつ割ってからほかの卵と合わせる。

POINT 2 こして なめらかにする

卵液をこすと白身と黄身がきれいに混ざり、均一に焼け、口あたりがなめらかになる。

2 シノワに卵液を入れ、上からゴムべらで軽く押してこす。

POINT 3 フライパンに油をなじませる

油をフライパン全体にしき、なじませる。卵液を少し落としたときに軽く「ジュン」と音がしたらOK。

4 卵を薄く広げ、表面が乾いたら裏返す。

3 キッチンペーパーで油を全体に広げる。

POINT 4 ヨレないように冷ます

裏返して５秒たったら取り出す。形がくずれないように、盆ざるにのせて広げて冷ます。

5 盆ざるや大きめの皿など、平らなものの上で冷ます。

錦糸卵にする

薄焼き卵を数枚作って重ねて巻き、1～2mm幅に切ると錦糸卵になる。ちらし寿司や冷やし中華に。

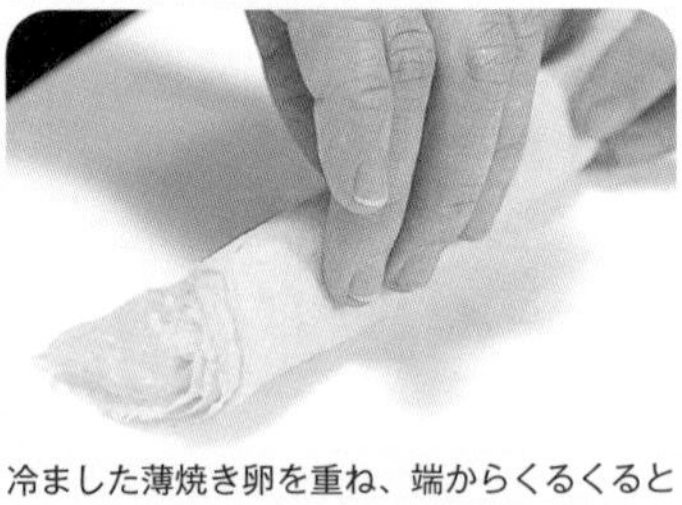

冷ました薄焼き卵を重ね、端からくるくると巻く。

巻いた向きに対して直角に、1～2mm幅に切り、手でほぐす。

目玉焼き

POINT 1

カラザを取り除く

卵黄をつぶさないように白い膜（カラザ）を取り除く。残っていると見た目が悪い。

白くかたまっているのがカラザ。菜箸で除く。

POINT 2

中央に流し入れる

卵は直接フライパンに割り入れるより、器に割ってから流し入れたほうが失敗が少ない。

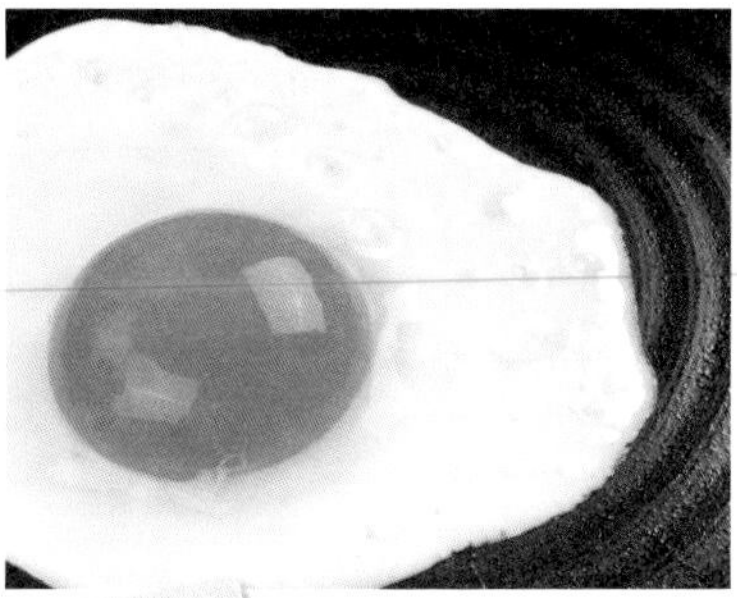

黄身が真ん中にくるように流し入れる。

卵の焼き具合をチェック

目玉焼きは単純な卵料理ですが、実はいろいろな焼き方があります。好みに合わせて作ってみましょう。

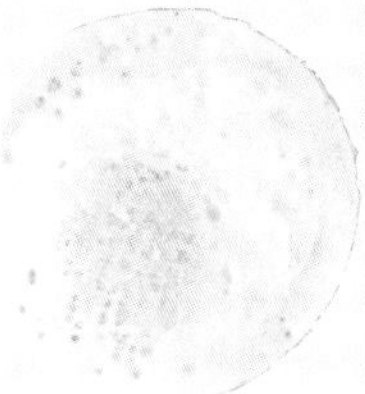

ターンオーバー

片面を焼いたら、裏返して両面を焼く。黄身まで焼き色をつける。

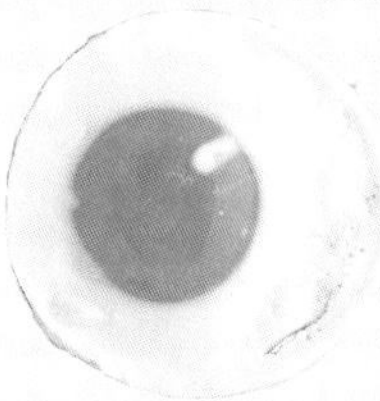

サニーサイドアップ（黄）

卵を入れたら、ふたをせずにそのまま片面だけを焼く。

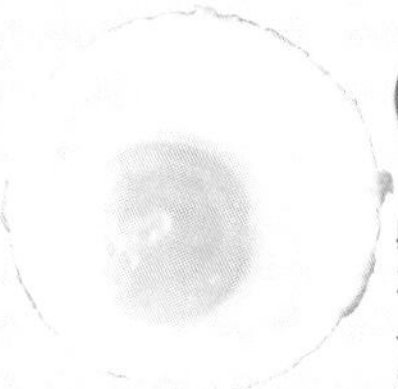

サニーサイドアップ（白）

卵を入れたら片面だけを焼く。水を入れてふたをすると黄身が白くなる。

卵焼き

2人分の材料

- 卵…4個
- みりん…大さじ1
- 酒…大さじ2
- 砂糖…大さじ3
- 塩…少々

POINT 1

白身と黄身をよく混ぜる

卵に調味料を入れ、菜箸でよく溶き混ぜる。溶いたらシノワかざるでこし、キメを整える。

よく溶かないとまだらに焼ける。

POINT 2

半熟になるように火を通す

卵は中火で焼き、半熟の状態で返すと余熱で火が通り、ジューシーに仕上がる。

¼量の卵を入れ、泡が出てきたら菜箸でつぶす。

奥から手前に3つに折りたたむように卵を返す。

POINT 3

卵焼き器をずらしながら焼く

卵焼き器が局部的に高温になるので鍋底全体が均一になるよう火の上でずらす。

最初に焼いた卵を奥にして卵液を下に流し込む。

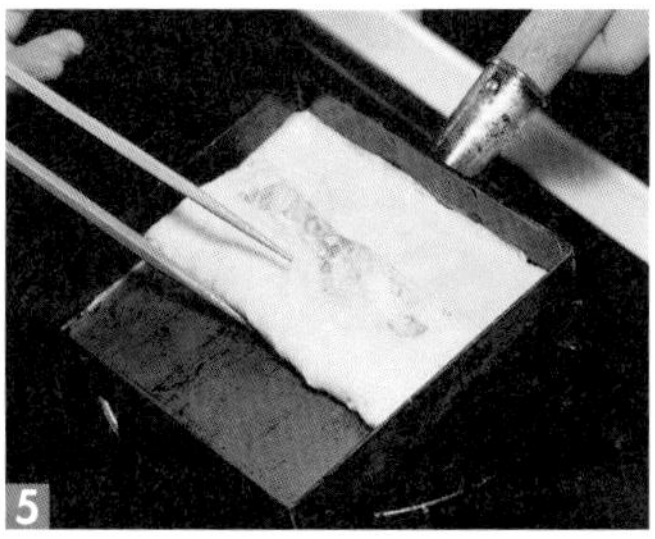

最初の卵に巻きつけるようにたたむ。同様にくり返す。

炒める

炒め物上手になるために覚えておきたいこと

野菜炒めやえびのチリソース炒めなどの食欲をそそる炒め物は、短時間で仕上げたいもの。手早くスムーズに作るためのコツを紹介します。

食欲アップの秘密は香りの出し方と油の使い方

野菜の色が悪くなったり、汁気が出てびちゃびちゃになったり……。

炒め物の失敗は、次の3つのポイントを覚えれば克服できます。

その①：水気は禁物

水気が多い野菜は、火を通すと水分が出ます。ある程度は蒸発して飛びますが、多すぎると汁気の多い料理になるので、炒める前に水気をしっかりときってください。

また、調味料を目分量で入れるのも水気が多くなる原因のひとつ。調味料はしっかり計量し、様子を見ながら徐々に加えます。汁気が多くなったら、水溶き片栗粉でとろみをつけるとまとまります。

その②：おいしそうな香りを出す

香りの出し方にはふた通りあります。ひとつは、炒めはじめに、にんにくや唐辛子などの香味野菜の香りを油に移す方法。油と香味野菜をじっくりと弱火にかけます。

もうひとつは、仕上げに調味料やごま油を鍋肌から回し入れる方法。調味料が鍋を伝って温められ、香ばしい香りが出ます。

その③：油を絡める

「炒める」は、単に具材を混ぜることではありません。油を具材全体に絡めることを意識してください。くっつかないからとテフロン加工のフライパンで油をひかずに炒めてはいけません。油は思っているよりも多めに入れ、具材ひとつひとつを油で包むイメージで。レシピで紹介されている分量はひとつの目安です。適宜、調節してください。油が少ないと、肉がパサパサになったり、味にムラが出ます。

炒めるときに覚えておきたい6つのこと

炒め物は、ひと手間かけることで格段においしくなります。

1 鍋やフライパンはしっかり熱する

具材を入れる前に、薄く煙が出るくらいに鍋をよく熱する。油は全体に均一に広げる。

2 香味野菜やバターはじっくり炒める

にんにくや唐辛子は、油と一緒に弱火にかけ、ゆっくりと油に香りを移す。

バターは、弱火ではしばみ色になるまで熱する。香りが出たら具材を入れる。

3 具材や合わせ調味料はあらかじめ準備しておく

具材は切って種類ごとに分けておく。炒める順番に並べておくと作業しやすい。

炒めはじめる前に調味料を混ぜ合わせておくと、タイミングよく仕上げられる。

4 肉や魚介類を炒めてから野菜を加える

火の通りづらい具材から先に炒める。緑色の野菜は変色するので最後に入れる。

5 火を通しすぎるとかたくなるので手早く炒める

具材に火が通り、調味料を加えたら、火を弱めずに一気に炒めて味をなじませる。

6 仕上げにひと手間をかける

ごま油や醤油を鍋肌から回し入れ、香ばしい香りをプラスする。

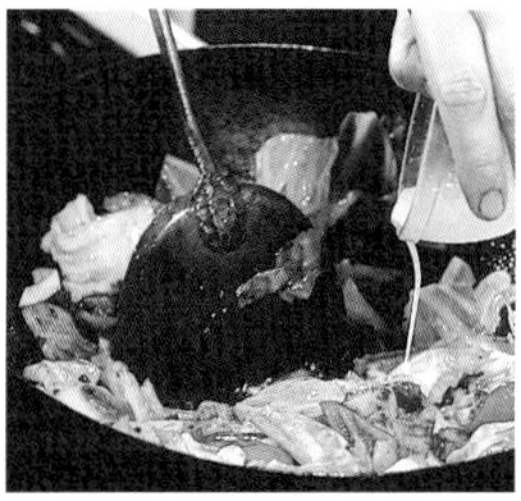

水溶き片栗粉を混ぜながら加えてとろみをつける。

炒めるときのポイント①

青菜を炒める

鮮やかな青菜の緑色を損なわないようにするため「一瞬で火を通す」というイメージで作ります。炒める前にしっかりと水気をきっておき、青菜を入れて少し炒めてから調味料を入れます。

また、調味料は事前に合わせ、すぐに使えるように手元に用意しましょう。青菜が香ばしく炒まったらすぐに調味料を回しかけます。炒めている途中に火を止めて調味料を合わせて入れると、具材に火が通りすぎて色も食感も悪くなります。

POINT 1

水気をきると油がはねない

アクの多い青菜は、下ゆでして色よく炒める。水気はしっかりきる。

湯通しした青菜を、盆ざるに広げて冷ます。

POINT 2

火が通りやすいので短時間で仕上げる

葉と茎に分け、火の通りづらい茎を先に入れる。茎を数秒炒めてから葉を入れて炒めるとよい。

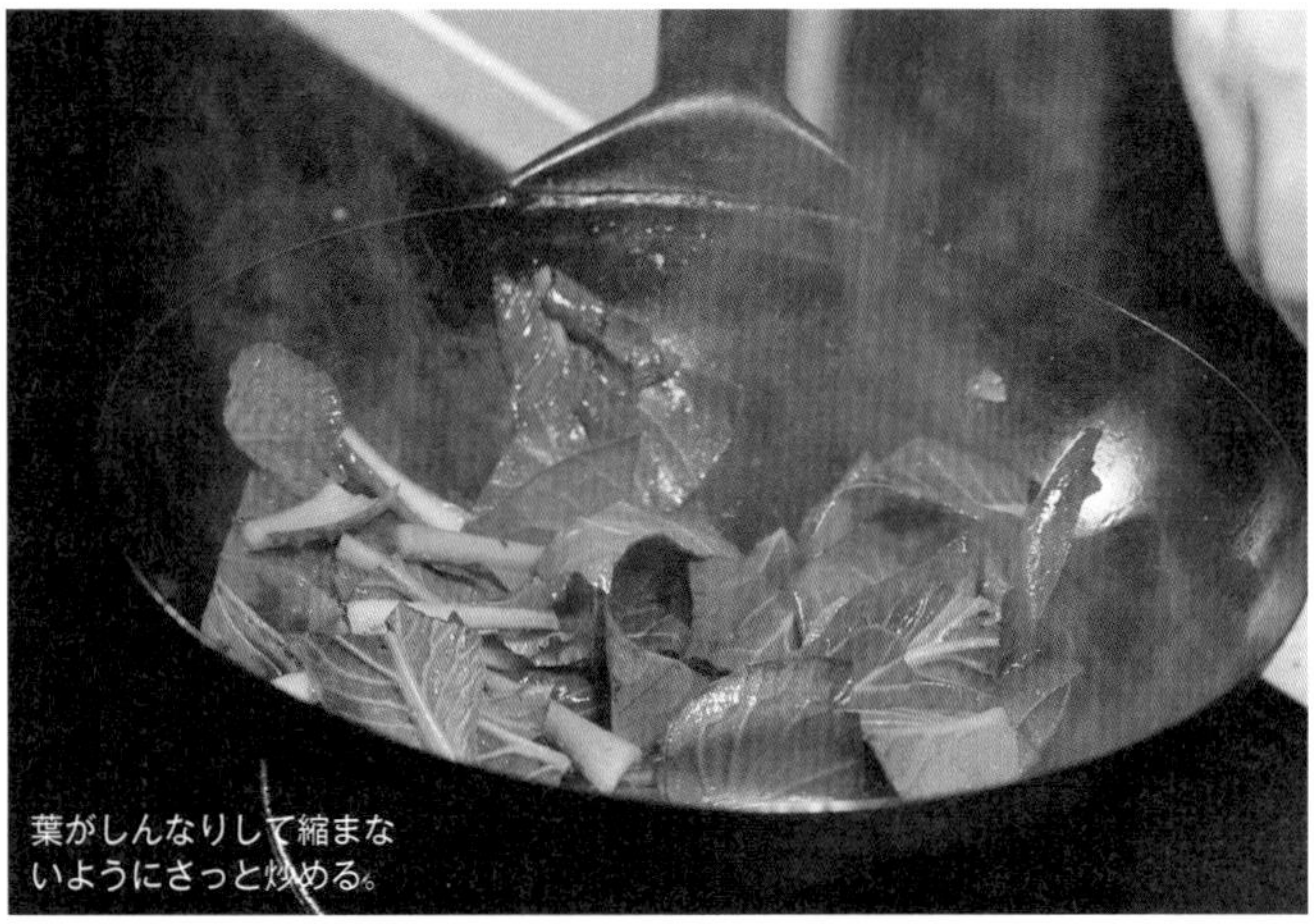

葉がしんなりして縮まないようにさっと炒める。

豆苗の炒め物

2人分の材料

- 豆苗…80g
- ごま油…小さじ1
- サラダ油…大さじ1
- 塩・こしょう…各適量
- A［酒…大さじ1
鶏がらスープ…50ml

1 サラダ油を熱し、塩・こしょうを温める。

POINT 1

鍋をよく熱してから油を全体に広げる

Aは事前に混ぜる。サラダ油、塩・こしょうを強火で熱する。

POINT 2

調味料は鍋肌から入れる

豆苗を入れて約30秒炒め、Aを鍋肌から入れ、仕上げにごま油で香りをつける。

2 調味料は鍋肌の高い位置から入れる。

炒めるときのポイント②

中華炒めを作る

えびのチリソース炒めやチンジャオロースーなどの中華炒めは、仕上げの段階のとろみづけにコツがいります。

とろみづけの効果は、具材の旨味を閉じ込めて料理の温かさを保つこと。全体がまとまるようにするためには、水溶き片栗粉を一気に入れるのではなく、少量ずつ加え、混ぜながら徐々にとろみをつけていきます。このとき、水溶き片栗粉は完全に煮立った調味料のところに加えないととろみがつきません。

鍋の端から鍋肌に沿って一周しながら入れる。

POINT 1

調味料を加えるときは、鍋肌を伝わらせる

鍋肌から流し入れる間に調味料が熱くなる。この後鍋をふると香ばしさが具材に移る。

POINT 2

片栗粉は具材を混ぜながら加える

よく混ぜながら、徐々に水溶き片栗粉を加えてとろみを加減していく。

水溶き片栗粉はとろみ加減をみながら入れる。

炒めるときのポイント③

きんぴらを作る

具材と油をしっかりと絡めてよく炒めることが、きんぴら作りのポイント。

鍋に油を熱して具材を入れたら全体を混ぜ、具材を鍋全体に広げてうっすらと焼き色がつくまで焼き、裏返します。このように、両面を焼くように炒めるのをくり返すと上手に炒められます。

ごぼうがかたいからと、途中で水を入れてはダメ。きんぴららしい食感が失われます。煮るのではなく、程よいかたさになるまでよく炒めましょう。

キッチンペーパーをかぶせて脂を吸い取る。

POINT 1

肉を加えるときは途中で油を取る

肉から脂が溶け出て油っこくなるのできちんと取り除く。鍋底の油は旨味が多いので除かない。

POINT 2

鍋底に広げるように大きく炒める

少し味見をして、好みの食感になるまでしっかり炒めてから、調味料を加える。

仕上げにごま油をたらす。

具材全体に油が絡むように炒める。

和える

和え物上手になるために覚えておきたいこと

「和える」＝「混ぜ合わせる」という意味ではありません。味をしっかりなじませ、食材のきれいな色を引き立たせるような上品な仕上がりを目指しましょう。

手軽に作れて簡単だけど、奥が深い和え物

和え物には、ポテトサラダのように前もって和えてよいものと、酢の物のように食べる直前に和えるものがあります。このタイミングを知るために覚えておきたいのが、次の3つのポイントです。

その①：水っぽくしない

水気を多く含む野菜や豆腐を水気がついた状態のまま和えると、和え衣が水っぽくなり、味を損ねます。和える前にはしっかりと水気をきりましょう。

下ゆでする場合は、十分に水気と粗熱を取ってください。また、具材を水にさらしたり、酢や醤油に漬けた場合も、しっかり絞って水気を取ってから和えます。

その②：色味をきれいに出す

アスパラガスやいんげんなどの緑色の鮮やかな野菜は酢と和えると酸化して変色します。酢の物やマリネは、食べる直前に和えて食卓に出すようにしましょう。また、緑色の野菜だけは最後に足すと、きれいな色合いを保てます。

その③：具材をつぶさない

具材と和え衣が絡むように、全体を大きくふんわりと和えるのが基本です。このとき、具材の形をつぶさずに食感を残すことが大事です。とくに、いくらやトマトなど、つぶれると見た目が悪くなる食材を入れるときには、菜箸ではなく両手を使ってそっと混ぜるとよいでしょう。

手軽に作ることができ簡単そうに思える和え物ですが、ちょっとしたコツを守るとぐんと味わいがよくなります。実は奥が深いのが和え物なのです。

見ためも食感もよくなる和え方のコツ

簡単な調理法だからこそ、ひとつひとつの作業が味を左右します。

冷ましてから和えないと味のなじみも悪い。

和え衣や具材は粗熱を取ってから和える

下ゆでした具材や温かい和え衣は、冷ましてから和える。熱いと形がくずれ、色が悪くなる。

きゅうりは浅い切り込みを細かく入れる。

和え衣が絡みやすいよう下ごしらえをする

水分の多い野菜は切り込みを入れ、塩をまぶして下味をつけた後、絞ってから和える。

食卓に出す直前に和えて仕上げる。

具材の食感を残すため、和えるのは食べる直前に

水気を含んで水っぽくなったり、やわらかくなりすぎないように、最後に和える。

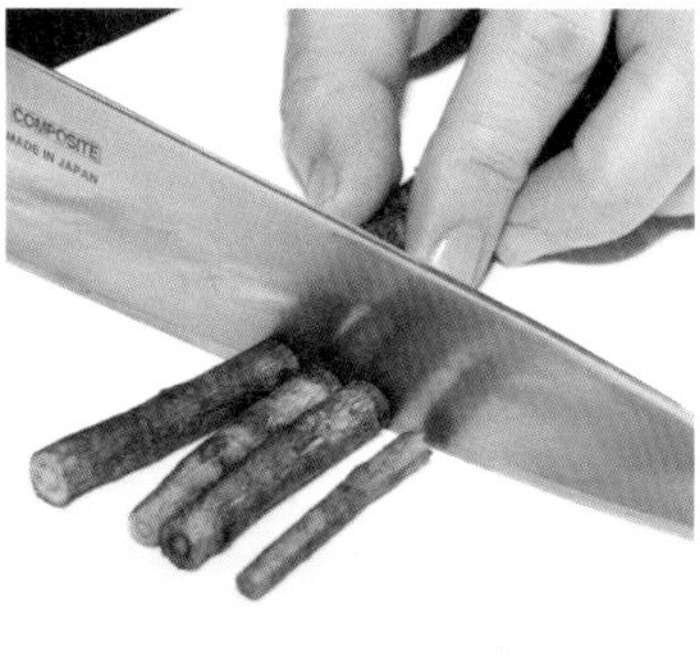

長さがそろうよう、並べて切るとよい。

具材の切り方や長さをそろえるときれいに

具材の厚さや長さがばらばらだと、味のつき方にムラが出る。そろえると見た目もよい。

和え方のいろいろ

和える食材によって舌ざわりや歯ごたえ、色味などが違います。

[みぞれ和え]

大根おろしにゆず酢、ゆでた青菜を和える。いくらを加えてざっくり和える。

さっぱりとした食感。大根おろしの水気はしっかりきること。

[磯辺和え]

だし汁、薄口醤油、みりんを煮立て、辛子を混ぜる。ゆでた青菜とのりを和える。

少しピリッとした辛さとのりの風味。ゆで卵の黄身の裏ごしを散らす。

[白和え]

豆腐は裏ごししてすり鉢ですり、煎りごま、薄口醤油、ゆでた野菜、鶏肉と和える。

ふわふわとした食感。事前に豆腐の水気をしっかりときること。

[ごま和え]

煎りたてのごまをすり、砂糖、濃口醤油、みりん、だし汁をゆでた青菜と和える。

和えてからしばらくおくとよい。いんげんなども合う。

和えるときのポイント①

サラダを作る

野菜の水気をしっかりきることが、サラダ作りの鉄則。野菜に水気が残った状態でドレッシングと和えると、汁気が多くなって味が薄くなります。

切った生野菜は、冷水に浸すとシャキッとした歯ごたえになりますが、長く浸しすぎるとしなしなになります。水気はしっかりきり、食べる直前まで冷蔵庫で冷やしましょう。食べる直前にドレッシングを全体に回しかけ、菜箸やトングで軽く和えます。

キャベツや水菜などの葉菜を冷水に浸す。

POINT 1

冷水に浸してシャキッとさせる

野菜を切ったら、たっぷりの冷水に浸す。みずみずしくなったら、水気をきる。

POINT 2

ざるとボウルでしっかり水気をきる

具材を入れたボウルと同じ大きさのざるを合わせて持ち、上下にふるとよい。

野菜と野菜のすき間の水分もしっかりときれる。

和えるときのポイント②

和え物を作る

ごま和えや味噌和えなどの和食の和え物は、口直しの役割もあるので、さっぱり仕上げたいものです。

ゆでた青菜はそのままだと味が薄いので、和える前に醤油やだし汁などの漬け汁に浸す「仮漬け」という下ごしらえをするのがおいしく作るポイントです。仮漬けをした後に絞って水気をきり、和え衣と合わせると味が薄まらずにしっかりつきます。

漬け汁もゆでた青菜も十分に冷ましてから合わせる。

POINT 1

青菜を仮漬けする

下ゆでして冷ました青菜を漬け汁と混ぜて仮漬けする。水分を絞り、本漬けする。

POINT 2

和え衣は事前に合わせておく

ごまや豆腐など和え物の材料は、先に合わせて冷まし、味を決めておく。

ごま和えのごまは煎りたてを使うと風味がよい。

和えるときのポイント③

お浸しを作る

だしの味がきいたお浸しや煮浸しは、食材の下ごしらえをきちんとするのがポイントです。

和える前に青菜のアクを抜いたり、油揚げの油抜きをしたり、生魚を酢洗いしたりして、食材の気になる臭みや苦味を取り除きます。

また、煮浸しは、青菜が変色しないようにさっと火を通してざっくり和えます。器に盛るときには、具材に煮汁をかけていただきましょう。

仮漬けは醤油、だし汁、またはふたつを足したものを使う。

POINT 1

水気のあるものは仮漬けする

ゆでた青菜を少量の醤油やだし汁に浸すと水っぽくならない。下味がつく程度に。

POINT 2

煮浸しは短時間で仕上げる

青菜が変色しないように、煮汁が絡まる程度に火を通す。青菜の食感を残す。

色が鮮やかなうちに火を止める。

和えるときのポイント④

酢の物を作る

酸味、甘味、塩分をバランスよく感じられるようにだし汁や調味料を合わせて酢の酸味を程よくやわらげます。

酢の物は具材を酢水に浸す仮漬けをします。ただし、酢水に浸す前に具材に塩をふったり、塩でもんだりして余分な水分を抜いてください。そうすると、具材の歯ごたえがよくなり、仕上げの和え酢がしみ込みやすくなります。

また、緑色の野菜は酢と和えると酸化して変色するので食べる直前に和えましょう。

酢で洗うイメージ。薄く味がつく程度に。

POINT 1

事前に酢水に浸して仮漬けする

酢に具材を長く浸すと酸味がつきやすくなりすぎるので、短時間で浸す。水気をきる。

POINT 2

酢で色が飛ばないよう食べる直前に和える

緑色の野菜は、酢と和えると酸化して変色するので、和えてから長時間おいてはダメ。

食べる直前にさっと和えて器に盛る。

知っておきたい

調理用語辞典

料理書にのっている調理に関する言葉は、意外とあいまいに理解しがち。ひとつひとつの言葉の意味をきちんとわかってから調理しないと、失敗につながります。覚えておくと役に立つ基本的な料理の用語を紹介します。

煮る編

[さっと煮る]

ほんの少しだけ煮ること。目安は1～2分。変色しやすい青菜やくずれやすい具材を煮るときに。

[ことこと煮る]

火加減は弱火。火が鍋底にほとんど当たらない状態。鍋の中の具材が動かず、煮汁が波打つ程度。

[ふつふつ煮る]

火加減は弱めの中火。鍋底に火が当たるか当たらないかの状態。煮汁の表面が少しだけ泡立ち、具材が少し動く。

[ぐつぐつ煮る]

火加減は強火。鍋底全体に火が当たる。煮汁の表面が泡立ち、煮立った状態。鍋の中の具材が動く。

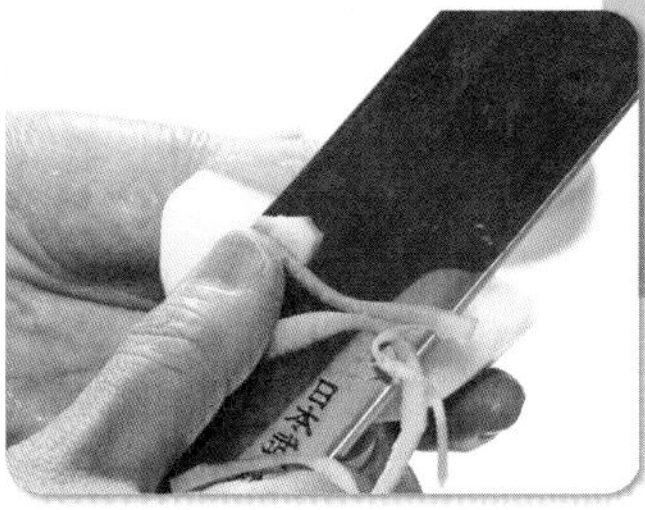

[面取り]

根菜を切ったときの切り口のかどを削るように切り、丸みをつけること。煮くずれ防止になる。

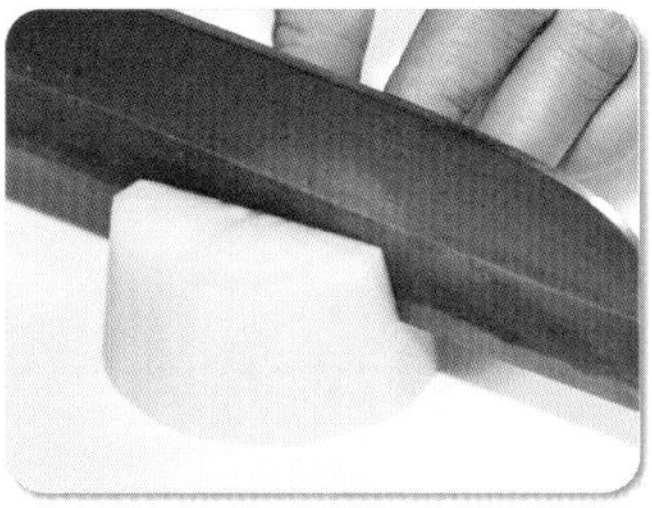

[隠し包丁]

具材の表面や裏面に目立たないように切り込みを入れること。火の通りや味の含みがよくなる。

[煮きる]

酒やみりんなどに含まれるアルコール分を沸騰させてやわらげること。和え物などの加熱しない料理の調味料にも使う。

[煮立ったら]

煮汁や汁物を強火または中火にかけて、煮汁が泡立つくらいに沸騰させた状態。

焼く編

[表面を焼きつける]

肉の表面や魚の皮を茶色く色づくように焼いた状態。

[こんがり焼く]

具材の両面がしっかりと色づき、香ばしい香りがただよってくるまで焼いた状態。

[カリッと焼く]

油の量を多めにし、具材を揚げ焼きするように表面をパリッとさせること。揚げたときのような香ばしさがある。

[つけ焼き]

具材に調味料をつけて焼き、乾いたら再度調味料をつけて焼く、をくり返すこと。照り焼きなどに。

[炒め煮する]

具材を炒めて火を通した後に、煮汁を加えて煮ること。肉じゃがやカレーが代表的な料理。

[ひと煮立ちさせる]

一度煮立った煮汁や汁物に、具材を入れて再び煮汁を沸騰させ、ひと呼吸おいて火を止めること。

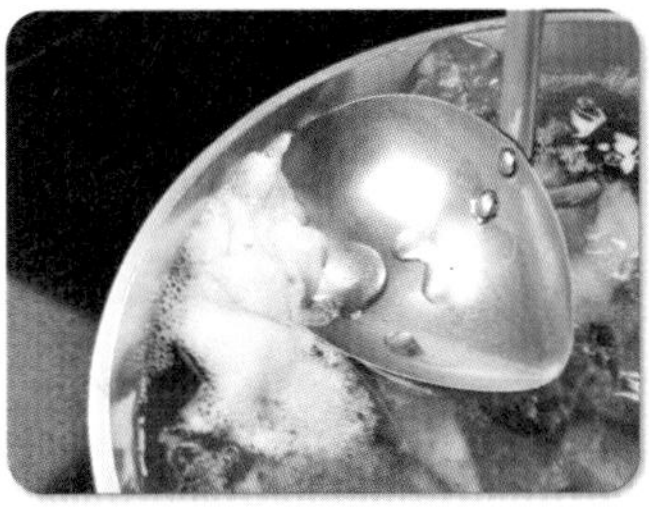

[アクを取る]

野菜や肉を煮て沸騰させたとき、表面に浮き出る白い泡がアク。このアクをおたまなどですくって取り除くこと。

[煮汁を回しかける]

火の通りにくい部分や味のしみ込みにくい具材に、おたまなどで煮汁をすくって直接具材にかけること。

[さし水]

吹きこぼれないように温度を下げるときや、煮汁が蒸発して減ったときに水を足すこと。濃い味を薄める効果も。

[煮詰める]

煮汁がほんの少ししか残らなくなるまで、長時間煮ること。器に盛るときにはほとんど煮汁がない状態。

[蒸し煮する]

少量の水を加えるか、または食材がもともと持っている水分を利用して火を通すこと。弱火でふたをする。

[含め煮する]

たっぷりの煮汁で煮て、具材の中まで味を含ませること。煮汁が少し残るように煮上げる。

[肉の色が変わったら]

もともとピンク色の肉が、火が通って白または薄い茶色に色づいたころ。次の具材を入れる目安を表す。

[しんなりしたら]

野菜の炒め加減を表す言葉。野菜のかたさが取れて、やわらかくなった状態のことを指す。

[広げて炒める]

具材をフライパン全体に広げ、水気が飛んでから炒めること。広げることで水分が早く蒸発する。

[ぽろぽろになったら]

ひき肉を炒めるときによく使う表現。かたまりになっていたひき肉に火が通り、そぼろのようになった状態。

[あめ色になるまで]

主にたまねぎを炒めるときに表す言葉。たまねぎを炒めて透明になった後、茶色く色づいた状態を指す。

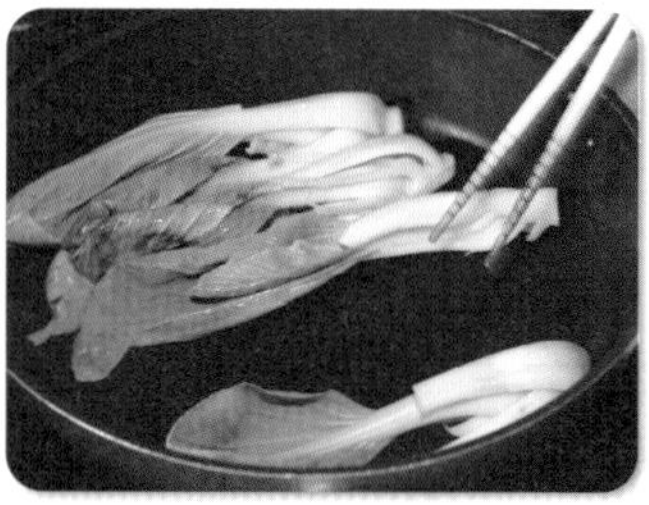

[さっと炒める]

30秒～1分程度、強火で短時間に炒めること。青菜などの火が通りやすい食材を炒めるときに。

[ほぐしながら]

具材と具材がくっついたり、絡み合ったりしているものを、離しながら炒めること。具材を鍋全体に広げる。

[汁気を飛ばす]

野菜などは火を通すと水分が出てくる。この水分または調味料を蒸発させ、余分な水分をなくすこと。

[じっくり炒める]

4～5分程度、具材に焼き色がつき、しんなりするまで炒める。根菜や肉など火が通りにくい食材を炒めるときに。

[ぱらりと炒める]

水分やねばりをほとんど感じないように炒めること。チャーハンの仕上がり具合を表すことが多い。

[味を絡ませる]

具材に調味料の味をつけること。よく混ぜて具材の表面だけでなく、中までしっかり味を浸透させる。

[香りが立ったら]

炒めたときに、食材独特の香ばしい香りが出てくること。具材にしっかりと火が通っている合図でもある。

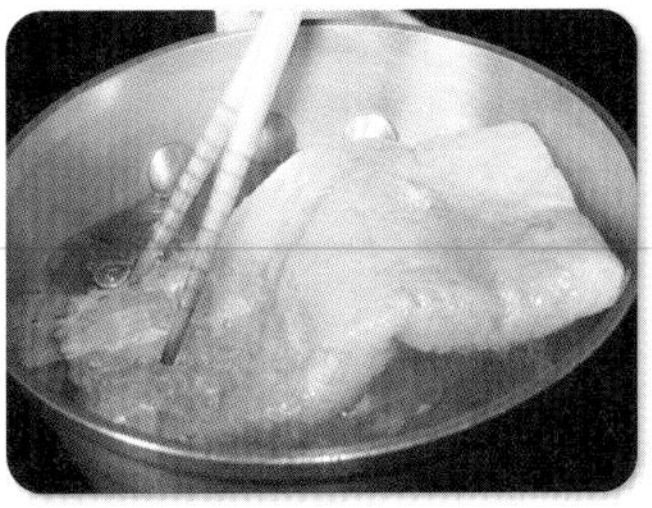

[湯にくぐらせる]

ゆがくよりも短時間で、具材の表面に火を通すこと。きゅうりの色出し、油揚げの油抜きなどに使う言葉。

[ゆでこぼす]

具材をゆで、そのゆで汁を捨てること。湯に溶け出したアク、臭み、ぬめりなど、食材の余分な成分を取り除く。

[白くゆでる]

だいこん、れんこん、さといもなどの色が白い野菜を、米のとぎ汁や酢を入れた湯でゆでて白く仕上げること。

[冷水にとる]

下ゆでした後、具材を冷たい水で冷やすこと。アクが回ったり、余熱で火が通って色が悪くなる食材に。

[油をきる]

揚げ物を取り出すときに、余分な油を落とすこと。または、出した後に冷ましながら網やペーパーで油を落とすこと。

ゆでる編

[油抜きをする]

油揚げや厚揚げなどは余分な油が多く、また油のにおいがあるので、料理に使う前に沸騰した湯にさっと通す。

[ゆがく]

30秒～1分くらい短時間でゆでて具材に火を通すこと。青菜などの野菜をさっと下ゆでするときに行う。

[湯引きする]

魚や肉などを湯に入れ、身が白くなったら冷水に移す。ぬめりや臭みを取り除くのが目的で「霜降り」と同じ。

揚げる編

[素揚げ]

具材に何もつけず、そのまま油で揚げること。食材の色、味、形を最もいかす揚げ方。

[カラッと揚げる]

衣がしっかりとかたまってサクサクとしている状態。理想の揚げ上がりを表現している。

[きつね色になるまで]

揚げ上がりの衣の色を指す。表面が黄色から薄茶色に色づいた状態で、油揚げのような色のこと。

[二度揚げ]

低温で揚げて一度取り出した後、高温で再び揚げ、表面をカリッとさせること。唐揚げやフライドポテトなどに。

下ごしらえ編

[板ずり]

きゅうりの下ごしらえで、いぼを取って色を鮮やかにする。まな板にのせて塩をふり、その上でころころと転がす。

[アクを抜く]

食材にもともと含まれているえぐみや苦味を取り除くこと。水や酢水にさらしたり、ゆでたりする。

[塩をふる]

食材に含まれる余分な水分を出したり、下味をつけたりする目的で、食材に塩をまぶすこと。

[霜降り]

魚や肉の臭みを取り除くための下ごしらえ。食材に湯をかけ、表面が白くなる程度に火を通す。

[さらす]

水を流して食材のアクを抜いたり、色をよくしたりすること。食材によっては酢水や塩水に浸す。

[ふり洗い]

水をためたボウルの中で食材を動かしながら洗うこと。野菜の根元、貝類のひだなどの細かい部分が洗いやすい。

[粗熱を取る]

ゆでたり、煮たりして火を通した食材の温度を常温まで下げること。水に移したり、盆ざるに広げたりして冷ます。

[ねかす]

食材に調味料を浸してしばらく置き、味をしみ込ませてなじませること。また、発酵や熟成を促すこと。

蒸す編

[蒸気を逃がす]

蒸し器の中に蒸気がたまると高温になりすぎるため、ふたを少しずらして蒸気を外に出すこと。

[すが立つ]

卵が入った茶わん蒸しやプリンなどを作るとき、火加減が強すぎて生地に細かい穴があくこと。口当たりが悪い。

[酒蒸し]

具材に酒を回しかけてふたをし、蒸す料理。魚介や肉に向き、独特の臭みを取り除くことができる。

[地獄蒸し]

せいろや蒸し器を使わずに、鍋に水を入れて沸騰させ、器を直接入れて蒸すこと。「直蒸し」とも呼ぶ。

第3章

味つけの基本

調味料の比率が味わいの決め手となる

和の味つけの方程式

素材の味を大切にし、シンプルな味つけをする和食だからこそ、調味料のバランスが大切。基本のだしやたれを覚えれば和食上級者の仲間入り。

基本だれやだしを作っておくと便利に使える

和食の心構えのひとつに「三《さん》徳六味《とくろくみ》」があります。三徳とは軽軟《きょうなん》（あっさりして口当たりがよい）、浄潔《じょうけつ》（清潔でさっぱりしている）、如法作《にょほうさ》（正しい手順、方法で作る）のこと。一方、六味とは苦《く》・酸《さん》・甘《かん》・辛《しん》・鹹《かん》・淡《たん》の6種の味わいのことで、五味（苦い、酸っぱい、甘い、辛い、塩辛い）に淡いがプラスされています。この淡いとは素材の持ち味を殺さないよう薄味にするという意味です。

この説明ではちょっと難しく感じますが、要するに素材をいかし、味つけのバランスをとりつつ、ていねいに作るということです。

ただ、ひと口に味つけのバランスをとるといっても、料理初心者には難しいところです。そんなとき役に立つのが、一度作っておくといろいろな料理に応用できる、和食ならではの便利なだしやたれです。

たとえば91ページで紹介している八方だしは、煮物やお浸しなどのさまざまな料理で使えます。アレンジすれば、麺つゆや吸い地にも応用可能です。

また、調味料の割合を少し変えるだけで、多彩なバリエーションを楽しめる便利なたれは、まとめて多めに作っておいて、さまざまな料理に使ってみましょう。ただし、だし汁の入ったものはあまり長持ちしません。密封容器に入れて冷蔵庫で保管し、遅くとも3日以内には使い切ってください。

基本1　和の基本だれ

定番調味料を使った、日本人の大好きな味の黄金比

濃口醤油 1 ： みりん 1 ： 酒 1

・何はともあれ覚えておきたい基本の味つけ・

茶わん蒸しの生地に使うときには、濃口ではなく薄口醤油を。

さっと煮る薄味の煮浸しにも相性抜群。

五目煮には、具材にしっかり味を含ませる。

基本2　八方だし

だしがきいた素朴な味。基本的に煮立たせてから使います

濃口醤油 1 ： みりん 1 ： だし汁 8

・かけて、漬けて、煮るならこの味つけ・

下ゆでした青菜を水っぽくしないための仮漬け汁として。

さっと煮て、素材の味をひき立てる。

うどんのつゆに。味が濃い場合は、だし汁で調節する。

和の味

基本の割合をマスター

和食の味つけに困ったときに役立つ、醤油、みりん、酒の3つの調味料だけでできる和の基本だれと、だし汁の風味がきいた八方だしを紹介します。八方だしは、四方八方何にでも合うという意味から名づけられたものです。だし汁には、ぜひ、昆布とかつお節からひいた一番だし（117ページ参照）を使ってください。

和の味

あの味を作るのはこの割合

和食の味つけには前のページで紹介したように、醤油、みりん、酒、だし汁の4つの調味料を基本的に使います。これに、さらに調味料をプラス（ピンクで囲んだ部分）していろいろな料理に活用できる便利なたれを紹介します。味つけは割合で覚えておくと、作る分量が変わったときにも対応ができます。

基本の甘口だれ

濃口醤油	みりん	だし汁	砂糖
3	3	3	1

こんな料理に
- しょうが焼き
- 照り焼き
- 豚の角煮
- いかとだいこんの煮物

●作りやすい分量　濃口醤油大さじ3、みりん大さじ3、だし汁大さじ3、砂糖大さじ1

●作り方　すべての調味料を混ぜ合わせる。煮物に使う場合は、具材に火が通ってから加える。

だし割り醤油

濃口醤油	酒	だし汁
1	1	2

こんな料理に
- 和風パスタ
- みぞれ煮
- 焼きうどん
- 湯豆腐のつけ汁

●作りやすい分量　濃口醤油大さじ1、酒大さじ1、だし汁大さじ2

●作り方　すべての材料を鍋に入れ、ひと煮立ちさせる。

煮物の煮汁

濃口醤油	みりん	酒	だし汁	砂糖
3	2	3	20	1

こんな料理に
- 肉じゃが
- 筑前煮
- 五目煮
- 牛丼の煮汁

●作りやすい分量　濃口醤油大さじ3、みりん大さじ2、酒大さじ3、だし汁300ml、砂糖大さじ1

●作り方　濃口醤油以外の調味料を混ぜ合わせて料理に加える。濃口醤油は、最後に加えて香りづけする。

含め煮の煮汁

薄口醤油	みりん	酒	だし汁	砂糖
2	2	1	13	少々

こんな料理に
- 高野豆腐の煮物
- がんもどきの煮物
- かぼちゃの煮物
- 青菜と厚揚げの煮物

●作りやすい分量　薄口醤油大さじ2、みりん大さじ2、酒大さじ1、だし汁200ml、砂糖少々

●作り方　すべての調味料を混ぜ合わせ、鍋に入れてひと煮立ちさせる。煮物の具材を入れて煮含める。

お浸しの浸し汁

濃口醤油	みりん	酒	だし汁	塩
1	1	2	10	少々

こんな料理に
- 小松菜のお浸し
- ほうれんそうのお浸し
- 煮豚
- 温泉卵のかけだし

●作りやすい分量　濃口醤油大さじ1、みりん大さじ1、酒大さじ2、だし汁150ml、塩少々

●作り方　すべての調味料を鍋に入れ、ひと煮立ちしたら火を止めて冷ます。食材の水気をきってから浸し汁に漬ける。

味噌床

煮きりみりん 1 : 煮きり酒 3 : 味噌 20

煮きりみりん・煮きり酒の作り方

鍋に酒を入れて中火にかけ、アルコール分を飛ばす。みりんも同様にする

こんな料理に
- 鮭やさわらの味噌漬け
- 京風雑煮
- 米なすの味噌焼き
- 焼きおにぎり

●作りやすい分量　煮きりみりん大さじ 1、煮きり酒大さじ 3、味噌 300g、(甘酒大さじ 2)

●作り方　煮きりみりんと煮きり酒を作り、冷ます。味噌を溶かしながら混ぜ合わせる。甘酒を足すとまろやかになる。

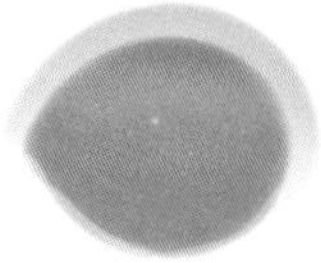

味噌だれ

みりん 3 : 酒 1 : だし汁 3 : 砂糖 3 : 白味噌 6 : 卵黄 1

こんな料理に
- こんにゃくや豆腐の田楽味噌
- 野菜の味噌炒め
- 白和え
- ふろふきだいこん

●作りやすい分量　みりん大さじ 3、酒大さじ 1、だし汁大さじ 3、砂糖大さじ 3、白味噌大さじ 6、卵黄 1 個

●作り方　鍋に砂糖と味噌を入れて混ぜ、みりん、酒、だし汁を加えて溶きのばす。卵黄を加えて弱火にかけ、程よいかたさになるまで練り混ぜる。

味噌煮の煮汁

薄口醤油 1 : みりん 3 : 酒 6 : 砂糖 3 : 味噌 6 : しょうが 少々

こんな料理に
- さばの味噌煮
- こんにゃくの味噌煮
- 味噌味の和風パスタ
- どて煮

●作りやすい分量　薄口醤油大さじ 1、みりん大さじ 3、酒大さじ 6、砂糖大さじ 3、味噌大さじ 6、しょうが適量

●作り方　しょうがは細く切って針しょうがにする。すべての調味料と針しょうがを混ぜ合わせて鍋に入れ、煮汁を煮立ててから具材を入れて煮詰める。煮詰まりすぎたらさし水をするとよい。

ごま和えのたれ

濃口醤油 2 : みりん 1 : だし汁 1 : 砂糖 1 : 白ごま 6

こんな料理に
- ほうれんそうのごま和え
- いんげんのごま和え
- かぼちゃサラダ
- 蒸し野菜のたれ

●作りやすい分量　濃口醤油大さじ 1、みりん大さじ 1/2、だし汁大さじ 1/2、砂糖大さじ 1/2、白ごま大さじ 3

●作り方　ごまは煎り、すり鉢でなめらかになるまでする。砂糖を入れて混ぜ合わせてから、ほかの調味料をすべて入れて溶きのばす。

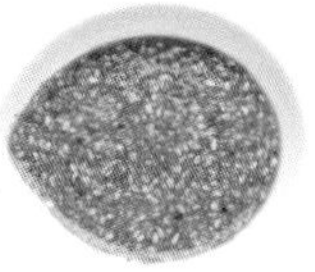

白煮の煮汁
（関西風の煮汁）

薄口醤油 1 : 酒 2 : だし汁 40 : 砂糖 4 : 塩 少々

こんな料理に
- さといもといかの煮物
- 白身魚やえびの煮物
- うどやふきの煮物
- れんこんの煮物

●作りやすい分量　薄口醤油大さじ 1、酒大さじ 2、だし汁 3 カップ（600ml）、砂糖大さじ 4、塩少々

●作り方　すべての調味料を混ぜ合わせ料理に加える。色の薄い煮汁なので、焦がしたりなどして色がにごらないように気をつける。

和の味

合わせ酢の割合 早見表

酢の物、酢漬け、和風ドレッシングのベースなどに使える合わせ酢は、まろやかで上品な味に仕上げたいもの。酢のツーンとした酸味を程よくやわらげる正しい割合をそれぞれおさらいしましょう。また、127ページに酢の種類を紹介していますので、酢をかえて風味の違いを試してみるのもおすすめです。

二杯酢

酢		濃口醤油		だし汁
1	:	1	:	1

二杯酢はこんな割合もOK!
酢：醤油
1：1
これが本来の組み合わせだが、だし汁で酸味を和らげる。

●作りやすい分量　酢大さじ2、濃口醤油大さじ2、だし汁大さじ2

●作り方　すべての調味料を混ぜ合わせる。

甘酢

酢		砂糖		塩
2	:	1	:	少々

●作りやすい分量　酢大さじ2、砂糖大さじ1、塩少々

●作り方　すべての調味料を混ぜ合わせる。

三杯酢

酢		濃口醤油		だし汁		砂糖
3	:	1	:	2	:	1

●作りやすい分量　酢大さじ3、濃口醤油大さじ1、だし汁大さじ2、砂糖大さじ1

●作り方　すべての調味料を混ぜ合わせる。

土佐酢

三杯酢		かつお節
3	:	1

三杯酢を沸騰させ、かつお節を加えて風味をつける。

●作りやすい分量　三杯酢大さじ8、かつお節5g

●作り方　沸騰した三杯酢にかつお節を加えて火を止める。常温で冷ましてこす。

加減酢

酢		濃口醤油		だし汁
1	:	1	:	適量

●作りやすい分量　酢大さじ1、濃口醤油大さじ1、だし汁適量

●作り方　すべての調味料を混ぜ合わせる。だし汁は味をみながら徐々に足していく。ポン酢とだし汁を混ぜたものも加減酢に入る。

酢味噌

酢		薄口醤油		みりん		酒		白味噌		卵黄
6	:	1	:	3	:	1	:	14	:	2

●作りやすい分量　酢大さじ2、薄口醤油小さじ1、みりん大さじ1、酒小さじ1、白味噌大さじ4、卵黄1/2個

●作り方　酢以外の調味料を弱火にかけ、味噌と卵黄を溶きのばす。冷めたら酢を混ぜる。

和の味

だしと調味料の割合早見表

和食の定番料理が落ち着いた味わいに感じるのは、だし汁が入っているというのもひとつの理由。ここでは、おでんや炊き込みごはんなど、だし汁が主に使われる料理の黄金比を紹介します。だし汁は市販品のだしの素ではなく、ぜひ、昆布とかつお節からひいた一番だし(117ページ参照)を使ってください。

煮浸し

だし汁	濃口醤油	みりん	酒	塩
6	1	1	1	少々

●味つけPOINT　煮汁でさっと煮て、そのまま冷やすことで具材に味を含ませる。長時間煮ると具材の食感がなくなり、色が悪くなるのでさっと煮ること。

野菜の煮物

だし汁	薄口醤油	みりん	酒	砂糖	塩
13	2	2	2	2	少々

●味つけPOINT　野菜の味が素朴なので、薄めの味つけが向く。また、野菜の色をいかすためにも薄口醤油を使うほうがよい。

京風含め煮

だし汁	濃口醤油	薄口醤油	みりん	酒	砂糖
40	2	2	3	3	1

●味つけPOINT　具材の中まで味をしっかりとしみ込ませる料理なので、煮上がってからしばらくおいて煮汁を含ませる。

おでん

だし汁	濃口醤油	みりん	酒	砂糖
100	6	2	3	2

●味つけPOINT　煮ているうちに食材の旨味が煮汁に移るので、はじめは薄味にして徐々に足していくとよい。

吸い地

だし汁	薄口醤油	みりん	塩
60	1	1	少々

●味つけPOINT　だし汁が主役の料理なので、だしは正しくひく。調味は塩でして、具材の色鮮やかさとだしの風味をいかすように薄口醤油を使う。

炊き込みごはん

だし汁	濃口醤油	みりん	酒	塩
26	1	2	2	少々

●味つけPOINT　具材によって味つけに調節が必要。魚介入りなら酒を、豆やいも類入りなら塩を少し足して調節するとより魅力的な味に仕上がる。

和の味

"和の味"7つのポイント

下ごしらえをきちんとする、だしをきちんととひく、味つけはいっぺんにしないで最初は薄口にするなど、ちょっとしたポイントを守るだけで、仕上がりはぐんと違ってきます。ほかにも、ごまはすりこぎとすり鉢でする、魚はフライパンで焼かず網やグリル使うなど、細かい作業に気をつけることも和食上級者への近道です。

1 旬の食材の味を引き出す

和食は季節感が大切。春は山菜、秋はきのこなど、旬の食材を取り入れるのはもちろん、秋にはもみじの葉をあしらいに使うなど、盛りつけにも季節感を出す。

薄味にすることで旬の食材が際立つ。

2 だしが味の決め手

和のだしは比較的簡単にひけるので、市販のだしはひかえたいもの。かつお節と昆布の一番だしが基本だが、昆布だけのだしや煮干しだしも覚えて使い分けるとよい。

かつお節や昆布などから味をしっかり引き出す。

3 下ごしらえで臭みやアクを除く

魚は塩をふって余分な水分と生臭さを取り除く、野菜は調味料に漬けて変色を防ぐ、ゆでてアクを取り除くなどのひと手間は省かずにきちんと行う。

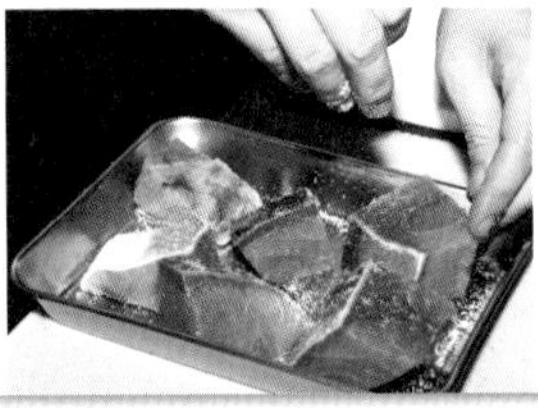

魚は余分な水分や生臭さを除く。

4 薄口醤油を使って素材の色をいかす

クセのある食材には濃口醤油を使うとよいが、具材に濃い色と味が移りやすい。薄口醤油を使うことで、素材の持ち味をいかすことができる。

野菜は薄口、肉や魚は濃口醤油を合わせる。

5 徐々に味を足し、味見をする!

一度濃い味つけにしたら取り返しがつかない。レシピに書いてあるからと、いきなり全部の調味料を入れず、少しずつ加えていき、味見をしながら仕上げる。

何回も味見をすることがポイント。

6 食材の鮮度を大切にする

食材の状態が悪いと、料理の味が悪くなるのはとうぜん。魚は臭みが出ていないか、野菜は傷んでいないかなど、食材の鮮度をきちんと確認しておく。

買ってきた魚はすぐに氷水に浸して冷蔵庫へ。

7 煮物は最後に醤油で香りづけ

醤油をぐつぐつ煮ていると、醤油特有の香りが消えてしまう。煮物や炒め物を仕上げるときには、少しだけ醤油を取り分けておき、最後に香りづけとして入れる。

醤油は最後に入れると、香りが引き立つ。

料理別！ 覚えておくと便利な味つけ

定番料理が毎回おいしくできるようになるコツは、調味料の割合を知っておくこと。

天ぷらのつゆ

割合／濃口醤油1：みりん1：だし汁4：かつお節適量

親子丼

割合／薄口醤油2：酒2：だし汁7：砂糖1

すき焼きの割り下(関東風)

割合／濃口醤油3：みりん3：酒2：砂糖1：昆布のだし汁適量

魚の照り焼き

割合／濃口醤油1：みりん1：砂糖1

牛丼

割合／濃口醤油4：みりん1：酒4：だし汁13：砂糖2

しょうが焼きの漬け込みだれ

割合／濃口醤油2：みりん1：酒1：しょうが（すりおろす）1

そばのつけつゆ

割合／濃口醤油6：みりん6：だし汁20：砂糖1：かつお節適量

唐揚げの漬け込みだれ

割合／濃口醤油3：酒3：砂糖0.5：しょうが（すりおろす）1：にんにく（すりおろす）0.5：塩・こしょう各少々：卵4

魚の煮つけ

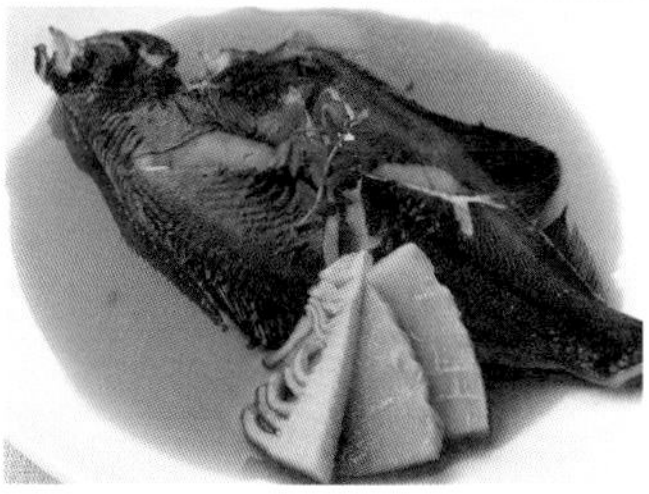

割合／濃口醤油3：みりん3：酒6：砂糖3

うどんのかけつゆ(関東風)

割合／濃口醤油3：みりん3：だし汁40：砂糖1：かつお節適量

焼肉のたれ(甘口)

割合／濃口醤油4：みりん2：砂糖1：味噌1：りんご（すりおろす）2

肉じゃが

割合／薄口醤油2：みりん1：酒2：だし汁20：砂糖3

ソースが料理の味にさらなる深みを与える

洋の味つけの方程式

洋食は味のベースとなる食材をよく炒めたり、バターを多めに使ったりして適度に香ばしい香りをつけたほうがおいしくなります。

メイン、ソース、つけ合わせのバランスを考えます

洋食の味つけの基本は塩とこしょう。塩・こしょうを中心に、99ページのような食材を足せばさまざまなバリエーションのソースを作ることができます。

たとえば、豚ロース肉に塩・こしょうをふって焼いたシンプルなローストポークでも、ソースを変えることでがらりと印象が変わるので、ソースさえ覚えれば、洋食のバリエーションが格段に増えます。この章では、基本的なソースをいろいろ紹介しますのでぜひ覚えてください。

また、洋食にはハーブやスパイスが欠かせません。食材の臭みを消すと同時に風味を足してくれるので、いくつか持っておくと重宝します。ハーブやスパイスはソースにももちろん使えます。バターソースやホワイトソース、トマトソースなど基本的なソースに、少し加えるだけで、風味や深みが大幅に変化します。

もうひとつ、洋食の味つけで考慮したほうがよいのが、つけ合わせ、ソース、メインのバランスを考えるということ。濃厚なソースなら、つけ合わせはあっさりめにする、逆にベーコンなどの食材そのものがしっかりとした味のときは、薄味のソースにするなど、一緒に食べたときにちょうどよいと感じるバランスが大切です。また、味つけの要でもある塩は産地や種類により味が微妙に異なるので、いろいろ比べてみるとまたひと味違います。

洋の味

“ソース”基本の10の材料

洋食に合わせるソースは、普段よく使う食材や調味料で手軽に作ることができます。とくに活躍するのが次の10種の調味料や食材です。ソース作りをはじめる前に、それぞれの風味と役割をよく知ってから組み合わせてみてください。アレンジをするときにも味を調節するときにも、きっと役立ちます。

A 塩・こしょう

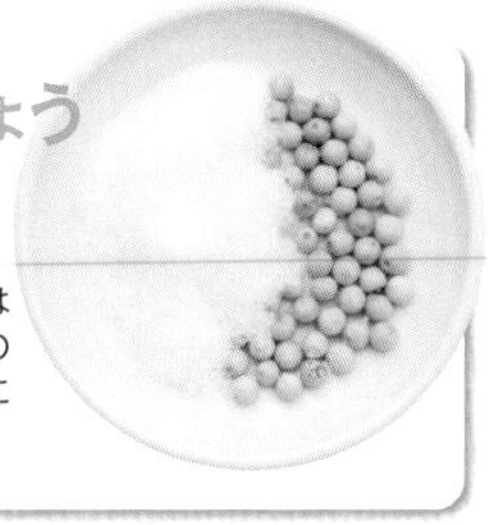

量の見極めが味を決める

味つけを調節するのはこのふたつ。ソースの色がにごらないように白こしょうを使う。

B バター

まろやかなソースに大活躍

温かいソースに溶かすと味がまろやかに。焦がしてから混ぜると香ばしい香りが出る。

C たまねぎ

野菜の甘さを主張するなら

加熱すると甘味が増す。料理にかけたり、パスタに絡めるソースを作るのに向く。

D ワイン

上品な風味に仕上げる

ワインに含まれる有機酸には肉や魚の臭みを消す作用がある。

E にんにく

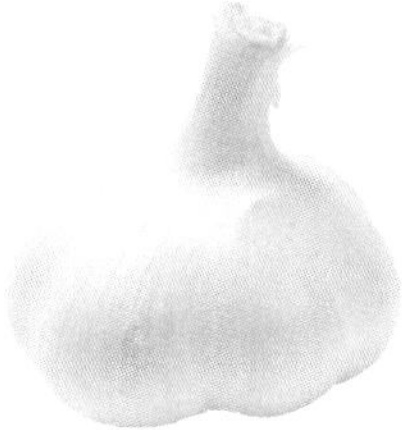

香りづけには欠かせない

独特の強い風味は、刻んでから油で炒めるとやわらぐので、ソースに合わせて調節する。

F チキンブイヨン

市販品なら手軽に使える

少量使うことが多いので市販品が便利。顆粒はそのまま、固形は刻んで湯に溶かして使う。

G レモン

酸味をプラスする

フルーツのさわやかな香りと酸味が加わる。絞り汁だけ、または果肉を入れて使う。

H オリーブ油

植物性のやさしい味わい

新鮮なEXVオリーブ油がソースに向く。にんにくを漬け、風味を移してから使っても◎。

I 牛乳or生クリーム

コクのあるクリーム系ソースに欠かせない

味がまろやかになる。乳製品は火にかけると焦げやすいので弱火で加熱すること。

J 小麦粉

とろりとしたソースにするときに

料理にとろみをつける。だまが残らないようにふるってから加えること。

隠し味にはジャムでフルーツの甘みを

甘くて風味豊かなジャムは、少量使うだけでもコクが深まる。酸味をプラスしたいならベリー系やアプリコットを、甘味重視ならいちごやりんごなどを使うとよい。

洋の味

2大ソースを徹底分析

洋食に合わせる人気のソースといえば、ホワイトソースとトマトソース。この2大ソースは99ページで紹介した基本の材料を使って簡単に作ることができるので、作り方を覚えておくと大活躍します。どちらも冷凍で約1か月保存可能。まとめて作っておくと料理のたびに作らなくてもよいので便利です。

まろやかでコクのある濃厚な定番ソース

ホワイトソース

焦がさないように火加減に注意し、きれいな白色になるように作るのが最大のポイント。

必要な食材はコレ

Ⓐ塩·こしょう + Ⓑバター + Ⓘ牛乳 + Ⓙ薄力粉

●作りやすい分量

バター…25g

薄力粉…大さじ3

牛乳…2カップ（400ml）

塩·こしょう…各適量

※Ⓐの白こしょうは挽いて使う

作り方

1 ルウを作る

バターを弱火で溶かす。ふるった薄力粉を加え、混ぜながら2～3分弱火にかける。

2 牛乳でのばす

火を止めて牛乳を加える。ルウを溶かして混ぜながら中火にかける。

3 濃度をつける

全体を泡立て器でよく混ぜ、とろみがついたら火を止める。塩·こしょうで味を調える。

材料をプラスしてホワイトソースが変身！

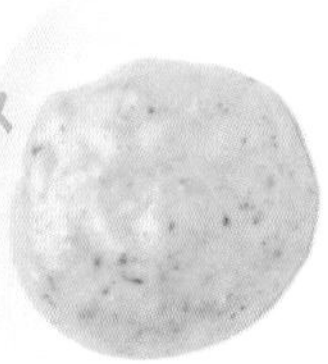

ポパイクリームソース

ホワイトソース1カップに、ゆでたほうれんそう1/4束を刻んでから混ぜる。

モルネーソース

ホワイトソース1カップに、卵黄1個と溶けるチーズ30gを混ぜながら温める。

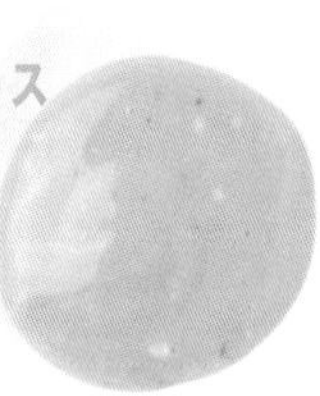

オーロラクリームソース

ホワイトソース1カップに、ケチャップ1/3カップを混ぜ、色を均一にする。

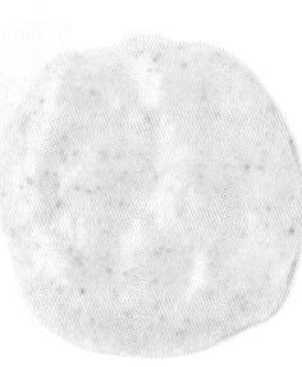

カレークリームソース

ホワイトソース1カップに、カレー粉小さじ1/2を入れて混ぜ合わせる。

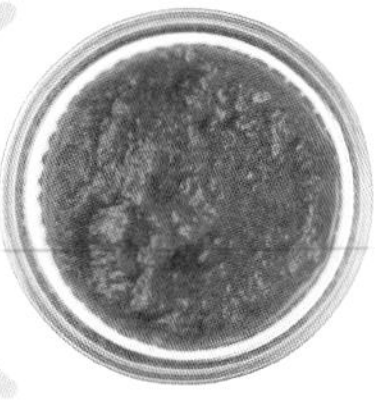

トマトの甘味がたっぷりと詰まったソース

トマトソース

はじめにしっかりと香味野菜の香りを出してからトマトを煮るとコクが深まります。

必要な食材はコレ

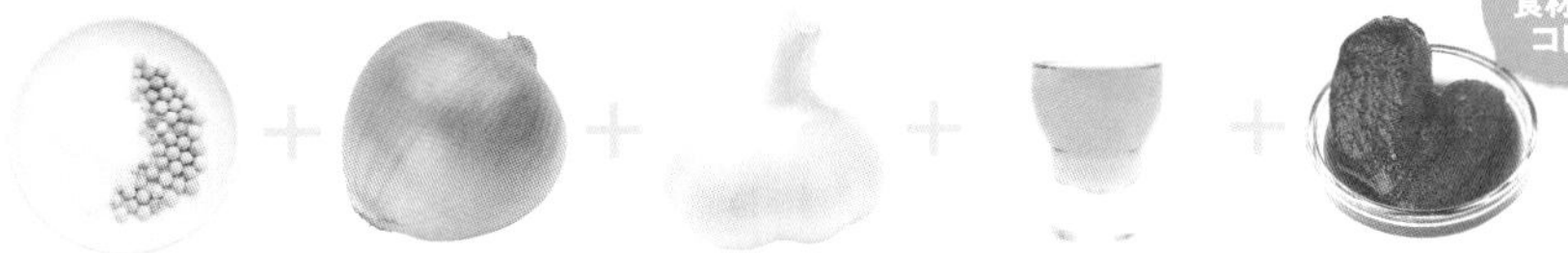

Ⓐ 塩·こしょう　+　Ⓒ 玉ねぎ　+　Ⓔ にんにく　+　Ⓗ オリーブ油　+　トマトの水煮

●作りやすい分量

トマトの水煮…200g
にんにく…1/2 片
たまねぎ…30g
オリーブ油…大さじ 1
塩·こしょう…各適量
※Ⓐの白こしょうは挽いて使う

作り方

1 トマトの水煮をこす

缶詰ならカットトマトが使いやすい。ボウルにざるを重ね、トマトをこす。

2 にんにくの香りを出す

オリーブ油とにんにくのみじん切りを入れ、弱火にかけて香りを出す。

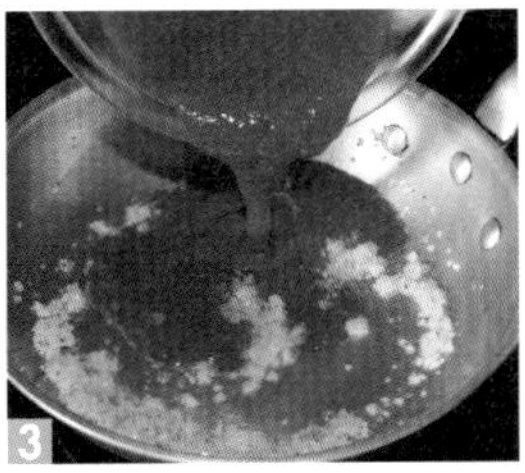

3 たまねぎを炒める

たまねぎのみじん切りを加えて炒め、しんなりしたら1を入れる。

4 調味して煮詰める

全体が 2/3 量になるまで煮詰める。塩・こしょうで味を調える。

材料をプラスしてトマトソースが変身！

＋ トマトマヨネーズソース

トマトソース 1 カップに、マヨネーズ 1/3 カップを混ぜ合わせる。

＋ ピザソース

トマトソース 1 カップに、乾燥オレガノ小さじ 1/4 を入れて混ぜる。

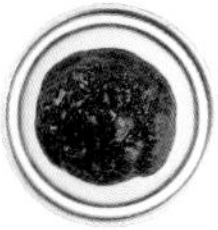

＋ トマト XO 醤ソース

トマトソース 1 カップに、XO 醤小さじ 2 を混ぜ合わせる。

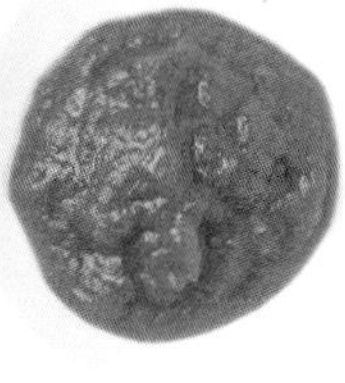

＋ トマトパインソース

トマトソース 1 カップに、薄くスライスしたパイナップル 30g を混ぜる。

＋ トマトバジルソース

トマトソース1カップに、みじん切りにしたバジル大さじ 1 を混ぜる。

洋の味

覚えておくと便利なソース

ソースのレパートリーをいくつか覚えておくと、料理にかけたり、つけたり、またはパンにぬってトーストにしたりとさまざまな使い方ができます。使いやすくて、アレンジもしやすい定番ソースを8種類紹介しますので、ぜひ、試してみてください。ここでも99ページの基本の材料が大活躍します。

マスタードソース

ピリッとした辛味のあるソース

●材料（作りやすい分量）

生クリーム120ml、粒マスタード大さじ2、はちみつ大さじ1、塩・こしょう各適量

●作り方

ボウルにすべての材料を入れ、氷水を入れたボウルに重ねる。泡立て器でとろみがつくまで混ぜる。ただし、混ぜすぎると分離するので注意する。

こんな料理に

- かものくん製
- ポトフ
- ローストビーフ
- さけのムニエル

焦がしバターソース

熱々のまま料理にかけるソース

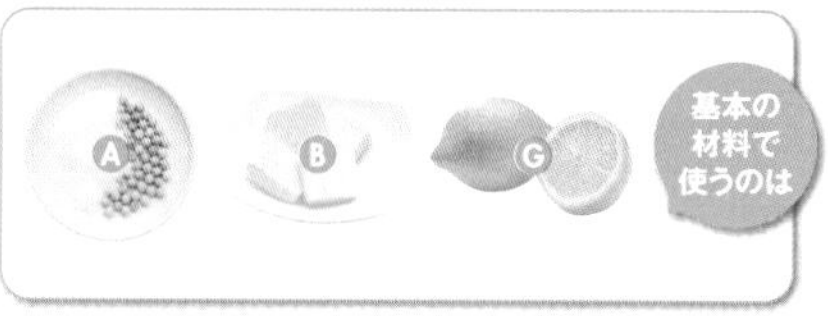

●材料（作りやすい分量）

バター60g、レモン汁大さじ2、塩·こしょう各適量

●作り方

鍋でバターを熱して茶色くなったら火を止める。レモン汁と塩・こしょうで味を調え、よく混ぜながら熱いうちに料理にかける。

こんな料理に

- 牛フィレ肉のステーキ
- サーモンのムニエル
- ベーコンとキャベツの蒸し煮
- 蒸し野菜

ジェノベーゼソース

バジルの風味がきいたソース

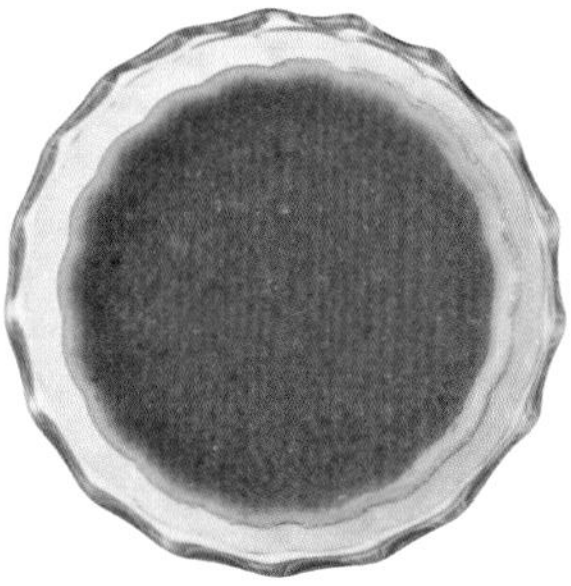

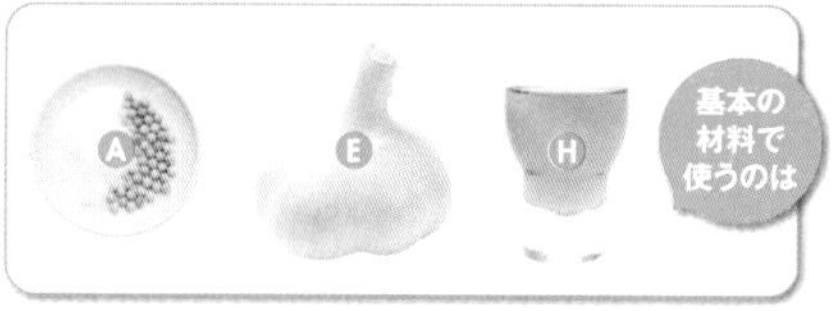

●材料（作りやすい分量）

フレッシュバジルの葉20枚（30g）、オリーブ油80ml、にんにく（みじん切り）1片、くるみ20g、パルメザンチーズ20g、塩・こしょう各適量

●作り方

バジルの葉は細かくちぎり、すべての材料をすり鉢で混ぜる。または、フードプロセッサーにかける。

こんな料理に

- にんじんやかぶなどの、ゆで野菜
- 食パンにぬってトースト
- ピザ
- スパゲッティのバジル風味

香草バターペースト

ハーブでアレンジ自在のソース

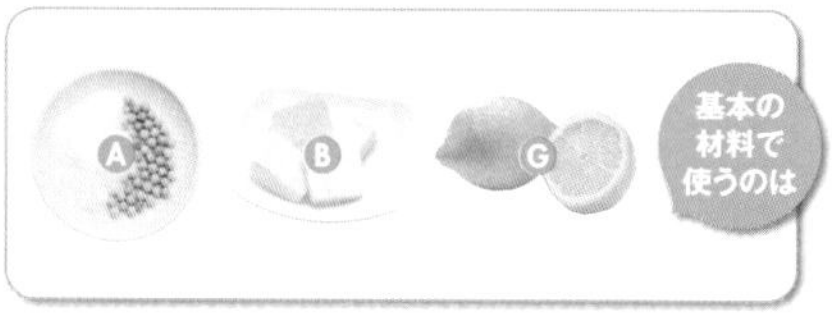

●材料（作りやすい分量）

バター100g、レモン汁大さじ1、パセリ（みじん切り）大さじ2、塩・こしょう各適量

●作り方

バターを室温に戻し、すべての材料を混ぜ合わせる。

こんな料理に

- バゲットにぬってトースト
- ほたて貝のソテー
- あさりの香草バター蒸し
- 白身魚のワイン蒸し

※Ⓐの白こしょうは挽いて使う

クリームソース

なめらかで濃厚なソース

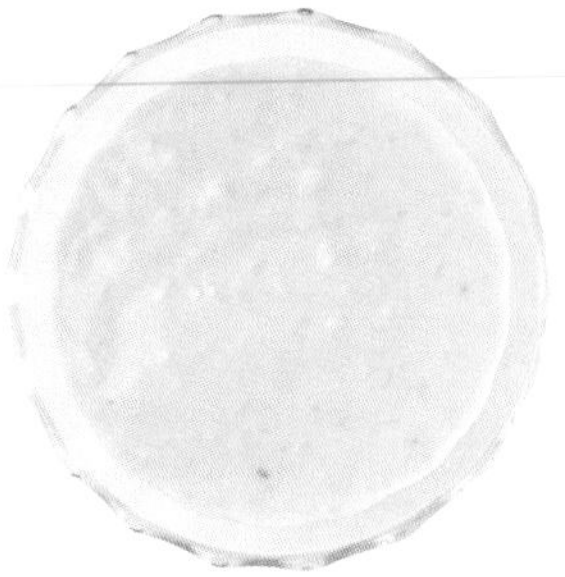

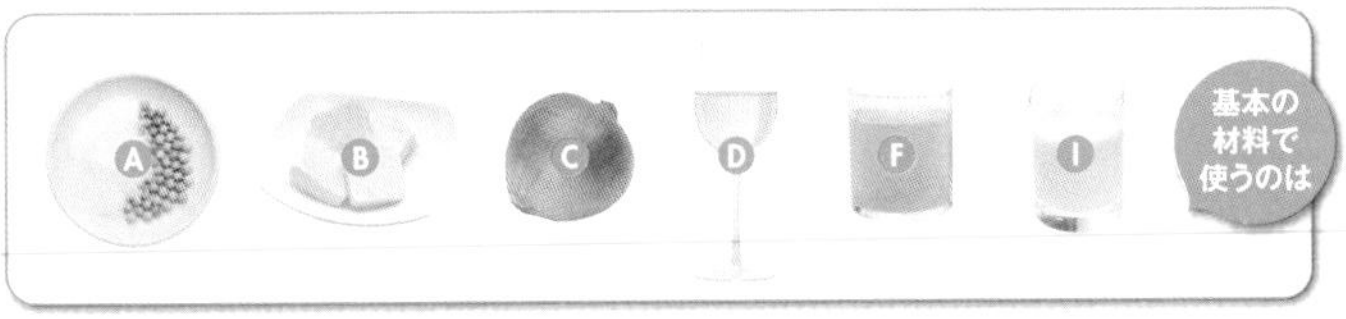

こんな料理に

- 鶏肉のクリーム煮
- ハムとマッシュルームのパスタ
- じゃがいものヴィシソワーズ
- オムレツ

●材料（作りやすい分量）

バター25g、たまねぎ（みじん切り）1/4個、白ワイン大さじ3、チキンブイヨン200ml、生クリーム100ml、コーンスターチ小さじ1（同量の水で溶く）、塩・こしょう各適量

●作り方

鍋でバターを熱し、たまねぎを炒める。白ワインとチキンブイヨンを加え、半量まで煮詰める。生クリームを加え、塩・こしょうで味を調える。コーンスターチでとろみをつける。

オニオンソース

甘味と香ばしさがあるソース

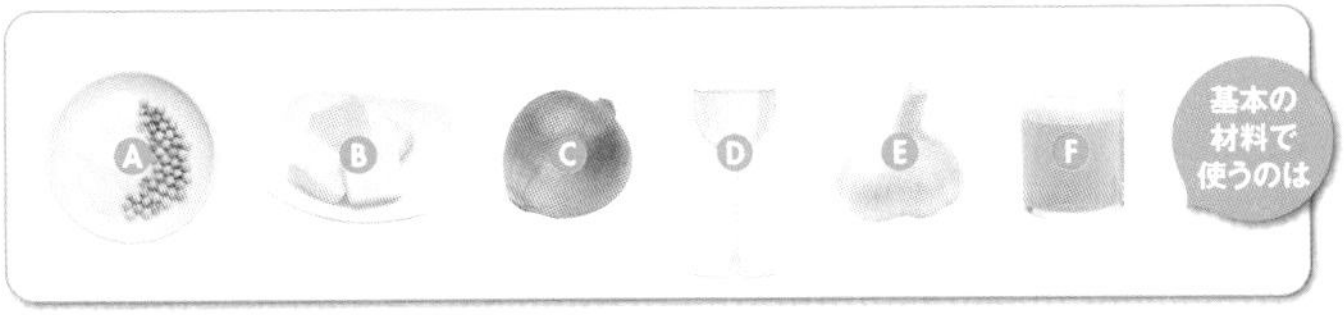

こんな料理に

- オニオングラタンスープ
- 魚のソテー
- ロールキャベツの煮込み
- カレーの隠し味

●材料（作りやすい分量）

バター10g、たまねぎ（せん切り）1/2個、チキンブイヨン200ml、にんにく（みじん切り）小さじ1/4、白ワイン大さじ3、コーンスターチ適量（同量の水で溶く）、塩・こしょう各適量

●作り方

鍋でバターを熱してにんにくとたまねぎをよく炒め、チキンブイヨンと白ワインを加えて煮込む。塩・こしょうで味を調え、コーンスターチでとろみをつける。

ガーリックソース

風味が食欲をそそるソース

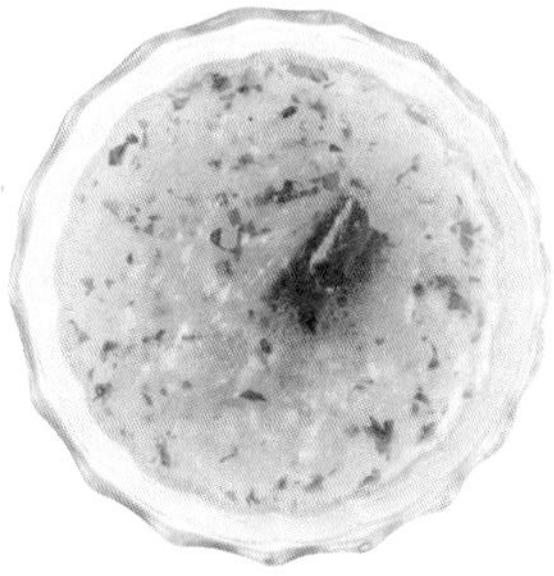

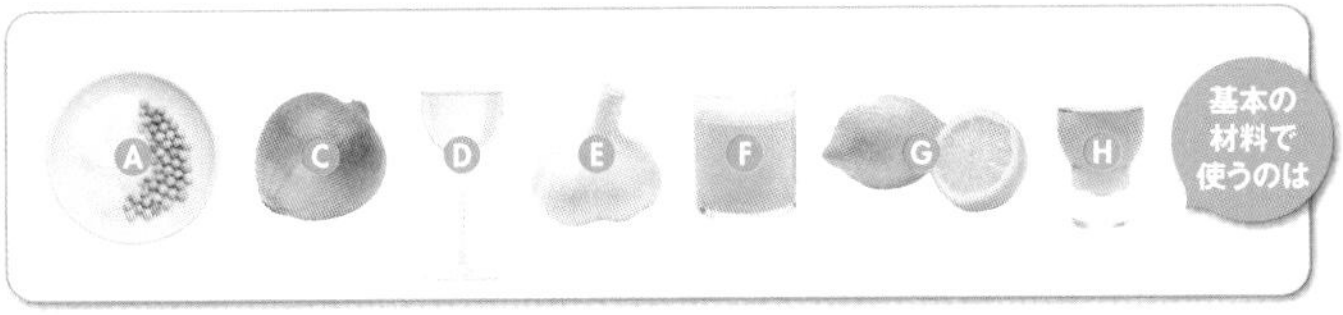

こんな料理に

- さざえのつぼ焼き
- 鶏もも肉のソテー
- ペペロンチーノ
- 野菜の炒め物

●材料（作りやすい分量）

オリーブ油大さじ2、にんにく（みじん切り）大さじ1、赤唐辛子1/2本、たまねぎ（みじん切り）1/4個、白ワイン大さじ3、チキンブイヨン100ml、レモン汁大さじ1/2、パセリ（みじん切り）大さじ1、塩・こしょう各適量

●作り方

鍋にオリーブ油、にんにく、赤唐辛子を入れ、弱火にかけて香りを出す。たまねぎを加えて炒め、白ワインを入れてアルコールを飛ばす。チキンブイヨン、レモン汁、塩・こしょう、パセリを順番に加えて火を止める。よく混ぜて乳化させてから使う。

アップルソース

さわやかなフルーツソース

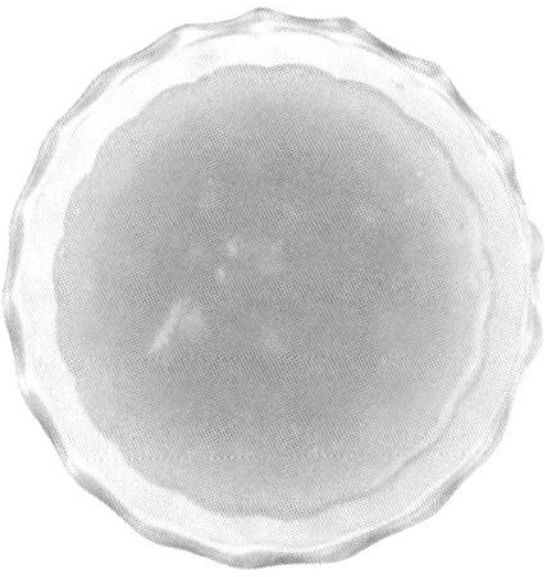

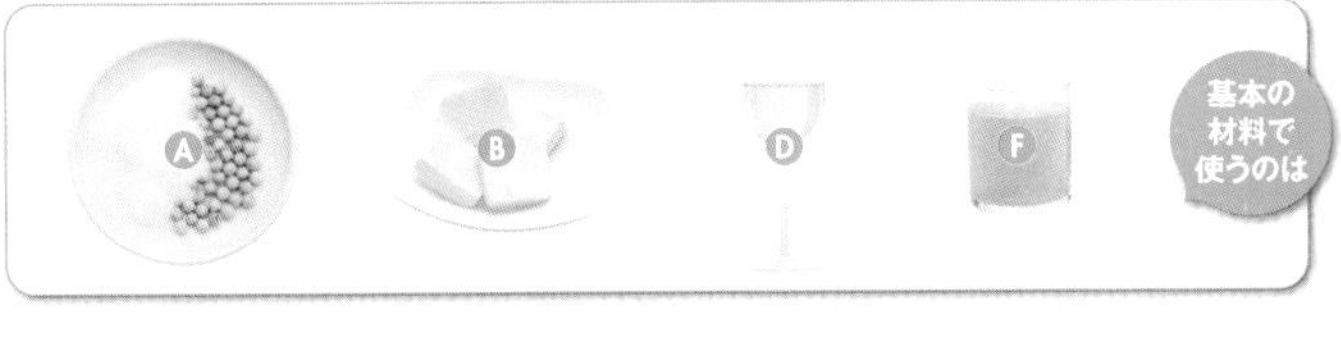

こんな料理に

- 魚のムニエル
- 鶏胸肉の蒸し物
- 豚肉のステーキ
- 白身魚のパイ包み焼き

●材料（作りやすい分量）

バター25g、りんご（5mm角）2/3個、白ワイン大さじ3、チキンブイヨン250ml、はちみつ大さじ2、片栗粉小さじ1（同量の水で溶く）、塩・こしょう各適量

●作り方

鍋でバターを熱してりんごを炒める。白ワイン、チキンブイヨン、はちみつを加えて軽く煮る。片栗粉でとろみをつけ、塩・こしょうで味を調える。

※Ⓐの白こしょうは挽いて使う

洋の味

和の食材をプラスして味を広げる

定番ソースに和の調味料を加えると意外と相性がよいもの。料理が一気に和風になり、和食や創作料理にぴったりです。ピリッとした辛味をつけるなら、わさびや山椒を、濃厚さを出すなら味噌やのりを、さわやかな風味をつけるならゆずや青じそを使うなど、好みに合わせてアレンジしてみましょう。

醤油プラスの洋ソース

（青じそオイルソース）

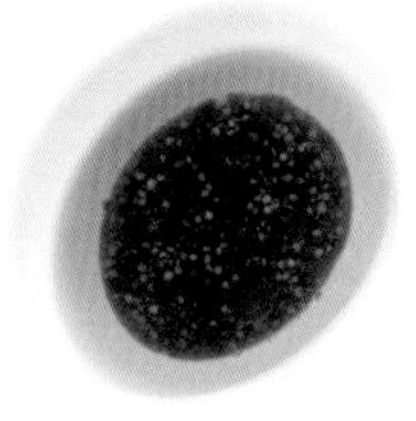

●材料（作りやすい分量）
濃口醤油大さじ 1、青じそ 1 枚、粒マスタード小さじ 1、EXV オリーブ油大さじ 2

●作り方
青じそはみじん切りにし、すべての材料を混ぜ合わせる。

こんな料理に
- 和風パスタ
- 和風サラダ

（山椒バターソース）

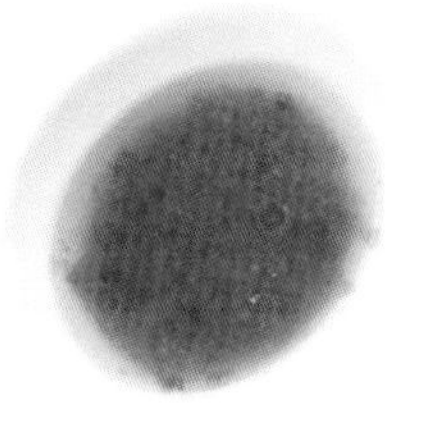

●材料（作りやすい分量）
濃口醤油大さじ 1、粉山椒少々、バター 15g

●作り方
バターを熱して溶かし、火を止める。濃口醤油と山椒を加えて混ぜ合わせる。

こんな料理に
- 和風パスタ
- 豆腐ステーキ

（わさびマヨソース）

●材料（作りやすい分量）
濃口醤油小さじ 1、わさび（すりおろす）小さじ 1/4、マヨネーズ大さじ 1

●作り方
すべての調味料を混ぜ合わせる。

こんな料理に
- 生春巻きのたれ
- まぐろとアボカドのタルタル

味噌プラスの洋ソース

（のり味噌ソース）

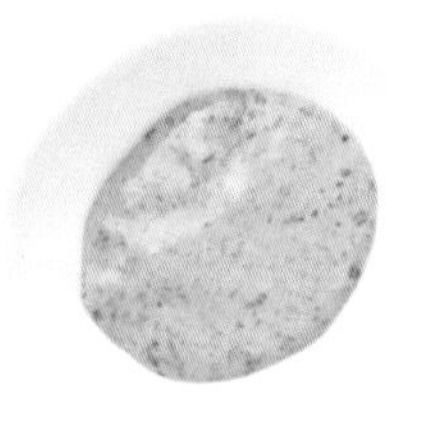

●材料（作りやすい分量）
味噌小さじ 1、のりの佃煮大さじ 1、生クリーム 50ml

●作り方
すべての材料を混ぜ合わせ、味噌を溶きのばす。

こんな料理に
- 和風パスタ
- オムレツ

（ゆずオイルソース）

●材料（作りやすい分量）
味噌大さじ 1、ゆずの皮（みじん切り）少々、ゆず汁（絞り汁）小さじ 1、EXV オリーブ油大さじ 1.5

●作り方
すべての調味料を混ぜ合わせ、味噌を溶きのばす。

こんな料理に
- カルパッチョ
- ふろふきだいこん

（味噌オランデーズソース）

●材料（作りやすい分量）
味噌大さじ 1、卵黄 1 個、水 30ml、バター 70g、レモン汁少々

●作り方
水に卵黄を入れて 80℃の湯煎にかける。熱して溶かしたバター、レモン汁、味噌を混ぜる。

こんな料理に
- こんにゃくやなすの田楽
- フィレステーキ

こんなソースも！

（ごまトンカツソース）

●材料
（作りやすい分量）
とんかつソース大さじ 2、練り白ごま小さじ 1

●作り方
とんかつソースに練り白ごまを混ぜ、溶きのばしてなめらかにする。

こんな料理に
- カツサンド
- チキンフライ丼

（ポン酢バターソース）

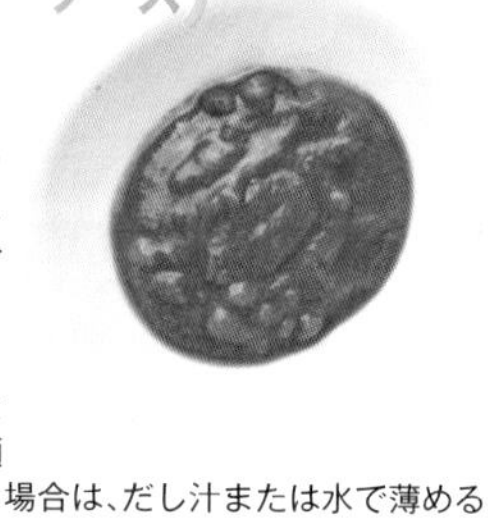

●材料
（作りやすい分量）
ポン酢大さじ 2、ピーナッツバター大さじ 1

●作り方
すべての調味料を混ぜ合わせる。麺のつけつゆに使う場合は、だし汁または水で薄める。

こんな料理に
- そうめんのつゆ
- 蒸し鶏

こんな食材で味つけは無限大！

冷蔵庫の中にあるもの、または珍しい食材でいろんなソースの組み合わせを楽しみましょう。

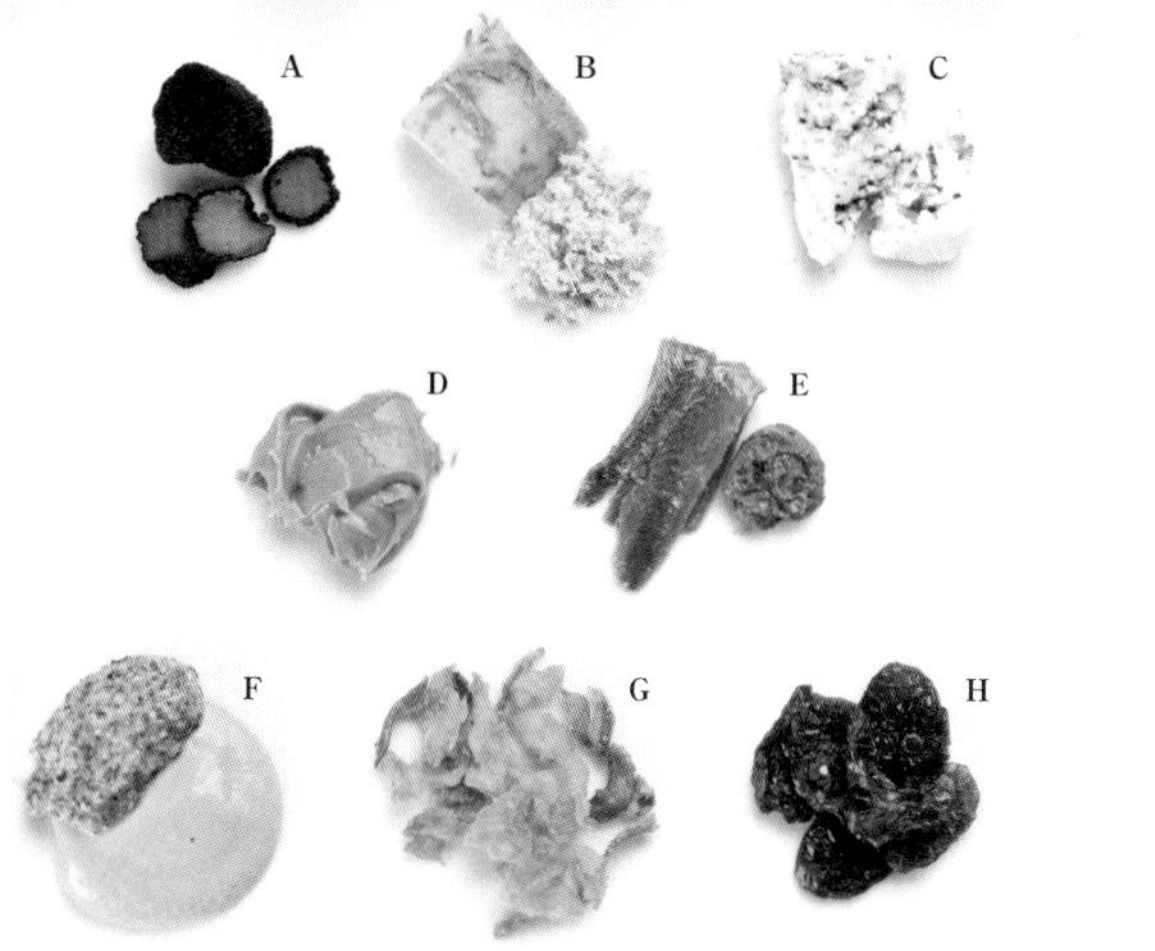

［洋の食材］

A）トリュフ
世界三大珍味のひとつ。香りが強いので、少量を細かく刻んで加える。

B）ホースラディッシュ
西洋わさびのこと。すりおろしてソースに加えるとピリッと辛さが出る。

C）ブルーチーズ
独特の香りと濃厚さが特徴。パスタのソースに少量加えるのもおすすめ。

D）ピーナッツバター
液体の調味料と混ぜ、溶きのばして使う。甘さと香ばしさが出る。

E）アンチョビ
フィレは細かく刻み、ペーストはそのまま加える。塩気がプラスされる。

F）マスタードソース
そのまま使うこともできるが、ほかのソースに少量混ぜて辛味をつける。

G）フライドオニオン
サクサクとした食感と、香ばしさがいきるよう最後に加えるとよい。

H）ドライトマト
凝縮したトマトの旨味や酸味をプラスしたいときに。刻んで加える。

［和の食材］

A）ゆずこしょう
塩分が強いので隠し味程度に使うのがおすすめ。

B）ごま
そのまま、またはすりつぶして入れる。独特の香ばしさとコクが加わる。

C）わさび
ツンとした辛さを出す。醤油やポン酢などの液体調味料に溶かして使う。

D）のり
生のりはそのまま、乾燥したのりは液体調味料につけてふやかして使う。

［エスニックの食材］

A）香菜
細かく刻み、独特の香りが立つようにする。エスニック感を出したいときに。

B）コチュジャン
韓国の甘辛い味噌。そのままでもまろやかな味なので生野菜のつけだれに向く。

［香辛料］

A）カイエンヌペッパー
唐辛子の一種で、粉末状にしたもの。辛味のきいたソースに仕上げるときに。

B）カレー粉
10種類以上のスパイスをブレンドしてある。少量だけで一気にカレー風味に。

C）キャトルエピス
フランスの混合スパイス。複雑な風味を出したいときに使うとよい。少し辛味がつく。

［中華の食材］

A）豆板醤
そら豆にさまざまな香辛料を足した発酵調味料。加熱すると辛さが増す。

B）甜麺醤
甘くてまろやかなコクをプラスしたいときに。濃い色も特徴的。

C）XO醤
魚介など多数の食材が使われている醤なので、風味も香りも強い。隠し味程度に使う。

手作りマヨネーズのレシピをcheck!

油が分離しないように、少量ずつ加えてきちんと乳化させるのが最大のポイント。

材料

卵黄1個、白ワインヴィネガー大さじ1、マスタード小さじ1、サラダ油150ml、塩·こしょう各適量

作り方

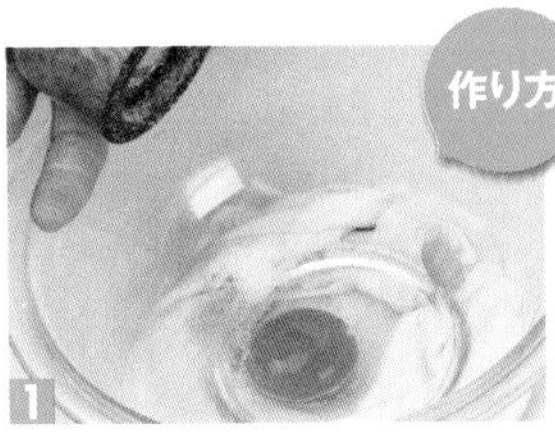

1 ボウルに卵黄、半量の白ワインヴィネガー、マスタード、塩・こしょうを入れる。

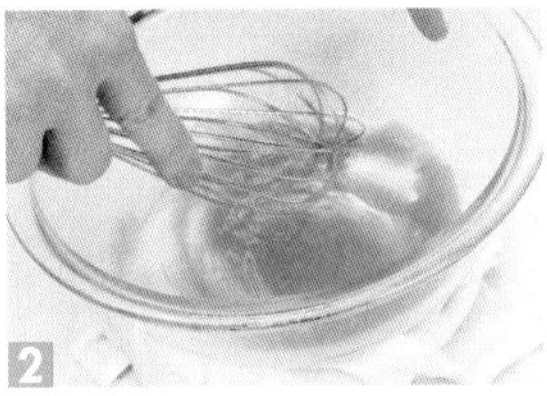

2 塩が溶けるように泡立て器でしっかりと全体を混ぜる。

3 ボウルのふちの高い位置からサラダ油を細い糸のようにたらし入れながら混ぜる。

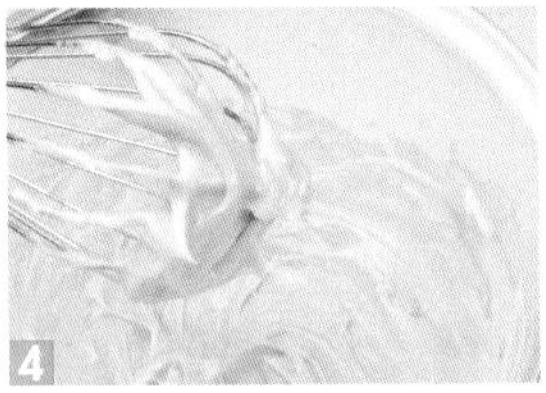

4 サラダ油が乳化し、つのが立ったら残りの白ワインヴィネガーを混ぜて味を調える。

マヨネーズはつけるだけじゃない! こんな料理に活用

ポテトサラダ。ゆでてつぶしたじゃがいも、薄切りの野菜、ハムをマヨネーズで和える。

グラタン。皿にゆでたマカロニ、きのこ、ホワイトソースを混ぜ入れ、マヨネーズをかけて焼く。

えびマヨ。揚げたえびと油通ししたパプリカなどの野菜をマヨネーズで炒める。

マヨネーズ＋αで応用レシピ

＋  ピーナッツバター

切り干しだいこんと野菜の和え物

甘くまろやかな味に

●材料

切り干しだいこん50g、にんじん1/3本、しゅんぎく1/2束、ピーナッツバター大さじ2、マヨネーズ大さじ4

●作り方

切り干しだいこんは水で戻し、ひと口大に切る。野菜は細切りにしてゆでる。ピーナッツバターとマヨネーズを混ぜ、その他の材料と和える。

＋  アンチョビ

魚介のニョッキ

塩気がよくきいた味に

●材料

オリーブ油大さじ1、ニョッキ適量、えび4尾、ほたて2個、いか1/2杯、白ワイン小さじ4、アンチョビマヨネーズ大さじ2、スナップえんどう・ディル各適量

●作り方

魚介を油で炒めて白ワインを入れる。きざんだアンチョビとマヨネーズを混ぜ、ゆでたスナップえんどうとニョッキを和え、ディルを添える。

洋の味

マヨネーズ＆ドレッシングも自由自在

洋の定番ソースといえば、マヨネーズやドレッシングも欠かせません。手作りする場合、気をつけたいのは油を加えるときです。油は水と分離する性質があるので、しっかり乳化するように作るのがコツ。油は糸のようにたらして加えながらしっかりと混ぜ、ソースが白濁して濃度がつけば乳化されています。

基本のドレッシング3種のレシピをcheck!

サラダに欠かせないドレッシングは基本をふまえてバリエーションを増やします。

サウザンアイランドドレッシング

野菜たっぷりでピンクの色合い

材料

マヨネーズ大さじ5、チリソース大さじ1、ケチャップ大さじ1・1/3、たまねぎ10g、ピーマン（赤・緑）各10g

作り方

たまねぎとピーマンをみじん切りにする。すべての材料をボウルに入れて混ぜ合わせる。

細かく刻んだピクルスを入れるのもおすすめ。

サウザンアイランドドレッシング＋α

食感にアクセントをつける

＋  ゆで卵

●作り方とポイント

かためにゆでた卵をみじん切りにして混ぜるとやわらかい食感に。サンドイッチに向く。

＋ 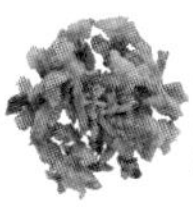 フライドオニオン

●作り方とポイント

そのまま、または砕いてから混ぜる。サクッとした歯ごたえをプラス。肉料理に向く。

イタリアンドレッシング

オリーブ油がベースのさわやか味

材料

トマト1/4個、バジル2枚、にんにく小さじ1/3、レモン汁大さじ2、EXVオリーブ油65ml

作り方

5mm角のトマト、みじん切りのバジルとにんにく、レモン汁を混ぜる。オリーブ油を加えて混ぜる。

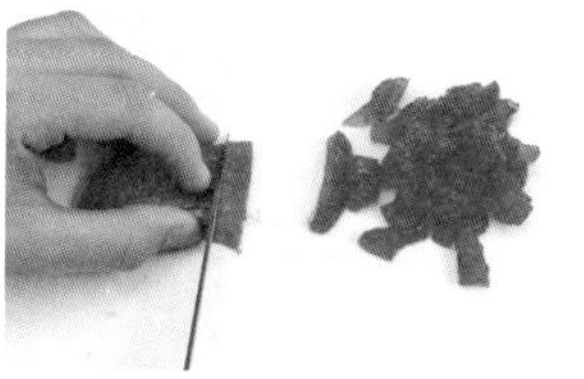

トマトは皮を湯むきし、種とヘタを取ってから切る。

イタリアンドレッシング＋α

まろやかさをプラスする

＋  アンチョビペースト

●作り方とポイント

アンチョビを少量入れてよく混ぜる。パスタにかけるのがおすすめ。

＋  リコッタチーズ

●作り方とポイント

最後にリコッタチーズをほぐしながら混ぜる。サラダやパスタに使うとまろやかになる。

フレンチドレッシング

分離するので混ぜて使いましょう

材料

白ワインヴィネガー大さじ2、マスタード大さじ1/2、サラダ油65ml、塩・こしょう各適量

作り方

ボウルにサラダ油以外の調味料を入れて混ぜる。サラダ油を少量ずつ加えながら泡立て器で混ぜ、乳化させる。

サラダ油は高い位置から糸のようにたらす。

フレンチドレッシング＋α

ヴィネガーベースなのでさわやかに

＋  ディル

●作り方とポイント

使う直前にディルを切って混ぜる。さわやかな香りなので、魚のカルパッチョなどに。

＋  グレープフルーツ

●作り方とポイント

皮をむいて果肉だけを混ぜる。果物の酸味がさわやかなアクセント。サラダに向く。

油使いが本格中華の鍵をにぎる

中華の味つけの方程式

中華は具材を切ったり、調味料を合わせたりといった準備をすべてすませてから、一気に作るのが基本。このとき大切なのが香り、油、熱です。

食欲を誘う香りを出すには工夫が必要です

中華料理で大切なのが香味野菜やスパイスなどの香りです。この香りを引き出すには「熱」と「油」が重要なファクターです。ゆえに、油を使う料理の場合、強い火力で手早く作ったほうがよいのですが、家庭用のコンロは火力が弱いのが難点です。

まず、鍋を十分温め、油が熱くなってから調理し始めます。このとき、中華鍋など鉄製の道具で炒める場合は空焼きしてから油を入れますが、フッ素樹脂加工が施された道具の場合は油を入れてから温めます。温度が上がりやすいよう油はある程度多めに使ってください。

また、家庭用コンロの弱い火力で炒め物をしていると、余分な水分が出ることがありますが、これは鍋の大きさに対して材料を入れすぎている、混ぜすぎて温度が下がってしまうなどが原因です。中華では火加減以外に次のようなことも大切です。

・全体になじむよう、調味料は鍋肌から回し入れる
・にんにくやしょうが、ねぎなどの香味野菜は弱火でじっくり香りを引き出す
・茎や軸などかたいものから炒めはじめ、水分が出やすい葉野菜は強火で炒める
・調味料や水溶き片栗粉はあらかじめ合わせておく
・塩は最初に入れると食材から水分が出るので仕上げに入れる

こうした少しの工夫で仕上がりに差が出るので、ぜひ試してください。

中華の味

中華の味の成り立ち

炒め物の種類がとくに多い中華料理は、味のバリエーションもさまざまです。香りも味も豊かに仕上げるには、どんな油を使ってどんな調味料を使うのか、料理の工程の順を追ってその仕組みを考えてみましょう。さらに、工程ごとのポイントをおさえておくと、味つけがより上手になります。

1. 味のベースになる油を決める

ごまの香ばしさを出したい料理には、最後にごま油を。ねぎやしょうがなど、香味野菜の香りを出したい料理はサラダ油で炒める。

基本はこの2種類

ごま油

サラダ油

調理の前に油をよく熱する

中華鍋、またはフライパンをよく熱して油を入れ、全体に広げ、油を捨てる。再度油を入れて炒める。

2. 香味野菜の香りを出す

にんにく、ねぎ、しょうがなどの香味野菜や唐辛子が味のベースになる。炒め物の香りづけ、スープのだし、食材の臭み消しに用いる。

香味野菜や唐辛子を弱火で熱する

油がぷくぷくと小さく泡立ち、香りが出てくるまで弱火でじっくりと熱する。

臭みを消し香りをしみ込ませる

肉をゆでるとき、香味野菜を一緒に入れる。

3. 調味料を加える

具材を入れて炒めたら、いよいよ味つけ。調味料を具材に直接かけると味にムラが出るので、回し入れて味を均一にする。

鍋肌からそっと流し入れる

鍋の上のほうは具材の入っている鍋底よりも温度が高い。ここに調味料や油を入れると、鍋を伝って温められ、香ばしくなる。

4. 片栗粉でとろみをつける

淡白な味の料理は、仕上げにとろみをつけてあんかけにするとコクが出る。一部だけかたまることがないように、混ぜながら加える。

とろみをつけるのは仕上げの直前

片栗粉は同量の水で溶く。調味料を煮立たせ、混ぜながら片栗粉を少量ずつ加える。とろみが全体にムラなくつけばよい。

中華の味

7大味つけを徹底マスター

味つけの種類がとても多い中華料理ですが、基本的な7つの味つけを覚えておくとレパートリーが増えます。中国の調味料を使うとより本格的な味になりますが、日本の醤油や酢などの調味料でも手軽に中華風の味つけができるので挑戦してみてください。それぞれの味つけを割合で紹介します。

酢の味つけ

甘酢あん
甘酸っぱくてアツアツ

●材料（作りやすい分量）
濃口醤油大さじ1、酒大さじ1、鶏ガラスープ120ml、酢大さじ2、砂糖大さじ2、片栗粉（同量の水で溶く）小さじ1

濃口醤油	酒	鶏ガラスープ	酢	砂糖	片栗粉
1	1	8	2	2	0.3

●作り方＆使い方
すべての調味料を鍋に入れてよくかき混ぜてから火にかける。とろみがついたら火を止める。

こんな料理に
- かに玉のあん
- 酢豚
- 肉団子と野菜の甘酢だれ
- 白身魚の甘酢あんかけ

塩の味つけ

塩炒めのたれ
食欲をそそる魅力的な味

●材料（作りやすい分量）
酒大さじ3、鶏ガラスープ大さじ6、砂糖大さじ1/2、塩小さじ1/2、片栗粉小さじ1（同量の水で溶く）、こしょう適量

酒	鶏ガラスープ	砂糖	塩	片栗粉
3	6	0.5	少々	0.3

●作り方＆使い方
すべての調味料を混ぜる。鍋にサラダ油を熱し、野菜などの具材を炒める。混ぜた調味料を加えてとろみをつけ、火を止める。

こんな料理に
- 八宝菜
- 野菜炒め
- あんかけ焼きそば
- いかときゅうりの炒め物

ごまの味つけ

ごまだれ
香ばしさがプラスされる

●材料（作りやすい分量）
濃口醤油大さじ2、酢大さじ2、砂糖大さじ2、ごま油大さじ1、白練りごま大さじ3

濃口醤油	酢	砂糖	ごま油	白練りごま
2	2	2	1	3

●作り方
白練りごまと砂糖を混ぜる。濃口醤油、酢、ごま油を加え、白練りごまを溶きのばしながら混ぜる。

こんな料理に
- 棒々鶏のたれ
- 冷奴のかけだれ
- 冷やし中華のつけつゆ
- くらげと腸詰の和え物

香味野菜の味つけ

香味だれ
ふわりと香る香味野菜

●材料（作りやすい分量）
濃口醤油大さじ3、酒大さじ2、酢大さじ2、砂糖大さじ1、ごま油大さじ1、にんにく（みじん切り）大さじ1/3、しょうが（みじん切り）大さじ1/2、ねぎ（粗みじん切り）大さじ3

濃口醤油	酒	酢	砂糖	ごま油
3	2	2	1	1

●作り方
すべての調味料を混ぜ合わせる。

こんな料理に
- 中華サラダ
- 水餃子のたれ
- 油淋鶏のたれ
- 中華風カルパッチョ

中華ドレッシング

ごまの風味がたっぷり

●材料（作りやすい分量）

濃口醤油大さじ2、酢大さじ2、ごま油大さじ1、サラダ油大さじ2、白ごま大さじ1/2、塩・こしょう各少々

濃口醤油	酢	ごま油
2	2	1

●作り方

ごまを煎る。濃口醤油、酢、ごまを入れて混ぜる。ごま油とサラダ油を糸のようにたらしながら加え、塩・こしょうで味を調える。

こんな料理に

- わんたんサラダ
- くらげときゅうりのサラダ
- 蒸し魚のかけだれ
- ピータン豆腐

酢醤油だれ

使い方は無限大の万能たれ

●材料（作りやすい分量）

濃口醤油大さじ3、酢大さじ1、サラダ油小さじ1、ねぎ（白髪ねぎ）15g、しょうが（針しょうが）1/2片

濃口醤油	酢
3	1

●作り方

鍋にサラダ油を熱し、煙がたったらねぎとしょうがにかけて香りを出す。濃口醤油と酢を加える。

こんな料理に

- 餃子のつけだれ
- 点心のつけだれ
- 中華の酢の物
- スープの隠し味（少量たらす）

甜麺醤《テンメンジャン》だれ

まろやかな甘味があるたれ

●材料（作りやすい分量）

甜麺醤大さじ3、濃口醤油大さじ4、酒大さじ2、鶏ガラスープ大さじ3、豆板醤小さじ1、にんにく小さじ1/3、しょうが小さじ1、ねぎ（みじん切り）大さじ1、片栗粉（同量の水で溶く）小さじ2、五香粉少々

甜麺醤	濃口醤油	酒	鶏ガラスープ	豆板醤	片栗粉
3	4	2	3	0.3	0.6

●作り方

みじん切りの香味野菜、豆板醤を入れて炒める。すべての材料を入れてとろみをつける。

こんな料理に

- 北京ダックのたれ
- モツとにんにくの芽の炒め物
- 春巻きの具の混ぜ込みたれ
- 麻婆なす

XO醤《エックスオージャン》だれ

ぜいたくで濃厚な味わい

●材料（作りやすい分量）

XO醤大さじ3、濃口醤油大さじ1、酒大さじ1、鶏ガラスープ大さじ3、ごま油大さじ1、しょうが（みじん切り）大さじ1/4、ねぎ（みじん切り）大さじ2、片栗粉小さじ1（同量の水で溶く）、塩・こしょう各適量

XO醤	濃口醤油	酒	鶏ガラスープ	ごま油	片栗粉
3	1	1	3	1	0.3

●作り方

塩・こしょう以外の調味料を混ぜる。塩・こしょうを足して味を調える。

こんな料理に

- いかとセロリのXO醤炒め
- キャベツと豚肉のXO醤炒め
- 唐揚げの漬け込みだれ
- 中華ちまきの隠し味

ごまラー油だれ

肉にも野菜にもぴったり

●材料（作りやすい分量）

白練りごま大さじ2、黒ごま大さじ1、濃口醤油大さじ3、ラー油小さじ1、酢大さじ1

白練りごま	黒ごま	濃口醤油	ラー油	酢
2	1	3	0.3	1

●作り方

ごまは煎ってすり鉢で粗めにすりつぶす。すべての調味料を混ぜ合わせ、白練りごまを溶きのばす。

こんな料理に

- もやしのサラダ
- 生春巻きのつけだれ
- ゆで鶏のかけだれ
- 水餃子のつけだれ

ピリ辛だれ

後からくる辛味が刺激的

●材料（作りやすい分量）

豆板醤小さじ1、濃口醤油大さじ4、酢大さじ2、砂糖小さじ1、ラー油小さじ1

豆板醤	濃口醤油	酢	砂糖	ラー油
1	12	6	1	1

●作り方

すべての材料を混ぜ合わせる。

こんな料理に

- ピータンのかけだれ
- 焼き餃子のつけだれ
- くらげのピリ辛和え
- れんこんのきんぴら

中華の味

とろみと香りの基本

とろみのついた料理の多い中華。とろみは料理をいつまでも熱々の状態に保ってくれるスグレモノ。水溶き片栗粉を上手に使って、全体に均等のとろみをつけましょう。また、とろみと並んで中華らしさを醸し出すのが香味野菜やスパイスなどの香りです。油の熱をうまく使って、香りを引き出しましょう。

とろみの方程式

・水溶き片栗粉の割合・

水と片栗粉は１対１の同量で溶くのが基本です

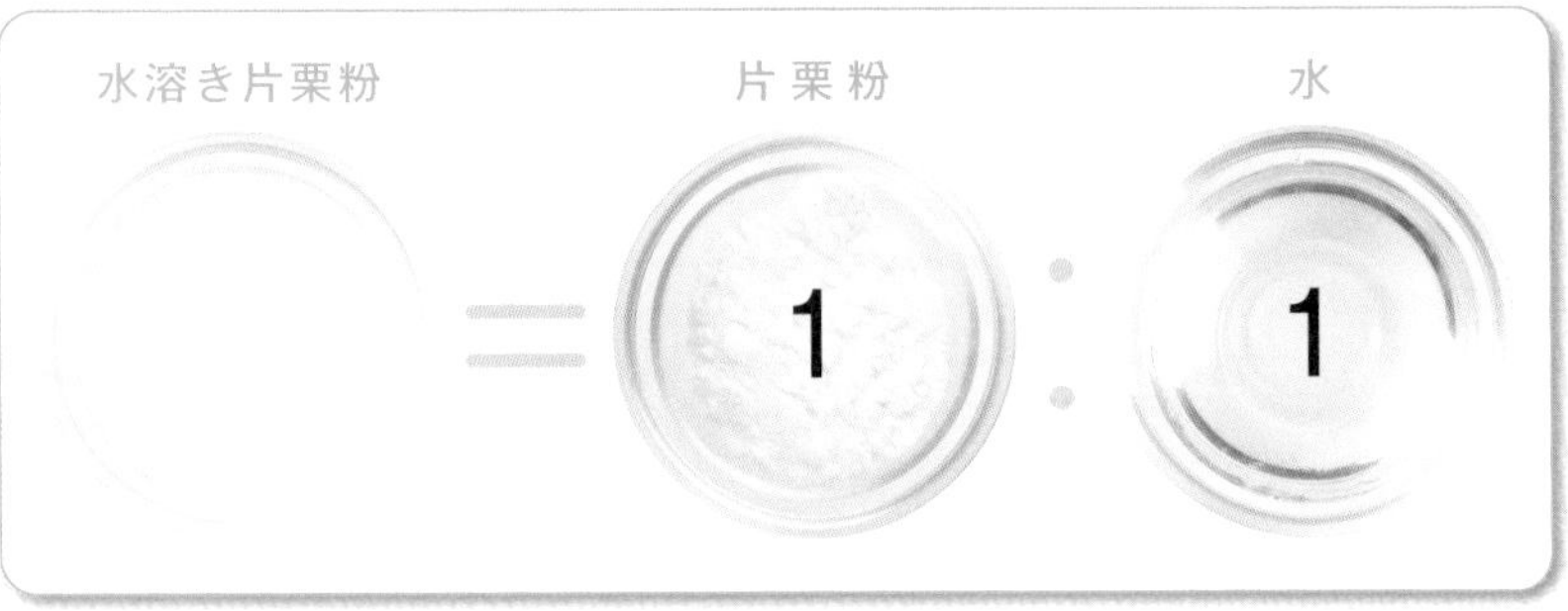

おいしいだけじゃない とろみの効果

とろみは、料理の熱をとじ込め、冷めにくくする効果があります。加えて、具材に煮汁をまとわせる働きがあり、炒めものから出た水分もまとめてくれます。

水溶き片栗粉を入れるタイミングは仕上げの直前。混ぜながら加え、透明感が出るまで煮立てます。このとき温度が低いと粉っぽくなってしまいます。また、鍋の中を混ぜながら加えないと、一部だけかたまってダマができることもあるので注意してください。

分離するので混ぜてから加える

水溶き片栗粉は混ぜておくとすぐ分離するので、入れる直前にかならず指やスプーンで混ぜる。

香りの方程式

香味野菜

ねぎやにんにく、しょうがなどを、軽く熱した油に入れ、焦げつかさないように弱火で香りを引き出す。

＋

香味油

ねぎ油やにんにく油などをあらかじめ作っておく。それを使うことで香りを立てる。

＋

調味料

醤油などは鍋肌から加えて香りを出す。また、仕上げに加えて香りを引き立たせる。

中華の香りは足し算で構成される

ねぎやにんにくなどの香味野菜や、醤油などの調味料、花椒《ホアジャオ》などのスパイスは、生ではなく油で熱することで、いわゆるよい香りを出します。

このとき、大切なのが油の温度です。高い温度の油の中に入れると、香りが出る前に真っ黒に焦げてしまいますし、冷たい油に入れても香りは出ません。香味野菜を入れた瞬間に油がぶくぶくとして「ジュン」と音がするぐらいの温度が目安と覚えてください。

香味野菜とゆでる

ねぎの青い部分やしょうがをゆで汁に加えることで、香りが移り肉の臭みが消える。

中華の味

香味油と醤《ジャン》の作り方

中華の深い味わいの正体は、香味油と醤《ジャン》。醤《ジャン》は大豆や唐辛子などの食材に麹と塩を加えた発酵調味料のこと。手作りしたものは、冷蔵庫で約1か月保存可能です。香味油は、にんにくやしょうがを油と一緒に熱して油に香りを移したもの。料理の仕上げにかけて香りづけをすると、さらに本格的な中華になります。

芝麻 醤《チーマージャン》

ごまのやさしい味わい

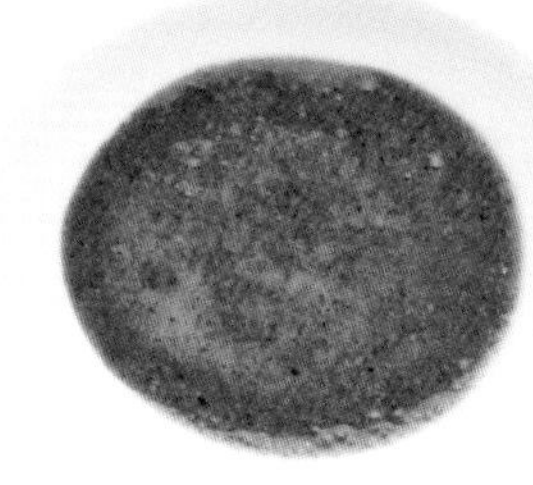

材料

白ごま 80g、ごま油 40g

作り方

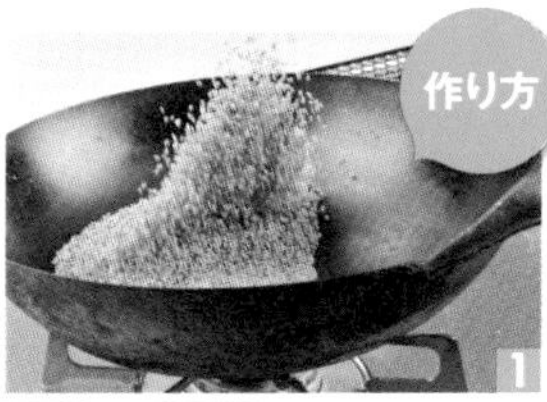

鍋を熱し、白ごまを入れる。火加減を中弱火にし、ごまの色が濃くなるまで煎る。

白ごまをすり鉢に移してすりつぶす。混ぜながらごま油を少量ずつ加える。

甜麺 醤《テンメンジャン》

甘くてまろやかな味

材料

八丁・白味噌各 50g、りんご 1/8 個、いちごジャム 70g、ねぎ 20g、砂糖 50g、水 250ml、サラダ油大さじ 1

作り方

サラダ油と小口切りのねぎを中火にかけ、薄い煙が出るまで熱する。ねぎの香りを油に移す。

1とほかの材料をミキサーにかけ、なめらかになったら鍋に移す。混ぜながら弱火で約 40 分煮詰める。

花椒油《ホアジャオ ユ》

ツンとした香りが魅力

材料

花椒《ホアジャオ》（種を取り除く）大さじ 1、サラダ油 100g

作り方

サラダ油と花椒を鍋に入れて弱火にかけ、小さな泡が出てくるまでじっくり火を通す。ねぎ油と同様に、しっかりざるでこして使う。

ねぎ油

淡白な味の料理に

材料

サラダ油 50g、ラード 100g、しょうが 10g、ねぎ 50g、たまねぎ 40g

作り方

香味野菜は細かく切る。鍋にサラダ油とラードを熱し、香味野菜を入れる。油に香りがつくまで熱する。使うときにこし、香味野菜を除く。

鶏の脂を溶かしてできる鶏油《チーユ》について

鶏皮と香味野菜を一緒に熱し、鶏から出た脂を抽出したもの。中華では炒め物のほか、スープに少量たらして隠し味にも使える。

こすときに注意!

ざるの中の香味野菜を上から押し、旨味の移った油を最後まで抽出する。

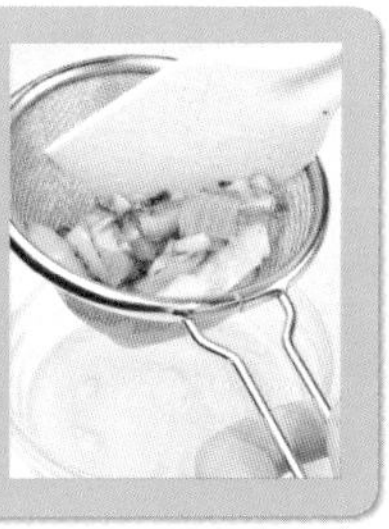

中華の味

“中華味”7つのポイント

中華料理は油を使うことが多く、失敗すると油っぽくなりがち。「中華はこってりしているから苦手」という声をよく聞きますが、それは油の温度が低すぎたり、香りが十分に引き出されていなかったりすることが原因ということも多いのです。香味野菜やスパイスなどの香りを十分に出し、油をよく熱してください。

1 中華鍋はよく熱して油をならす

中華鍋を使うときは多めに油を入れてよく熱する。その後、一度油をオイルポットに戻し、分量の油を再度入れると、中華鍋に油がよくなじむ。

中華鍋は直径26～30㎝が使いやすい。

2 ねぎ、にんにく、しょうがは中弱火で

ねぎやにんにく、しょうがなどの香味野菜は熱した油に入れて香りを引き出す。このとき、油の温度が高すぎると焦げるので、中～弱火でじっくり熱する。

入れた瞬間に「ジュン」と軽く音がするぐらい。

3 乾物の凝縮された旨味を利用する

干ししいたけや干しえび、干し貝柱などの乾物は旨味の宝庫。戻し汁も捨ててはダメ。煮汁に加えたり、スープに入れたりして、凝縮された旨味を利用するとよい。

乾物は正しい戻し時間でしっかり戻す

4 調味料の組み合わせを考える

スピードが命なので、あらかじめ調味料を合わせておく。合わせ調味料は、レシピの分量を少し変えたり、スパイスを加えたりしてオリジナルに挑戦しよう。

紹興酒や中国黒酢などを使うと本格的に。

5 香味野菜の上から油をかける

中華鍋から薄く煙が出るぐらい熱した油を、ねぎやにんにくなどの香味野菜を散らした料理の上にかけると、香りがぐんと引き立つ。

油の熱し方が足りないと香りが立たない。

6 仕上げに香味油をかける

香味油を加えるのは料理の仕上げ時。最後に香りをプラスすることで、ぐんとおいしくなる。この工程で、ただの炒め物がプロの作った中華料理に変身する。

香味油は最初に加えると香りが飛ぶので最後。

7 とろみは煮立った後に加える

とろみはぬるい状態で仕上げると粉っぽくなるので、入れた後はすぐに沸騰させる。または、煮立った後によく混ぜながら少しずつ加えると均等にとろみがつく。

一度かたまった片栗粉の修復は難しい。

料理別！ 覚えておくと便利な味つけ

スピードが命の中華料理こそ、味つけを割合で覚えておくと便利です。

牛肉のオイスターソース炒め

割合／オイスターソース6：濃口醤油3：酒3：鶏ガラスープ40：砂糖1.5：水溶き片栗粉1

麻婆豆腐

割合／豆板醤1：甜麺醤1：濃口醤油3：酒2：鶏ガラスープ26：水溶き片栗粉1

チンジャオロースー

割合／濃口醤油9：鶏ガラスープ18：酒6：砂糖3：オイスターソース6：水溶き片栗粉1

トンポーロー

割合／濃口醤油2：紹興酒4：砂糖2：水適量：八角・シナモン・花椒各適量

棒々鶏のかけだれ

割合／濃口醤油2：酢2：砂糖2：ごま油1：白練りごま3

回鍋肉

割合／甜麺醤9：濃口醤油14：酒6：鶏ガラスープ9：豆板醤1：水溶き片栗粉2：こしょう適量

サンラータン

割合／濃口醤油1：酒2：酢3：鶏ガラスープ80：水溶き片栗粉2：塩・黒こしょう・ラー油各少々

えびのチリソース炒め

割合／豆板醤3：酒3：酢1：鶏ガラスープ40：砂糖1：ケチャップ9：水溶き片栗粉1

八宝菜

割合／濃口醤油1.5：酒3：鶏ガラスープ適量：砂糖1：塩少々：オイスターソース3：水溶き片栗粉適量

ジャージャー麺

割合／濃口醤油3：酒3：甜麺醤3：豆板醤1：鶏ガラスープ30：ごま油1：水溶き片栗粉適量

酢豚

割合／酢9：濃口醤油3：酒3：鶏ガラスープ9：砂糖9：ケチャップ9：いちごジャム3：水溶き片栗粉1

かに玉のあん

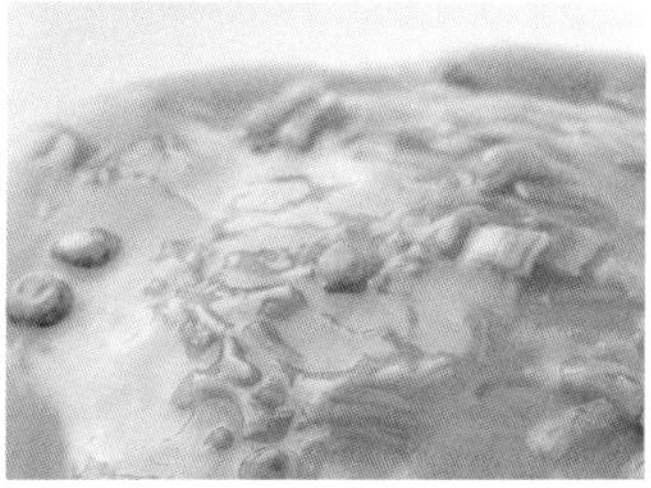

割合／濃口醤油3：酒3：酢6：鶏ガラスープ22：砂糖6：水溶き片栗粉1

だしが決まれば味つけはシンプルでOK

だしの方程式

料理の要となるだし汁は、正しくひいてこそ意味があります。野菜、肉、魚などの食材から旨味を余すことなくじんわりと引き出しましょう。

だしは料理のベース。正しくひくことが大切です

和食の味は、かつお節や昆布、煮干しなどからひく和風だしの風味が不可欠といっても過言ではありません。基本的な一番だしでも洋食のブイヨンや中華の鶏ガラスープなどに比べて、短時間でひくことができます。最近では粉末や液体など市販品のだしの素が売られていますが、正しくひいた、旨味の凝縮しただしにはかないません。簡単なので、ぜひ、作り方を覚えてください。

一方、チキンブイヨンやフュメ・ド・ポワソンなどの洋風だしは、香味野菜を使って長時間煮込む必要があります。中華の鶏ガラスープも手作りすると同じく時間がかかります。一度はチャレンジしてもらいたいですが、この場合は市販品を使うのもやむを得ないでしょう。市販品でも本格的な味に近づけるコツは、ねぎやたまねぎ、しょうがなどの香味野菜を加える、酒を少量入れるなどひと工夫することです。

また、だしに使う水は硬水よりも軟水がよいでしょう。ミネラルウォーターを使う場合も軟水を選ぶようにしましょう。水道水を使うなら、ひと晩くみ置きするのがおすすめです。

多めに作っただしを保存するときには、冷ましてから密閉容器または製氷皿に入れ、冷凍保存すると約2週間もちます。冷蔵保存の場合は、2日ほどしかもたないので、なるべく早く使い切るようにしましょう。

和風だしの作り方

和食だしの基本となる食材には「昆布」、「かつお節」、「干ししいたけ」、「煮干し」があり、中華だしや洋風だしに比べて短時間で食材の旨味を引き出せます。汁物や煮物には風味の強いだしが欠かせません。おいしいだしにするには、乾物はしっかりと戻し、作りおきをせずにその都度使う分だけひくことがポイントです。

一番だし

和食の中でも最も基本的なだし

昆布とかつお節から手軽に作れて、すっきりとした味わいなのでどんな料理にも合う。とくにだしの繊細さがわかるすまし汁やかけ汁によい。

●材料（作りやすい分量）
水…1ℓ、昆布…5×10cm1枚、かつお節…15g

こんな料理に
- お吸い物
- 煮物

昆布の表面をふきんでさっとふき、ほこりを取り除く。水に浸して約3時間おく。

鍋に移し、弱めの中火にかける。昆布の味が出たら取り出す。

すぐにかつお節を加える。加える前に沸騰した場合は、さし水をしてから入れる。

沸騰したら弱火にし、表面に浮いたアクをレードルまたはおたまですくい取る。

火を止め、浮いているかつお節がすべて沈むまで約5分おく。

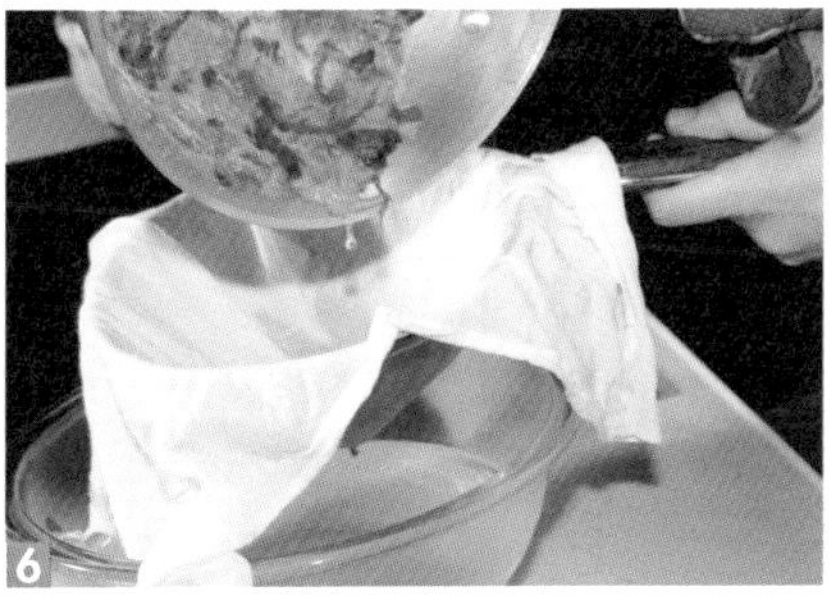

キッチンペーパーまたはさらしをシノワやざるの上に置き、ゆっくりと静かにこす。

市販のかつおだし

必要な分量だけすぐに作れる

溶かすだけの顆粒状のかつおだし。粉末にしたかつお節に、旨味成分を混ぜ合わせてある。水気がないので炒め物にも使いやすい。

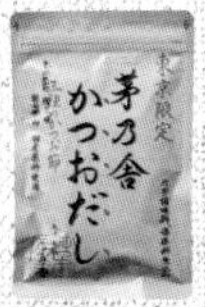

3種のかつおぶしが入った東京限定の顆粒のかつおだし。／久原本家

昆布だし

煮る必要がないシンプルなだし

昆布を水に長時間浸すことによってにじみ出る旨味をだしにする。ふろふきだいこんといった、食材の味を楽しむのにかつおの風味が邪魔になるときに使う。

●材料（作りやすい分量）

水…1ℓ、昆布…5×10cm1 枚

こんな料理に

- 炊き込みごはん
- 鍋物

二番だし

一番だしよりも色と味わいが濃いだし

一番だしに使った昆布とかつお節の中に残った旨味を引き出し、さらにかつお節を加えて作る。雑味も旨味も含んだだしになる。新しくかつお節を加えることを「追いがつお」と呼ぶ。

●材料（作りやすい分量）

水…1ℓ、一番だしの昆布とかつお節…適量、かつお節…7.5g

こんな料理に

- 煮物
- しじみの赤だし
- そばつゆ

昆布はふきんで表面をさっとふき、ほこりを取り除く。水に浸し、約３時間おく。

だしをひいた後の昆布は捨てないで!

二番だしまで使った昆布にもまだ旨味成分はある。そのものを食材にすれば、余すことなく楽しめる。

佃煮に…

干ししいたけと一緒に炒めて醤油、酒、みりんなどで煮る。

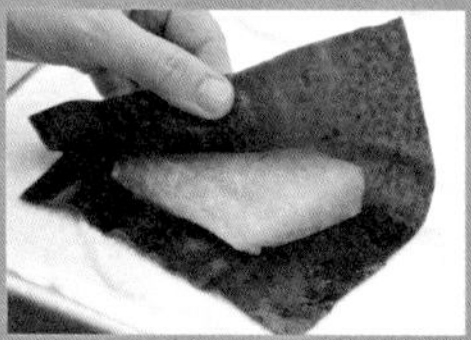

昆布じめに…

刺身を昆布にはさみ、約 1 時間おく。富山県の郷土料理。

市販の昆布だし

戻し時間いらずの簡易だし

熱湯にさっと溶ける顆粒状の昆布だし。乾物の昆布のように水に浸す必要がないので戻し忘れたときの助けになる。

北海道産の昆布を使用している。溶けやすい顆粒タイプ。／柳屋本店

一番だしに使った昆布とかつお節を鍋に入れ、水を加える。強火で加熱し、沸騰したら弱火にし、沸騰状態を保つ。

5〜6分煮て、水が1割ほど減ったら新しいかつお節を入れる。軽くかき混ぜ、再沸騰したらアクを取り除く。

火を止め、浮いているかつお節が沈むまで約3分おく。キッチンペーパーまたはさらしでこし、菜箸を使って絞る。

煮干しだし

旨味成分が多く、コクのあるだし

かたくちいわしの稚魚を煮て干したものが一般的。頭と内臓を除いてだしをひかないと生臭さが出る。から炒りしてから使うと香ばしいだしになる。

●材料（作りやすい分量）
水…1ℓ、煮干し…30g、酒…大さじ1

こんな料理に
- 麺類のスープベース
- 濃い味つけの煮物

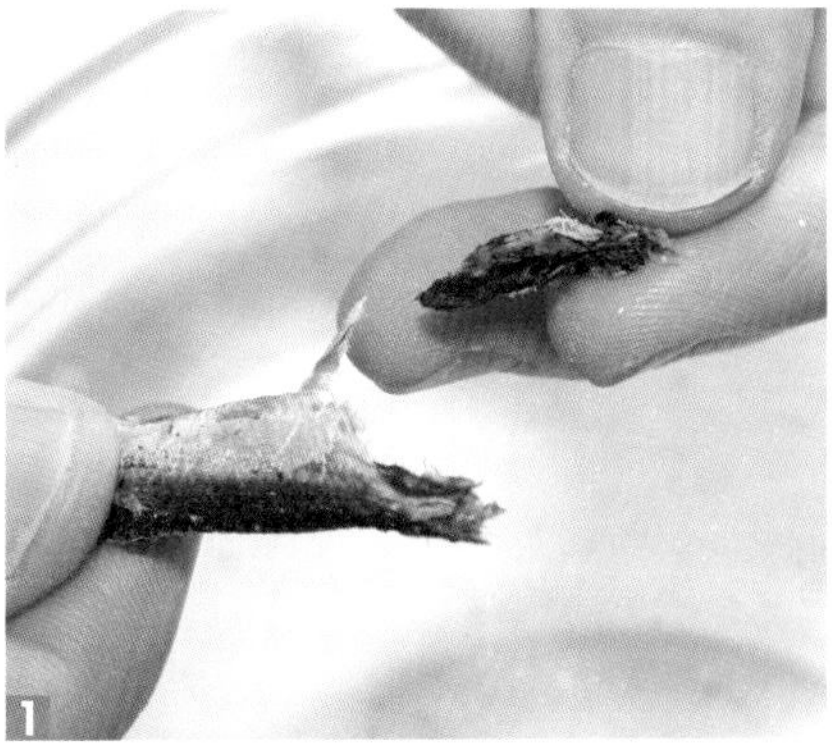
1

煮干しの頭をちぎり、内臓部分を指でつまんで取り除く。さっと洗い、水に浸してひと晩おく。

2

鍋に移して中火にかける。酒を加え、沸騰したら弱火にして表面のアクをおたまで取り除く。

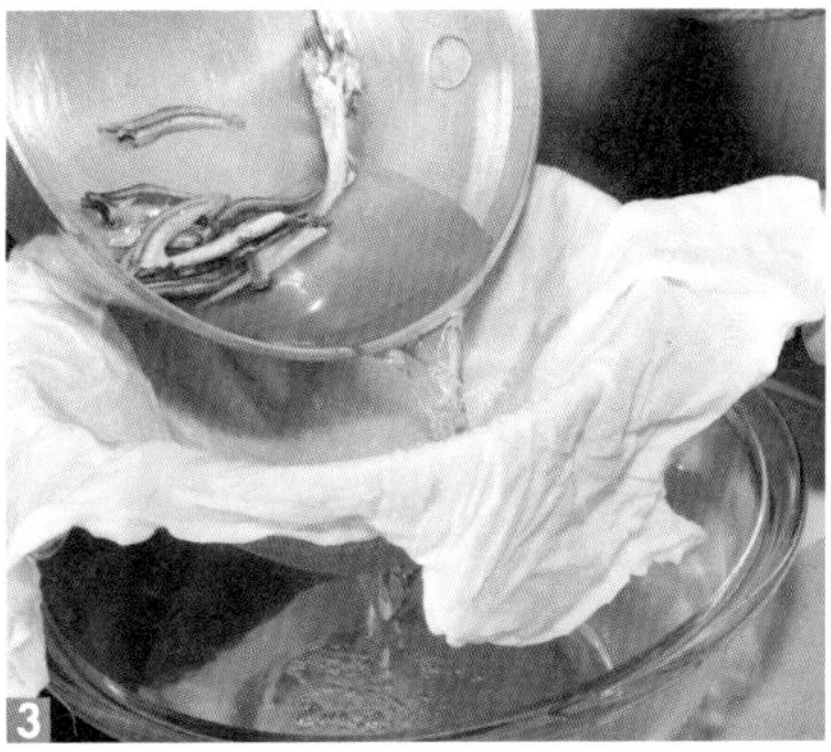
3

軽く沸騰するくらいの火加減を保ち、約10分煮る。上澄みをキッチンペーパーまたはさらしで静かにこす。

こんな小魚の煮干しがあります

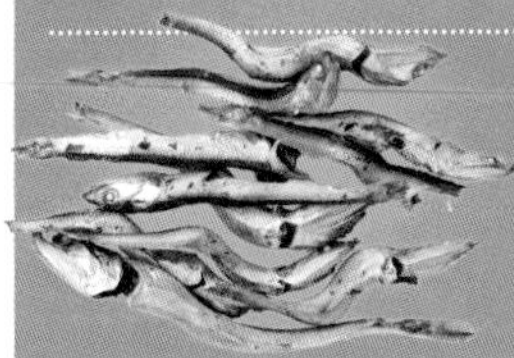

［いりこ］

かたくちいわしの稚魚を煮干しにしたもので、「だしじゃこ」とも呼ばれる。

［豆あじ］

小さめのまあじを煮干しにしたもの。内臓に苦味が少ないので、除かずに使用できる。

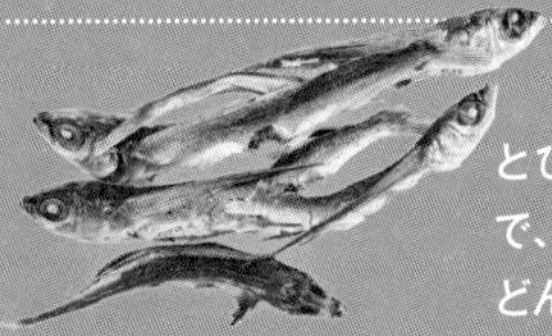

［あご］

とびうおを煮干しにしたもので、九州でよく使う。そばやうどんなどの麺類と相性がよい。

だしの保存方法

時間があるときにはまとめて作って保存

密封容器で冷蔵
保存期間2日

しっかり冷ましてから保存容器に入れる。ほかのにおいがつかないように密閉すること。

製氷皿で冷凍
保存期間2週間

製氷皿にだし汁を流し入れ、冷凍庫に入れる。凍ったらばらばらにして保存袋に移す。

冷凍だしはこんな使い方もできる

製氷皿で作った氷は小分けになっているので、和え物やソースといった少量のだしが必要なときにそのまま使える。

凍ったまま入れて溶かす。

洋風だしの作り方

洋風だしにはスープのベースとなるブイヨンとソースのベースとなるフォンがあります。和食のだし汁とは違い、どちらも野菜と、肉や魚を一緒に長時間煮込み、奥深い旨味を引き出して作ります。おいしいだしにするには、軽く沸騰した状態を保ちながら煮ることと、アクをこまめに取り除くことがポイントです。

チキンブイヨン

ポタージュやコンソメの素になるだし

鶏肉をベースにしたブイヨン。肉のあっさりとした旨味と野菜の甘味が溶け出している。

●材料（作りやすい分量）

鶏ガラ…4羽分、鶏もも肉…250g、水…2ℓ、たまねぎ…200g、クローブ…1本、にんじん…150g、セロリ…50g、タイム…1枝、ローリエ…1枚

こんな料理に

- ポタージュ
- ボルシチ

1 鶏ガラを洗い、内臓を除く。鍋に水と一緒に入れ、沸騰させる。

2 アクを除く。2等分したたまねぎにクローブをさし、鍋に入れる。

3 切ったセロリとにんじん、鶏もも肉、ハーブを入れ約2時間煮る。

4 シノワにキッチンペーパーまたはさらしをしく。煮汁をこす。

市販のチキンブイヨン

キューブを湯に溶かして使う。ソースなどに少量使う場合は量を調節。／ヤスマ

フュメ・ド・ポワソン

白身魚から取った白いフォン

使用する白身魚は、したびらめやいとよりだいが向く。雑味が出ないよう早く仕上げるとよい。

●材料（作りやすい分量）

水…1ℓ、したびらめ…250g、たまねぎ…60g、エシャロット…20g、セロリ…30g、マッシュルーム…2個、白ワイン…100ml、タイム…1枝、ローリエ…1枚、白粒こしょう…3粒

こんな料理に

- 魚のスープ
- 魚料理のソースベース

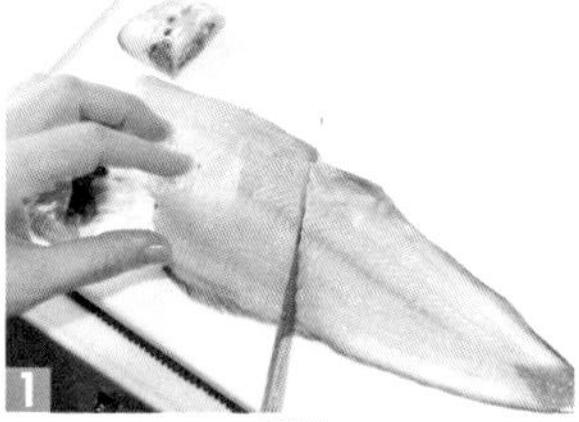

1 皮と頭、内臓を取って洗い、ぶつ切りにする。氷水に約5分つける。

2 鍋に水と白ワイン、薄切りにした野菜と1を加えて沸騰させる。

3 弱火にし、軽い沸騰を保ち約20分煮る。アクが出てきたら取り除く。

4 シノワにキッチンペーパーをしき、レードルを使って静かにこす。

市販のフュメ・ド・ポワソン

淡白な白身魚からだしをひき、旨味を補っている液体タイプ。／ハインツ日本

中華だしの作り方

中華料理のだしの中で最も基本的でポピュラーなのが「鶏ガラスープ」です。さまざまな汁物の素になるだけではなく、炒め物や煮込み料理のベースとしても活躍します。おいしいだしにするには、鶏ガラをしっかりと水で洗い、しょうがとねぎを使って長時間火にかけ、臭みを上手に消すことがポイントです。

鶏ガラスープ

肉の旨味が凝縮されただし

材料に豚骨を加えることで旨味に深みが増す。澄んだスープにしたいなら鶏もも肉を追加する。

●材料（作りやすい分量）
水…3ℓ、鶏ガラ…4羽分、豚骨…1/4本、ねぎ（青い部分）…2本分、しょうがが…1かけ

こんな料理に
- 炒め物
- 中華スープ

1 鶏ガラは内臓と脂を指でつまんで取り、流水で血を洗い流す。

2 鍋に水を入れ、豚骨とぶつ切りにした1を加える。

3 切ったねぎとしょうがを入れ、強火にかける。沸騰したら火を弱める。

4 アクを取り除きながら約2時間煮込み、キッチンペーパーでこす。

市販の鶏ガラスープ

野菜のうまさを引き出すチキンベースの顆粒状のガラスープ。／水牛食品

清《チン》湯《タン》スープ

にごりのない澄んだスープ

鶏ガラスープをベースにし、軽く沸騰した状態を保ちながらさらに煮込む。

●材料（作りやすい分量）
鶏ガラスープ…2ℓ、鶏ささみ…100g、豚もも肉…100g、ねぎ（青い部分）…10g、しょうが…5g

こんな料理に
- 中華スープ
- くらげと焼豚のゼリー寄せ

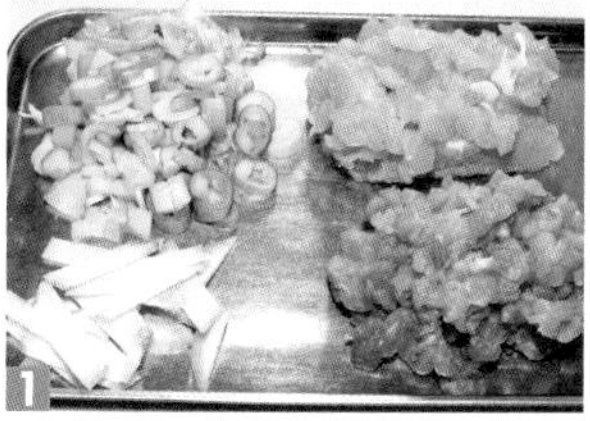

1 肉は粗いミンチに、しょうがは薄切りに、ねぎは粗みじん切りにする。

2 鍋の中に切った食材を入れ、ねばりが出るまで手でよく混ぜる。

3 鶏ガラスープを加え、手でかき混ぜてのばし、火にかける。

4 沸騰直前までへらで混ぜ続ける。沸騰したら弱火にする。

5 軽く沸騰した状態のまま約30分煮込み、キッチンペーパーでこす。

手軽で役立つ 市販のだし

だしによっては作り方が難しく、材料費がかかりすぎるものも……。そんなときのお助け役

中華・韓国のだし

定番の鶏だし以外にも挑戦したい

白湯スープ

豚骨でだしをひいた白濁したコクのあるだし。ラーメンや鍋のスープとして使える。濃厚だが後味はさっぱり。

ユウキ食品

干し貝柱

干し貝柱の旨味を凝縮しただし。素材の味がいきる、上品な味わいで炒めものや煮物など汎用性は広い。

ユウキ食品

ダシダ

牛肉、玉ねぎなどで作っただしの素。韓国の国民的調味料で、ナムルやチゲなど幅広く使える。

CJ FOODS JAPAN

洋のだし

食材の旨味を凝縮した複雑な味

フォン・ド・ヴォー

仔牛の肉と骨、野菜を一緒に煮こんだフランスの濃厚なフォン。肉料理には欠かせないだし。

ハインツ日本

フュメ・ド・ポワソン

白身魚と野菜、白ワインなどから作られる魚のだし。魚の繊細な持ち味をうまく引き出してくれる。

ハインツ日本

野菜ブロード

にんじんや玉ねぎ、セロリの香味野菜と野菜ジュースなどで作られた粉末のイタリアの野菜だし。

ラボルティ

他にもある

乾燥ポルチーニと香味野菜などを材料にしたポルチーニだし。パスタなどにも。

ラボルティ

和のだし

卵焼きや酢の物にも活用できる

かつおだし

和の基本であるかつおだし。化学調味料や保存料無添加でかつおの香りが感じられるものも多い。

久原本家

しろだし

昆布やかつおぶしのだしに薄口醤油やみりんなどで味をつけたもの。濃い色をつけたくないときにおすすめ。

小原久吉商店

焼きあごだし

新鮮な飛魚を焼いてから乾燥させた深い味わいのだし。九州では飛魚のことをあごと呼ぶ。

新魚目町漁業協同組合

海老だし

海老の風味をそのまま感じられる粉末だし。汁物のほか、シュウマイや餃子の味つけにも使える。

久原本家

しじみだし／牡蠣だし

しじみや牡蠣の風味をそのまま閉じ込めたような粉末だし。汁物や鍋に重宝する。

シーラック株式会社勝男屋

シーラック株式会社勝男屋

市販のだしを美味しくする一工夫

市販のだしはそのまま使ってももちろんいいのですが、ねぎなどの香味野菜を足したり、酒を加えたりするとより深い味わいになります。2種類のだしを一緒に使うのも複雑な味になっておすすめです。

和 酒を加える

少量の酒を加えて煮立たせてアルコール分を飛ばすとよい。

洋 手羽先を入れて煮る

鶏の手羽先（骨部分だけでも）を入れるとより深い味わいに。

中華 ねぎ・しょうがを入れる

しょうがやねぎの香味を加えるとよい。八角などもおすすめ。

まとめて作っておくと便利！
自家製粉末だしの作り方

市販品のだしの素は便利ですが、さまざまなエキスが入っているため味が濃い場合が多く、料理に使うと味の微妙な調節が難しいことがあります。ひんぱんに使う和風だしの素は、かつお節や煮干しなどを粉末にしておくだけでもOK。多めに作っておき、煮物や炒め物に少量使うと、ほかの調味料の味の邪魔をしません。

粉末だしの基本の作り方

多めに作り、密封容器に入れて冷暗所で保存しておくと便利。乾物なので長持ちする。

だしに使いたい乾物などの食材をフードプロセッサーに入れてかけ、粉末状にする。

スープに入れるのはもちろん、粉末だしの活躍の場は広い

煮物、炒め物、サラダのドレッシング、つけだれなどに使うだしを、使うたびにわざわざひくのは少し面倒です。そんなときに、この手作りだしが役立ちます。粉末なので冷たい調味料にもなじみやすく、湯に溶かさずにそのまま使うことができます。また、ふりかけやお茶漬けにしてもおいしいです。工夫次第でいろいろな楽しみ方ができます。

お好み焼きに
仕上げに粉末だしをふりかける。焼きたてにかけると香りが立つ。

ドレッシングに
ボウルに醤油や酢などの調味料を入れてから、粉末だしを適量入れる。

［干ししいたけ］

戻す作業をする手間が省けて時間短縮に

汚れをふき、細かく切ってから粉末にする。独特の香りが強いので、料理に少量加えるだけでも風味豊かになる。

［煮干し］

魚の種類によって異なる風味を楽しめる

煮干しだしをひくときと同様に、内臓を取り除いてから粉末に。いわし以外の煮干しを使うとまた違った風味に。

［するめいか］

おつまみの乾物も立派なだしに変身

魚とは違った風味が出る。香りが強いので、少量加えるだけでもアクセントに。かたいので細かく包丁で切ってから粉末にする。

［かつお節］

旨味成分をたっぷり含んだ定番食材

一番だしでもおなじみのかつお節のだしなら使い道が広い。粉が溶けずに少し残っていても、おいしく食べられる。

料理に与える効果や役割を知って使いこなす

調味料の方程式

調味料は新鮮なものが一番。安価だからといって大きいサイズのものは買わず、短期間で使い切れるサイズのものを購入するようにしましょう。

基本の調味料をどう組み合わせていくかがキモ

調味料とひと口にいっても種類は本当にさまざまです。たとえば味噌ひとつとっても、米味噌や豆味噌、麦味噌など原料もさまざまですし、同じ米味噌でも麹の種類や塩分量、配合率、熟成期間などで、味や色に違いがあります。

数多くある調味料を使いこなす近道は92ページなどで紹介したような配合の割合を覚えることです。基本を知り、自分の好みや食材との相性を考えながら、少しずつオリジナルの味を作っていけばよいでしょう。

とくに、ごまだれ、焼肉のたれなどは、市販品のブレンド済みのものを買うよりも、基本の調味料を組み合わせて自分で作ることをおすすめします。

また、めったに使わないエスニック調味料は、少々割高でも小さいサイズのものを購入したほうが結果的にはお得です。

調味料は料理の味を決めるので、ぜひ良質なものを用意してください。といっても、別に高価な品を買えという意味ではありません。醤油や酢は原料に醸造用アルコールなどが入っていないものにする、みりんはみりん風調味料ではなく本みりんにするなど、もともとの製法で作られたものを選ぶだけでＯＫです。そのためにも、調味料を買うときは原料表示を見るクセをつけましょう。調味料は開封後、冷蔵庫に入れていても、風味が変わることがあるので保存に気をつけてください。

和の調味料の効果を知る

和の調味料には味をつける以外に、さまざまな働きがあります。たとえば、醤油は香りや旨味をプラスしますし、砂糖やみりんにはつやや照りを出す効果があります。こうした働きや効果をしっかり引き出すためには、入れる順番や種類（たとえば粗塩と食塩の使い分けなど）といった基本のルールを守ることが大切です。

入れる順番が大事な理由

和食の味つけの基本としてよくいわれるのが「さしすせそ」。料理を作るときは、砂糖、塩、酢、醤油、味噌の順に加えたほうがよいという伝統の知恵です。

砂糖と塩は最初のほうに加えて味を含ませたほうがよいのですが、塩は砂糖より分子が小さく浸透性が高いため、先に入れると砂糖がなじみにくくなります。かならず、塩より先に砂糖を入れましょう。

また、長く火を通すと味噌や醤油は風味が、酢は酸味が飛んでしまいます。味噌、醤油、酢は料理の仕上げに加えたほうがよいでしょう。

「さしすせそ」の順番を見直す

酢を加える順番に注意
酢は仕上げに!

酢は早く加えると酸味が飛ぶので味噌や醤油よりも後に加えたほうがよい。「さしすせそ」の順番は少し変わるが、煮物は最初に砂糖を入れ、味がやわらかくなったら塩、ある程度煮えたら味噌と醤油、仕上げに酢という順番がベスト。料理によって使い分ける。

醤油は半量を先に加え、残りを最後に入れることもある。

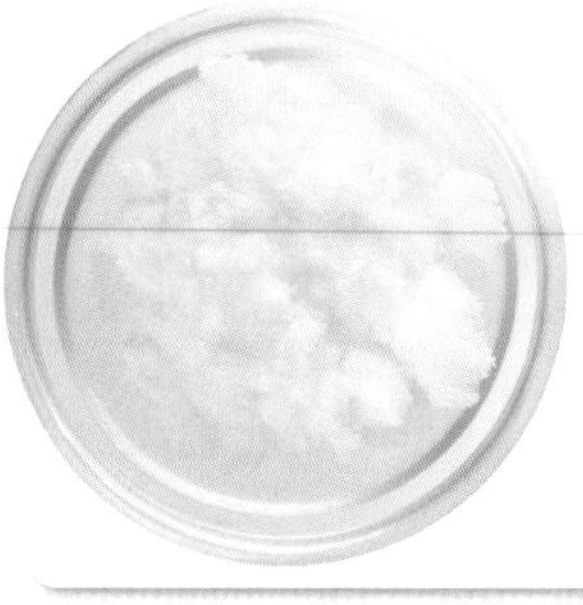

砂糖の効果と役割

料理に甘味をつけ、保存性を高める調味料

食材をやわらかくし、料理のつやをよくする。加熱するときれいな焼き色を作り、香ばしい香りをただよわせ、食欲を誘う。

塩の効果と役割

料理に塩気をつける最も基本的な調味料

食材の水分を吸い取り、保存性を高くする。果実や野菜の色を鮮やかにしたり、褐変を防いだりする。

酢の効果と役割

料理に酸味を与える最古の調味料

クセのある食材を食べやすくし、塩気と甘味を緩和する。野菜の褐変を防ぎ、みょうがなどの赤色を鮮やかにする発色作用がある。

醤油の効果と役割

料理に香りをつけ、和食らしさを出す調味料

かどの立った塩気をまろやかにする。魚介や肉の生臭さを消し、風味をよくする。殺菌や保存を助ける作用もある。

味噌の効果と役割

料理に独特の風味をつける発酵調味料

塩味と旨味を合わせたような風味をつけ、保存性を高める。醤油と同様、食材の生臭さを吸着して消す作用もある。

基本の調味料❶ 砂糖

上品、あっさり、甘さはさまざま

砂糖きびや砂糖だいこんが主原料。甘味が強いので、お菓子づくりには欠かせない。料理には甘味を与えるほか、つやと照りを出すのに使う。また、水に溶けやすく、食材の水分を吸着する働きがあるので、食材の乾燥を防ぐことができる。

三温糖

褐色で甘味が強い。料理にコクを与えるので、濃く仕上げたい煮物や佃煮に向く。

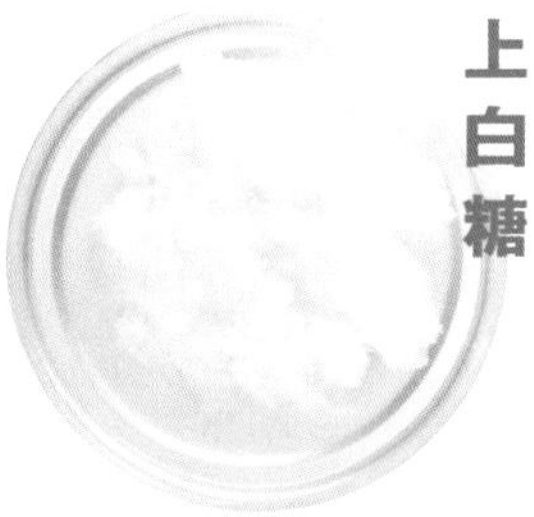

上白糖

クセがなく、あっさりとした甘味で、料理やお菓子などあらゆる用途に使う。火を使わない和え物に向く。

和三盆糖

砂糖きびが主原料で、香川県や徳島県で伝統的に作られている。結晶が細かく、上品な甘味。和菓子に用いる。

黒砂糖

砂糖きびのしぼり汁を煮詰めて作られる褐色の含蜜糖。ミネラルが豊富で香りも強い。粉末タイプもある。

ざらめ糖

粒が大きくて純度が高く、甘味が強い。その食感をいかして、カステラに用いられる。照りを出したい煮物にも向く。

グラニュー糖

サラサラとしてクセのない上品な甘さ。溶けやすいので、コーヒーや紅茶に入れる甘味料によく使う。

基本の調味料❷ 塩

味を調え、保存性を高める優秀な塩分

日本の塩は、海水を煮詰めて作る自然塩と高い濃度の自然塩を再製加工する精製塩がある。料理に塩気を与えるほかに、食材の余分な水分を取り除く、肉や魚の身を引きしめるなどの効果がある。また、保存性を高めるため、発酵食品を作るのによく使われる。

粗塩

海水を製塩する際に平釜で加熱してフレーク状に結晶化。粒の大きい自然塩。水に溶けやすい。／伯方塩業

精製塩

原塩（多くは輸入した塩を精製したもので塩水ナトリウムの割合が99.1％以上のものをいう。／塩事業センター

天日塩

汲み上げた海水を数日、日に干して蒸発させた粗塩。にがりが多く含まれている。／三菱食品

藻塩

ホンダワラなどの海藻を浸すなどした海水を煮詰めた粗塩。瀬戸内海で古くから作られる。／多田フィロソフィ

下ごしらえに使う塩、味つけに使う塩、使い分けるべき？

サラサラとして液体に溶けやすい精製塩は仕上げに使うとよい。一方、粒の大きい自然塩の粗塩は、ミネラルを多く含んでいるので、青菜の下ゆでや麺をゆでるとき、野菜の漬物を作るとき、下ごしらえで魚や肉にふるときに使う。海外でとれる自然塩の岩塩も、またひと味違う風味を楽しめるのでおすすめ。

基本の調味料❸ 酢

特有の酸味にはたくさんの効果がある

米や麦などの穀物、または果物を原料にしたもろみ、またはこれにアルコールや砂糖を加えて酢酸発酵させた調味料。強い酸味は、加熱するとやわらいで甘味を増すので、料理が一層味わい深くなる。また、殺菌作用、発色作用があり、下ごしらえにも大活躍する。

米酢

米にアルコールを加えて作られる。風味が濃厚でにおいが強い。「こめす」または「よねず」という。

穀物酢

この名前で販売されているものは、麦・米・とうもろこしなどをブレンドしているものが多い。ほかと比べて安価。

もろみ酢

泡盛を蒸留した際に麹から出るもろみを原料にした酢。酸味がきつくないので、淡白な味の鶏肉料理にも合う。

黒酢

米や玄米をねかせて熟成発酵させた酢。必須アミノ酸を多く含み、香りが豊か。

粕酢

酒粕に含まれるデンプンをアルコールにし、水を加えて酢酸発酵させる。香りはひかえめでクセが少なく、和え物に向く。

玄米酢

米酢の一種で、玄米が主原料。玄米と麹を半年〜2年ほどねかせて発酵させる。コクがあるのでこってりした料理に合う。

りんご酢

はちみつの甘味入りは飲みやすい。

飲用向けの果実酢

りんご、ぶどう、ブルーベリーなどの果物を熟成させた香り豊かな果実酢は、水で薄めてそのまま飲むことができ、クエン酸を手軽に摂取できる。

柿酢

柿の果汁と氷砂糖をアルコール発酵させたあと、酢酸発酵させる。酸味はまろやかなので酢の物に使うと香りがよくなる。

梅酢

梅干しを漬けたときに最初に出るのが白梅酢。赤しそを漬け込み色づいたものが赤梅酢（写真）。酸味は穏やかだが、塩分量が多いので注意。

[酒の効果と役割]

下ごしらえに大活躍

アミノ酸、コハク酸などの旨味成分が豊富で複雑な香りがある。香りづけに使ったり、肉や魚の臭み消しに。

国産米を使った食塩無添加の清酒。／宝酒造

[みりんの効果と役割]

照り・つやを出す

もち米、米麹、焼酎からできたもろみを醸造させた再生酒。「みりん風調味料」は、糖類液にアミノ酸を加えてみりんに似せたもの。

アルコール度数は13・5%。上品な甘味とうま味がある。／白扇酒造

基本の調味料❹ みりん・酒

アルコールならではの風味づけ

アルコールを含む調味料には、食材の組織を溶かして味を入りやすくし、生臭さを消す働きがある。さらに、酒は香りづけ、みりんは照りづけに役立つ。

基本の調味料❺

醤油

和食に欠かせない伝統的な味

大豆、小麦、食塩を発酵させてできたもろみをしぼってできる日本の伝統調味料。単に味をつけるだけでなく、隠し味や色づけにも使われる。その独特の風味には食欲増進の効果もある。

薄口醤油

濃口醤油に比べ、風味が弱くて色が薄めだが、塩分は多い。昔から関西で好まれてきた味で、薄味の煮物や汁物を上品に仕上げる。

濃口醤油

香りやコク、旨味が多く、料理全般に使える。とくにクセのある魚や肉を使った料理の味を引き立てる。

再仕込み醤油

麹を仕込むときに、食塩ではなく生醤油を使い、二度醸造して作られる。山陰や九州地方が主産地。濃口醤油よりも濃度と風味が濃い。

白醤油

小麦が主原料で、大豆は少量。あめ色で香りも味も淡白。鍋物や茶わん蒸しなど色をつけたくないものに向く。名古屋が主産地。

たまり醤油

大豆が 70 ～ 90％を占める醤油。香りが弱くて色が濃く、濃口醤油よりも塩分はひかえめ。岐阜県はじめ、東海地方で生産される。

地方で異なる味つけ九州には珍しい調味料がそろっている!?

熊本県の赤酒は「灰持《あくもち》酒《ざけ》」のことで、醸造した酒に木灰を加えて作る。みりんと同様に使う。

甘味を大切にしているふるさとの味

とろりとした甘露醤油、麦麹の麦味噌など、九州地方には甘味を感じる調味料が多い。諸説あり、「九州は本州よりも暑いので、無意識のうちに甘いものを好むようになった。それに合わせて調味料も甘くなった」や「漁師が船上で魚介を食べるときに甘い醤油だと飽きることなくごはんを食べることができたから」などといわれている。

魚を原料にした魚醤も伝統的な調味料!

魚醤は魚介を塩に漬けて発酵させたときの上澄み液。魚介が含む酵素がたんぱく質を分解してグルタミン酸にかえ、旨味となる。

いしる

しょっつる

新潟の貝焼きに欠かせない

能登半島北部で古くから作られている。いかやいわしの内臓を塩漬けして発酵させたものの上澄み液。炒め物の隠し味に向く。

秋田のしょっつる鍋に欠かせない

秋田特産のはたはたを塩漬けにして発酵させたものの上澄み液。鍋物、湯豆腐、パスタの隠し味に使うと風味がいきる。

基本の調味料❻ 味噌

地方によって好まれる味はさまざま

ゆでた大豆と塩に麹を加えて発酵させたもの。米麹を使った米味噌、麦麹を使った麦味噌、豆の麹である種麹を使った豆味噌の３種類に大きく分けられる。さらに麹の種類、塩分の量、熟成時間によって風味が異なる。食材の臭み消しや保存に役立つ。

なめ味噌

もろみ味噌

醤油の醸造途中にできるもろみのこと。調味料としてではなく、そのまま食べて麹の風味を楽しむことができる。もろきゅうに向く。

江戸甘味噌

塩分量は少なめで、濃厚な甘味と芳香のある濃い赤色の味噌。江戸時代には高級品として重宝された。

金山寺味噌

大豆、米、麦、野菜を原料に、約１週間熟成させる。中国の金山寺から和歌山の興国寺に作り方が伝えられたことから、名がつけられた。

米味噌

御膳味噌

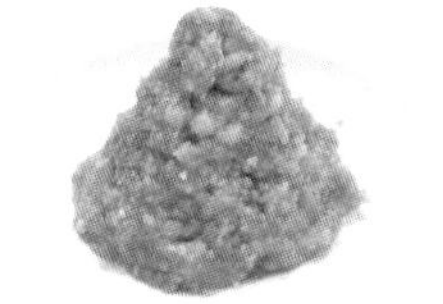

徳島県発祥の、赤色の甘口味噌。塩分は少なめで豊かな味わいがあり、徳島藩蜂須賀公の御膳に供されたところから名づけられた。

会津味噌

赤色で辛口の福島県発祥の味噌。クセはあまりなく、塩分は 12%ほど。最近ではまろやかな中辛も作られている。

仙台味噌

２～３年じっくりと熟成させて作られる。香りがよくて辛味が強いのが特徴。色はやや濃い赤味噌。仙台が発祥。

西京味噌

京都の白色の甘味噌。着色を押さえるため、脱皮した大豆を蒸さずに煮て、短期熟成させる。塩分は 5%と低め。信州系の白味噌は 10 ～ 13%。

越後味噌

新潟県発祥の赤色辛口味噌。精白した丸米を使っているため、味噌の中に米の粒が浮いたように見えるのが特徴。

信州味噌

色が淡く、あっさりとした辛味がある、長野県を中心に作られる味噌。関東地方をはじめ、全国的に使われる。

豆味噌

八丁味噌

愛知県、岐阜県、三重県が主産地の辛口味噌。濃い褐色で、大豆の旨味と独特の渋味が特徴。１～３年ほど熟成させて作られ、かたさがある。

麦味噌

九州麦味噌

大豆に倍ほどの量の麦を使って発酵させて作る、甘味のある淡色味噌。温暖な気候なため、熟成期間は短い。

瀬戸内麦味噌

瀬戸内海をはさんで愛媛県、山口県、広島県で主に作られる甘麦味噌。色は淡色で、麦独特の芳香を持つ。

合わせ味噌にする ベストな組み合わせ

種類の違う味噌をブレンドすると、１種類で使うときとは違った風味と香りを楽しめる。合わせるポイントは、香りや味が全く異なるものを合わせること。例えば、信州味噌に八丁味噌を足すと、旨味と香りの強いものになり、仙台味噌に西京味噌を足すと辛味が落ち着く。

料理を引き立てる優れた名脇役
スパイス・ハーブ一覧

料理の味に深みを与える役割があるスパイスやハーブは種類が多く、さらに、葉、種子、茎を生または乾燥させたものがあるので、使い方に悩む人は多いはず。それぞれの香りや味の特徴を知って、どんな料理に合うのかを知ることからはじめましょう。ホール（原形）のものは使うたびに挽いたりおろして使います。

スパイスには4つの役割があります

スパイスを使う主な目的のひとつは香りづけ。バジルやシナモンなどは、料理とともにその香りを楽しみます。ふたつめは、臭み消しと殺菌。ジンジャーやオレガノなどは、肉や魚の臭みを消すのに使います。3つめは、山椒や辛子などに代表される辛味づけで、食欲を増進させる働きもあります。そして4つめは色づけの役割です。パエリヤやカレーの黄色は、サフラン、ターメリックなどの色づけのスパイスによるものです。

サフランは主に着色のために使う。

黒こしょう

コショウ科の緑色の未熟な実を天日乾燥させたもので、強烈な辛味とさわやかな香りがある。肉と相性がよい。

白こしょう

コショウ科の完熟した実の外皮を除いて乾燥させたもので、黒こしょうよりも辛さはひかえめ。

オールスパイス

フトモモ科の果実を乾燥させたもの。クローブ、シナモン、ナツメグの３つのスパイスを合わせたような香り。

サフラン

クロッカスのめしべ。独特の香りを持ち、主に着色に使われる。パエリアには不可欠なスパイス。

クミンシード

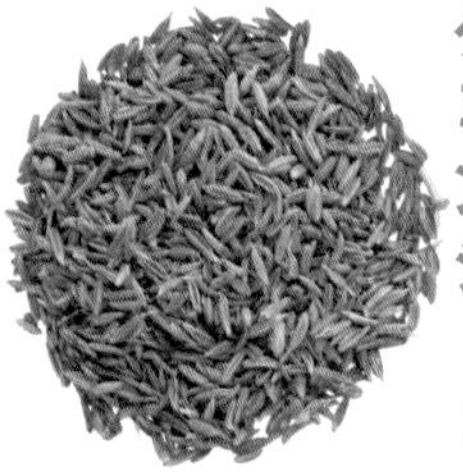

セリ科の種子。辛味と強い香りを持ち、カレーなどのインド料理に欠かせない。

クローブ

常緑樹の花のつぼみを乾燥させたもの。強い刺激臭とバニラのような甘い香りがある。肉の臭み消しに効果的。

キャラウェイシード

セリ科の種子。さわやかな香りが特徴。焼くと香ばしい香りが出るので、パンやケーキなどと相性がよい。

ナツメグ

常緑樹の種子。まろやかなほろ苦さと甘い香りがする。使う直前に専用のおろし器でおろして使う。

カルダモン

ショウガ科の種子。甘い香りで、全体に香りが強くて辛味がある。肉料理の臭み消しに使う。

パプリカパウダー

辛味のない赤唐辛子の粉末。甘い香りがあるが弱めなので、香味づけよりも着色に使う。

ジンジャー

しょうがを乾燥させ、粉末にしたもの。生のしょうがよりも香りが強く、クッキーなどに入れる。

コリアンダー

香菜の種子。レモンとセージを合わせたようなさわやかな香りがある。アジアで広く使われ、カレーに合う。

オレガノ

シソ科の葉を乾燥させたもの。香りが強く、魚や肉の臭み消しに使う。また、トマトと相性がよい。

ターメリック

別名うこん。主に、カレーなどを黄色く着色するときに使う。こしょうのような香りとかすかな苦みがある。

スターアニス

別名八角。中国料理の中でもとくに豚や鴨を料理するときには欠かせない。刺激的な甘い香りと苦味がある。

フェンネルシード

ウイキョウの種子。甘い香りと苦みがある。魚の臭み消しに効果があり、「魚のハーブ」と呼ばれるほど。

くこの実

なす科のくことという木の実で、乾燥した状態で売られていることが多い。薬膳料理や薬用酒、菓子などに。

陳皮《チェンピィ》

みかんの皮を乾燥させたもので、清涼感のある香りがする。五香粉や七味唐辛子の原料になる。

花椒《ホアジャオ》

中国産の山椒で、とくに四川料理の味つけには欠かせない。香りが強く、舌がしびれるような辛味がある。

シナモン

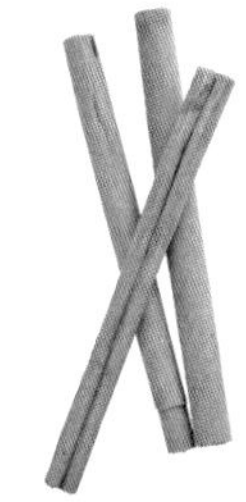

常緑樹の樹皮。独特の甘い香りとわずかな苦みがある。砂糖と相性がよい。

シナモンはクッキーやケーキに加えるほか、インドではチャイに入れて飲むのが有名。

同じスパイスでも国によって使い道が違う

ターメリックはカレーのほか、沖縄では炊き込みごはんに、ヨーロッパではバターやリキュールなどの色づけに使う。フェンネルシードは、インドではカレーに、ロシアではボルシチを作るときなど、煮込み料理に多用されている。

ハバネロ

刺激的な辛味と、柑橘類のような香りがある。刻んでドレッシングやソースなどの調理に使う。

朝天椒《チャオティアンジャオ》

四川唐辛子のことで、丸みを帯びた形をしている。四川料理の辛さの源といわれ、麻婆豆腐などに使う。

たかの爪

日本の唐辛子のなかで最も辛味が強い。用途に応じて水に戻して使う。細かく切れば切るほど辛さを感じる。

世界の唐辛子事情

大きさも色もばらばら
辛くないものもある

紹介した唐辛子以外にも、メキシコのハラペーニョという青唐辛子や、インドのブート・ジョロキアという世界一辛いといわれる唐辛子もある。

カイエンヌペッパー

粉末状の激辛の赤唐辛子。料理に辛味を足したり、肉の臭み消しに使うとよい。

プリッキーヌ

タイの唐辛子。小さいがとても辛い。料理に辛味を出すためには、細かく刻んで種まで入れるとよい。

ディル

セリ科の植物。さわやかな香りで魚料理やマリネによく合う。そのまま料理にのせたり、細かく刻む。

イタリアンパセリ

セリ科の植物。葉が縮れていないパセリのことで、生のままでも食べやすい。ピザやパスタに。

パセリ

セリ科の植物。食べたときに強く香味を感じる。主に、飾りとして使う。ビタミンやミネラルが豊富。

ローズマリー

シソ科の植物。香りが強く、さらに持続性があるため、肉料理の臭み消しに最適。

ミント

シソ科の植物。ペパーミント、クールミント、スペアミントに分けられる。清涼感のある香り。

バジル

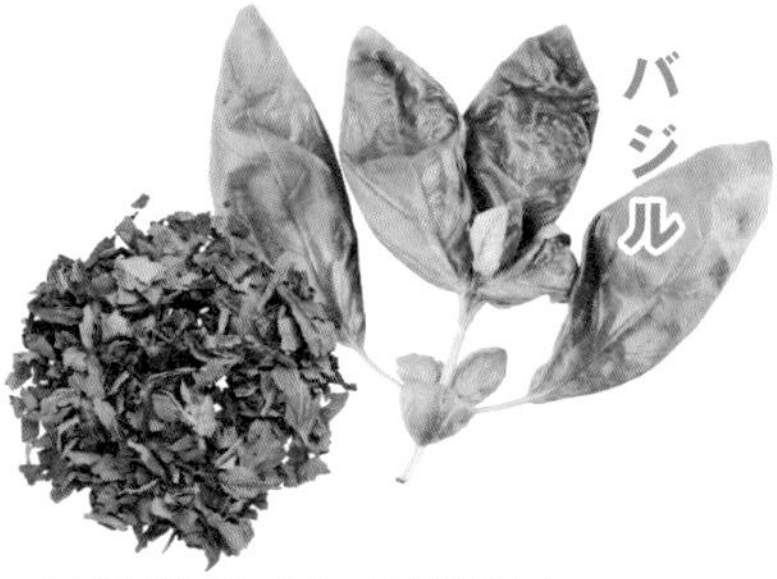

シソ科の植物。「ハーブの王様」とも呼ばれるポピュラーなハーブ。さわやかな香り。

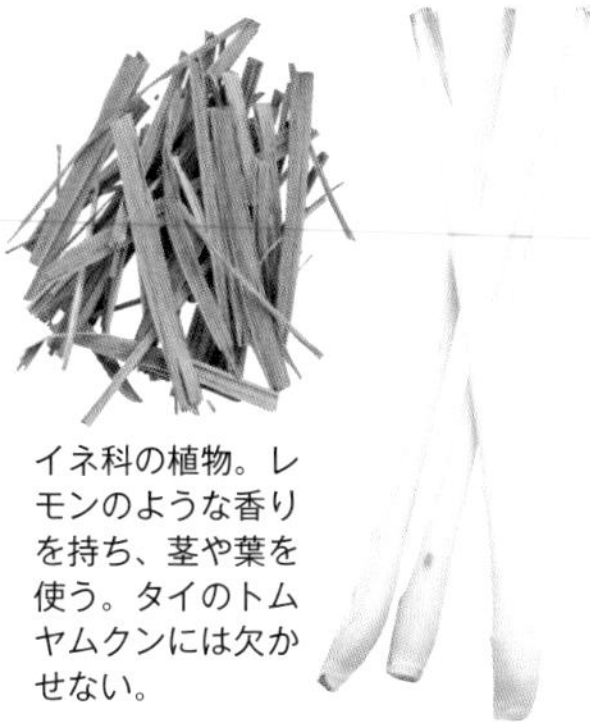

レモングラス

イネ科の植物。レモンのような香りを持ち、茎や葉を使う。タイのトムヤムクンには欠かせない。

タイム

シソ科の植物。穏やかで清らかな香り。とくに魚介の生臭さを消すのに役立つ。スープの香りづけにも。

セージ

シソ科の植物。豚肉の臭み消しによく使う。強い香り、ほのかな苦みと渋みがある。

バイマクルー

こぶみかんの葉のこと。柑橘系のさわやかな香りで、タイ料理には欠かせないハーブである。

チャービル

セリ科の植物。やや甘味がある。サラダや魚料理に加えるとよい。

ローリエ

月桂樹の葉。乾燥した葉をよく使う。肉の臭み消しに優れているが、煮込みすぎると苦みが増すので注意。

香菜

セリ科の植物。タイ語ではパクチー。非常に強い香りを持つ。その独特の香りゆえ、好き嫌いが分かれる。

いろいろなハーブを組み合わせた ブーケガルニ

ブーケガルニとはローリエ、パセリ、タイムなどのハーブをたこ糸で束にしたもので、その様子がブーケのように見えることから名がついた。主にフランス料理の煮込みやだしをひくときに使われており、肉や魚の臭みを消すのに適している。ただし、料理に入れたままにすると香りが強く出すぎるので、香りがついたら取り除くこと。

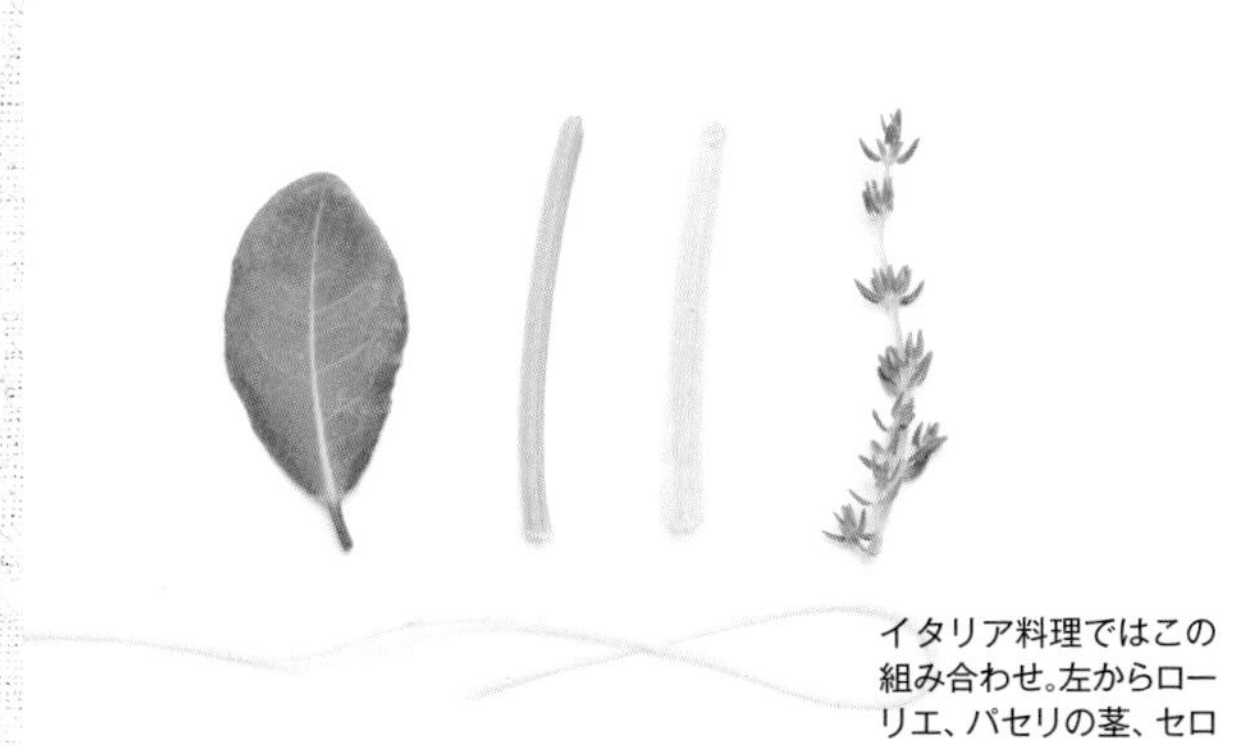

イタリア料理ではこの組み合わせ。左からローリエ、パセリの茎、セロリ、タイム。

たとえばこんな組み合わせ

淡白な味の白いんげん豆を煮込むときには、ローズマリー、セージ、タイム、バジル、イタリアンパセリでさわやかな香りをプラス。

たこ糸でしばれば、香りが出すぎたときに束ごと取り出せる。

日本のスパイス・薬味

素朴な和食にパンチを与える

刺身やそばなどの日本料理には、日本古来のスパイスが合う。複雑な香味というよりはシンプルかつさわやかなものが多く、暑い夏には食欲を増進させる働きもある。

わさび

すりおろして空気とふれさせることで刺激のある香りと辛味が出る。時間が経つにつれ、風味は損なわれる。

山椒

独特の香りと辛味があり、うなぎの蒲焼きの臭み消しとしておなじみ。卓上ですりつぶして料理にかけると風味が増す。

辛子

粉辛子は練ることによってツンとした独特の香りが出る。湯で溶いて練り、10分程度時間をおいてから使う。／エスビー食品

一味唐辛子

唐辛子を乾燥させてすりつぶし、粉末にしたもの。七味唐辛子の材料としても使われる。麺類や鍋の薬味に。／一休堂

かんずり

塩漬けにした唐辛子を雪にさらしてアクを抜き、ゆずや麹などと混ぜて熟成させたもの。新潟の伝統調味料。／かんずり

ゆずこしょう

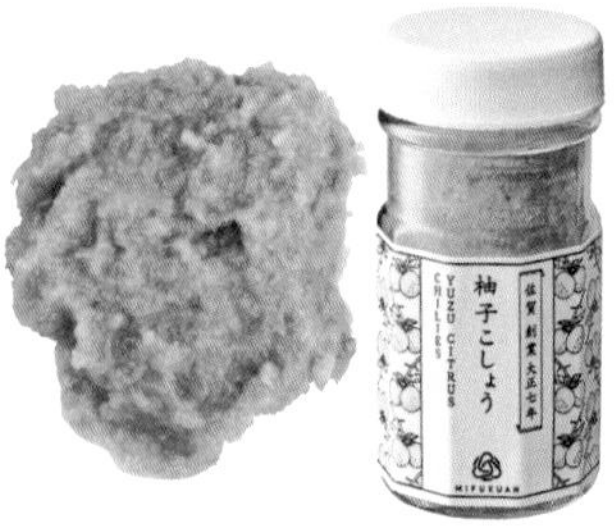

こしょうは唐辛子のことを指す。唐辛子の辛味とゆずのさわやかな香りがある。シンプルな料理に風味を与える。／川原食品

ごま

白ごまよりも黒ごまのほうが香りが高い。普通は煎ったものを使う。すり潰したり、ペーストにしたりと使い方は豊富である。

ゆず

絞った果汁や、皮をおろしたり小さく切ったりして使う。さわやかな香りで、吸い物や焼き魚などの香りづけに向く。

この食材も立派なスパイス

上記で紹介したもの以外にも、スパイスと同じ役割をする日本の食材がある。

青じそやねぎ、しょうがはさわやかな香りと味で、魚の臭みを消したりするのに役立つ。とくに、ねぎは和食だけでなく、中華料理にも欠かせない。また、にんにくは、その強烈な香りで肉や魚の臭みを消すのに使う。すりおろしたり薄くスライスして使うとよい。

ほかにも、三つ葉やみょうが、木の芽なども、料理のおいしさを引き立てる食材として昔から多く使われている。

混合スパイス

組み合わせの可能性は無限

複数のスパイスを混ぜているため、複雑な香味なのが特徴。配合の割合にはとくに決まりがないので、自分の好きなスパイスをブレンドしてみるのもよい。

こんな組み合わせも！混合スパイスいろいろ

下記では、とくに有名な混合スパイスを紹介しましたが、ほかにもさまざまな混合スパイスがあります。

たとえば、チリパウダー。これは唐辛子やパプリカ、オレガノなどをミックスしたスパイスで、メキシコ料理のタコスに欠かせません。チリパウダーを加えて調理すれば、料理が一気にメキシコ風になります。

ピックリングスパイスは、ピクルスを作るときに香りづけと防腐のために使います。入っているのは、オールスパイス、カルダモン、クローブ、ディル、こしょうなど。酢の中に入れて煮立たせ、食材を漬け込むと簡単にピクルスができます。

キャトルエピス

フランスの混合スパイス。オールスパイスに似た香りだが、少し辛味がある。テリーヌに。／ヤスマ

入ってるスパイスはコレ

シナモン、クローブ、ナツメグ、黒こしょう、しょうがなど。

五香粉

中国の代表的な混合スパイス。エスニックな香りで、肉や魚の臭み消しや料理の香りづけに。／ヤスマ

入ってるスパイスはコレ

スターアニス、シナモン、フェンネルシード、クローブ、花椒など。

ガラムマサラ

「辛いスパイスミックス」という意味で、3～10種類のスパイスを混ぜて作る。／ヤスマ

入ってるスパイスはコレ

シナモン、カルダモン、クローブ、クミン、黒こしょうなど。

黒七味唐辛子

七味唐辛子よりも深みのある香り。山椒の香りが強く、辛味も強い。七味唐辛子と同様に使う。／原了郭

入ってるスパイスはコレ

唐辛子、山椒、ごま、けしの実、麻の実、白ごま、青のりなど。

七味唐辛子

唐辛子にさまざまなスパイスを加えて作る日本を代表する混合スパイス。麺類、もつ煮込みなどに。／八幡屋礒五郎

入ってるスパイスはコレ

唐辛子、陳皮、ごま、青じそ、山椒、しょうが、麻の実など。

カレー粉

約10種類のスパイスをブレンド。カレーはもちろんのこと、肉の臭み消しや風味づけに使う。／ヱスビー食品

入ってるスパイスはコレ

ターメリック、コリアンダー、クミン、フェネグリーク、カイエンヌペッパーなど。

複雑な旨味は国によってさまざま 世界の調味料一覧

フレンチ、イタリアン、中華などを本格的に作りたくても、日本の調味料を代用して調理すると味が和風になるのがオチ。世界には、日本の醤油や味噌のように各国で親しまれている調味料があります。挑戦してみたい海外の料理には、実際に使われている調味料を使うと、本場の味により近い形に仕上がります。

その国の調味料を使うと本格的な味に

同じ食材と調理法でも、国によってまったく別の料理に感じるのは、調味料のなせる技です。

辛味を加える唐辛子ベースの調味料にも、中国のピリリとした豆板醤、洋風の刺激的なペッパーソース、東南アジアのまろやかなチリソースのようにずいぶんと違いがあります。いろいろな味を試すと、新しい味を発見できて料理の楽しみが増えます。

ただし、買ってみたものの使い切れずに余ることもあります。珍しい調味料は少量サイズを買うようにし、余ったら普段の料理の隠し味に加えて消費しましょう。

洋風調味料

ハーブや野菜の香りで勝負する

イタリア料理やフランス料理は、ソースをかけたり、つけたりすることが多いため、風味が強くて色のきれいな調味料がそろう。

ヴィネガー

赤ワイン&白ワインヴィネガー

ワインを酢酸発酵させて仕上げた酢。白はマリネや蒸し料理に、赤は煮込み料理などに。赤／フードライナー、白／エスビー食品

バルサミコ酢赤&白

ぶどうを圧搾して煮詰めてから酢酸発酵させる。コクと甘みがある赤に比べ、白はさわやか。赤／モンテ物産、白／ジャパンソルト

その他の酢

フランスのシードル酢、スペインのシェリー酢、イギリスモルト酢など国も原料もいろいろ。

シェリーヴィネガー／フレンチ・エフ・アンド・ビー・ジャパン

モルトビネガー／エイチ・アンド・アイ

アップルビネガー／ウイングエース

シードルヴィネガー／フレンチ・エフ・アンド・ビー・ジャパン

ソルト＆シュガー

黒トリュフ塩

岩塩に黒トリュフを加えたもの。つけ塩としてもおすすめ。／地中海フーズ

パハール岩塩

約6億年前に存在した太古の海が化石化した岩塩。／オフィスツーワン

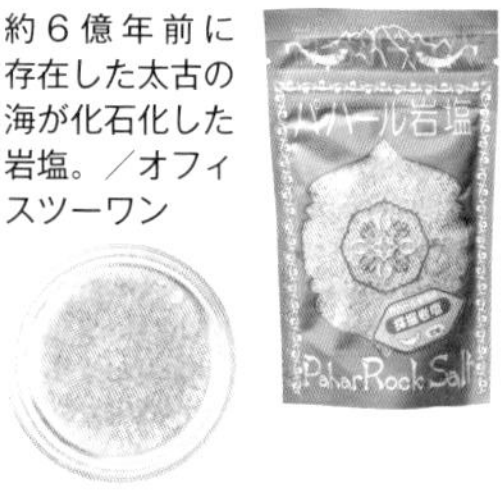

ゲランドの塩

フランス・ブルターニュ地方の塩。ゲランドの塩田で伝統的な製法で作られる。／アクアメール

メープルシロップ

かえでの樹液を煮詰めて作るカナダ産の甘味料。バターとの相性がよい。／nakato

ブラウンシュガー

低精製で糖密成分が残っている砂糖。風味を引き立ててくれる。／アルカン

デミグラスソース

ルウにブイヨンや野菜を加えてじっくり煮込み赤ワインで仕上げたソース。／ハインツ日本

ホワイトソース

小麦粉とバターでルウを作り牛乳で伸ばした基本のソース。シチューやグラタンに。／ハインツ日本

アイオリソース

にんにく、レモン果汁、塩、オリーブ油、卵黄が原料のスペイン生まれのソース。／デドゥー

トマトソース

トマトをベースにしたソースの総称。パスタや煮込み料理に使い勝手は抜群。／鈴商

マヨネーズ

定番の卵、酢、油が主原料の半固形ドレッシング。ポテトサラダに欠かせない。／キユーピー

ハリッサ

唐辛子を元に造られるペースト状の辛口の調味料。チュニジアでよく用いられる。／ユウキ食品

ケチャップ

日本でもおなじみの完熟トマトベースの甘みと酸味のあるソース。／ウィズメタックフーズ

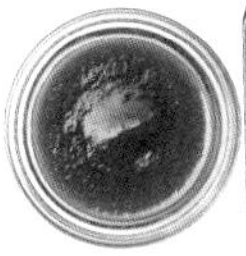

チリソース

南アフリカ産の激辛チリソース。アフリカンゴーストペッパーソース／アメリコ

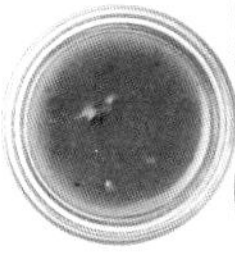

マスタード

粒マスタードと白ワインなどを合わせた辛味と酸味のあるソース。右２点／日仏貿易、左／ホットドッグ用・ハインツ日本

ポルチーニソース

ポルチーニ茸をペースト状にしたもの。オムレツなどに使うと風味豊か。／地中海フーズ

バジルペースト

フレッシュバジルを使ったさわやかな香りのペースト。パスタやピザに。／日仏貿易

ホースラディッシュソース

日本のわさびのように使えるソース。ローストビーフの付け合わせに。／ボーアンドボン

ミントソース

ペパーミントを刻み、酢に浸して砂糖を加えたソース。英国料理などで使用。／ユーラシア食品

サルサソース

トマトや玉ねぎなどの野菜がベースのスパイシーなディップソース。／ウィズメタックフーズ

A1ソース

野菜や果実、スパイスを醸造酢でブレンドした肉料理にぴったりなソース。／三菱食品

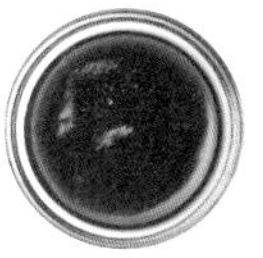

リーペリンソース

アンチョビを主原料にした、イギリスの歴史あるコクのあるウスターソース。／明治屋

BBQソース

肉と相性のよいバーベキューソース。各社で味は異なる。／ウイングエース

イカスミペースト

こういかの墨。パスタやリゾットに混ぜて使う。／モンテ物産

アンチョビペースト

かたくちいわしを発酵させたもの。パスタやパテに活躍する。／ミナト商会

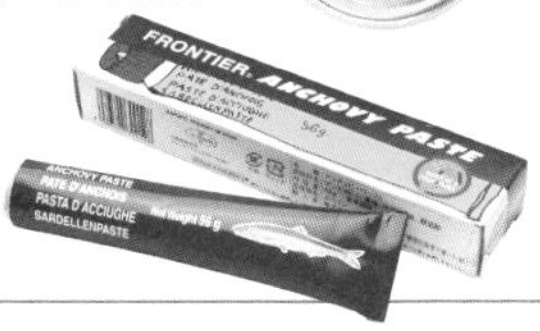

トマトペースト

２倍濃縮のトマトペースト。トマトピューレなどと比べて長持ちする。／加藤産業

チーズソース

ナチョスにぴったりなメキシコの濃厚なソース。チェダーチーズを使用。／ウイングエース

アジアの調味料

香りと味が多彩な発酵調味料

中国や東南アジアで親しまれている調味料は、唐辛子や魚介などを発酵させたものが多く、独特の強い香りがある。

甜麺醤《テンメンジャン》

小麦粉に麹を加えて発酵させた甘めの醤。北京ダックのたれに使われる。／ユウキ食品

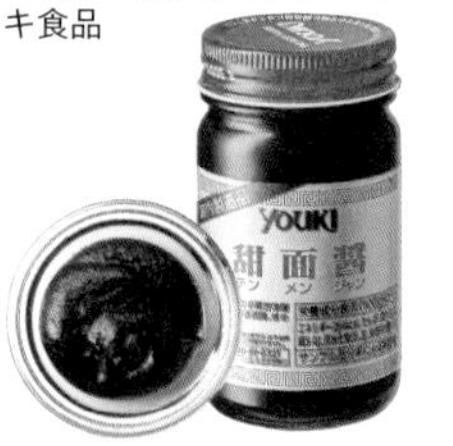

テンジャン

韓国味噌。韓国の味噌汁、テンジャンチゲには欠かせない調味料。／大象ジャパン

コチュジャン

もち米麹、唐辛子を主原料に発酵させた韓国の甘辛い味噌。チゲなどに。／CJ FOODS JAPAN

XO醤《エックスオージャン》

干し貝柱や紹興酒、ラー油などで作られる。XOとは最高級という意味。／友盛貿易

海鮮醤《ハイシェンジャン》

大豆味噌にごま、にんにく、スパイスなどを混ぜた甘辛い広東風味噌。／嘉恒貿易

豆鼓醤《トウ チ ジャン》

黒大豆を発酵させた豆鼓を加工して作られた醤。麻婆豆腐などで使われる。／都商事

豆板醤《トウバンジャン》

唐辛子に蒸したそら豆を加えて発酵させた中国の醤。辛くないタイプも。／東栄商行

芝麻醤《チーマージャン》

炒ったごまを油で伸ばしてペースト状にした、練りごまに似た醤。／東永商事

沙茶醤《シャーチュージャン》

魚介をごまやスパイスと一緒に煮こんだ中国風のバーベキューソース。／友盛貿易

桂林辣椒醤《ケイリンラージャオジャン》

豆板醤、豆鼓、にんにく、唐辛子が入った桂林地方の辛い味噌。炒めものなどに。／友盛貿易

蒜蓉辣椒醤《サンヨウラーチュージャン》

台湾のにんにく入りの辛い味噌。ラーメンやビーフンの隠し味にも。／東永商事

カピ

小えびを塩漬けにして発酵させたもの。えびの旨味が凝縮されている。／大泰

蝦醤《シャージャン》

小えびを塩漬けし、すりつぶして発酵させた中国のえび味噌。旨味たっぷり。／大栄貿易公司

韮菜花醤《ジウツァイホワジャン》

にらの花の塩漬けをペースト状にしたもの。火鍋のたれに用いる。／友盛貿易

黒ごまペースト

芝麻醤の黒ごま版。黒ごまを丹念にすりつぶしてペーストにしている。香り豊か。／友盛貿易

カレーペースト

炒めものの他、普段のカレーに少し加えれば本格的な味わいになる。／ボーアンドボン

サテートム

干しえびやレモングラスが入ったベトナムのえびラー油。スープなどに入れても。／寮都産業

タイチリペースト

甘くて酸っぱくて辛いタイのチリペースト。干しえびやにんにく入り。／エーワン

パクチーペースト

パクチーを刻んでざく切りにしたペースト。生春巻きやサラダなどに。／フジフードサービス

サンバルアスリ

インドネシアのチリソース。ピリッとした辛さが特徴的。辛いが旨味もある。／協同食品

スウィートチリソース

チリソースに甘味を加えたもの。ベトナムの生春巻きのたれとして有名。／寮都産業

シラチャーチリソース

タイ産の濃厚な唐辛子ににんにくがたっぷり入ったチリソース。／フジフードサービス

チリソース

タイ産の唐辛子を用いたとろみのあるチリソース。ピザやオムレツなどにも。／寮都産業

タオチオ

大豆が原料のタイの味噌。日本の味噌より味が薄くとろりとしている。／寮都産業

ケチャップマニス

大豆と小麦粉を発酵させ、コリアンダーなどを加えたインドネシアの醤油。／さかふじ

オイスターソース

牡蠣のエキスを主原料に、砂糖などで味を調えた濃厚なソース。炒めものに。／友盛貿易

パイナップルチリソース

パイナップルのフルーティーな香りと唐辛子の辛味のバランスが抜群。／協同食品

シーユーダム

糖蜜が入ったとろみのある濃口醤油。名前は黒い醤油という意味。／寮都産業

シーユーカオ

大豆が主原料のタイの醤油。日本での薄口醤油にあたる。加熱調理に用いる。／エーワン

生抽王醤油《センツォーワン》

中国・広東で日常的に使われる薄口醤油。さらっとした独特な旨味がある。／嘉恒貿易

老抽《ラオチョウ》

中国の醤油の生抽にカラメルを加えた色の濃い、いわば中国のたまり醤油。／友盛貿易

ナムソムサイシュービネガー

さとうきびを用いたタイの蒸溜酢。日本の酢に比べて酸味が少ない。／エーワン

鎮江香酢《チンコウコウス》

中国の江蘇省で古くから作られる、もち米が主原料の甘酸っぱい黒酢。／成安

イカナゴエキス

キムチの漬け原料だけでなく、炒めものなどにも使える韓国の魚醤。／大象ジャパン

ナムプラー

かたくちいわしが原料のタイの魚醤。ベトナムではヌクマムという。／タイオリエント商事

この食材も調味料として使えます

アジア料理では、調味料ではなく発酵食品などを味つけに利用することがあります

剁辣椒《ドウラージャオ》

四川省などで作られている赤唐辛子の塩漬け。辛味と塩味だけでシンプルなので、魚介などの旨味を引き出す。／嘉恒貿易

ピーナッツラー油

ピーナッツ入りの具入りラー油。ピーナッツの食感と旨味、唐辛子の刺激のバランスがとてもよい。／老干媽日本

辣油《ラーユ》

唐辛子などをごま油で熱した中国油。辛味があり、担々麺や麻婆豆腐に欠かせない。付けダレとしても用いる。／香辣妹子

白腐乳《シロフニュウ》

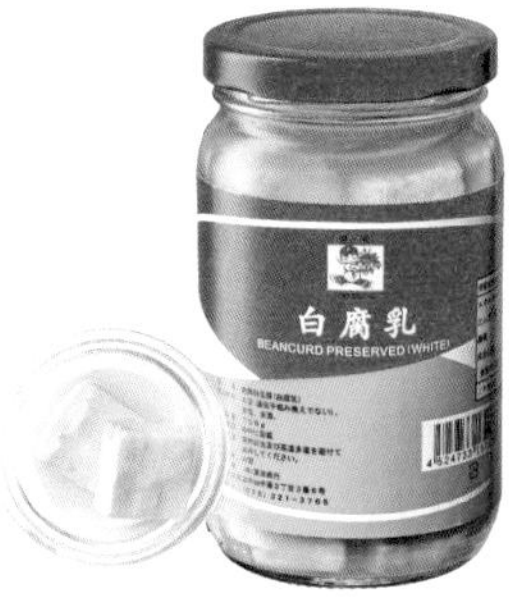

豆腐に麹を付けた後、塩水に浸けて発酵させたもので、強い刺激臭がある。粥や煮込みに使う。黒腐乳もある。／東栄商行

ココナッツミルク

ココナッツの種子から取れる乳状の液体。タイではカレーなどに使う。／アライドコーポレーション

香港橄欖菜《ホンコンカンランサイ》

香港のからし菜とオリーブのオイル漬け。炒めものなどの他、おにぎりやお茶漬けの具としても。／東栄商行

マンゴチャツネ

マンゴーを煮込んでつぶし、砂糖などを加えたインドのペースト。カレーなどに入れて。／HARMONY

タマリンドペースト

タイ原産の植物タマリンドの果肉をジャム状にしたもの。水に溶かして使う。／寮都産業

発酵食品の熟成の味は調味料になる

納豆やヨーグルト、チーズなどの発酵食品は、料理の味付けに使うことができます。そもそも発酵食品は微生物と一緒に寝かせて、成分を変化させた食品のこと。熟成により、独特な香りや風味が感じられます。

ただし、塩気が強いものは、水にさらして塩抜きしたり、量を少なめにしたりといった工夫を心がけましょう。

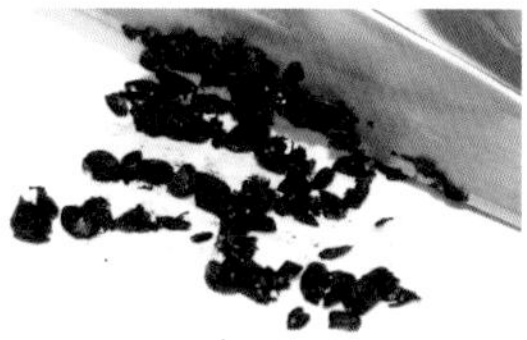

味の強い豆豉《トウチ》は、みじん切りにして使う。

キムチ

スープやチゲ鍋に最適

韓国の漬物。はくさいやだいこん、にんじんなどの野菜と唐辛子を漬け込んだもの。

塩辛

パスタ、炒め物、冷奴に最適

いかやたらこなどの魚介の内臓を塩に漬けて発酵させたもの。かつおは酒盗という。

チーズ

フライ、パスタに最適

牛や羊の乳に乳酸菌を加えて発酵させたもの。栄養価が高く、濃厚な味。

チョングックチャン

大豆を発酵させた韓国風納豆。独特な粘り気とにおいがあり、これを入れたチゲは韓国ではポピュラー。／青空

豆《トウ》豉《チ》

黒大豆を、発酵させたもので、日本の浜納豆（大徳寺納豆）に似ている。中華料理の炒め物に使う。

第4章

素材別事典

野菜の切り方いろいろ

炒め物には薄く小さめに、煮物には厚く大きめにと、それぞれの料理にふさわしい野菜の切り方があります。基本の切り方と名前を覚えて、料理の見た目も味もワンランクアップさせましょう。

切り方1　輪切り

切り口が輪の形になることからついた呼び名。だいこんやさつまいもなどの太くて丸みがある筒状の野菜や、たまねぎやトマトなどの球形の野菜を切るのに向いている。フランス料理では「ロンデル」という。

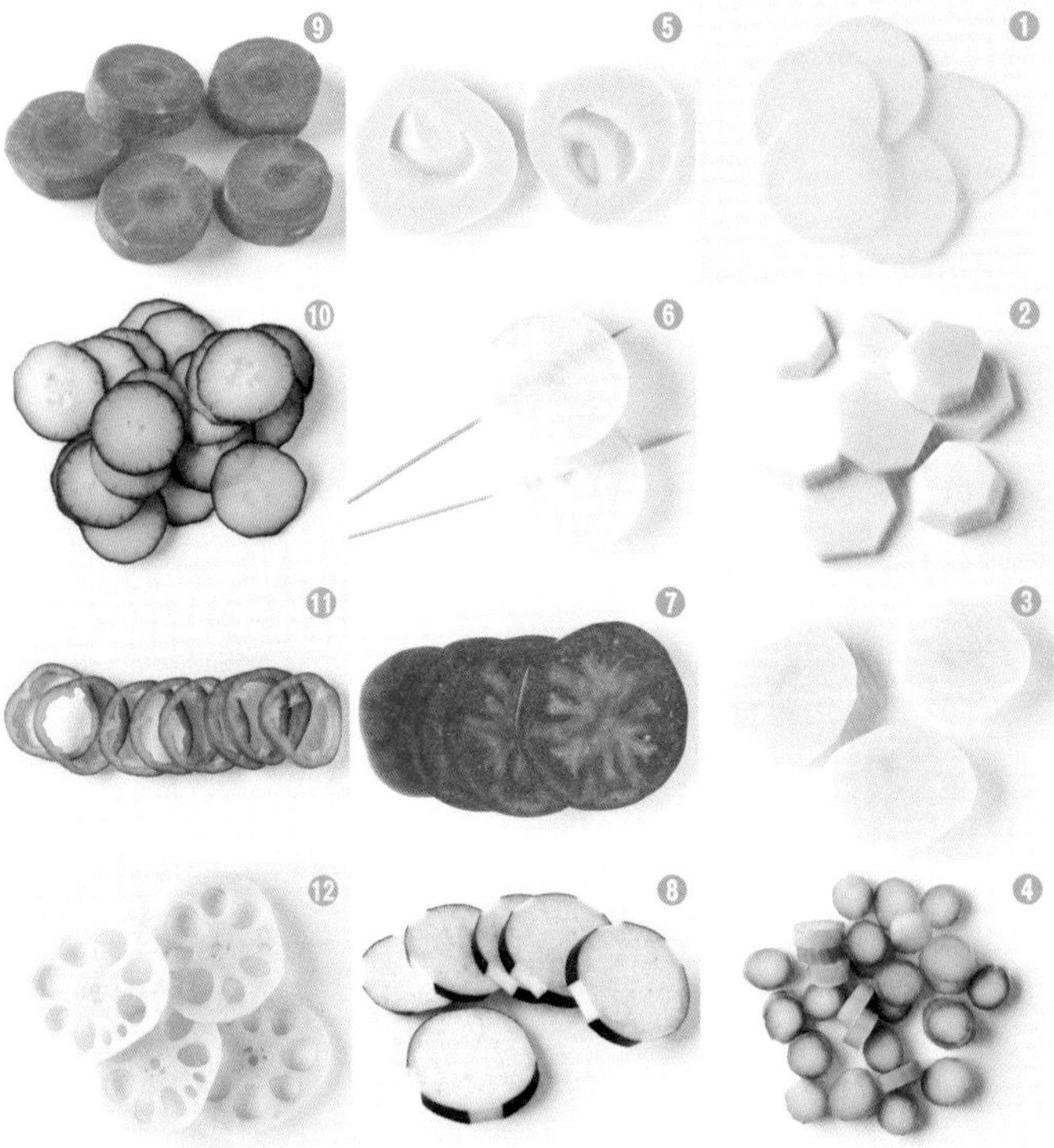

❶だいこん(薄)❷さといも❸じゃがいも(水にさらす)❹グリーンアスパラガス❺たけのこ❻たまねぎ(竹串をさしてとめる)❼トマト(ヘタをくり抜いてから切る)❽なす❾にんじん(煮物にするときには面取りする)❿きゅうり⓫ピーマン(ヘタと種をくり抜いてから切る)⓬れんこん(酢水にさらす)

切り方2　半月切り

切り口が半月のように見えることからついた呼び名。輪切りの野菜は半分に切るとこの形になる。

❶だいこん(薄)❷にんじん(厚)❸たけのこ

切り方3　いちょう切り

切り口がいちょうの葉の形に似ていることからついた呼び名。見た目がかわいく、料理の見栄えがよくなる。

❶だいこん(薄)❷にんじん(薄)❸たけのこ

切り方4 拍子木切り

祭りや歌舞伎で使う拍子木に形が似ていることからついた呼び名。四角形の棒状をしており、揚げ物やつけ合わせに使う。

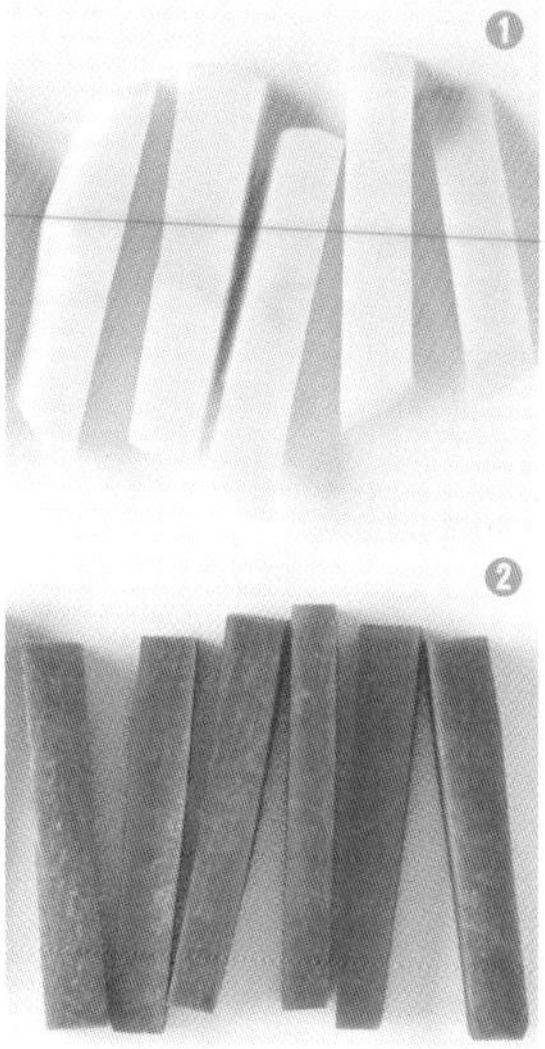

①じゃがいも（水にさらす）②にんじん

切り方5 短冊切り

七夕に飾る短冊に形が似ていることからついた呼び名。拍子木切りの厚みが薄い状態。和え物や炒め物に使うことが多い。

①やまいも②だいこん③にんじん

切り方6 さいのめ切り

さいころの形に似ていることからついた呼び名。立方体をした角切り。小さいサイズは「あられ切り」とも呼び、約1㎝角はフランス語で「マセドワーヌ」という。

①アボカド（種をくり抜いてから切る）②じゃがいも（水にさらす）③トマト（ヘタと種をくり抜いてから切る）④やまいも（酢水にさらす）⑤たけのこ（根元の部分を使う）⑥にんじん

切り方7 色紙切り

色紙の形に似ていることからついた呼び名で、さいのめ切りを薄くした形。フランス料理では「ペイザンヌ」と呼ぶ。

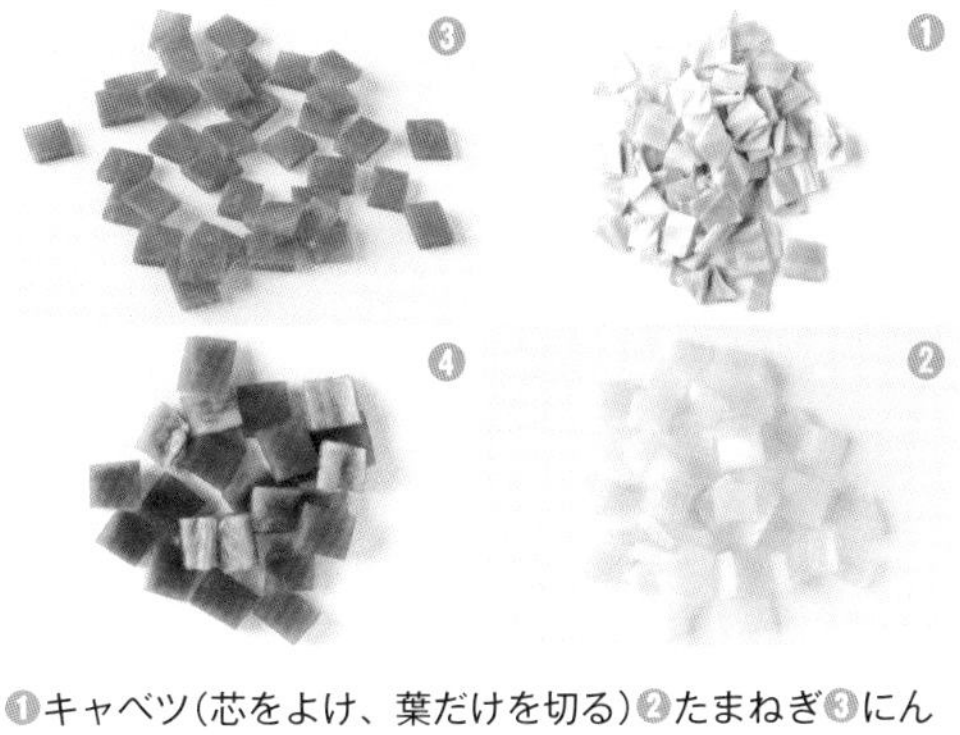

①キャベツ（芯をよけ、葉だけを切る）②たまねぎ③にんじん④ピーマン

切り方8 細切り

長さ4～7㎝、太さ2～3㎜のマッチ棒ぐらいの大きさに切る方法。「千六本《せんろっぽん》」という呼び方もある。

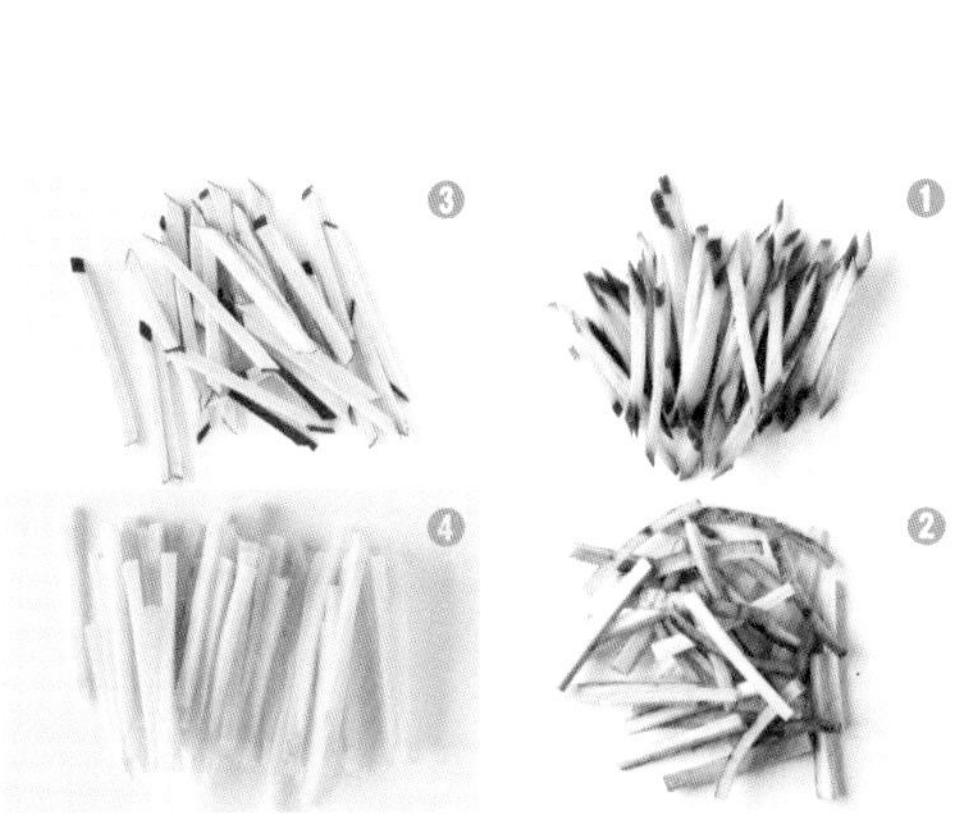

①きゅうり（皮つきのまま切る）②ごぼう（酢水にさらす）③さつまいも（皮つきのまま切る、水にさらす）④たけのこ（根元の部分を使う）

切り方9 薄切り

端から1～3㎜厚さに薄く切る方法。野菜の大きさによって長さや形はさまざまである。炒め物や和え物、汁物など幅広く使うことができる。

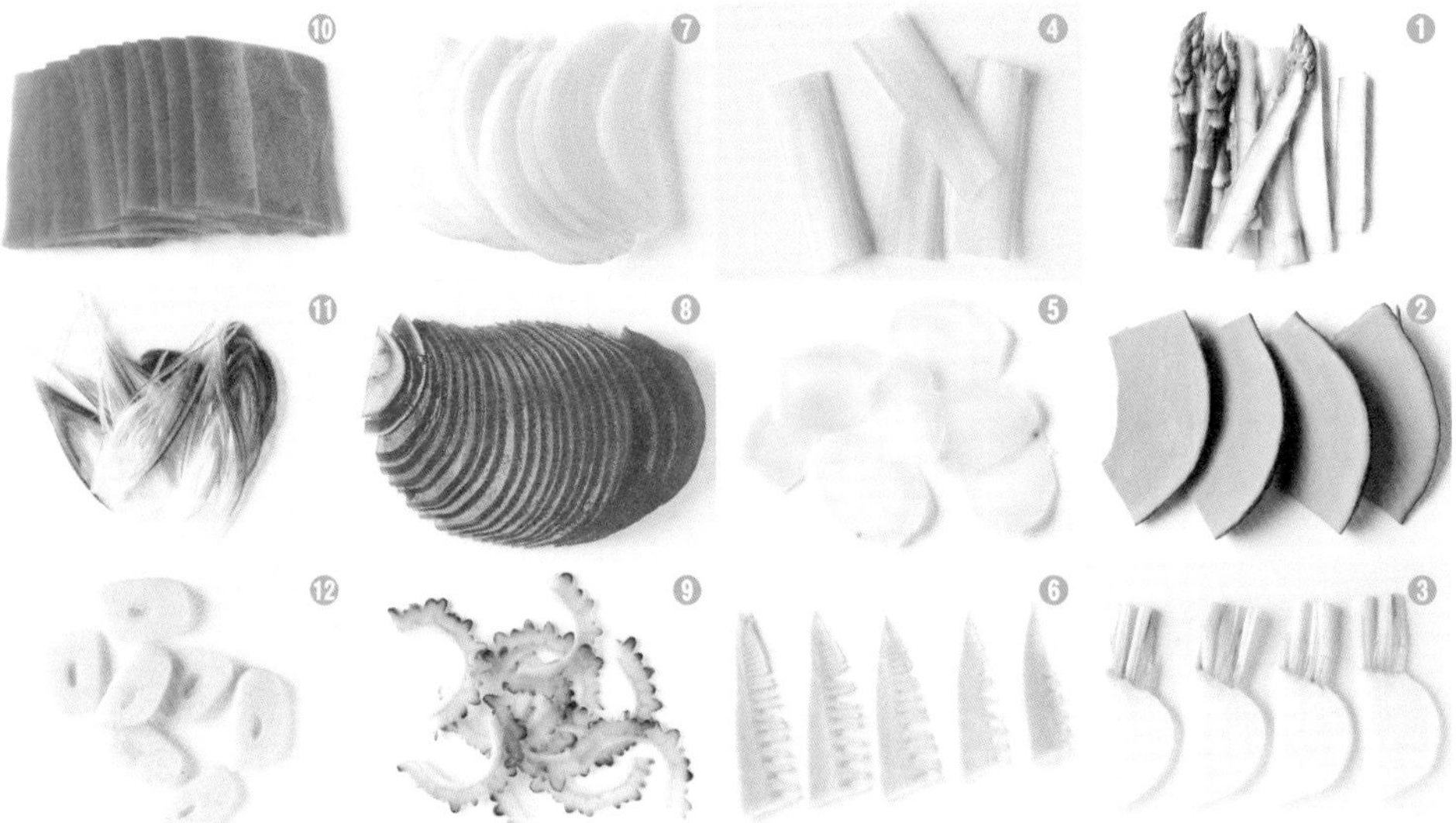

①グリーンアスパラガス②かぼちゃ（皮つきのまま切る）③かぶ（茎つきのまま切る）④セロリ⑤じゃがいも（スライサーを使うとよい、水にさらす）⑥たけのこ⑦たまねぎ（繊維に沿って切る）⑧トマト⑨にがうり（水にさらす）⑩にんじん⑪みょうが（酢水にさらす）⑫にんにく（中心の芽を取ってから切る）

切り方10 ななめ切り

細長い野菜を繊維に対してななめに切る方法。輪切りにするよりも切り口が広くなるので大きく見える。食材の形はそのままで、長さを短くしたいときに使う場合が多い。

①グリーンアスパラガス（長さをそろえて切る）②さやえんどう③さやいんげん（長さをそろえて切る）④なす

切り方11 ななめ薄切り

細長い野菜を繊維に対して薄くななめに切る方法。ごぼうなどのかたい野菜やつけ合わせのねぎに向いている。

①きゅうり②ごぼう（酢水にさらす）③さやいんげん④ほそねぎ

切り方12 そぎ切り

はくさいやキャベツの芯のように野菜の厚い部分を切る方法。包丁を寝かせ、ななめに刃を入れて切る。調理するときに火の通りが早くなり、味もしみ込みやすい。

はくさい

切り方13 せん切り

細長く、線のように1㎜厚さに切る方法。漢字では「繊切り」、「線切り」、「千切り」と書き、どれも細いということを表している。フランス料理では「ジュリエンヌ」という。

❶キャベツ（水にさらす）❷きゅうり❸青じそ（水にさらす）❹じゃがいも（スライサーを使って薄切りにするとよい、水にさらす）❺しょうが（水にさらす、針しょうがとも呼ぶ）❻やまいも（酢水にさらす）❼にんじん❽ねぎ（水にさらす、白髪ねぎとも呼ぶ）❾セロリ❿ピーマン⓫みょうが（酢水にさらす）⓬レタス（水にさらす）

切り方14 みじん切り

1㎜角以下に細かく刻む切り方。野菜の持つ香りや味を料理にいかしたいときに向いている。みじん切りよりも少し大きいサイズは「粗みじん切り」という。

❶にんにく❷たまねぎ❸にんじん❹しょうが❺おくら❻しいたけ❼ねぎ❽セロリ

切り方15 小口切り

木の切り株の断面に似ていることから「木口切り」とも書く。棒状の野菜を切り口が丸くなるように端から一定の厚さで切る。輪の形をつぶさないように切ることが大切。

❶ねぎ（水にさらす）❷おくら❸ほそねぎ（水にさらす）❹みょうが（酢水にさらす）

切り方16 くし形切り

櫛《くし》に形が似ていることからついた呼び名。トマトやたまねぎのような球形の野菜や、たけのこのような円錐形の野菜を6～8等分に切る。

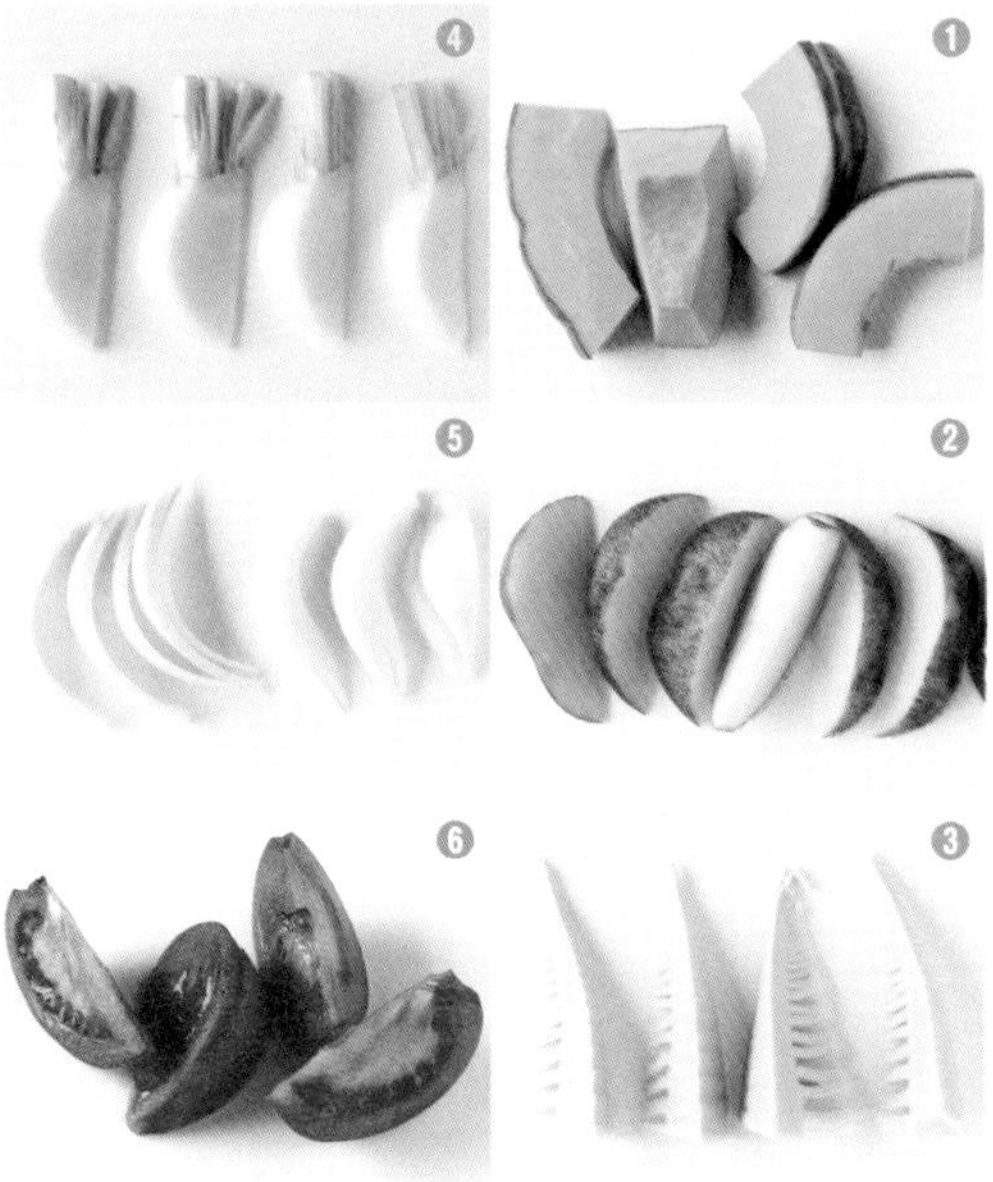

❶かぼちゃ（皮つきのまま切る）❷じゃがいも（皮つきのまま切る）❸たけのこ❹かぶ（茎つきのまま切る）❺たまねぎ（根元を取って切る）❻トマト（ヘタを取って切る）

切り方17 乱切り

野菜を90度ずつ回しながら、ななめに切る方法。「回し切り」という呼び名もある。棒状の野菜に向いており、コツは切り口が常に上にくるように回転させながら切ること。

❶ごぼう（酢水にさらす）❷だいこん❸たけのこ❹にんじん❺ピーマン❻れんこん（酢水にさらす）

切り方18 ぶつ切り

細長い棒状の野菜を3～4㎝長さに切る方法。魚や肉にも使われる。

❶ねぎ❷ほそねぎ

切り方19 ざく切り

小松菜やキャベツのような葉野菜を、端から3㎝ほどの幅にざっくりと切り、さらに90度向きをかえて3㎝角に切る方法。葉と茎を分けて切るとよい。

❶キャベツ❷チンゲンサイ❸はくさい❹ほうれんそう

そのほか 特殊な切り方

野菜を調理しやすくするためだけでなく、料理の見栄えを美しく見せるための切り方もある。

・たたききゅうり・

麺棒やすりこ木でたたき、ひびを入れてから手でちぎる。

・スライスきゅうり・

ピーラーを使い、きゅうりを薄く長くスライスする。

・ささがきごぼう・

鉛筆を削るようにごぼうを回しながら薄く切る。

・かつらむき・

だいこんやにんじんなどを外側から薄く長くむく。

面取りのいろいろ

だいこん

厚く切っただいこんのかどを上下とも薄く削る。

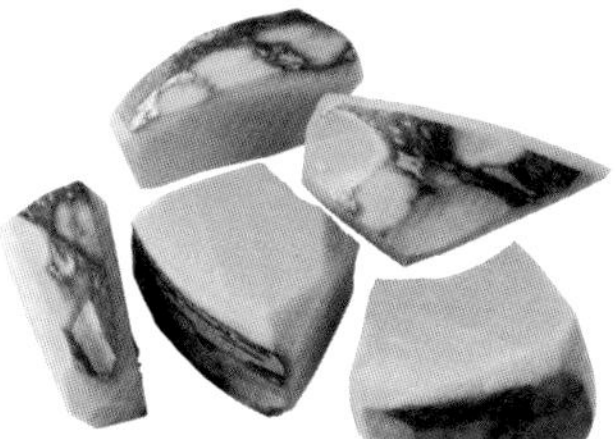

かぼちゃ

ひと口大に切ったかぼちゃのかどを削り、ところどころ皮をむく。

さつまいも

輪切りにしたさつまいものかどの皮をむくように削る。

くり抜きのいろいろ

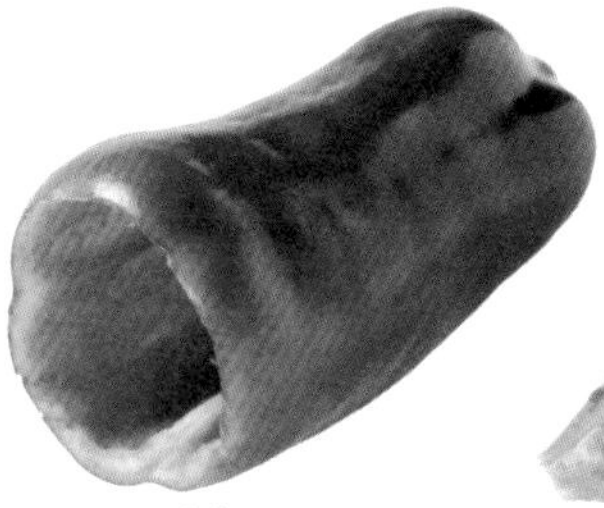

ピーマン

ヘタの周りに切り込みを入れ、種とヘタを引っぱって取る。

にがうり

苦味の原因であるわたをスプーンでこそげ取る。

トマト

種のみを取る方法とすべてくり抜く方法がある。詰め物に。

飾り切りのいろいろ

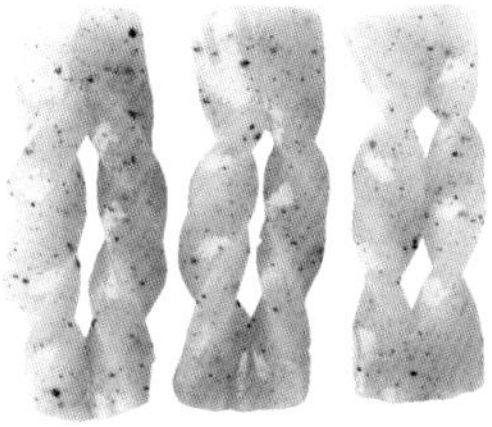

・手綱結び・

中心に切り込みを入れ、一方の端を穴にくぐらせる。

・花にんじん・

輪切りにしたにんじんを花の形の型でくり抜く。

・花れんこん・

穴に沿って丸く切り、花の形に似せてから輪切りにする。

・茶せんなす・

お茶をたてる茶せんに似ていることからついた呼び名。

フランス料理には欠かせない野菜

グリーンアスパラガス

ギリシャ語で「たくさん分かれる」という意味。成長すると枝が細かく広がる姿から名づけられました。

下ごしらえ

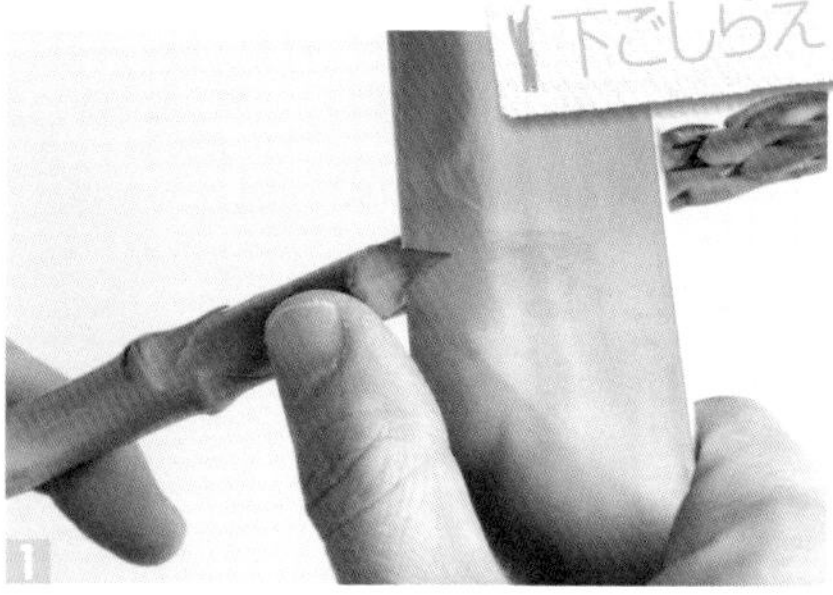

・はかまを取る・

茎のはかまに包丁を入れて刃と親指の腹ではかまをはさむ。手前に引っぱって切り取る。

・皮をむく・

根元を押さえ、少しずつ回しながら、穂先の約5cm下からピーラーで薄く皮をむく。

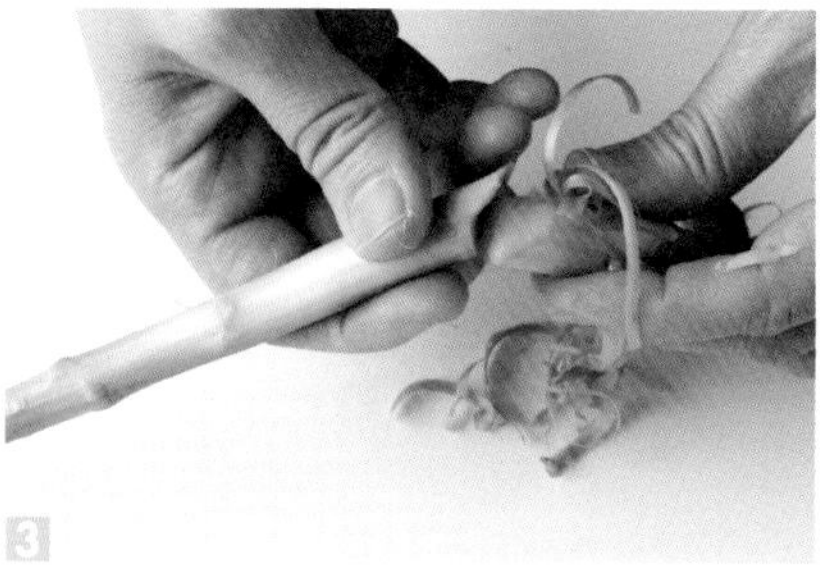

・根元を折る・

根元のほうを持ってゆっくりと曲げ、ポキッと自然に折れる場所(根元から約2～3cm)で折る。

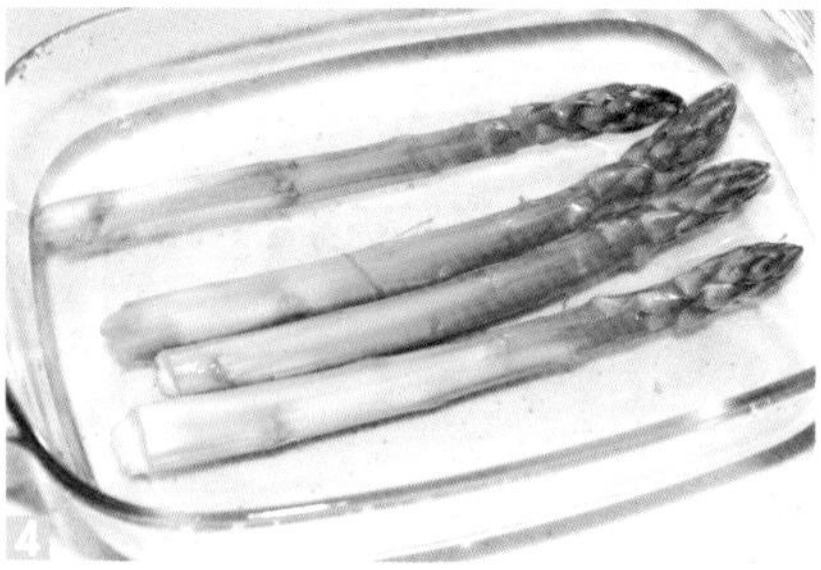

・アクを抜く・

全体が入る大きさの容器にたっぷりの水を入れ、4～5分さらしてアクを抜く。

切り方

[輪切り]

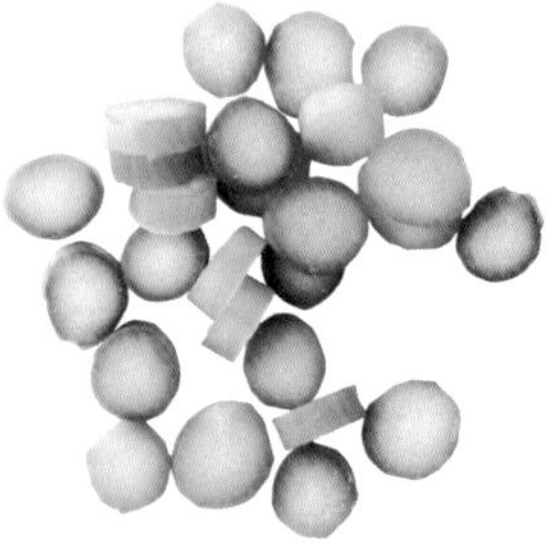

切り口が輪になるように切ったもの。スープに向いている。

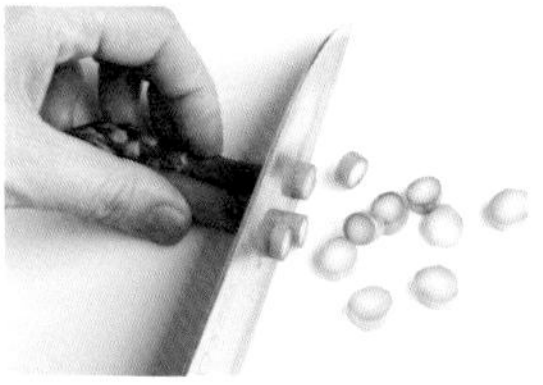

横にして置き、繊維に対して直角になるように包丁を入れ、端から切る。

[ななめ切り]

ななめにぶつ切りしたもの。炒め物に向いている。

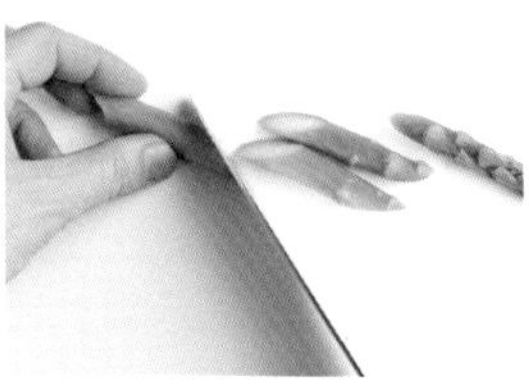

横にして置き、繊維に対してななめに包丁を入れ、好みの長さに切る。

[薄切り]

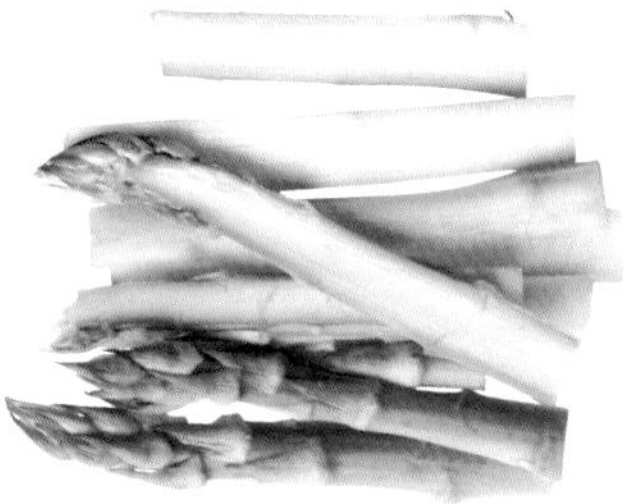

和え物やサラダによい。火の通りが早いのでゆですぎに注意。

横にして置き、好みの長さに切る。縦にして置き、2mm厚さに薄く切る。

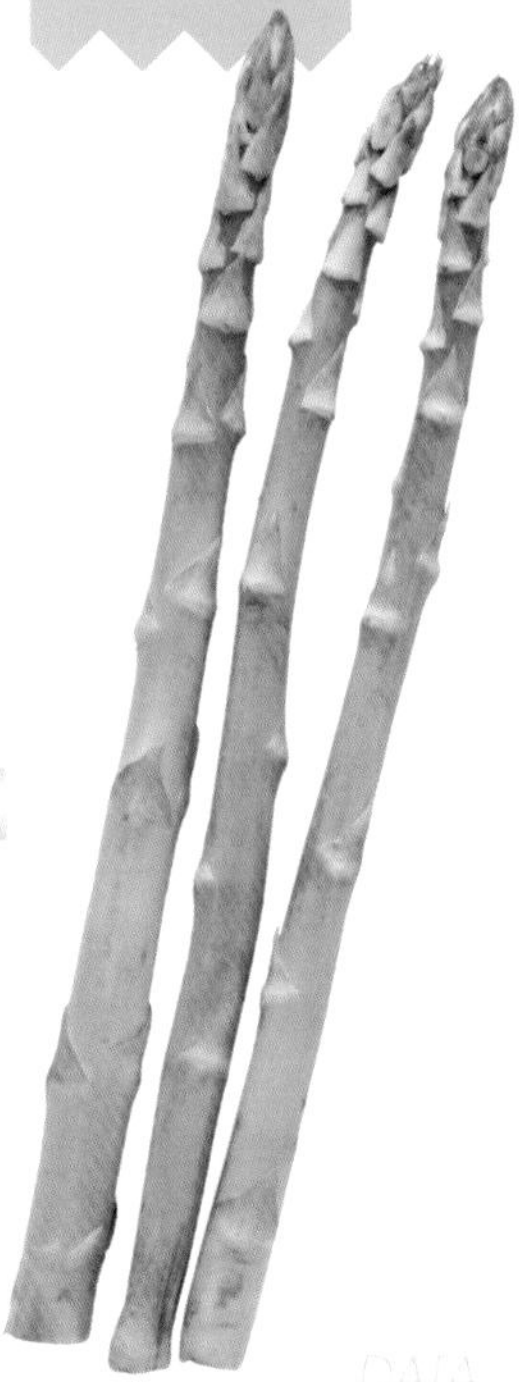

DATA

ユリ科アスパラガス属

旬　5～6月

選び方　穂先がしまり、切り口がみずみずしいもの。茎がかたいものは筋がはっているので、適度にやわらかいものがよい。

POINT ふしを折る

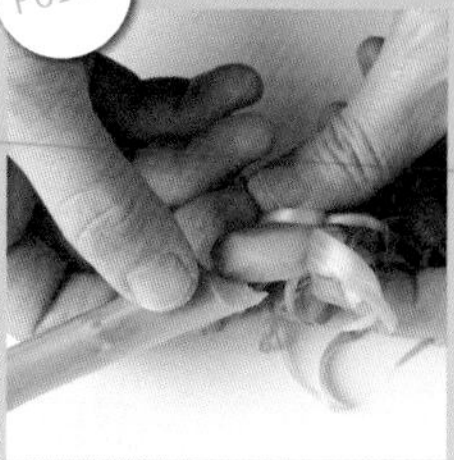

曲げたときに自然に折れるところで折る。上はやわらかく、下は筋がはっている。

ゆで方

たっぷりの湯を沸かし、1%の塩を加える。2〜3分ゆで、ざるにあげて冷ます。

ホワイトアスパラガス

甘味の中にほろ苦さを持つ野菜

グリーンアスパラガスと同じ種類の野菜ですが、日光に当てず、土の中で育てられます。

下ごしらえ

1 ・皮をむく・

根元を押さえ、少しずつ回しながら、穂先の約5cm下から、筋が残らないようにピーラーで厚めに皮をむく。

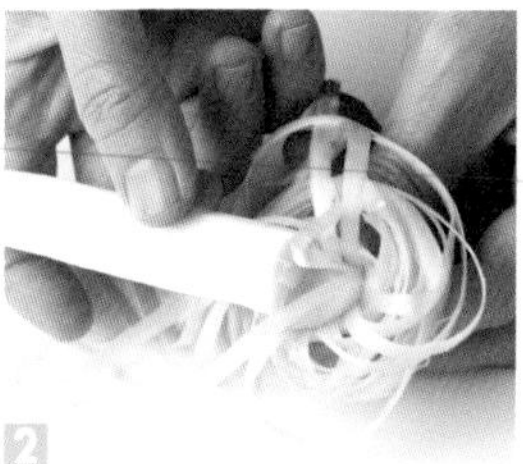

2 ・根元を折る・

根元を持って曲げ、ポキッと自然に折れる場所（根元から約2〜3cm）で折る。

ゆで方

1 ・塩を入れる・

1%の塩を入れてたっぷりの湯を沸かす。除いた皮と根元を入れると風味が増す。

2 ・アスパラを入れる・

沸騰したら弱火にし、約10分したら、アスパラガスを根元から入れる。

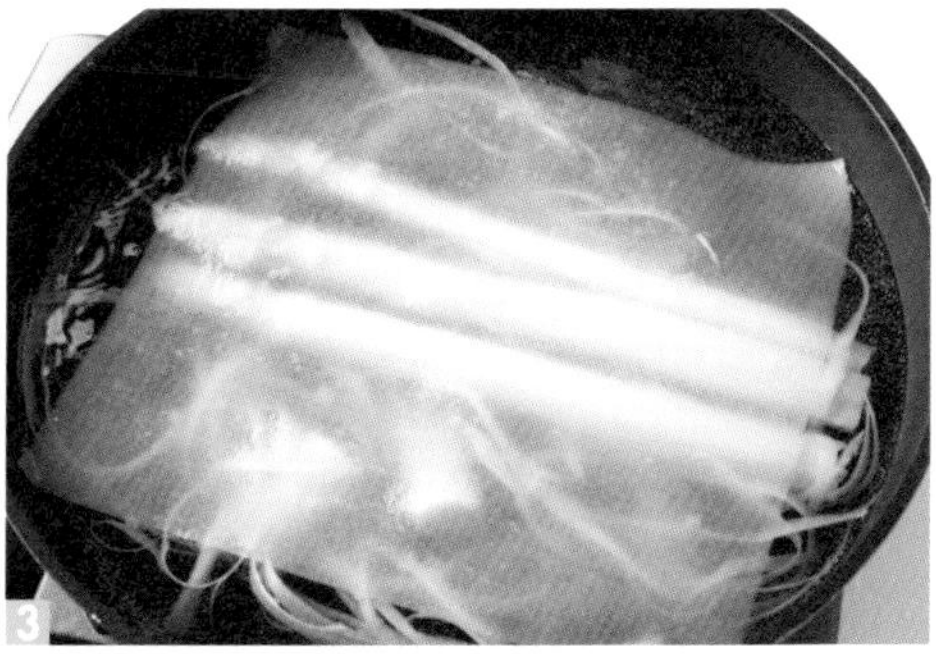

3 ・キッチンペーパーを入れる・

キッチンペーパーをアスパラガス全体にかぶせ、落としぶたのようにする。この状態のまま7〜8分ゆでる。

4 ・ゆで上げる・

菜箸でアスパラガスの中心を持ち上げ、軽くしなるまでゆでる。ゆで上がったらゆで汁につけたまま冷ます。

DATA

ユリ科アスパラガス属

旬　5〜6月（水煮の缶詰としてでは年中出回る）

選び方　穂先がしまっており、切り口がみずみずしいもの。茎は太く、まっすぐのびているものがよい。

ゆで汁を活用

野菜のゆで汁には、野菜から旨味エキスがしみ出るので、捨てずに汁物などに活用できる。ただし、ほうれんそうのようにアクの強い野菜のゆで汁は、えぐみがあるので使わずに捨てる。

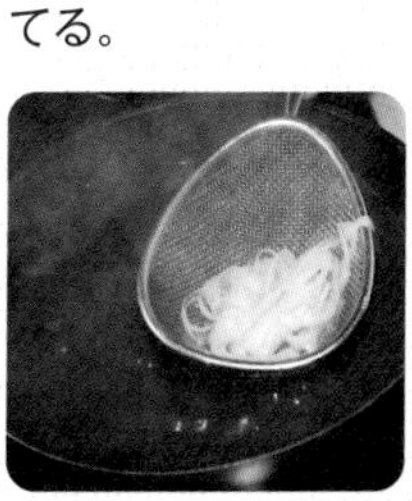

ホワイトアスパラガスは皮や根元も共にゆでる。

サラダから炒め物、煮物と出番の多い野菜

キャベツ

キャベツは葉野菜の中ではめずらしく、正しく保存すれば長持ちする便利な食材です。

DATA

アブラナ科アブラナ属
旬　5～6月(春キャベツ)
11月～3月(冬キャベツ)
選び方　巻きがかたく、葉の緑色が濃いもの。手に持ったときにずっしりと重みがあるものがよい。

下ごしらえ

1

・切り込みを入れる・

軸を上にして置き、軸のすぐ横から中心に向けて包丁の刃をさし込む。

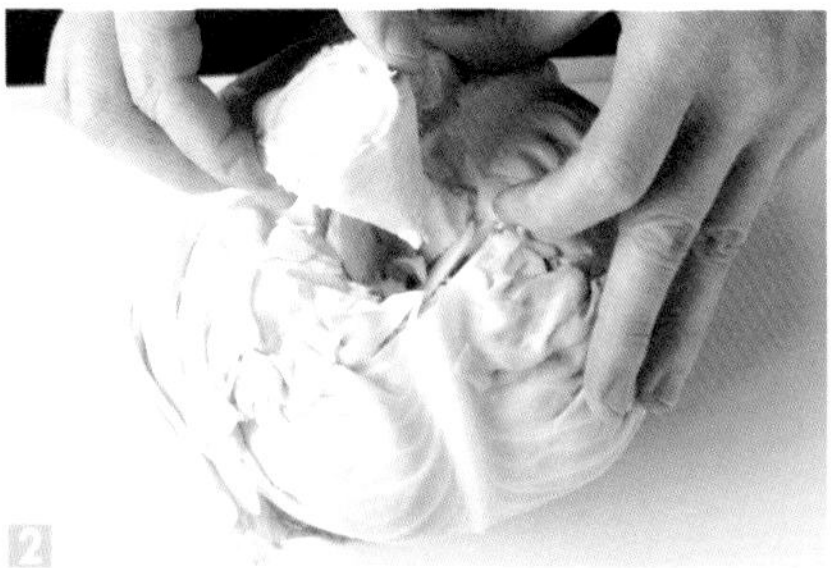

2

・軸をくり抜く・

キャベツを回しながら軸の周りに切り込みを一周入れ、軸を手で引き抜く。

3

・葉をはがす・

ボウルに水をため、キャベツを入れる。葉と葉のすき間に水を入れ、ゆっくりと葉2～3枚をはがす。

4

・中を分ける・

キャベツを4等分に切る。中心近くのやわらかい葉はかたまりのまま外し、分ける。

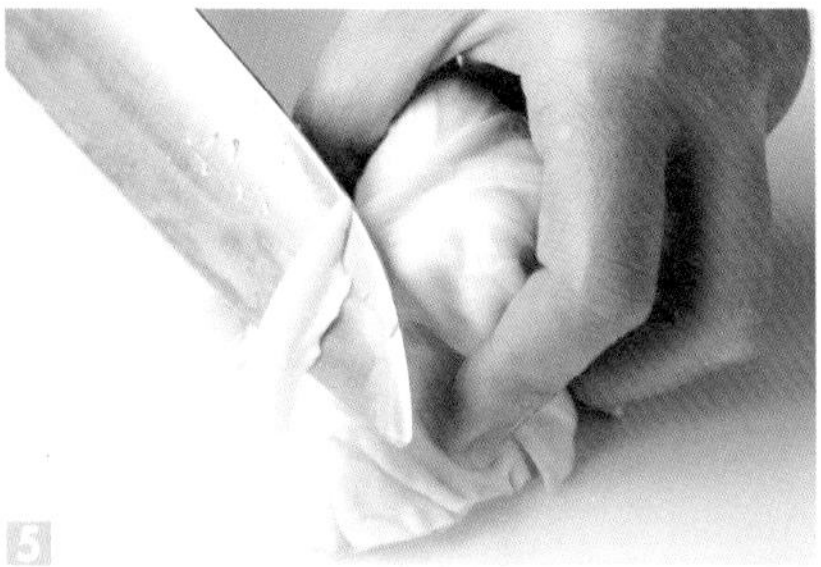

5

・芯はそぎ切り・

外側の葉はかたい芯をそぎ落とす。内側の葉はそのまま使う。芯はだしをひくのに使うとよい。

煮込み料理には…

ポトフなどの煮込み料理を作るときにキャベツを小さく切ると、煮ている間にばらばらになることがよくある。せっかく手間をかけて作った料理も、具材がくずれてはきれいに盛ることができない。たこ糸でしばって束ねてから煮ると、ばらばらに離れるのを防ぐことができる。

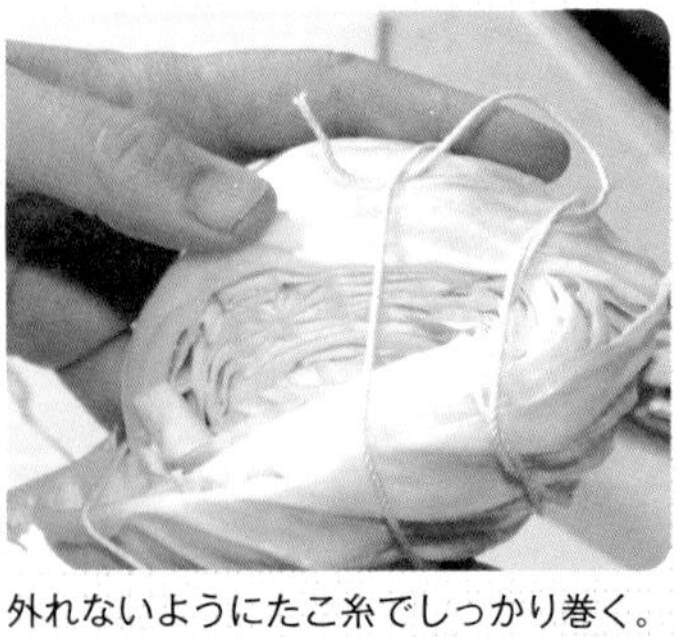

外れないようにたこ糸でしっかり巻く。

POINT　水分を吸わせて保存する

軸をくり抜き、ぬらしたキッチンペーパーを詰めて野菜室で保存する。(P33参照)

切り方

[色紙切り]

葉を2～3枚重ねて上から押さえて切る。スープやサラダに向く。

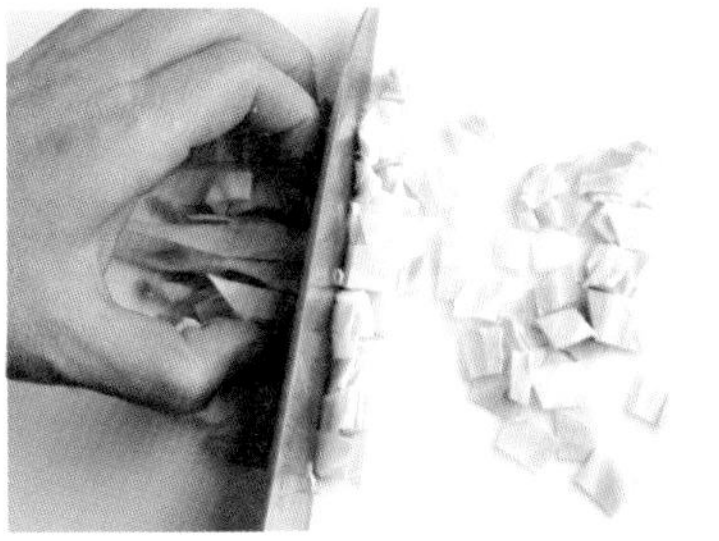

葉をそろえ、繊維に沿って1cm幅に切る。90度向きをかえ、繊維を断ちながら端から1cm幅に切る。

[ざく切り]

下ごしらえの4と5はせず、内側の葉と外側の葉をまとめて切る。煮物や炒め物に。

約3cm幅に切る。90度向きをかえ、さらに約3cm幅に端からざっくりと切る。

[せん切り]

フライの添え物やお好み焼きの具材に向く。上から押さえて切るときれいに仕上がる。

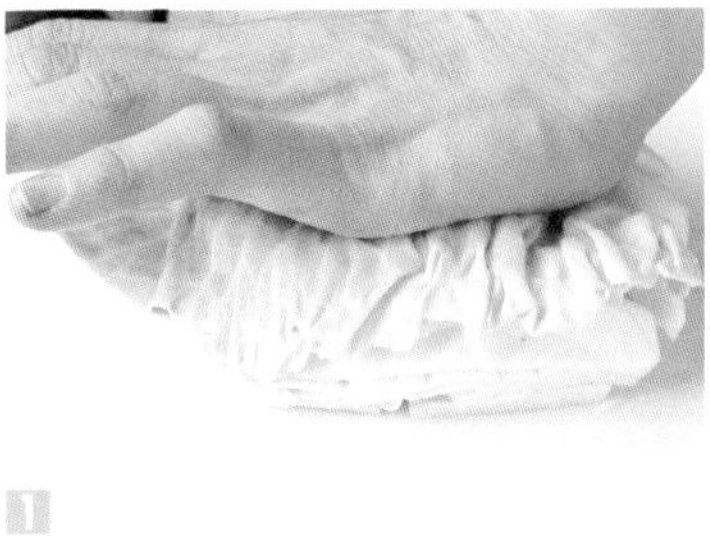

1 好みの大きさに切りそろえる。上から軽く体重をかけて押し、切りやすいようにキャベツを平らにする。

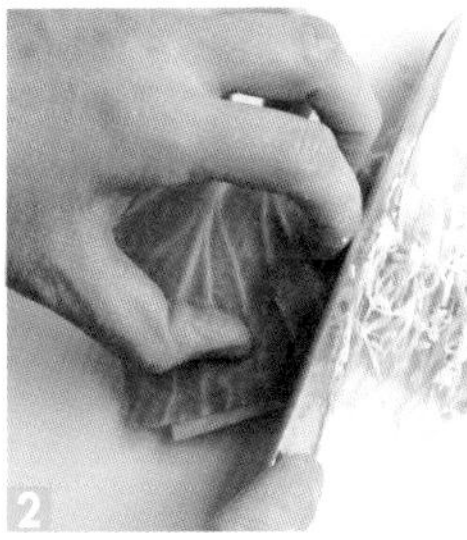

2 繊維が縦方向になるように置き、端から1mm以下の厚さになるように細く刻む。

3 ボウルに水をため、切ったキャベツをさらす。水につけることによってシャキッとした食感になる。

丸ごと1個使うときには

キャベツの丸ごと煮
（材料・4人分）
キャベツ…1玉
豚ばら薄切り肉…300g
ドライいちじく…4個
チキンブイヨン…2ℓ
タイム…1枝
ローリエ…1枚
塩・こしょう…各適量

材料を入れ、キャベツがやわらかくなるまで煮る。

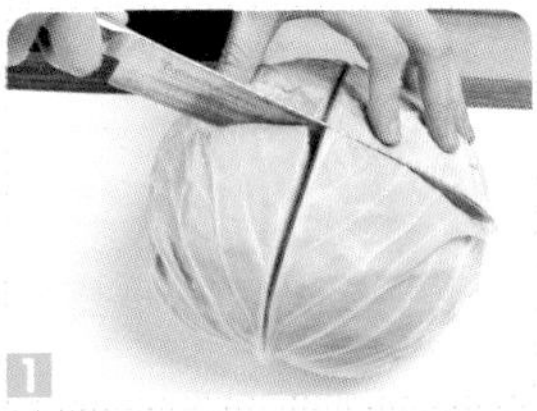

1 軸まで十字の切り込みを入れる。

2 葉と葉の間に豚肉といちじくをはさむ。

すき焼きや鍋物には欠かせない野菜

しゅんぎく

「春に花が咲く菊」ということから名づけられました。菊の葉のような独特の香りが好まれています。

キク科キク属（またはシュンギク属）
旬　11～3月
選び方　緑色が鮮やかで葉の先まではりがあるもの。茎は細く、手で折れるかたさのものがよい。

下ごしらえ

1 ・葉を取る・

茎の下のほうについている葉を取る。汚れている部分は手でちぎって取り除く。

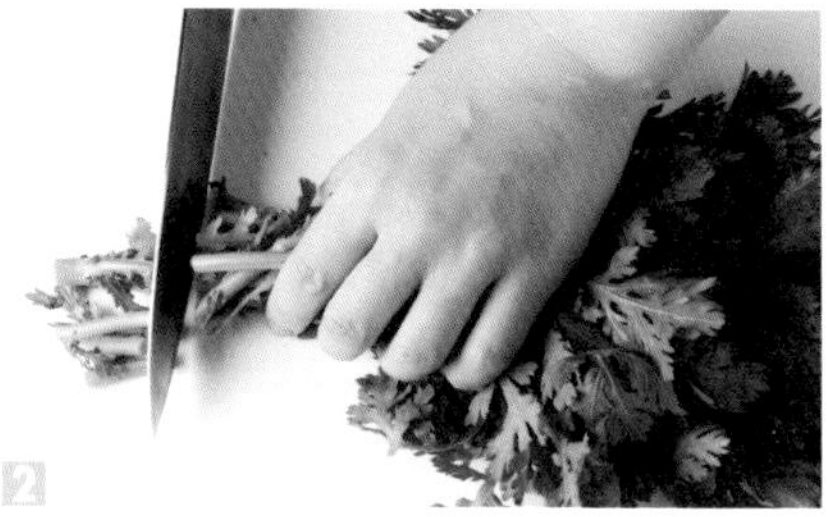

2 ・根元を切る・

茎を下から3cmほど切り落とす。下のほうの茎はかたいので口当たりが悪い。

3 ・水につける・

ボウルに水をため、根元を約30分つける。冷水につけることによって葉がシャキッとする。

POINT

葉だけでこんな料理に

さっと塩ゆでして和え物にしたり、生のままサラダにしたりするとよい。

ゆで方

1 ・鍋に塩を入れる・

鍋にたっぷりの水と1％の塩を入れて沸かす。

2 ・葉を入れる・

沸騰したら上のほうの葉を持ち、根元を熱湯の中に入れる。

3 ・ゆでる・

根元を約30秒ゆでたら、葉を熱湯の中に入れる。菜箸を使い、全体がしっかりつかるようにする。

4 ・冷水につける・

ゆでたらすぐに氷水に移す。苦味を抜くため、盆ざるにあげて冷ますより水にさらすほうがよい。

サラダによく登場する便利な野菜

カイワレダイコン

ピリッとした辛味とシャキッとした食感があり、サラダに加えるとアクセントになります。

下ごしらえ

1 ・洗う・

スポンジ部分を持ってボウルにためた水に葉をつける。左右に揺らしながら洗う。

2 ・根元を切る・

横にして置き、スポンジのすぐ上の部分を切り落とす。

3 ・洗う・

ばらばらにならないように葉の下をまとめて持ち、ボウルにためた水で根元をふり洗いする。

根元に茶色い種子の皮が残ることが多い。3のときにしっかりとふって種子の皮を落とす。

DATA

アブラナ科ダイコン属
旬／通年（種まきから約7日で食べられる）
選び方／葉の緑色が濃いもの。茎は白く、まっすぐのびていてみずみずしいものがよい。

5 ・まきすで巻く・

バットの上に巻きすを広げる。根元をそろえ、巻きすの中心にのばして置く。

6 ・水気をきる・

しゅんぎくを軸にして巻きすを巻く。巻きすを両手でつかみ、上から下に向かって水気を絞る。

7 ・切り分ける・

しゅんぎくを取り出して適当な大きさに切り分ける。さらに、手でにぎって水分を絞る。

絞った状態のまま切り分けることで形がまとまっているので料理に使いやすい。

独特の香りが料理にいきる野菜

セロリ

強い香りが特徴的ですが、実は、現在出回っているセロリは品種改良により香りをやわらげたものです。

DATA

セリ科オランダミツバ属
旬　8～1月
選び方　葉が青々としていてしおれておらず、黄色がかっていないもの。茎は厚みがあり、筋がしっかりとわかるものがよい。

下ごしらえ

・葉と茎を分ける・

茎を手で折って葉をつみ取り、葉と茎を分ける。

・筋を取る・

包丁の刃元で茎の端に刃を入れる。刃と親指の腹で筋をはさみ、上に引っぱって取り除く。

POINT 葉だけでこんな料理に

下ごしらえの1で茎と分けた葉は、捨てずにスープやサラダの彩りに使うとよい。約10分水にさらしてから使うと葉にはりが戻り、見た目がよりきれいになる。

切り方

[小口切り]

繊維を断つので香りが強く出る。スープや和え物によい。

横にして置き、手で押さえる。端から1～2mm厚さに繊維を断って薄く切る。

[薄切り 繊維に沿う]

繊維に沿って切るとシャキッとした食感が残る。サラダに向く。

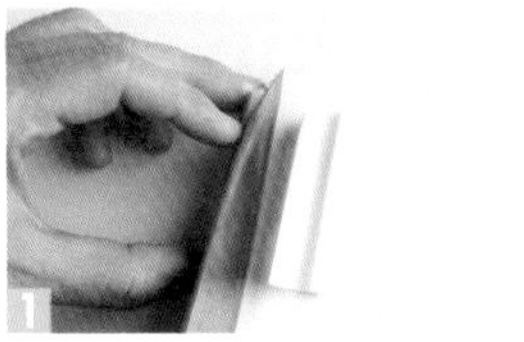

セロリを4～5cm長さに切る。縦にして置き、繊維に沿って1～2mm幅に薄く切っていく。

中心まで薄切りにし、切りづらくなったら横に倒す。包丁をねかせて入れ、厚さをそぐ。

[そぎ切り]

切り口が大きくなり、火の通りが早くなる。炒め物によい。

茎の長さを2等分し、下半分は繊維に沿ってさらに2等分する。

根元に近いほうを右にして置く。包丁をねかせて刃を入れ、手前に引きながら切る。

[せん切り]

繊維に沿って切るのでセロリの食感が残る。サラダや和え物によい。

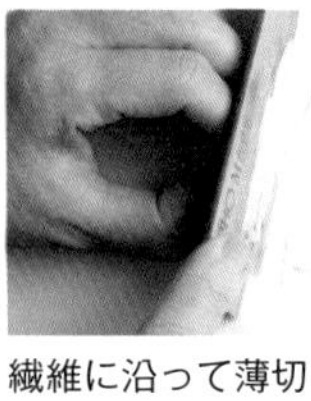

繊維に沿って薄切りにしたセロリを重ね、縦にして置く。1mm厚さに切る。

ブーケガルニに

「香草の束」という意味。香りの強いセロリと数種類のハーブを束ねて使う。だし汁やスープ、煮込み料理の香りづけにする。

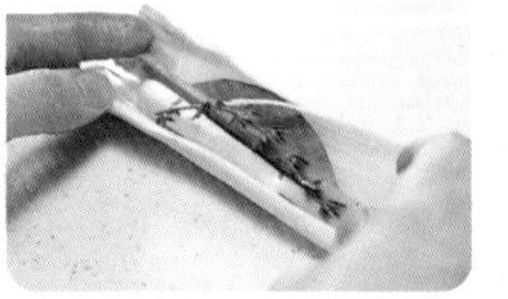

セロリの茎、タイム、ねぎなどをたこ糸でしばる。

いまや日本に定着した中国野菜

チンゲンサイ

中華料理には欠かせない青菜のひとつ。油との相性がよく、炒め物におすすめです。

下ごしらえ

1 ・切り込みを入れる・

横にして置き、根元に縦方向の切り込みを入れる。

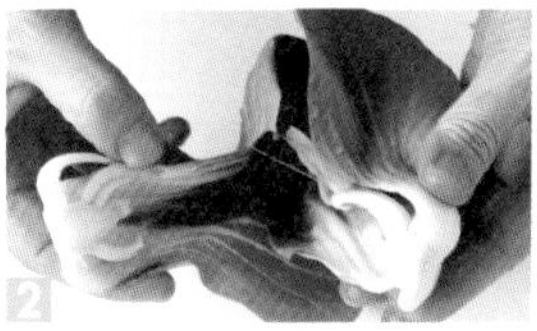

2 ・手でさく・

切り込みが縦になるように両手で持つ。そのまま左右に引っぱり、ふたつにさく。

3 ・水につける・

水をためたボウルに根元を約30分つけ、葉をシャキッとさせる。

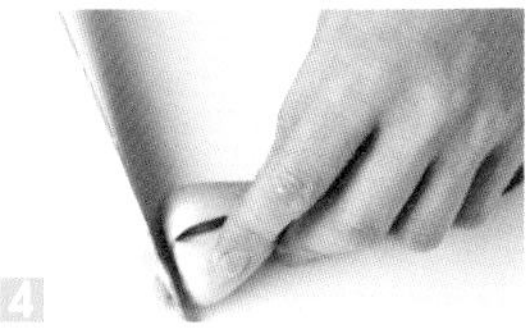

4 ・根元を切る・

根元に最も近い軸のつなぎ目を切る。

5 ・葉をばらす・

葉を一枚ずつ手で外す。中心に近い小さな葉はばらさずにつけたままにしておく。

中心に近い葉はばらばらにするとサイズが小さすぎるので、まとまった状態で料理する。

切り方

[ざく切り]

切ったあとは茎と葉に分けると料理しやすい。炒め物やスープに向いている。

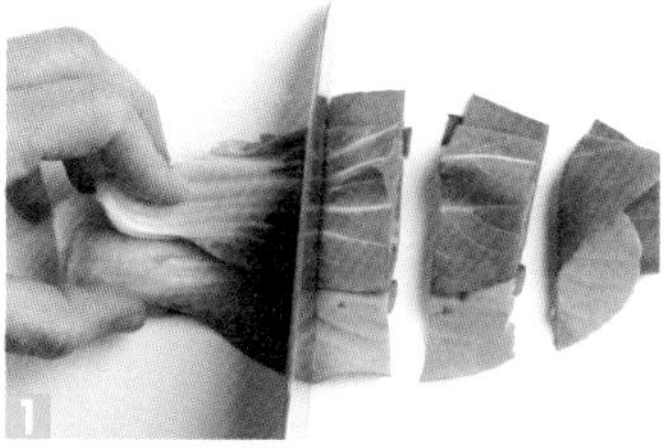

1 葉を右にして置き、右端から3㎝幅に切る。葉と茎を先に分けてから切ってもよい。

2 茎は繊維に断つ方向に2等分し、90度向きをかえる。繊維に沿ってさらに2等分する。

[4つ割り]

葉をばらさずに4等分する。大きい葉が同じ量になるように分ける。ゆでて添え物にするとよい。

1 下ごしらえを3まで行う。切り口を上にして置き、茎の中心に縦に切り込みを入れる。

2 切り込みが縦になるように持つ。左右を引っぱり、さく。もうひとつも同様に行う。

DATA

アブラナ科アブラナ属

旬／1～3月

選び方／葉の幅が広く、緑色の濃いもの。葉と茎の境目が細くなっていて、茎は厚いものがよい。

春の訪れを感じさせる季節野菜

たけのこ

和食にも中華料理にも大活躍のたけのこは水煮を使うと大変便利。旬の春先には値段もお手頃です。

下ごしらえ

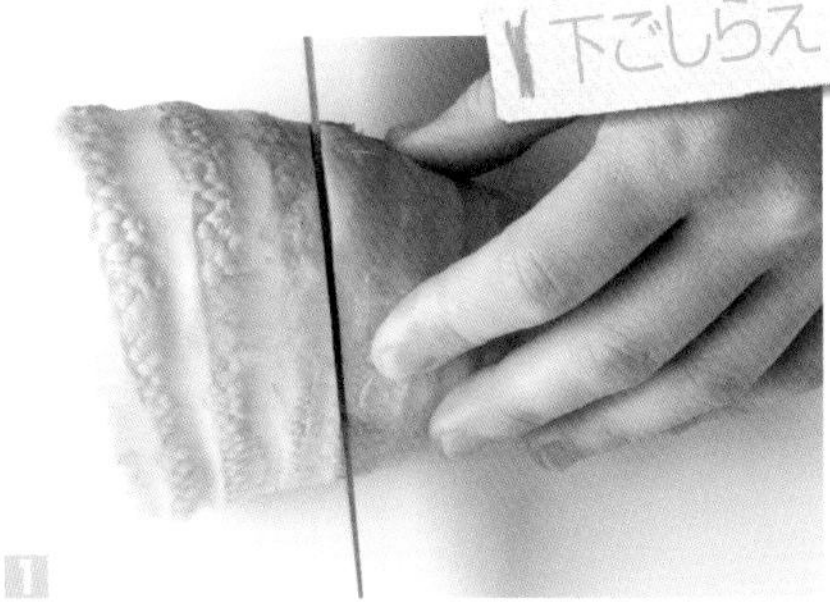

・半分に切る・

横にして置き、転がらないように手で押さえる。長さを2等分する。

・いぼを取り除く・

2等分した下半分の根元を奥にして持つ。皮をむくイメージで根元近くにある、いぼを取り除く。

切り方

[せん切り]

中心を除き、端のかたい部分だけを使うときれいにできる。

下半分を好みの長さに切り、切り口を上に向ける。端から2mm厚さに薄く切る。

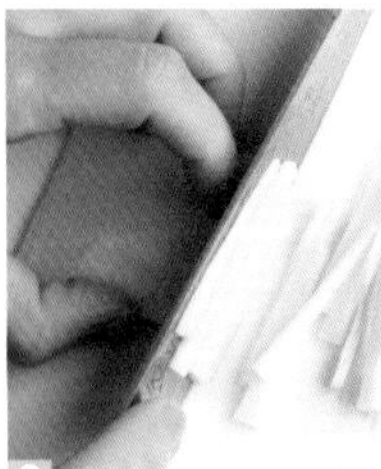

薄切りにしたたけのこを重ね、繊維を縦方向にして置く。繊維に沿って2mm厚さに切る。

[輪切り]

上半分の太いほうを右にして置く。端から1cm厚さに切る。

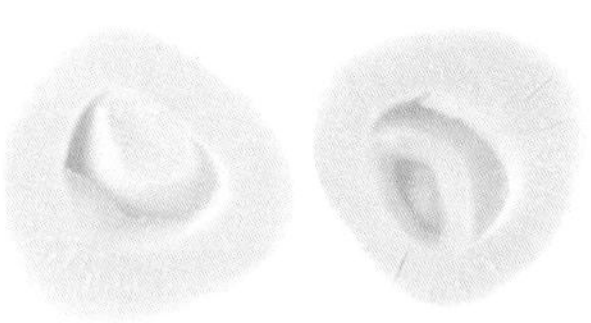

1cm厚さで切り口が輪になるように切る。白いアクが気になる場合は水につけて除く。

▼

[半月切り]

輪切りにしたたけのこを切り口が上になるように置き、半分に切る。

輪切りにしたたけのこを半分の大きさに切ったもの。

▼

[いちょう切り]

半月切りにしたたけのこの切り口を手前にして置き、2等分する。

輪切りの1/4サイズ、半月切りをさらに半分にしたもの。

DATA

イネ科マダケ属
旬　1～3月
選び方　皮の色が黄色や薄い茶色で、先までとがっているもの。根元にある赤いいぼが少ないものがよく、重いものがよい。

生のゆで方

1 ・切り込みを入れる・

水で洗い、穂先をななめに切り落とす。切り口を上にし、縦方向に実にあたる深さの切り込みを入れる。

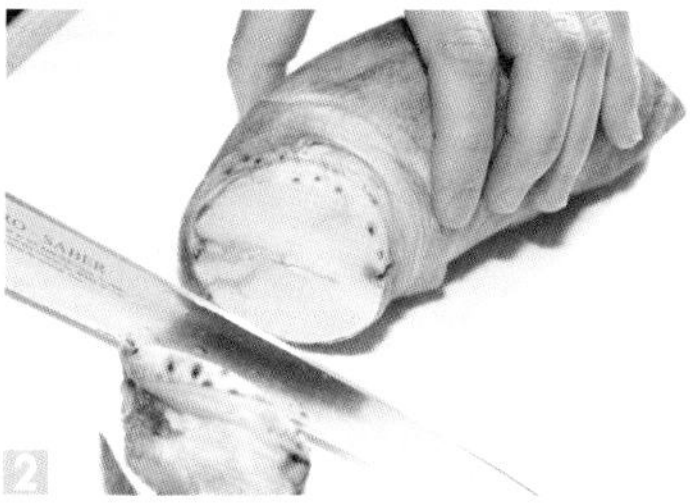

2 ・根元を落とす・

たけのこを横にしてしっかりと手で押さえる。根元のかたくて食べられない部分を切り落とす。

3 ・鍋に入れる・

たけのこがかぶる量の水、たけのこ、唐辛子1～2本を入れる。唐辛子はえぐみをやわらげる働きがある。

4 ・米ぬかを入れる・

ひとつかみの米ぬかを鍋に入れ、強火にかけて落としぶたをする。沸騰したら、吹きこぼれない程度の火加減にする。

5 ・ゆでる・

根元に竹串がすっと通るまで約1時間煮る。ときどき、たけのこを回転させ、均一に火が通るようにする。

6 ・冷ます・

室温に置いてゆで汁ごと冷まし、さっと洗う。皮ごとゆで汁につけて冷ますことによって残っているえぐみが抜ける。

白いアクを取り除く

水をためたボウルに入れる。竹串を使い、ひだの間にある白いアクをかき出す。

水煮を切ると中から白いかたまりが出てくる。この正体はアミノ酸の一種であるチロシンがカルシウムと結合してできたもの。旨味成分なのでそのまま使っても問題はないが、スープに使うとにごるので気になるときは除くとよい。

[くし形切り]

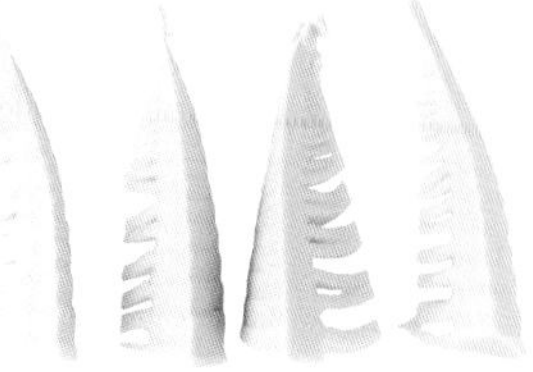

たけのこの上半分を縦に8等分に切ったもの。煮物に向く。

たけのこの上半分を縦に2等分して切り口を下にし、さらに４等分する。

[薄切り]

くし形切りにしたたけのこをさらに2mm厚さに薄く切ったもの。

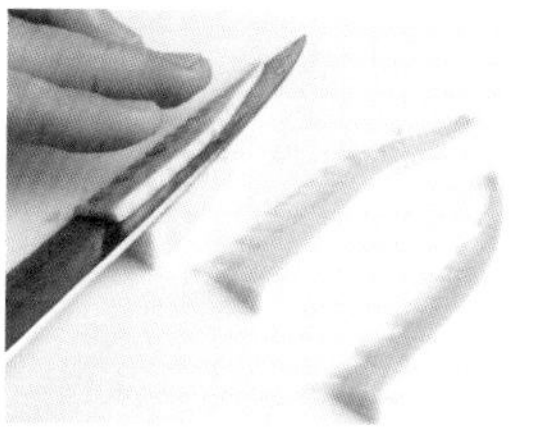

ひだのあるほうを左にして置く。包丁をねかせて入れ、そぐように切る。

[乱切り]

たけのこの上半分を使う。筑前煮などの煮物に向いている。

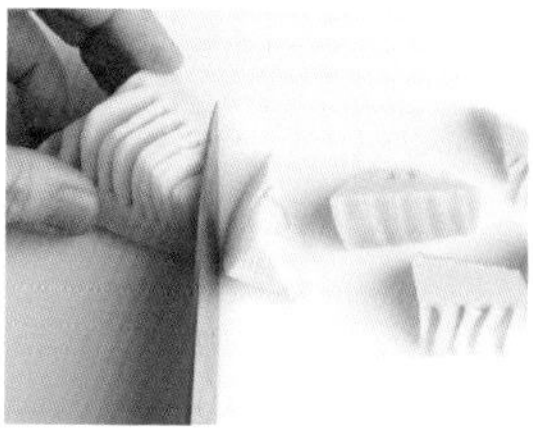

縦に４等分したものを端からななめに切り、90度回して同じ角度で切る。

霜が降りると甘味が増す冬野菜

はくさい

漬物や、冷えた体を温めてくれる鍋に外すことのできない冬食材のひとつ。

下ごしらえ

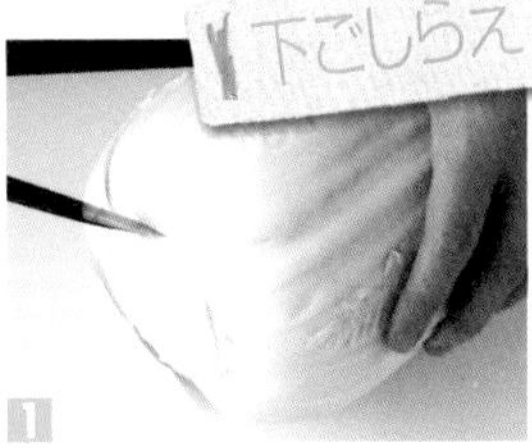

・切り込みを入れる・

根元の軸の輪を包丁でなぞり、根元と葉の境目に切り込みを入れる。

・葉を取る・

破れないように葉を手で1枚ずつはがす。（少量しか使わないときに行う）

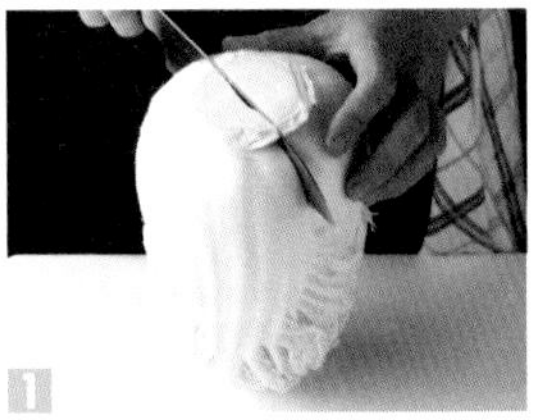

・割る・

軸を上にして、はくさいを立てる。中心に4～5cm深さまで切り込みを入れる。

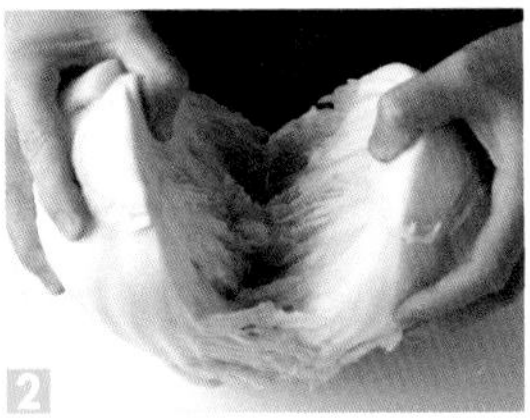

・ふたつにさく・

[1]で入れた切り込みが縦になるように持つ。切り込みに親指を入れ、左右に引っぱってさく。

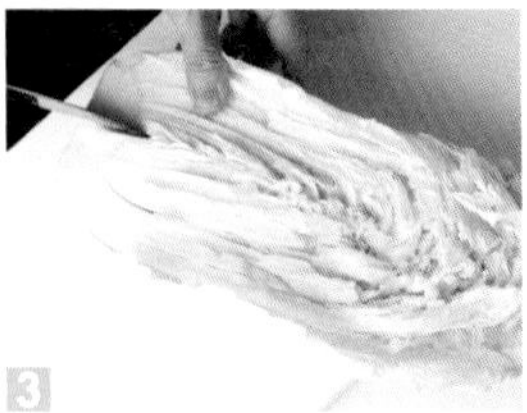

・切り込みを入れる・

さいた面を上にして置き、根元の中心に4～5cmの切り込みを入れる。

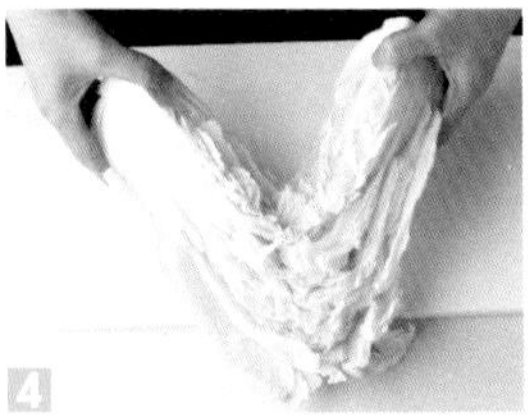

・さく・

[3]で入れた切り込みに親指を入れ、左右に広げて半分にさく。もうひとつも同様に行う。

切り方

[棒切り]

かたい芯だけを使用する。炒め物によい。

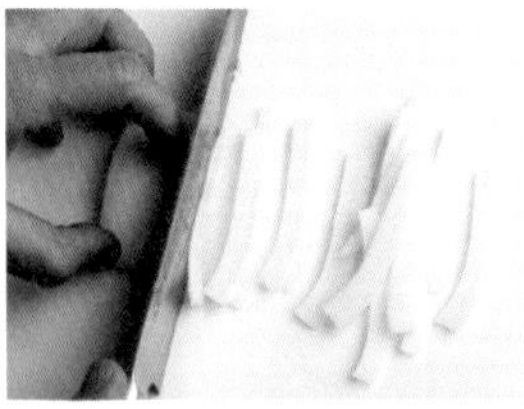

軸を取り、芯の繊維を断って5cm幅に切る。90度向きをかえ、繊維に沿って5mm幅に切る。

[そぎ切り]

味がしみ込みやすく、火の通りが早い。

軸を取り、芯の繊維を横にして置く。包丁をねかせ、ななめに切る。太いときは縦に切ってから。

[ざく切り]

炒め物や煮物に向いている。

芯を除いた葉の部分を繊維に沿って3～4cm幅に切る。横にし、端からさらに3～4cm幅に切る。

包丁の切っ先で芯と葉の境目をなぞって切る。厚くてかたい芯は火が通りづらい。

葉と芯を分けて使う

芯と葉では火の通りやすさに差があります。分けて使うことによって、それぞれに適した加熱時間で調理できます。

DATA

アブラナ科アブラナ属
旬　11～12月
選び方　外側の葉の緑色が濃く、葉先までしっかりと巻いているもの。根元の切り口が白く、手に持ったときに重いものがよい。

煮込み料理やサラダに最適な野菜

ブロッコリー

「花蕾《からい》」と呼ばれる花のつぼみが集まってできたかたまりと茎を食べます。

房の下ごしらえ

・小房に分ける・

手で根元を軽く持ち上げる。茎と房が枝分かれしているところに包丁の切っ先を入れて切る。

・切り込みを入れる・

切り落とした房を逆さまにして置き、切り口の中心に1cm深さの切り込みを入れる。

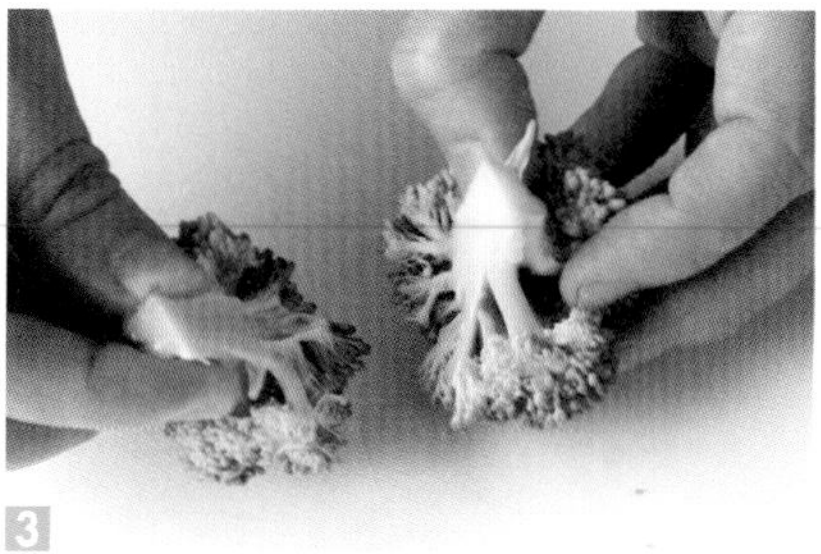

・さらに小房に分ける・

切り込みを縦にして房を両手で持ち、左右に引っぱって半分にさく。

・水につける・

たっぷりの水をためたボウルにブロッコリーをつけ、汚れを落とす。

茎の下ごしらえ

・皮をむく・

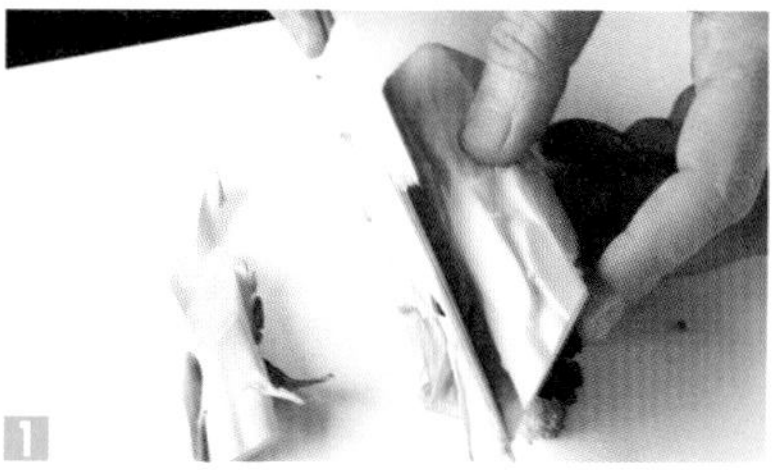

縦にして置き、枝分かれしている茎をすべて切り落とす。

・そぐ・

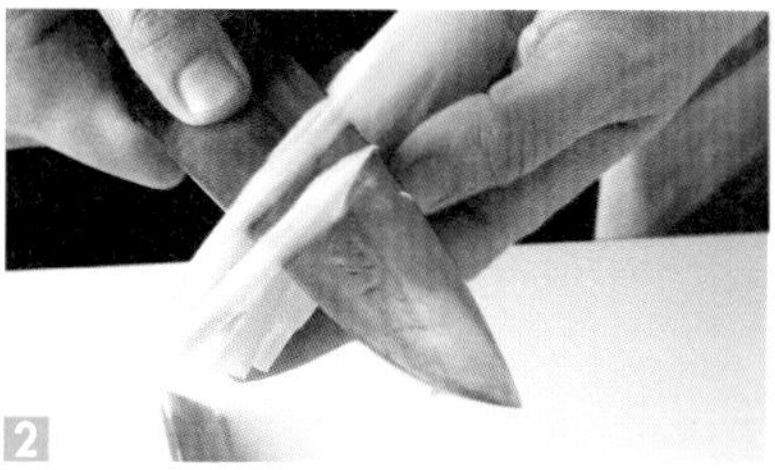

奥から手前に向かって皮を筋の部分まで厚めにむく。

口当たりが悪くなるので皮をむき、筋をしっかり取り除く。

切り方

［ななめ切り］

茎の切り口が楕円形になるようにななめに切ったもの。炒め物やスープ、煮込み料理に入れる。

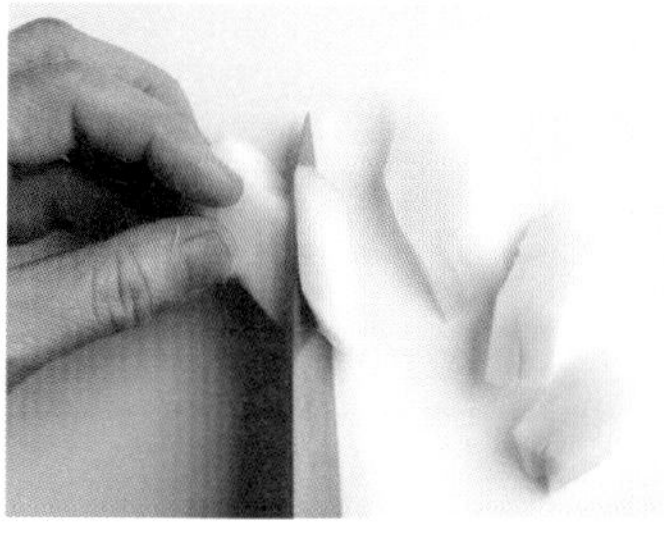

茎をななめにして置く。包丁をまっすぐ縦に入れ、端から好みの厚さに切る。

DATA

アブラナ科アブラナ属
旬／11～2月
選び方／つぼみが閉じていて、手でさわったときにかたくしまっているもの。黄色いものは避け、緑色が鮮やかなものがよい。

葉野菜の代表ともいえる野菜

ほうれんそう

緑黄色野菜として有名なほうれんそうは、栄養豊富なうえに消化にもよい野菜です。

DATA

ヒユ科ホウレンソウ属

旬 11～1月

選び方 葉が大きく育っていて厚みがあり、青々としていて葉先まではりがあるもの。根元はみずみずしいものがよい。

下ごしらえ

1

・根元を取る・

根元の変色している部分を切り落とす。切りすぎると茎がばらばらになるので注意する。

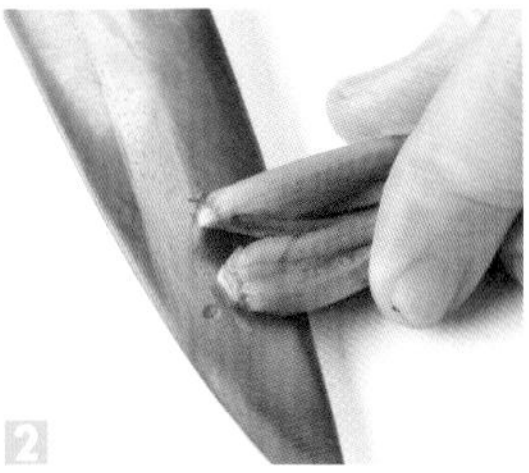

2

・切り込みを入れる・

手で根元の近くをしっかり押さえ、根元に十字の切り込みを入れる。根元を4等分する。

3

・根元を四つ割りする・

割ることで砂が取れやすくなる。根元がつながっているので、ゆでても向きがそろえやすい。

4

・さく・

4等分した根元に沿って、株を4つに分け、そのまま手でさく。

5

・水につける・

たっぷりの水が入ったボウルに根元をつけて約30分おき、葉をシャキッとさせる。

POINT **水は2～3回替える**

ふり洗いをして砂を落とす。砂が多いときには水を取り替えながら洗う。

切り方

[ざく切り]

切った後は葉と根元に分けておくと料理しやすい。炒め物に向く。

端から3～4cm幅に切る。先に葉と根元を分けてから切ってもよい。

[葉を取る]

大きな葉は切らずに、そのまま茎から葉脈を取りながら外す。

1

葉を裏にして持つ。茎を引っぱりながら葉脈を外す。

2

葉から離した筋がちぎれないようにゆっくりと引っぱり、葉にある筋を取る。

ゆで方

・熱湯に塩を入れる・

鍋にたっぷりの水を入れて火にかけ、沸騰したら1%の塩を加える。ほうれんそうはアクが強いので水を多めにする。

・根元から入れる・

葉を持ち、根元だけを湯の中に入れる。根元は葉よりかたいので先に入れる。

・ゆでる・

根元を入れて約10秒たったら葉も入れる。菜箸で葉全体が熱湯につかるように沈める。

・ざるに上げる・

しんなりとしたら、取り出して盆ざるに広げる。水につけると味が水っぽくなるので、盆ざるに上げるほうがよい。

・うちわであおぐ・

うちわで全体をあおぎ、冷ます。時間をかけると熱が通りすぎて色が悪くなるので、手早く行う。

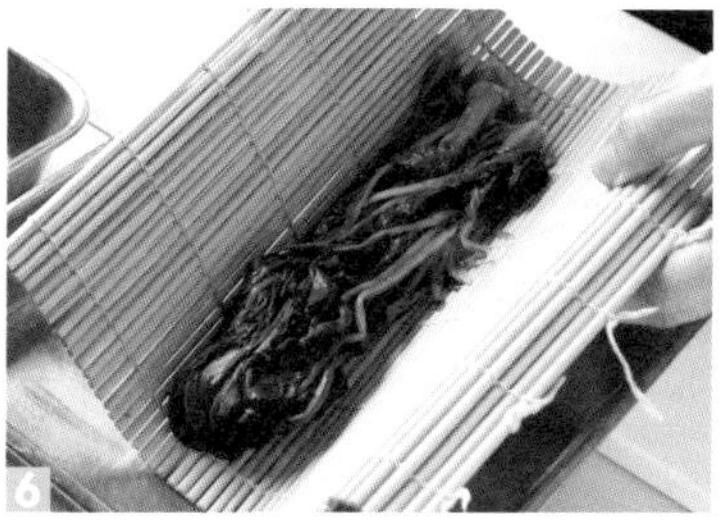

・巻きすで巻く・

バットの上に巻きすを広げる。冷ましたほうれんそうの根元をそろえ、巻きすの中心にのばしておく。

・絞る・

巻きすを丸める。両手でつかみ、上から下に向かって水気を絞る。葉がちぎれるので巻きすをひねってはいけない。

・切り分ける・

ほうれんそうを取り出して適当な大きさに切り分ける。

・もう一度絞る・

切り分けたひとかたまりごとに手でにぎり、もう一度しっかり絞る。こうすると和え物にするときに水っぽさがなくなる。

絞った状態のまま切り分けると、形がまとまっているので料理に使いやすい。

POINT　煮物には最後に入れる

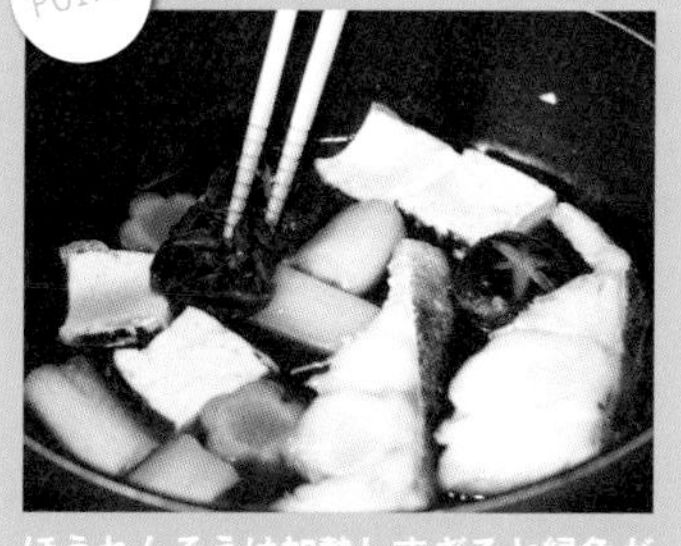

ほうれんそうは加熱しすぎると緑色が悪くなるので、火を止める直前にゆでたものを入れるとよい。

旬の青菜の高い栄養価について

ほうれんそうなどの青菜は季節のものを食べるようにしたい。旬を迎えると葉肉が厚くなり、栄養価も高くなる。逆に旬から外れた青菜のビタミンCやカロチンは旬の1／3量しかない。

かさ増しにぴったりな家計のお助け野菜

もやし

火が通りやすいので強火でさっと調理し、シャキシャキとした食感を残すことが大切です。

根から頭までの太さが同じになるようにひげ根と芽を取ると見た目と食感がよくなる。

下ごしらえ

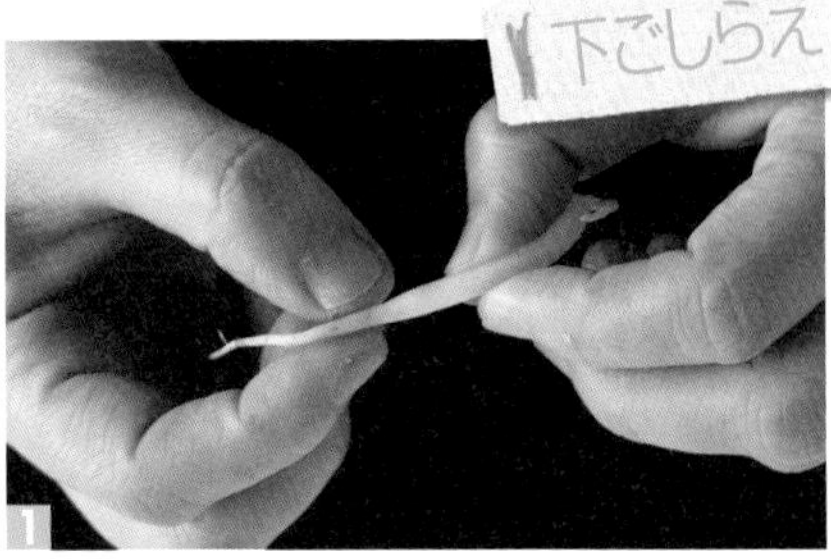

・ひげ根を取る・

根を持ち、細くなる部分(ひげ根)をちぎる。ひげ根があると食感が悪くなる。

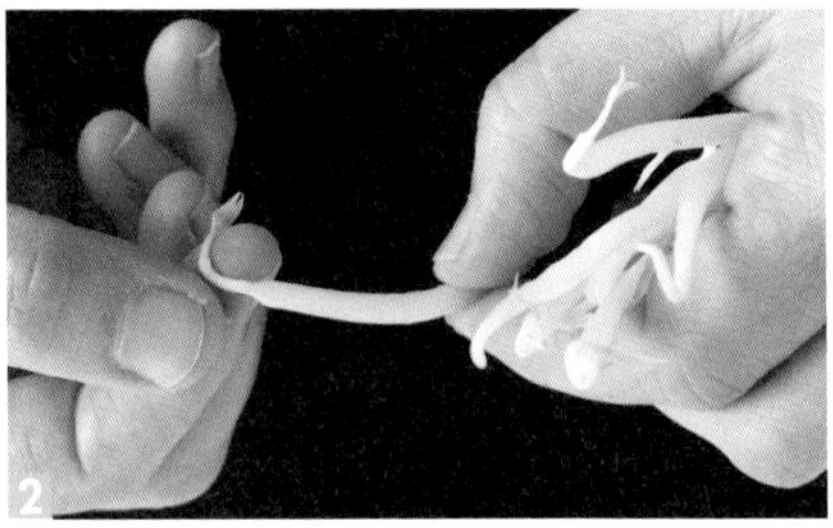

・芽を取る・

根を持ち、芽の近くの細くなる部分をちぎって芽を取る。

大豆もやしのときは

大豆もやしの芽には栄養が多く、豆の旨味もあるので取り除かない。

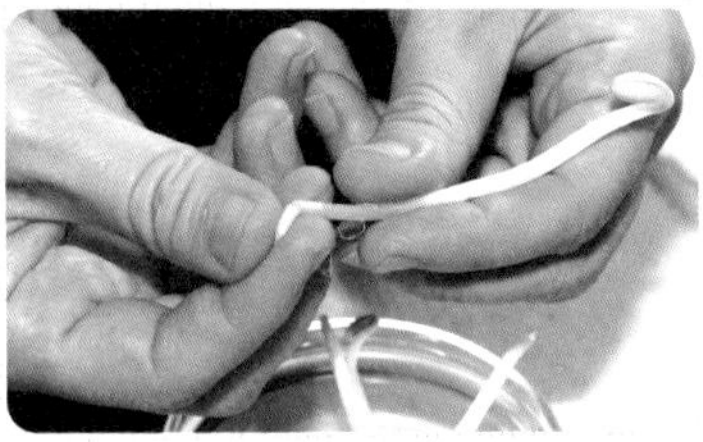

細くなる部分からひげ根をちぎる。

ゆで方

・塩を入れる・

1%の塩を加えて湯をわかす。なるべく、粗塩のほうがよい。

・もやしを入れる・

塩が溶けたらもやしをいっぺんに入れる。

・ゆでる・

30〜40秒ほどゆでる。もやしは火の通りが早いので手早くゆでる。

・ざるに上げる・

盆ざるに広げてうちわであおぎ、水分を飛ばす。水に入れて冷ますと水っぽくなる。

DATA

マメ科ササゲ属(もやし)・ダイズ属(大豆もやし)
旬　通年
選び方　白く、太いもの。袋が真空パックになっているものがよい。中の水がにごっているものは避ける。

サラダによく使われる野菜

レタス

ラテン語で「牛乳」の意味。切ったときに乳白色の液体がにじみ出てくることから名づけられました。

下ごしらえ

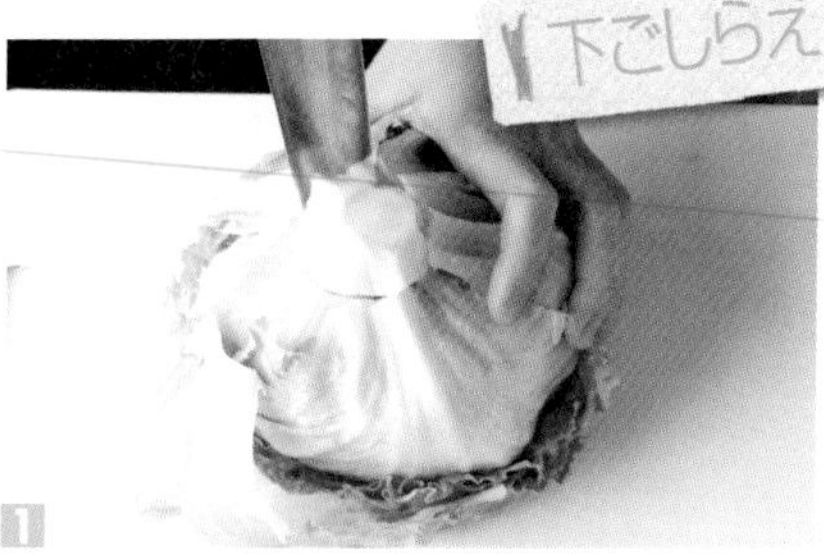

1

・切り込みを入れる・

軸を上にして置く。軸のすぐ横から中心に向かって包丁の切っ先を入れ、切り込みを一周入れる。

2

・軸をくり抜く・

軸の周囲を軽く押し、上に引き抜く。

3

・水をそそぐ・

2の状態のまま、ボウルに入れる。くり抜いた穴に水をそそぐ。

4

・葉をはがす・

葉と葉の間に水を流し込みながら、外側の葉から1枚ずつはがす。葉を破らないように気をつける。

切り方

[せん切り]

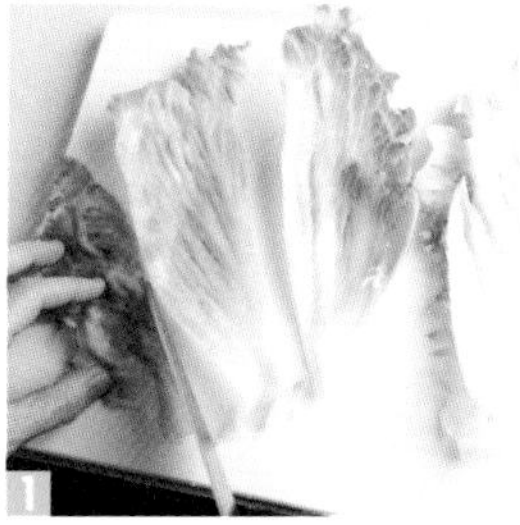

1

葉の繊維を縦にして置く。繊維に沿って2～4等分する。切る前にしっかり水気を取ること。

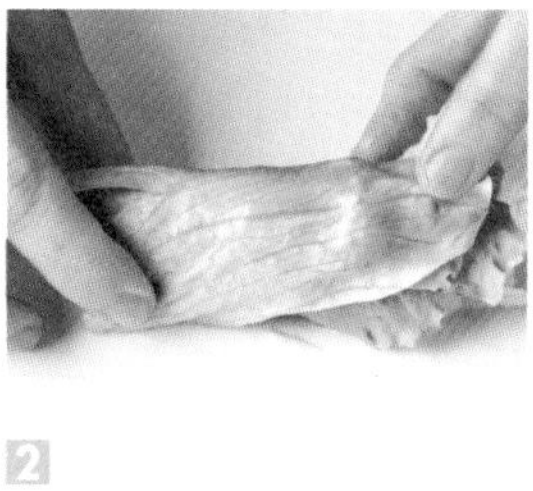

2

葉の向きをそろえ、繊維が横になるように数枚重ねる。手で切りやすいサイズに丸める。

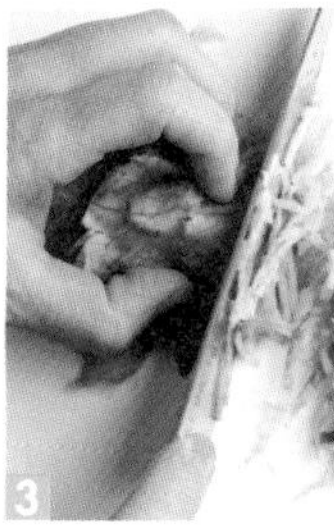

3

葉が浮かないように手で押さえる。端から1mm幅に繊維を断って細く切る。

サラダに向く。

[手でちぎる]

葉は手でひと口大にちぎる。かたい芯は包丁で切るとよい。

包丁の刃にふれないので傷みにくい。炒め物やスープ向く。

DATA

キク科アキノノゲシ属
旬　4～12月
選び方　巻きがしっかりとしていて、葉が淡い緑色のもの。切り口が白くてみずみずしく、小さいもののほうがよい。

かぶ

古くから日本人に親しまれてきた野菜

日本で古くから食べられ、春の七草のひとつ「すずな」という別称で呼ばれています。

下ごしらえ

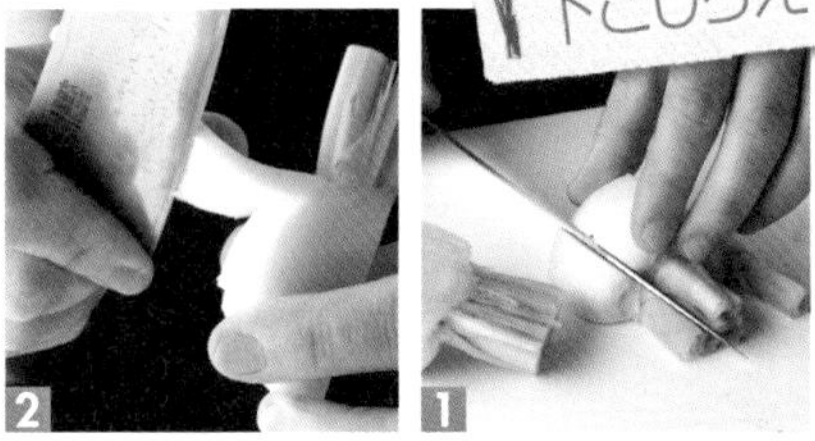

・葉元を残して皮をむく・

葉元を4cm残し、くし形切りにする。茎の下に切り込みを入れ、側面に沿って皮をむく。

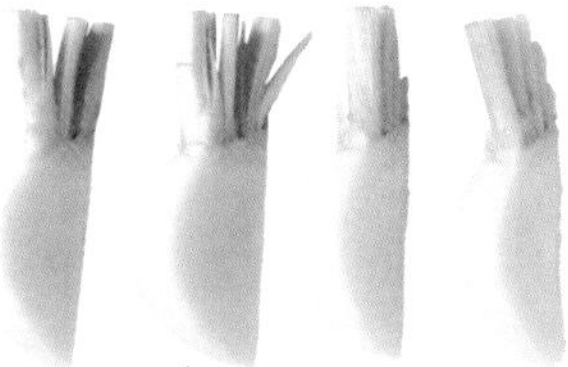

側面になだらかなカーブを描くように皮をむく。

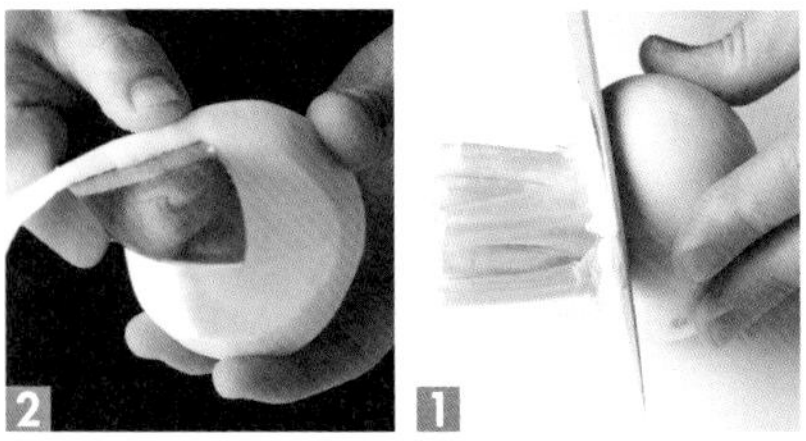

・葉元を取って皮をむく・

葉元を切り落とす。かぶを回転させながら、側面に沿って丸く皮をむく。

側面ががたがたにならないように、なめらかに皮をむく。

POINT 汚れは竹串で取り除く

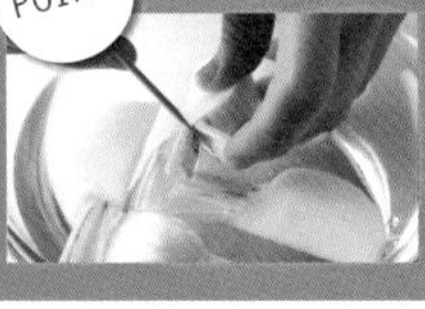

茎の間には砂がついているので、水につけて竹串でていねいに砂をかき出して除く。

六方むき

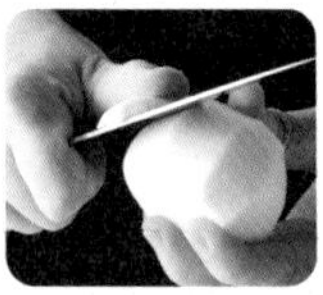

葉元を切り落とし、切り口から根元へ皮をむく。六角形になるようにする。

切り方

［ 薄切り ］

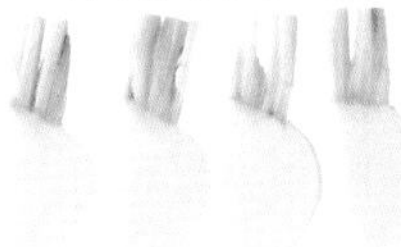

葉元を残して下ごしらえしたものを使う。炒め物や汁物に。

切り口を下にして置き、側面から中心に向かって3mm厚さに薄く切る。

●六方むきの場合は…

根元を左にして置き、薄く切る。

飾り切りにチャレンジ

［ 唐草 ］

1

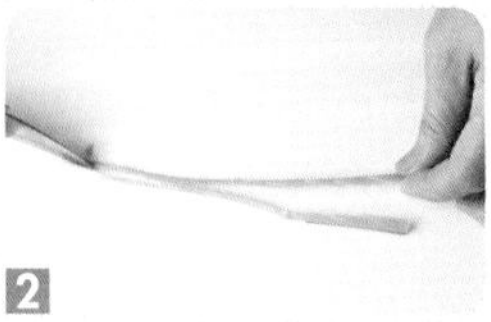

2

葉を落とした茎に、数か所の切込みをななめに入れる。縦に薄切りにし、氷水につける。

［ 菊花かぶ ］

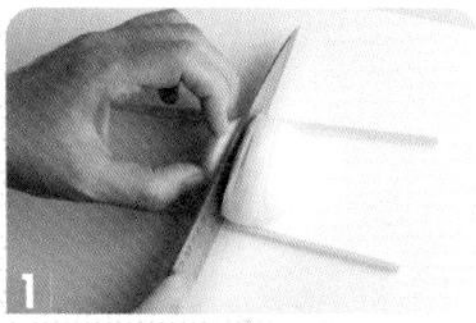

1

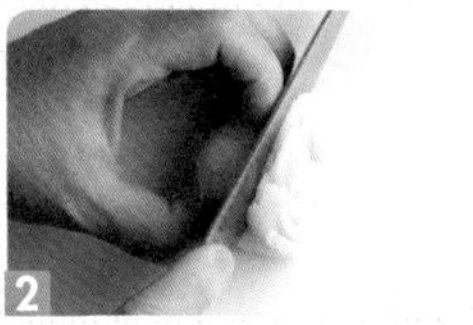

2

頭を下にして置き、割り箸で安定させる。1mm幅に切り、90度回転させ、1mm幅に切る。

DATA

アブラナ科アブラナ属
旬／4～5月、9～12月
選び方／表面にひびがなく、白くてつやのあるもの。大きいものは筋がはってかたいので、卵より少し大きめのサイズがよい。

ごぼう

腸内を掃除する食物繊維が豊富な野菜

洗いごぼうよりも泥つきごぼうを使ったほうが、新鮮なうえ香りも楽しめます。

DATA

キク科ゴボウ属
旬／10〜2月
選び方／太さが均一で曲がっていないもの。ひびが入っているものは避け、先端まではりがあるものを選ぶとよい。

下ごしらえ

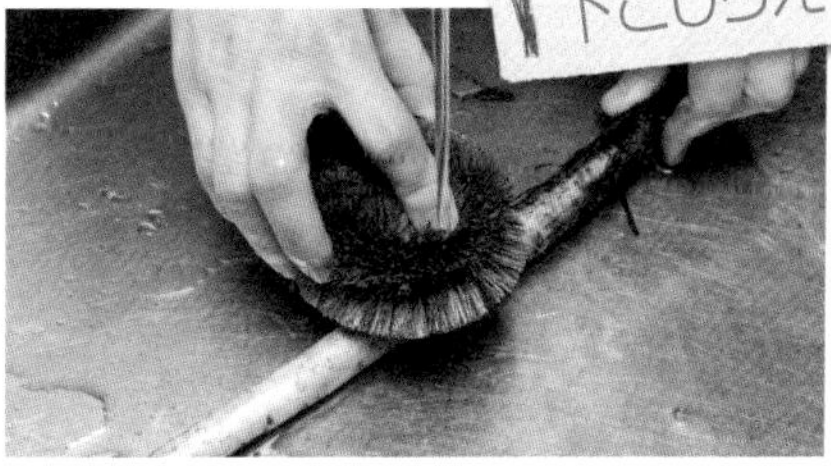

・汚れを落とす・

流水を当てながら、たわしで皮を洗う。皮をむくと風味がなくなるので洗うだけでよい。

POINT **酢水にさらす**

切ったあとは酢水にさらし、アクによる変色を防ぐ。酢の量は1ℓの水に対して大さじ1程度。

切り方

［ 細切り ］

ごぼうを棒状に切ったもの。きんぴらなどの炒め物によい。

5cm長さに切り、縦に厚さ3mm幅の板状に切る。さらに、繊維に沿って端から3mmに切る。

［ ささがき ］

炒め物やサラダ、柳川鍋によい。包丁の角度で厚さを調節する。

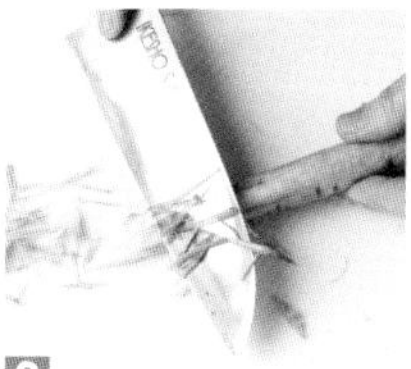

2

1

縦に数か所切り込みを入れる。包丁をねかせてごぼうを回転させながら、手前から奥に削る。

［ 乱切り ］

形がそろわないようにひと口大に切ったもの。煮物によい。

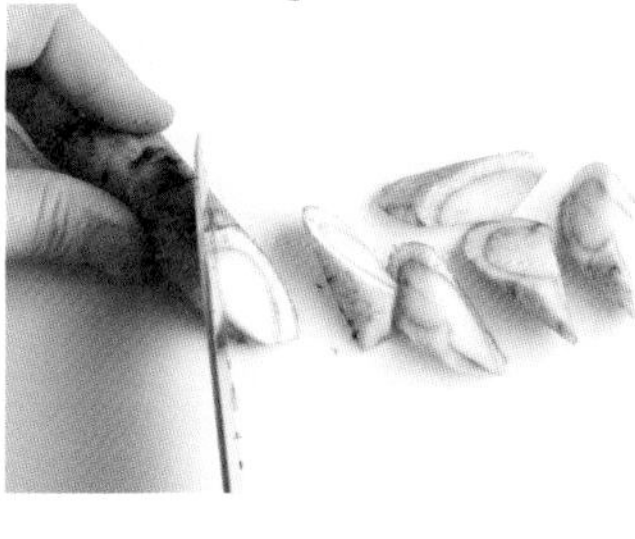

包丁をななめにあて、垂直に入れる。90度回し、切り口を上にして同じ角度で切る。

［ ななめ切り ］

切り口が広いので和え物や煮物に向いている。

ごぼうをななめにして置き、端から3㎜厚さに切る。長さは刃の角度で調節する。

お菓子にも使える優しい甘味のある野菜

さつまいも

ゆっくりと加熱することによってでんぷんの甘味が増し、おいしくなります。

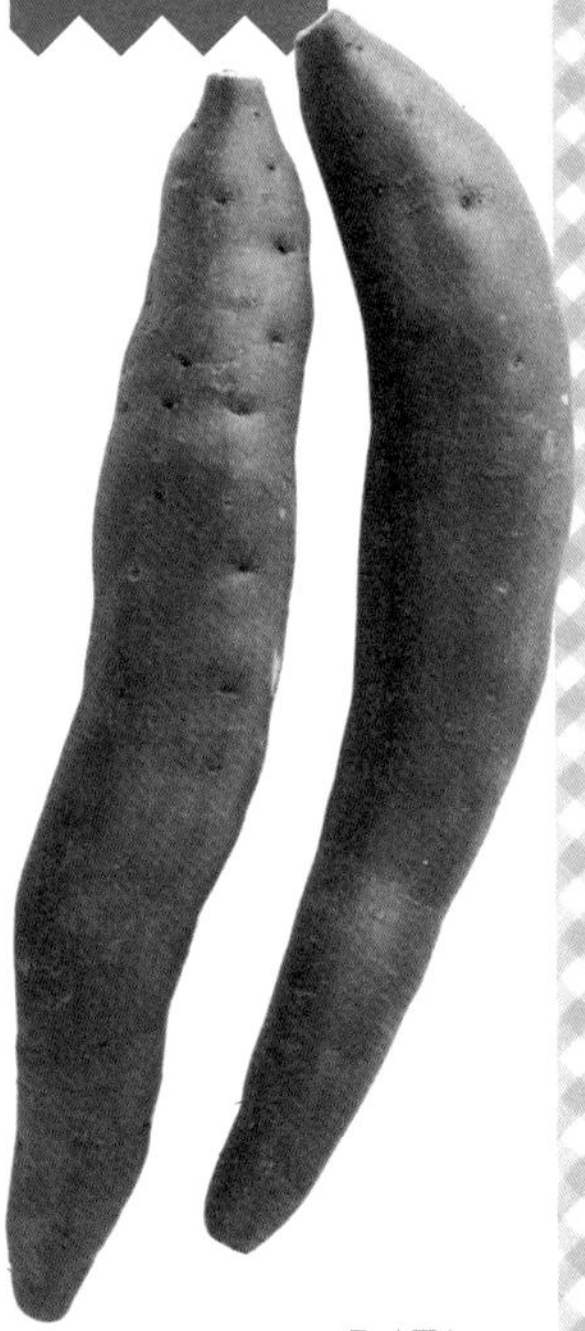

DATA

ヒルガオ科サツマイモ属
旬／9～11月
選び方／太く、ずんぐりとした形で重いものがよい。表面がでこぼこしているもの、黒い斑点や傷のあるものは避ける。

切り方

［ 輪切り ］

煮物によい。レモンなどの酸味のある食材と一緒に煮ると鮮やかな黄色になる。

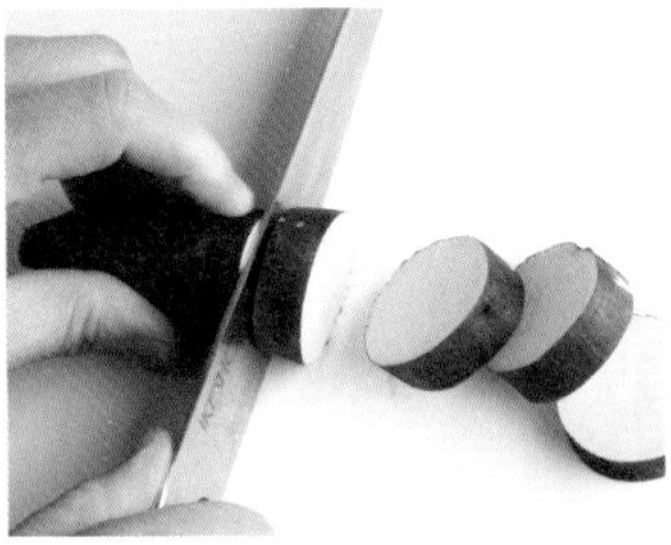

横にして置き、端から1㎝幅に切る。切り口のかどを面取りする。（下のPOINT参照）

［ ななめ切り ］

輪切りより切り口が広いので大きく見える。天ぷらに向いている。

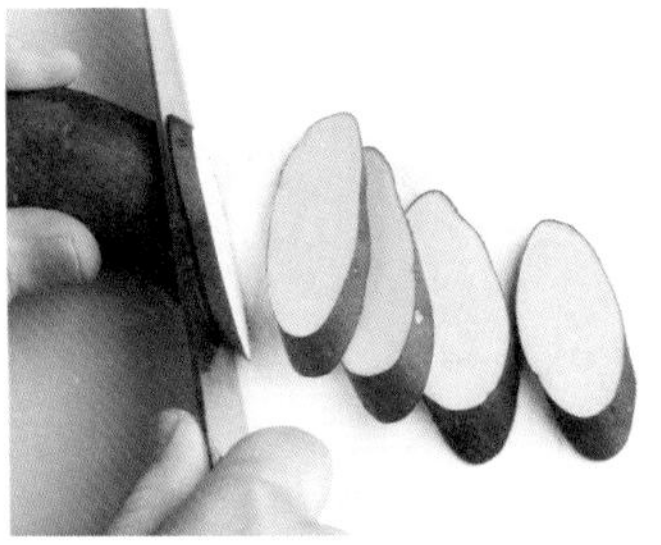

ななめにして置き、しっかり押さえる。5㎜厚さになるように端からななめに切る。

［ 乱切り ］

切り口が一定にならないように切ったもの。大学いもによい。

ななめにして置き、ひと口大に切る。90度回して切り口を上に向け、同じ角度で切る。

［ 細切り ］

かき揚げや炒め物に向いている。長さはななめ切りするときに調節する。

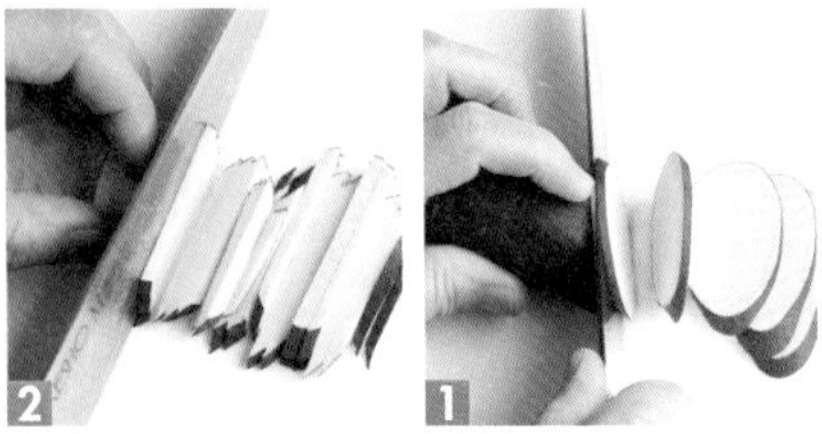

端から3mm厚さのななめ切りにし、そのまま倒す。ななめ切りのときと同じ厚さに端から切る。

POINT

水にさらす

空気にふれると変色するので、切った後は10分ほど水にさらして変色を防ぐ。

面取りをする

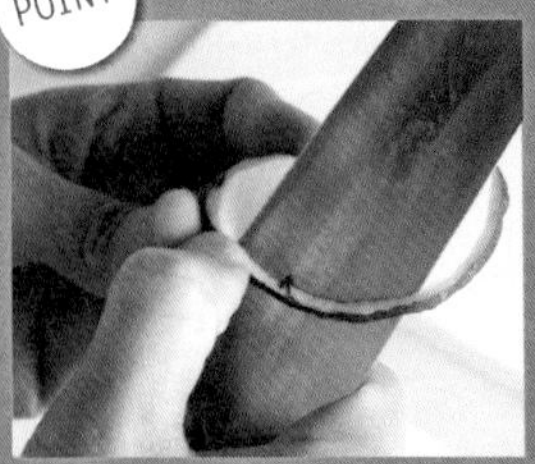

煮くずれしやすいので、かどを丸く削って面取りする。かどがなくなると、調理中に具材と具材がぶつかってもくずれにくくなる。

さといも

縄文時代から作られていた歴史ある野菜

種類が豊富で、その数は200以上。代表的なものは関東で生産されている「土《ど》垂《た》れ」という種類です。

下ごしらえ

・水につける・

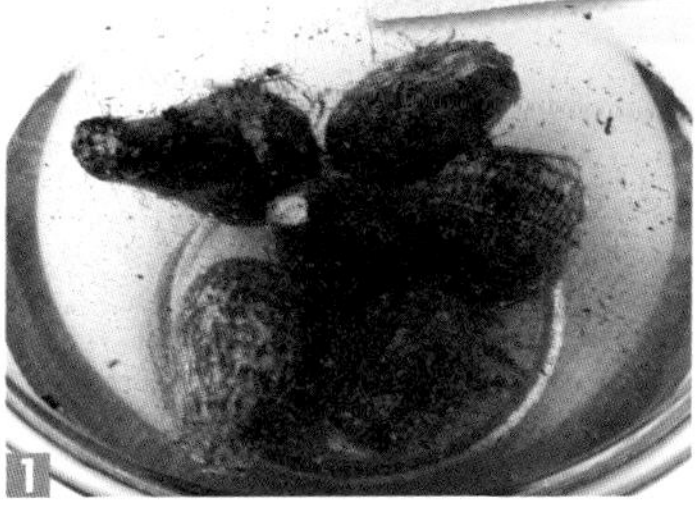

水をためたボウルにさといもを入れ、泥をふやかす。

・たわしで洗う・

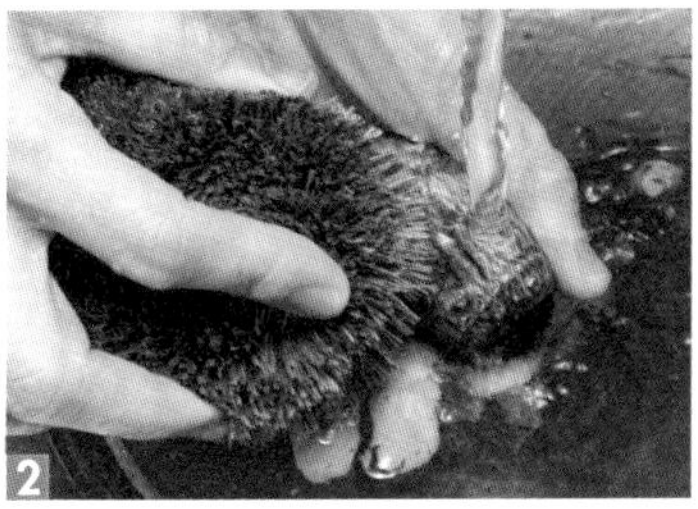

流水に当てながら、たわしで表面の泥をこすり落とす。

・乾かす・

盆ざるに上げて表面を乾かす。ぬめりにくくなる。

・天地を切る・

転がらないようにしっかり押さえ、天地を切り落とす。

・皮をむく・

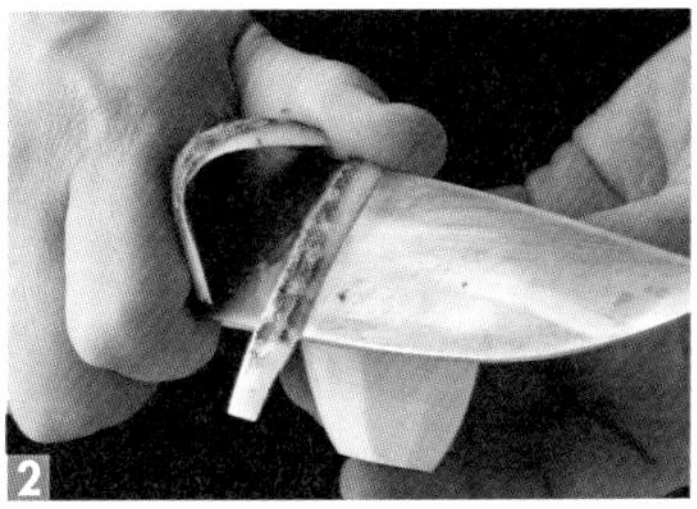

頭の切り口から側面に沿って皮をなだらかにむく。

六方むき

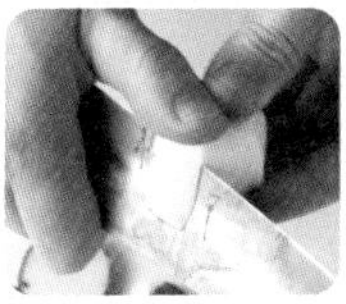

皮を側面に沿って厚めにむき、6回に分けてむく。上下の切り口をきれいな六角形にする。

切り方

［ 半月切り ］

汁物や炒め物に向いている。

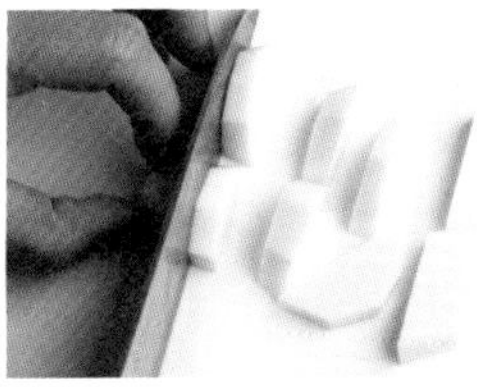

縦半分に切って天地は横に、切り口は下にして置く。端から5mm厚さに切る。

［ 輪切り ］

六方むきを切ると、切り口は六角形になる。

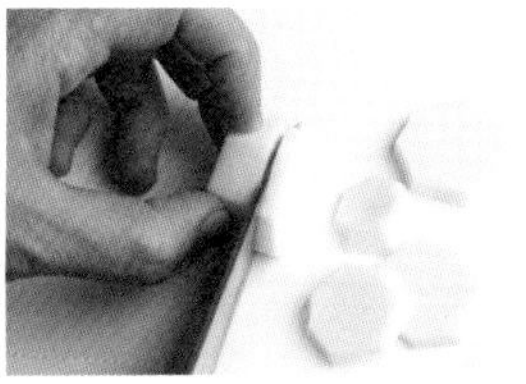

天地を横にして置き、しっかり押さえる。端から5mm厚さに繊維を断って切る。

POINT 下ゆでは米のとぎ汁で

米のとぎ汁でゆでるとアクが取れる。とぎ汁を入れた鍋にさといもを入れ、沸騰後約5分ゆでる。水にさらしてぬか臭さを取り除く。

DATA

サトイモ科サトイモ属
旬／10～11月
選び方／表面がしめっていて丸みを帯びたもの。ひびや黒い部分があるものは、傷んでいるので避けたほうがよい。

さまざまな場面で活躍する野菜

じゃがいも

よく見かける品種にはマッシュするのに向く「男爵」、煮込みに向く「メークイン」があります。

DATA

ナス科ナス属
旬／5～6月、11～2月
選び方／皮が薄く、はりがあるもの。緑色に変色しているものや傷があるもの、芽が出ているものは避けたほうがよい。

下ごしらえ

・皮をむく（包丁）・

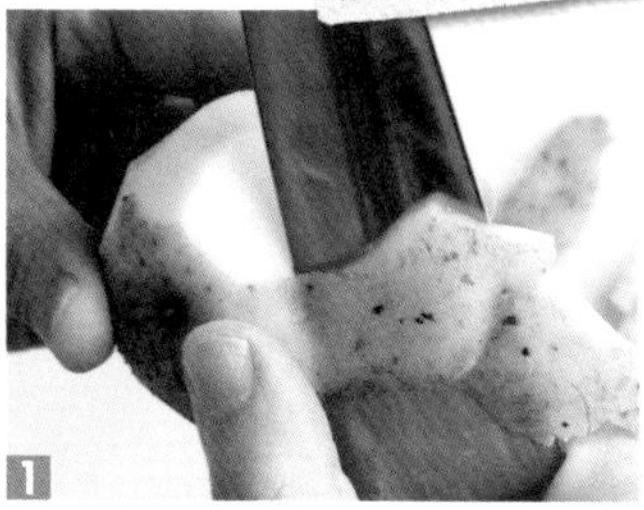

じゃがいもを回転させながら、側面に沿って厚めに皮をむく。

・芽を取る（包丁）・

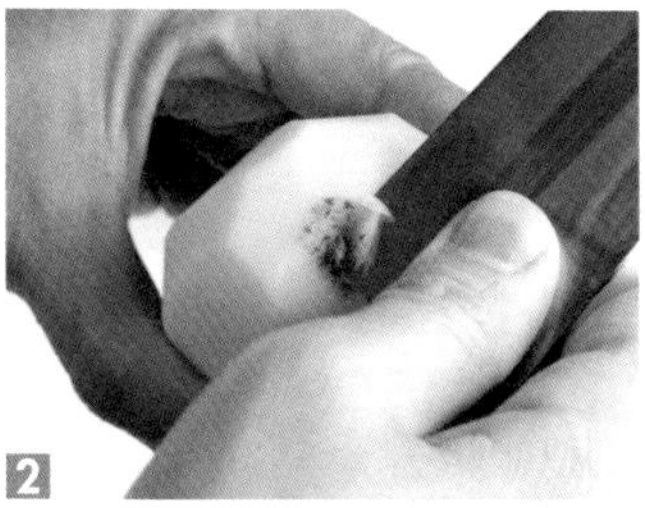

包丁の刃元を芽の近くにさし込む。そのままえぐるようにして芽を取り除く。

・皮をむく（ピーラー）・

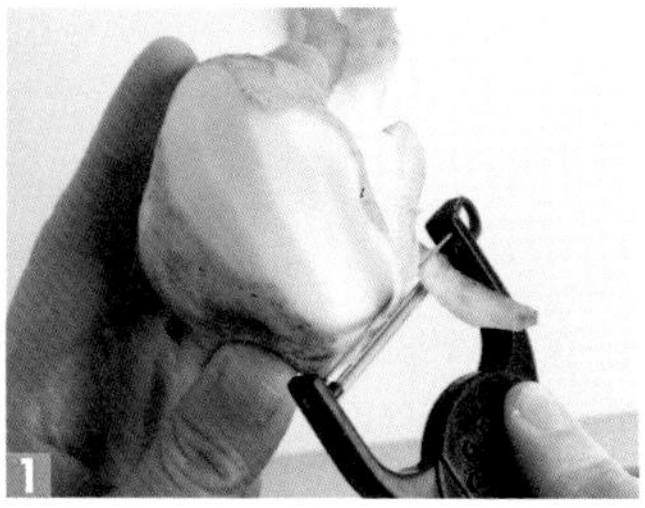

縦長にじゃがいもを持ち、ピーラーを手前にすべらせて皮をむく。

・芽を取る（ピーラー）・

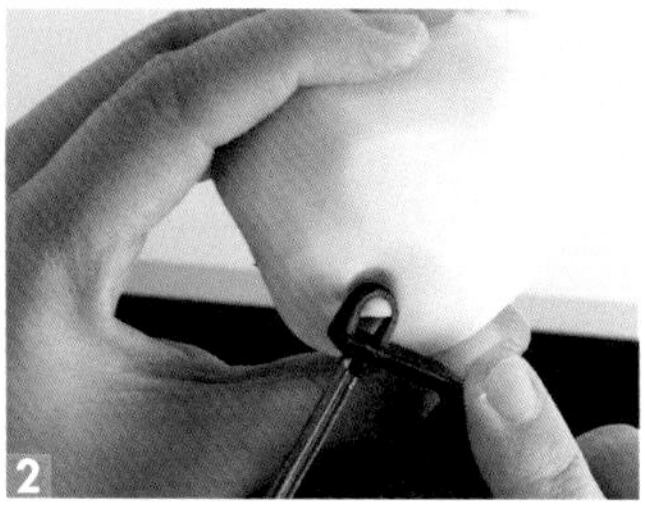

ピーラーの横についている芽取りを芽の横にあて、えぐるようにして芽を取り除く。

水にさらす

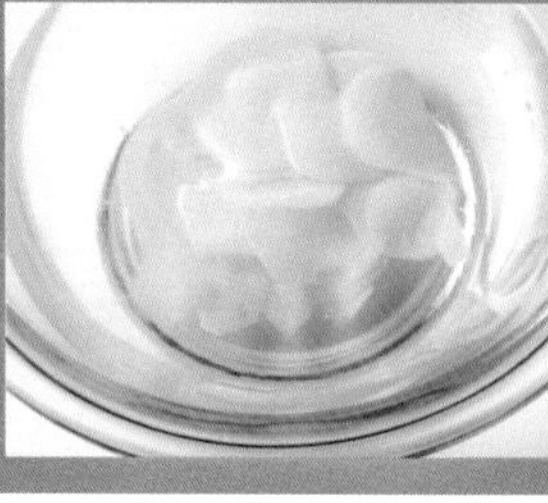

空気にふれると茶褐色に変色するので、切った後はたっぷりの水にさらす。でんぷんも抜ける。

POINT スライサーを使うと便利

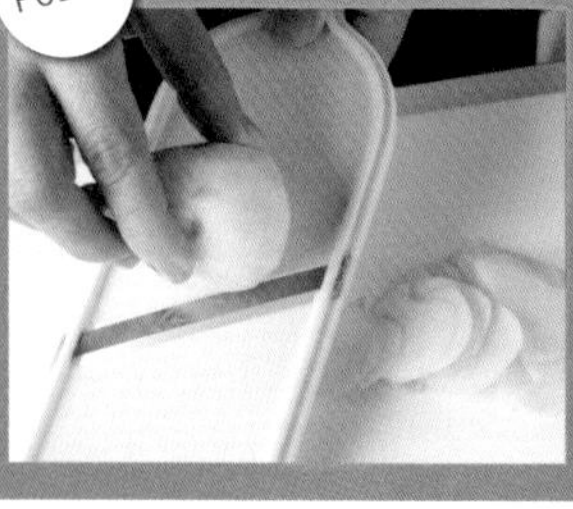

スライサーを使えば、均一の厚さの薄い輪切りができる。輪切りで揚げるときやせん切りをするときに便利。

つぶすときは…

火の通ったじゃがいもをつぶしたもの。コロッケのたねやポテトサラダなどになる。

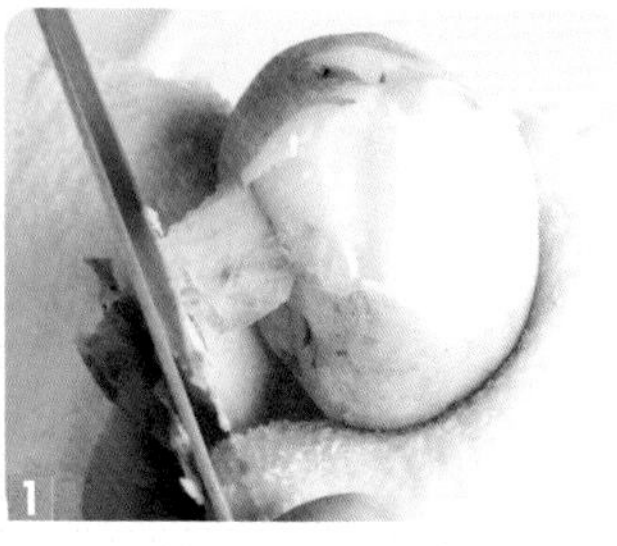

じゃがいもをゆでたら、包丁の刃と親指で皮をはさみ、ゆっくりとむく。

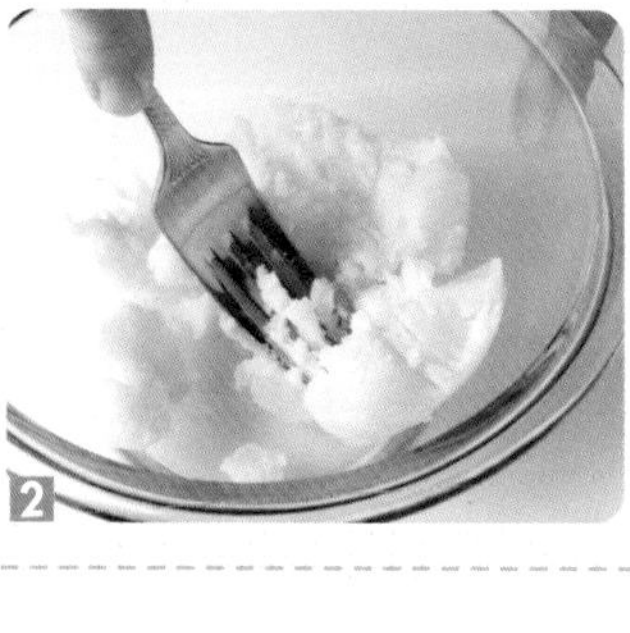

フォークの背を使ってつぶす。冷めるとねばりが出てくるので熱いうちに行う。

POINT 電子レンジを使ってもOK

水気がついたままラップで包み、電子レンジにかける(100gで500W2分半)。竹串がすっと通るか確認。

切り方

[くし形切り]

皮つきのフライドポテトやジャーマンポテトに向いている。

半分に切った切り口を下にして置く。縦半分にし、さらに半分になるように包丁を中心に向かってななめに入れる。

[四つ切り]

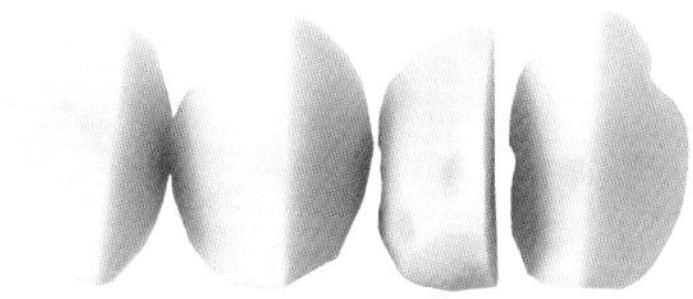

肉じゃがやポトフのような煮込み料理に向いている。

2等分し、90度向きをかえ、さらに2等分する。

[輪切り]

薄く切れば素揚げに、厚く切ればバターソテーによい。

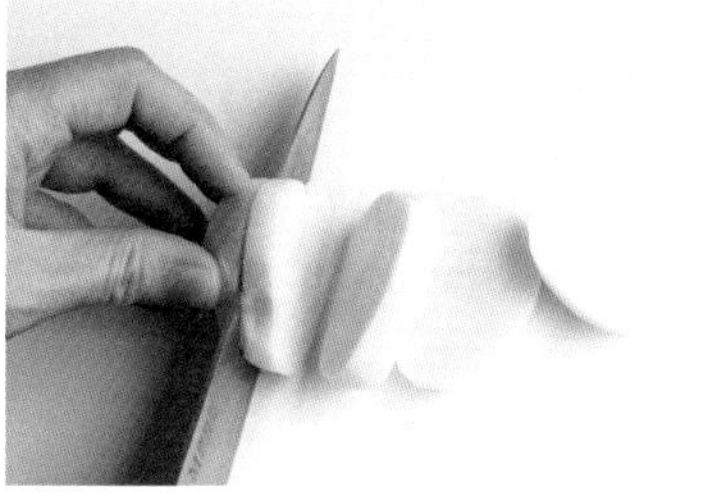

端から1cm厚さに切る。煮るときには切り口のかどを削って面取りする。

[さいの目切り]

汁物や和え物によい。きれいな立方体になるように切る。

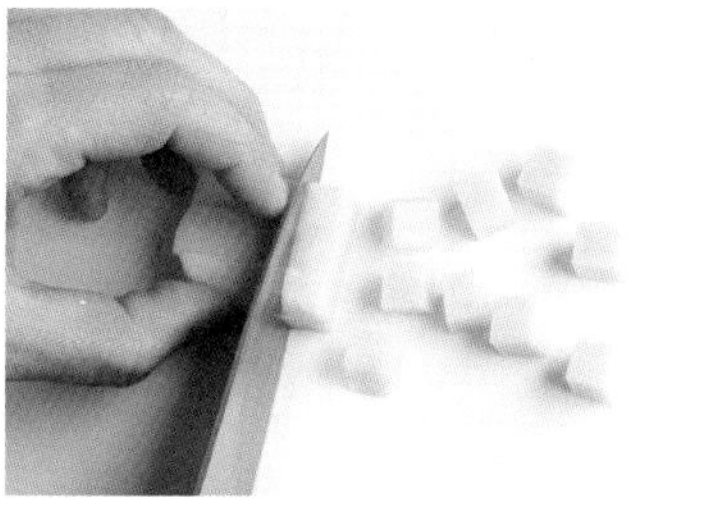

1cm角の拍子木切りにしたじゃがいもを横長に並べて置く。端から1cm幅に切り進め、さいころの形にする。

[拍子木切り]

◀ フライに向く。サクッとさせるときは細めに、味をいかすときは太めに切る。

1cm厚さの輪切りにし、切り口を下にして置く。端から1cm厚さに切る。端だけ細くならないように太さをそろえる。

[せん切り]

炒め物や揚げ物、サラダに入れるのに向いている。

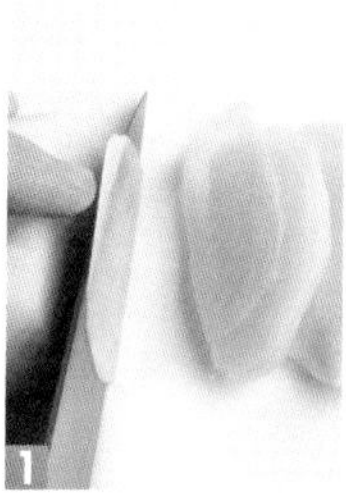

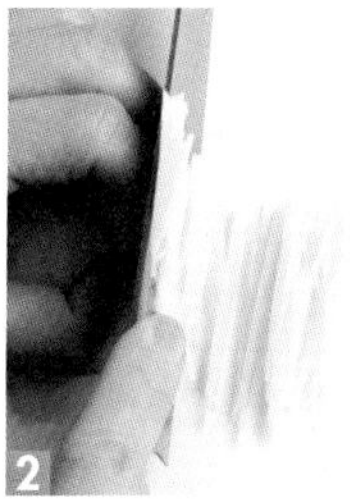

繊維を縦にして置き、端から1～2mm厚さの薄切りにする。そのまま倒して数枚重ね、端から1～2mm厚さに切る。

煮物や漬物にぴったりな野菜

だいこん

春の七草のひとつで「すずしろ」とも呼ばれています。昔からある食材で「古事記」にも登場します。

DATA

アブラナ科ダイコン属
旬／11～2月
選び方／白くてはりがあり、みずみずしいもの。ひげ根のあとが縦にまっすぐ並んでいるもの。ずっしりと重いものがよい。

下ごしらえ

・皮をむく・

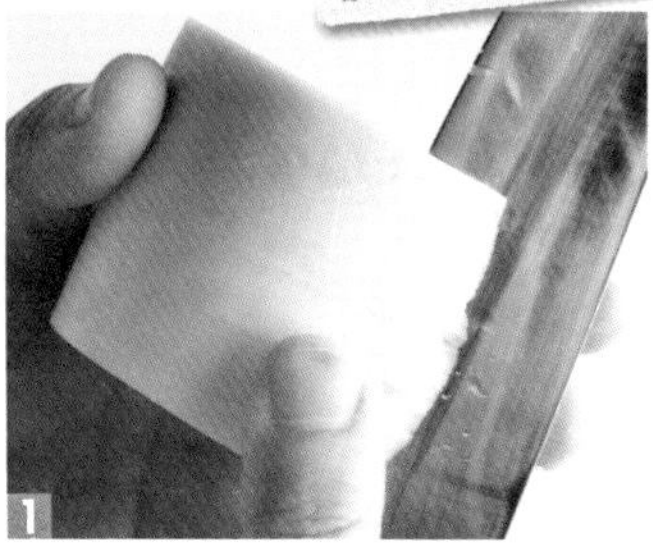

適当な大きさに切る。包丁の刃と親指でだいこんの皮を押さえながらむく。

・厚めにむく・

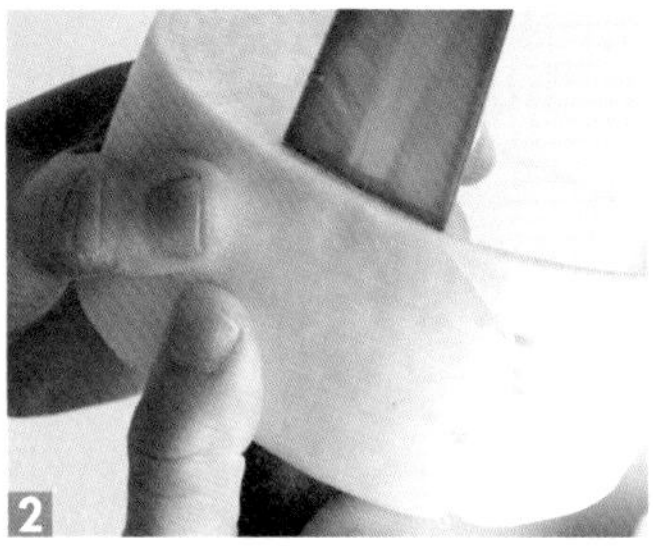

包丁を上下に動かしながら、だいこんを回してむく。筋が多い場合はもう一周むく。

POINT ピーラーで皮をむく

包丁では皮がむきにくい下のほうはピーラーを使うとよい。包丁と同様に厚く皮をむく。

・すりおろす・

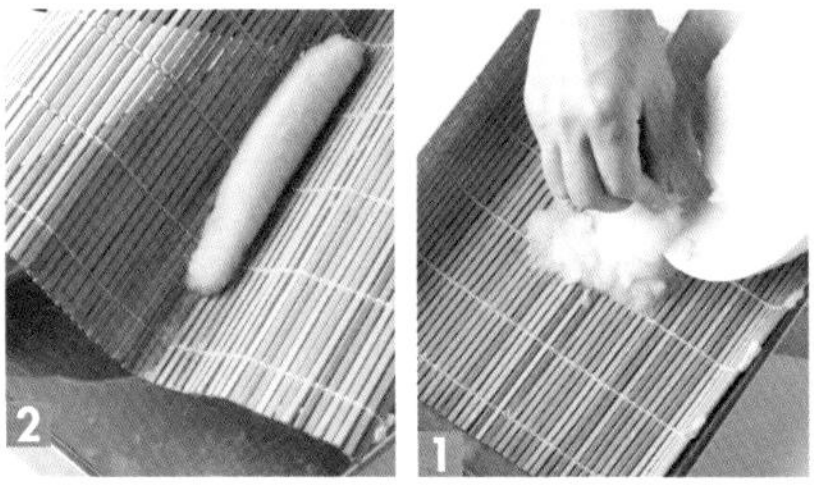

バットの上に巻きすを広げ、すりおろしたものを縦長にのせる。巻きすを巻き、水気を絞る。

水気が多いと、おかずが水っぽくなるので注意。

・面取り・隠し包丁・

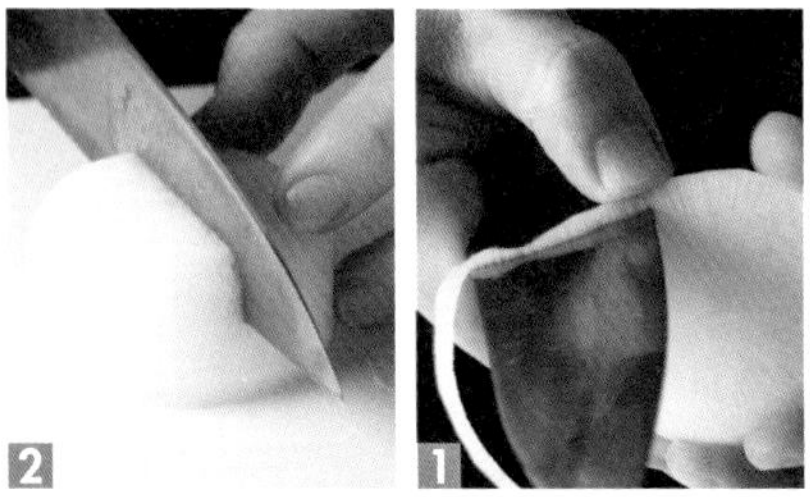

皮をむくイメージで切り口のかどを丸く削る。中心に十字の切り込みを1cm深さまで入れる。

煮物の場合、煮くずれを防ぐために面取りをし、味がしみ込むように隠し包丁を入れる。

かつらむきにチャレンジ

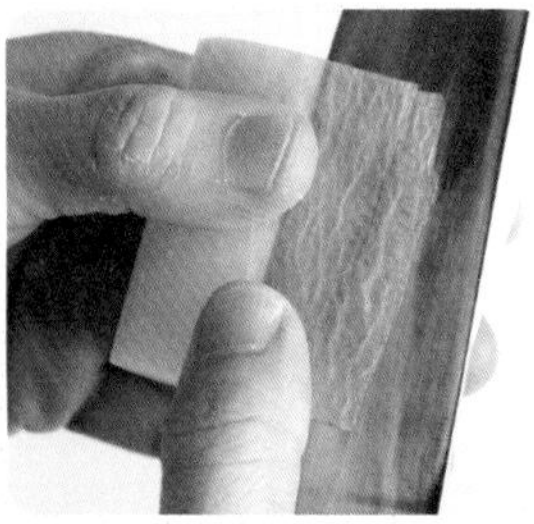

円柱になるよう7～8㎝幅に切り、皮をむく。親指で押さえながら包丁を入れる。

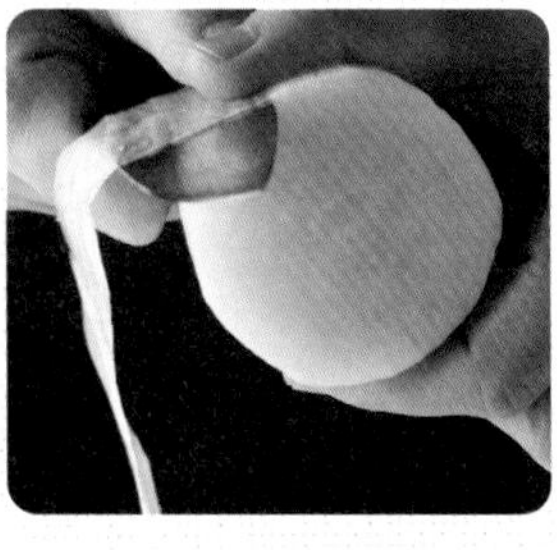

包丁を上下に動かしながら、厚さが一定になるようにだいこんを回してむく。

上下に切れ目が少なく、広げたときにむこう側が透けて見える薄さがよい。

切り方

[いちょう切り]

厚めに切ったものは煮物に、薄めに切ったものはスープに向いている。

半月切りにしただいこんのまっすぐな辺を手前にして置き、半分に切る。

[半月切り]

厚めに切ったものは煮物に、薄めに切ったものは炒め物に向いている。

縦半分にし、切り口を下にする。横にして置き、端から好みの厚さに切る。

[輪切り]

厚く切ったものは煮物に、薄く切ったものは重ね蒸しに向いている。

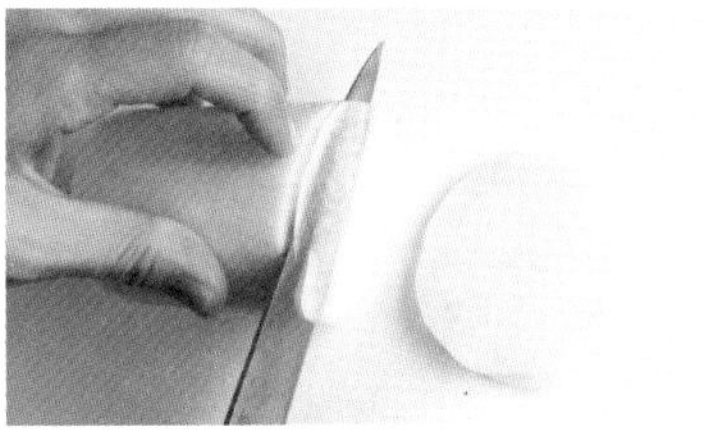

繊維を横にして置き、転がらないように押さえる。端から好みの厚さに切る。

[短冊切り]

少し厚めに切ったものは炒め物に、薄めに切ったものはスープに向いている。

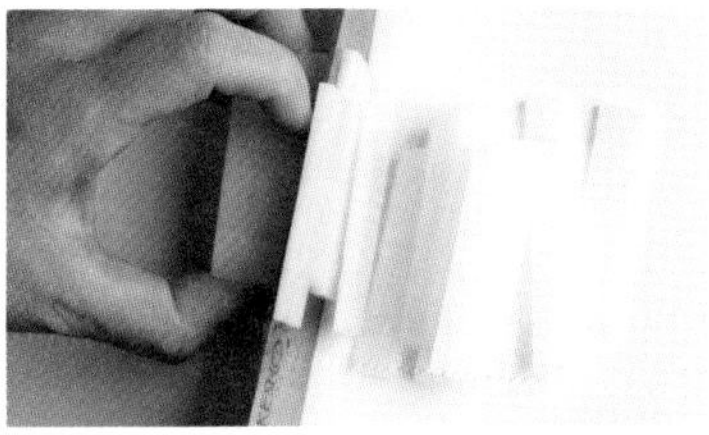

輪切りにしたものを端から好みの幅に切る。

[せん切り]

切ったあとは水にさらしてシャキッとさせる。刺身のつまやサラダに向いている。

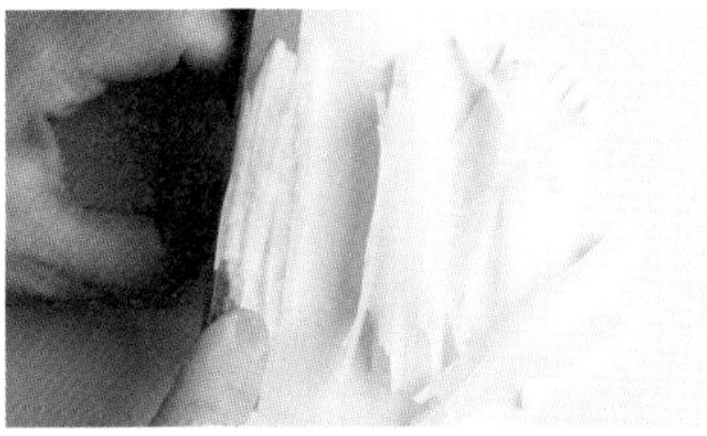

かつらむきにした後2～3枚重ねて横にして置く。端から1mm以下の幅に切る。

[細切り]

少し太めに切ったものはスープに、細めに切ったものはサラダに向いている。

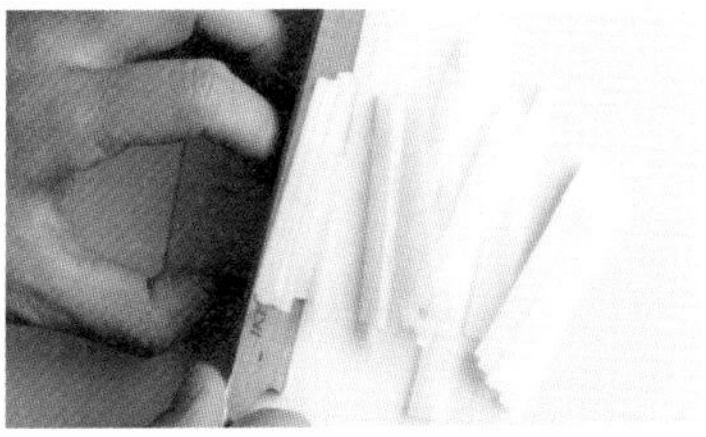

輪切りにしただいこんを薄切りにし、数枚重ねて端から細く切る。

POINT 下ゆでは米のとぎ汁で

米のとぎ汁で下ゆでするとだいこんの苦味と臭みを取り除け、より白くゆで上げることができる。

[乱切り]

形がそろわないようにひと口大に切ったもの。煮物に向いている。

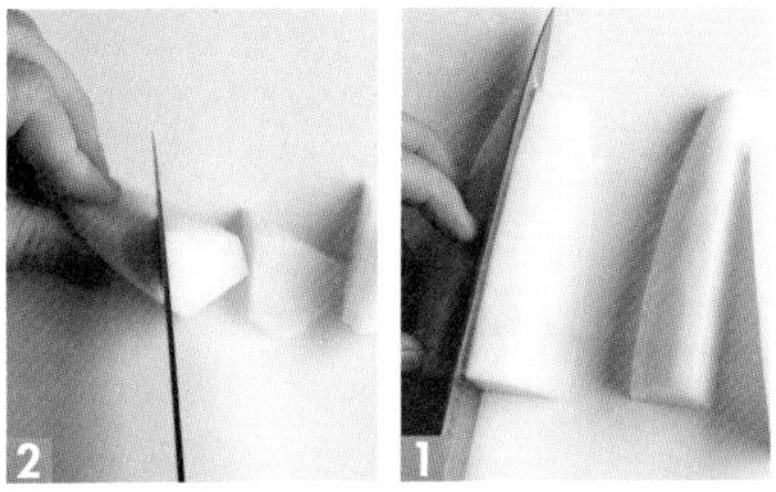

縦に4等分する。ななめに切り、90度回転させて切り口を上に向け、同じ角度に切る。

火を通すと辛味が甘味に変化する野菜

たまねぎ

使い方は幅広く、料理の具材としてだけではなく細かく刻んでソースにも使えます。

下ごしらえ

1

・根と首を切り落とす・

根元と首の端を、それぞれぎりぎりのところで切って落とす。

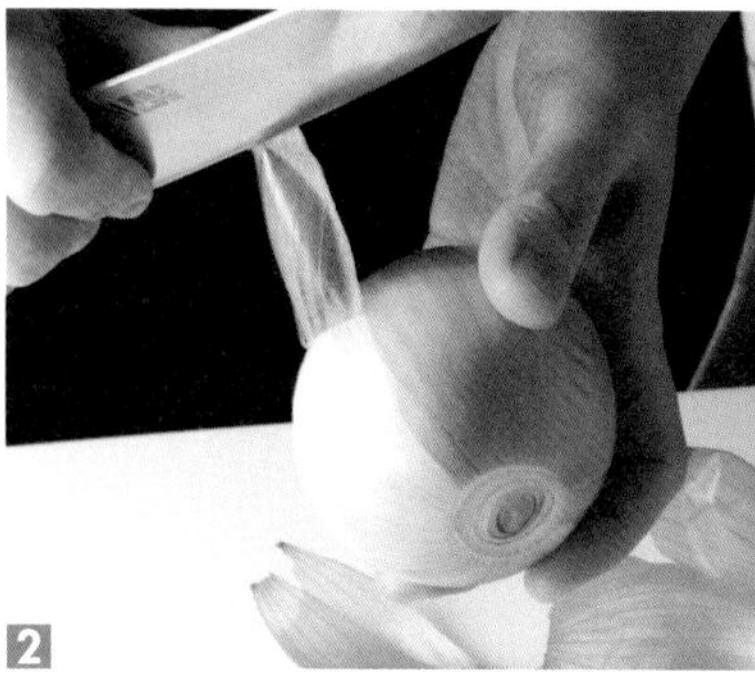

2

・皮をむく・

根元を手前に向けて持ち、茶色い皮と実の間に包丁の刃を入れ、手前に皮を引っぱる。

切り方

[薄切り 繊維に沿う]

たまねぎの食感を楽しみたいときには繊維に沿って切る。煮物やスープに向いている。

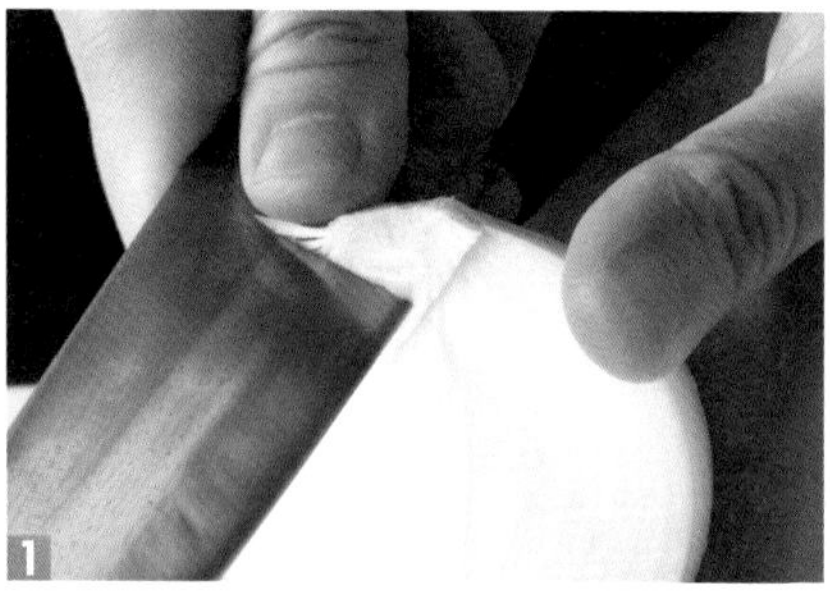

1

たまねぎを縦半分に切る。根元を上に向けて持ち、根元にV字の切り込みを入れ、芯を取り除く。

2

根元を手前に、切り口を下にして置く。繊維に沿って端から2～3mm厚さに切る。

[薄切り 繊維を断つ]

繊維を断って切ると辛味が抜けやすくなる。サラダや和え物に向いている。

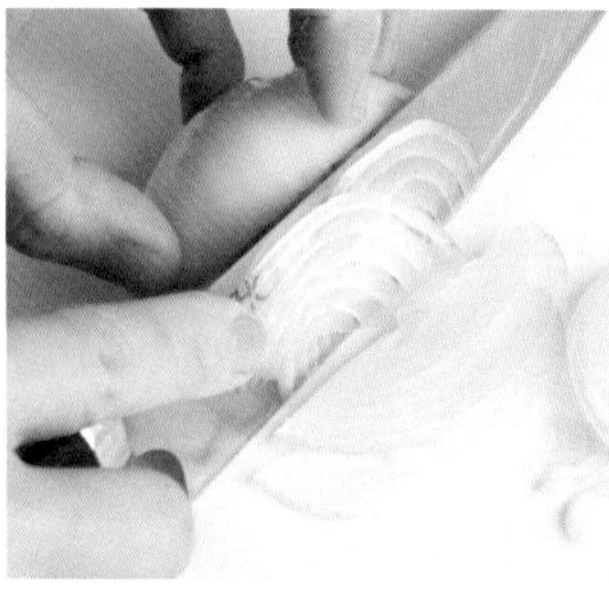

まず、右の写真と同様に芯を取る。繊維を横にして置き、端から2～3mm厚さに切る。

POINT 水にさらす

生のまま食べるときには、水にさらして辛味を抜いてから使用する。辛味が強いときは塩もみをするとよい。

DATA

ヒガンバナ科ネギ属
旬／3～5月、9～10月
選び方／皮につやがあって首の部分がしまっており、よく乾燥しているもの。やわらかいものは傷んでいるので避けたほうがよい。

[輪切り]

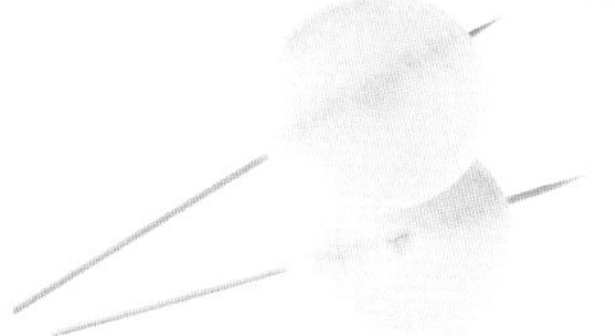

竹串でとめ、ばらばらにならないようにする。バーベキューや揚げ物に向く。

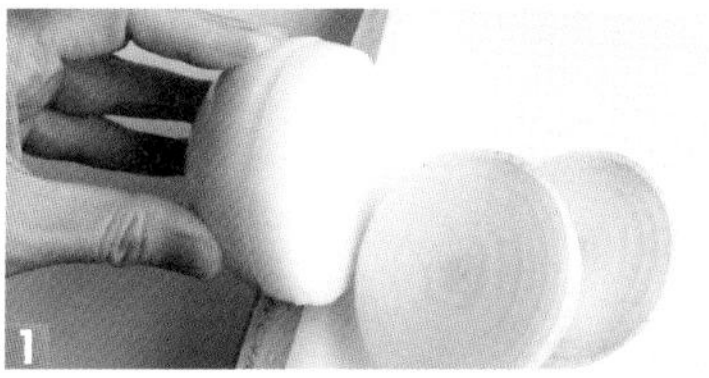

繊維を横にして置き、転がらないように押さえる。端から1cm厚さに切る。

横から竹串をさしてとめる。

[くし形切り 芯を取らない]

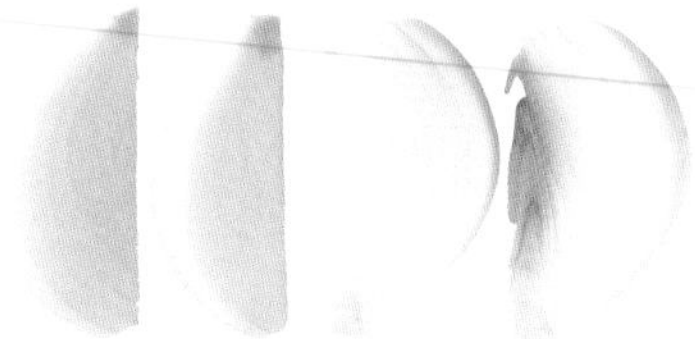

煮物など調理後も形をそのまま残したいときには芯を取り除かない。

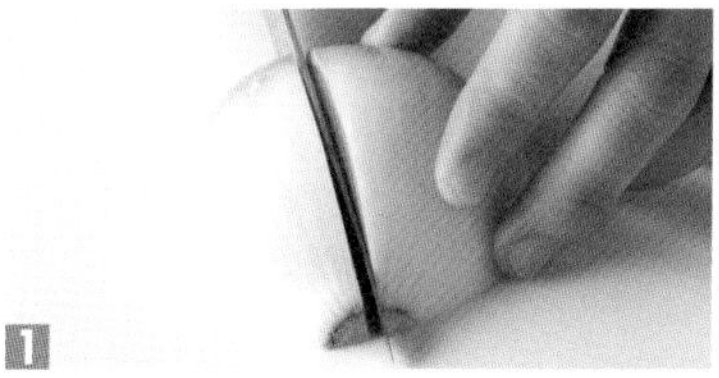

縦半分に切る。切り口を下にして置き、繊維に沿って2等分する。

半分に切ったものをそれぞれ3等分する。

[くし形切り 芯を取る]

ばらばらにしたいときには芯を取る。炒め物や煮物に向いている。

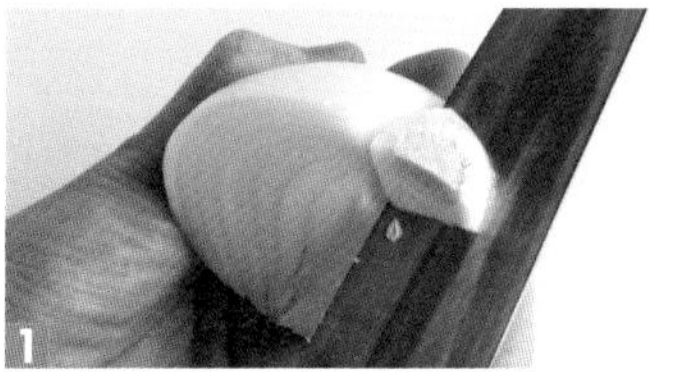

縦半分に切り、根元を上にして持つ。根元にV字の切り込みを入れて芯を取る。

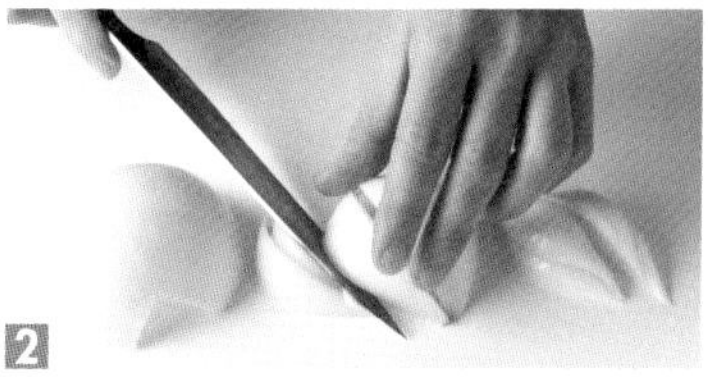

重なりを3つにばらし、側面から中心に向けて切る。全て同じ幅になるように。

POINT 塩もみする

みじん切りを生のまま使うときは塩もみをして辛味を抜く。

みじん切りのたまねぎと塩少々をふきんで包んで手のひらでもむ。

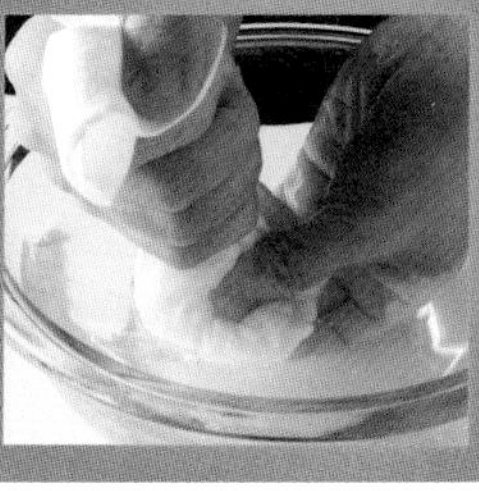

水につけて、ぬめりを取り除く。これを2、3回くり返す。

[みじん切り]

カレーやソース、スープに向く。あめ色になるまで炒めて使う。

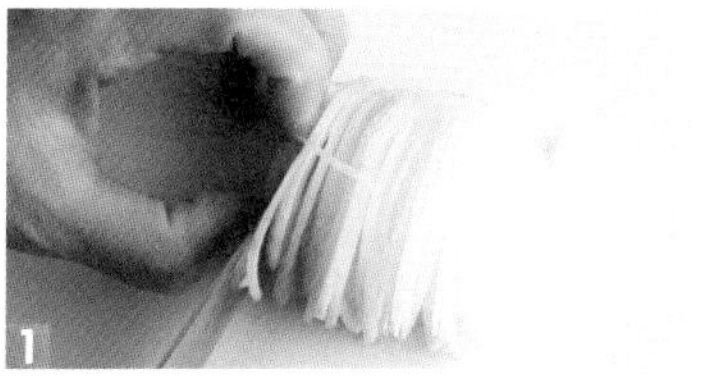

縦半分に切り、芯を奥にして置く。根元を切り離さないよう、繊維に沿って切る。

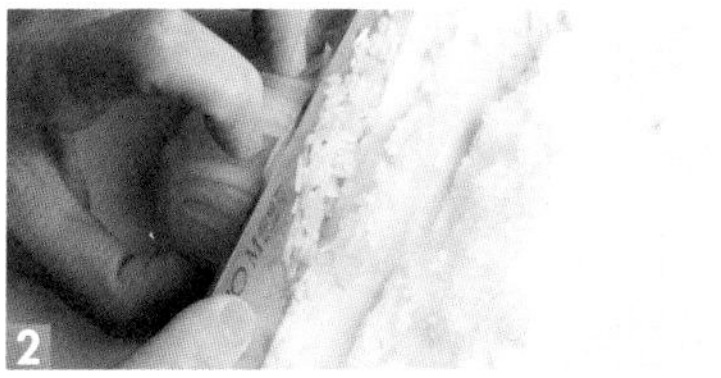

90度向きをかえ、端から細かく刻む。

[色紙切り]

スープに向いている。縦1㎝×横1㎝の正方形に切ったもの。

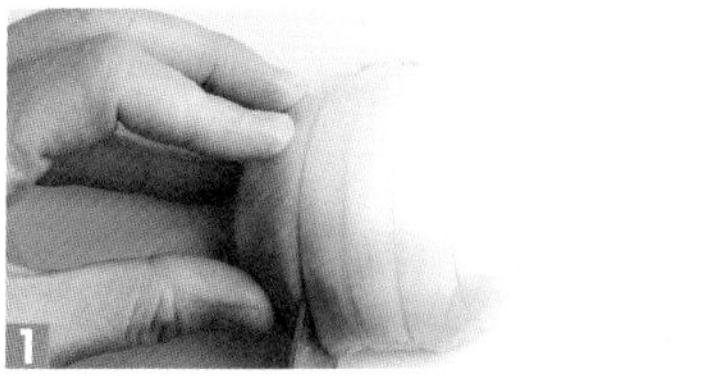

縦半分にし、芯を奥にして置く。根元を切り離さないよう、繊維に沿って1cm幅に切る。

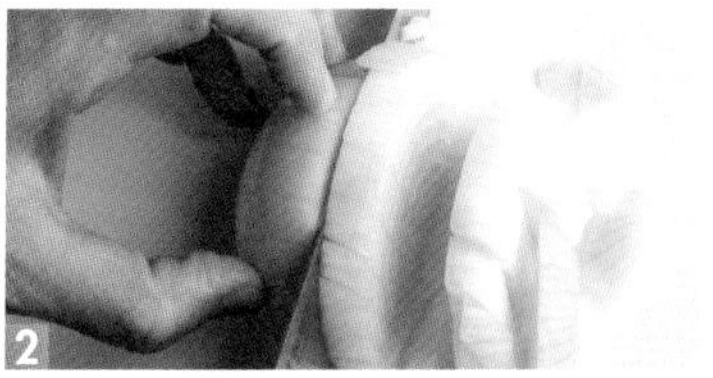

90度向きをかえ、端から1cm幅に切る。

にんじん

オレンジ色が料理に彩りを添える野菜

色は体内でビタミンAに変化するカロテンの色です。油を使って調理すれば、効果的に吸収できます。

下ごしらえ

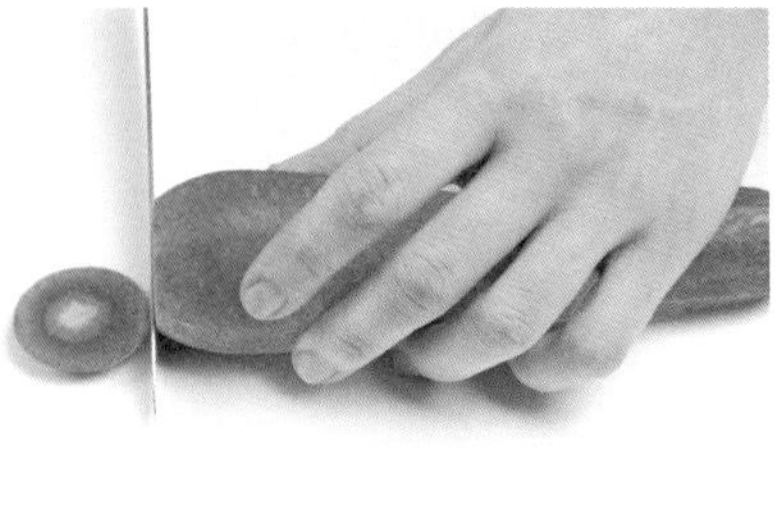

・ヘタを落とす・

横にして置く。緑色がかった部分を残さないようにヘタを垂直に切り落とす。

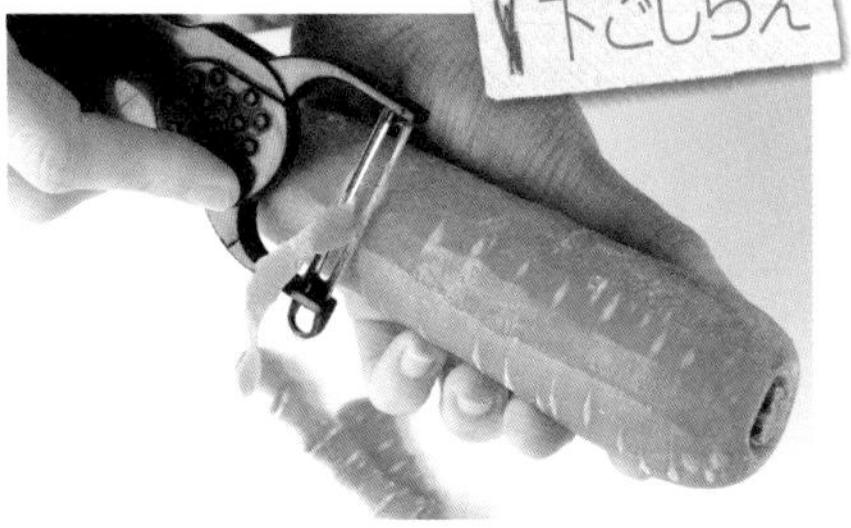

・皮をむく（ピーラー）・

根元を手前にして持ち、頭から根元のほうへピーラーをすべらせるようにして薄く皮をむく。

切り方

[半月切り（厚）]

厚い半月切りは先に輪切りにし、半分に切る。煮物や煮込むスープに向いている。

厚めの輪切りにしたにんじんの切り口を下にして置く。輪の直径に包丁を入れ、縦半分に切る。

[輪切り]

グラッセや煮物に向いている。煮くずれしないように面取りをするとよい。

横にして置き、転がらないように押さえる。端から好みの厚さに繊維を断って切る。

[いちょう切り（薄）]

細い部分はいちょう切りにすると小さくなるので半月切りにするとよい。

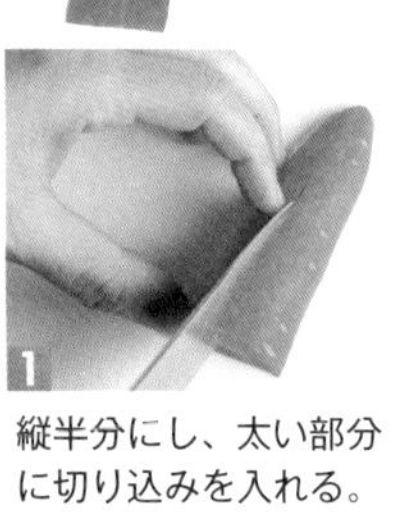

縦半分にし、太い部分に切り込みを入れる。

横にして置き、端から好みの厚さに切る。

[半月切り（薄）]

薄い半月切りは先に縦半分に切る。炒め物やスープに向いている。

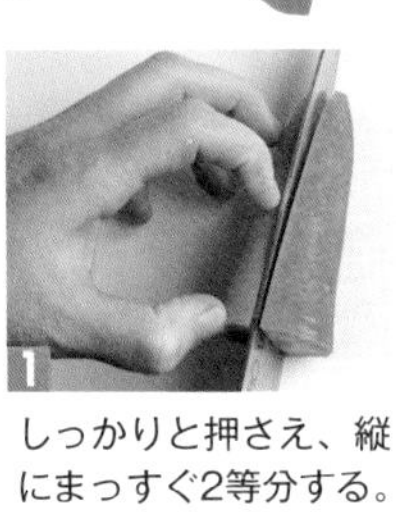

しっかりと押さえ、縦にまっすぐ2等分する。

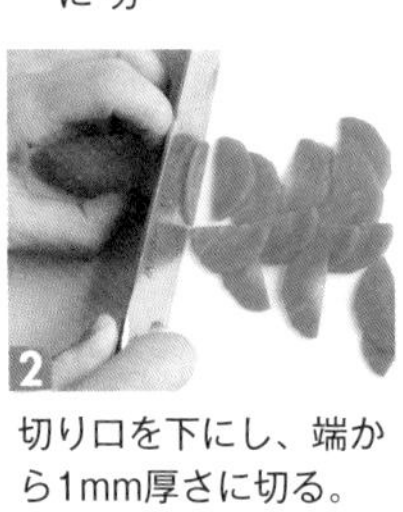

切り口を下にし、端から1mm厚さに切る。

DATA

セリ科ニンジン属
旬／12～2月
選び方／まっすぐでオレンジ色が濃いもの。葉の切り口が小さく、先端まではりのあるものがよい。頭が緑色がかったものは避ける。

飾り切りにチャレンジ

煮物の見た目を美しくする「ねじり梅」。

2

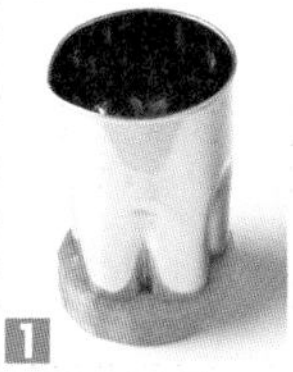

1

型で抜き、花びらの境目に切れ目を入れ、隣の切れ目までななめに切る。

刺身やサラダの飾りに使う「よりにんじん」。

1

厚めのかつらむきをし、横長に置く。繊維に対してななめに切る。

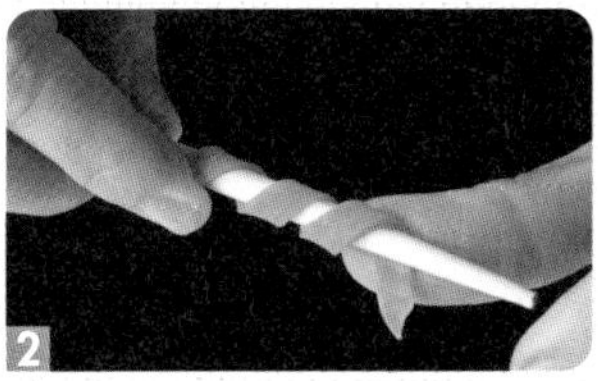

2

菜箸にくるくると巻きつけ、クセをつける。

3

にんじんを押さえながら氷水につける。形が整ったら菜箸から外す。

[せん切り→みじん切り]

せん切りはサラダやきんぴらに、みじん切りはカレーやスープに向いている。

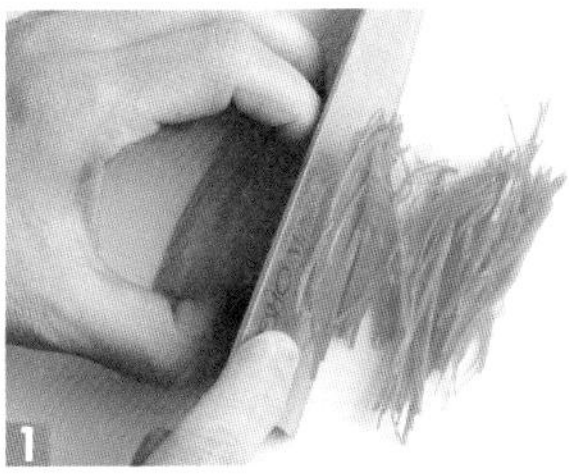

1

縦に薄く切ったにんじんを重ねて置き、繊維に沿って1～2mm幅に切る。

2

せん切りにしたにんじんをそろえて横長に置く。端から1～2mm幅に刻む。

[拍子木切り]

スティックサラダなど、にんじんの食感を残したいときに向く切り方。

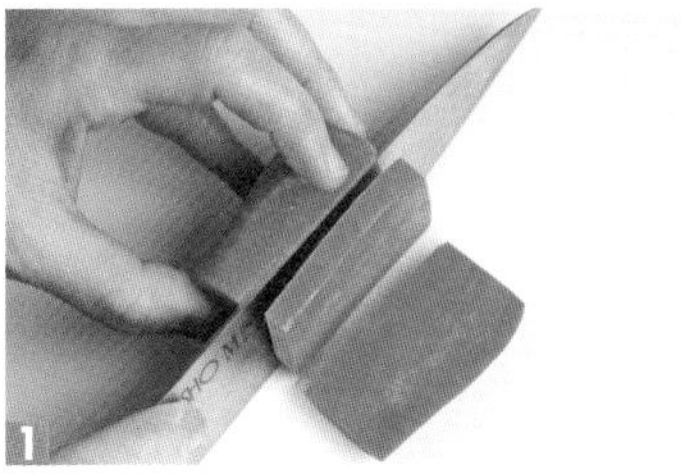

1

好みの長さに切り、縦にして置く。繊維に沿って端から1cm幅に切る。

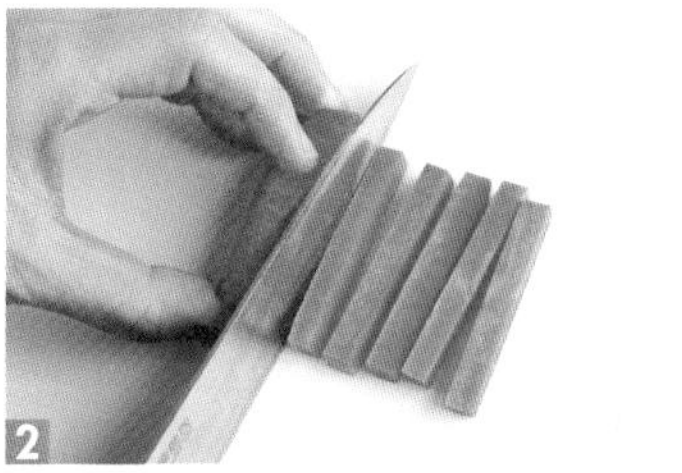

2

切り口が下になるように倒し、繊維に沿って端から1cm幅に切る。

[乱切り]

形がそろわないようにひと口大に切ったもの。煮物に向いている。

ひと口大にななめ切りにする。90度回して切り口を上にし、同じ角度に切る。

[さいのめ切り]

拍子木切りしたものをさらに切る。スープやサラダに向く。

拍子木切りにしたにんじんを重ねて横長に置く。端から1cm幅に切る。

生でも食べられるねばねば野菜

やまいも

山でとれるので「やまいも」と名づけられました。自然薯《じねんじょ》、大和いも、いちょういもも仲間です。

下ごしらえ

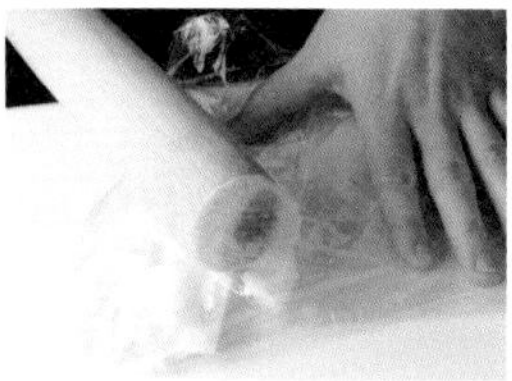

・たたく・

1cm幅に切り、ビニール袋に入れる。少し形が残るくらいに麺棒でたたく。

包丁でたたくよりも食感が残る。サラダに向いている。

・すりおろす・

おろし器をしっかりと押さえながら、円を描くようにやまいもを動かす。

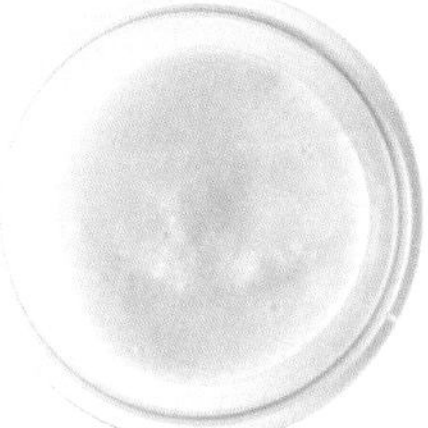

ごはんやそばにかけるのに向いている。

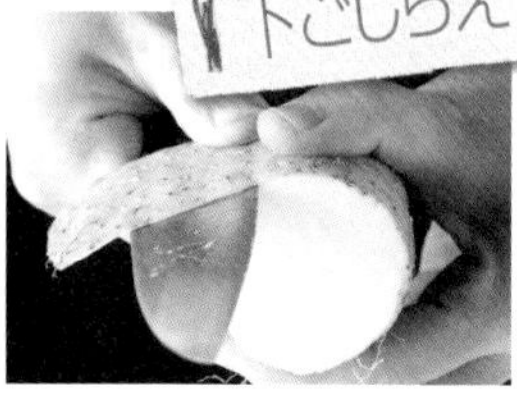

・皮をむく・

4〜5cm長さに切る。皮の下に包丁を入れ、刃を親指で押さえながら皮をむく。

POINT **酢水にさらす**

酢水につけると変色を防げて、アクが抜ける。

切り方

[さいのめ切り]

1cm角の立方体に切ったもの。和え物に向いている。

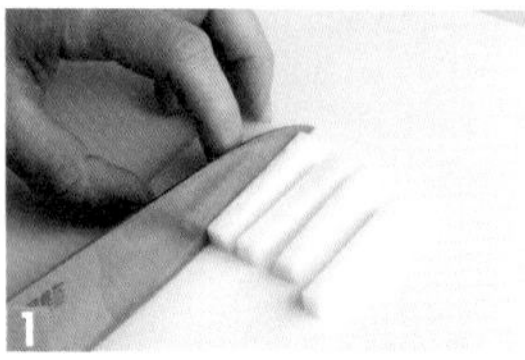

1 4〜5cm長さに切り、繊維を縦にして置く。端から1cm幅に切り、倒して1cm幅に切る。

2 横長にそろえて置き、端から1cm幅に切ってさいころの形にする。

[短冊切り]

炒め物や汁物、和え物に向いている。

1 4〜5cm長さに切り、繊維を縦にして置く。端から7〜8mm幅に切る。

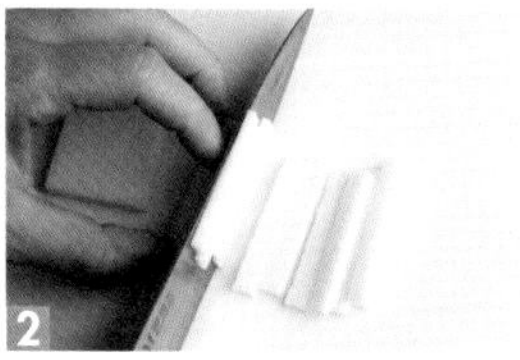

2 端から繊維に沿って2〜3mm厚さに切る。すべりやすいので1枚ずつ行う。

[せん切り]

生のまま食べるのに向いているのでサラダや和え物によい。

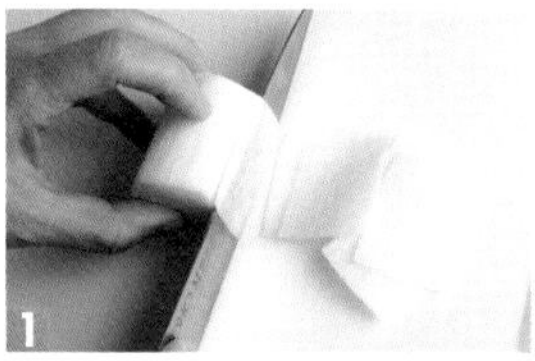

1 4〜5cm長さに切り、繊維を縦にして置く。端から1〜2mm厚さに切る。

2 2〜3枚重ねて置き、繊維に沿って端から1〜2mm厚さに切る。

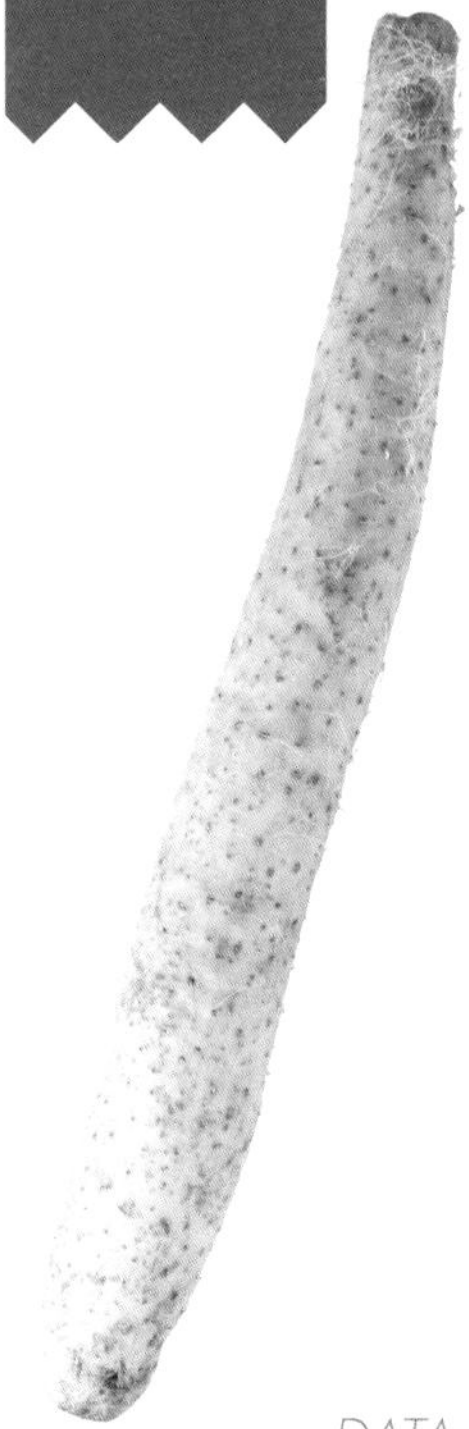

DATA

ヤマノイモ科ヤマノイモ属
旬／10〜12月
選び方／太くてまっすぐにのびているもの。皮に傷やへこみがなく、ひげ根が残っているものを選ぶとよい。

シャキシャキとした歯ごたえが命の野菜

れんこん

穴があいているので「見通しがきく」ということから、正月には縁起物として食べられてます。

下ごしらえ

・切り分ける・

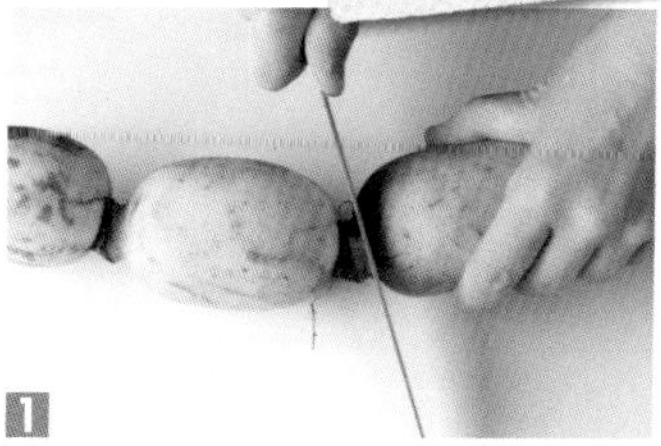

1 細くなっているつなぎ目の部分をひとつひとつ切り離す。

・皮をむく・

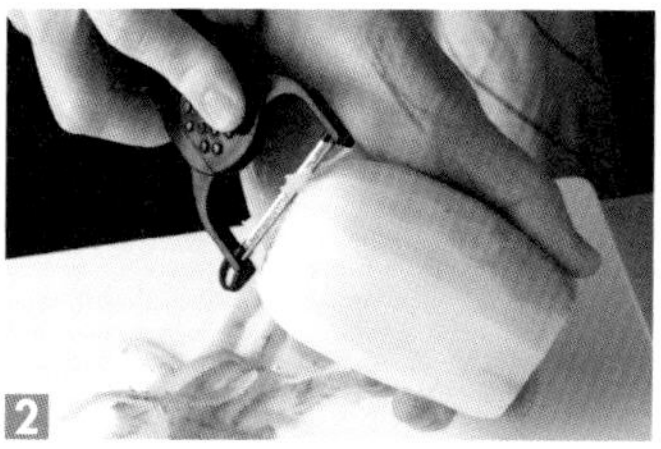

2 天地を少し切り落とす。ピーラーで皮をきれいにむく。

・穴をきれいにする・

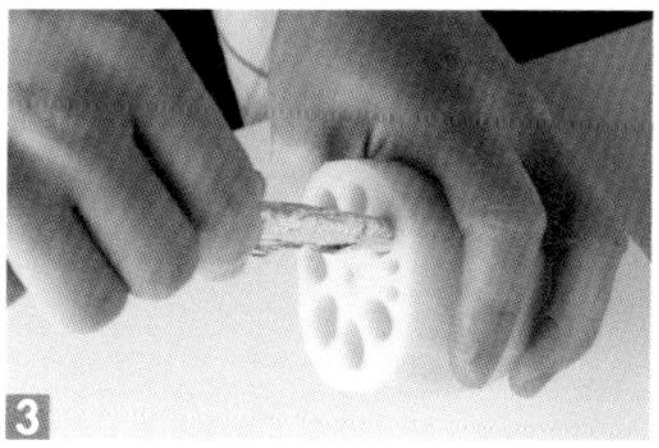

3 箸にアルミホイルを巻いて穴の中に入れ、箸を回しながら汚れを取る。

・洗い流す・

4 水をためたボウルに入れ、穴の中に残った汚れを洗う。

切り方

［ 輪切り ］

盛りつけたときに見た目がいきる。煮物や揚げ物に向いている。

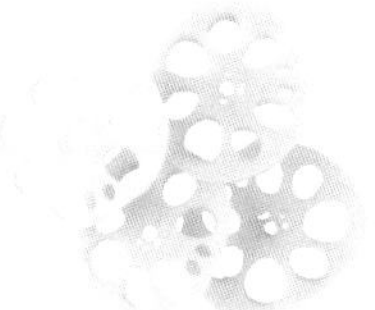

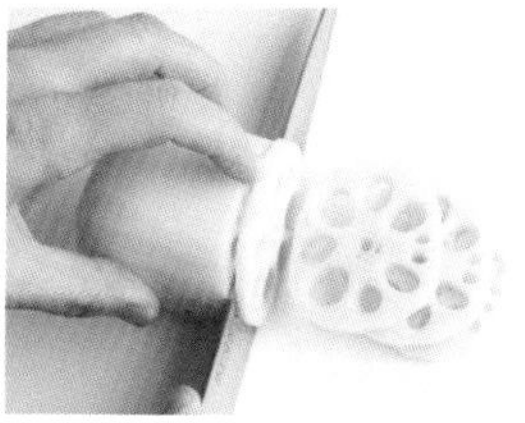

横にして置き、繊維を断つ方向に端から好みの厚さに切る。

［ 薄切り ］

なますやサラダ、炒め物に向いている。

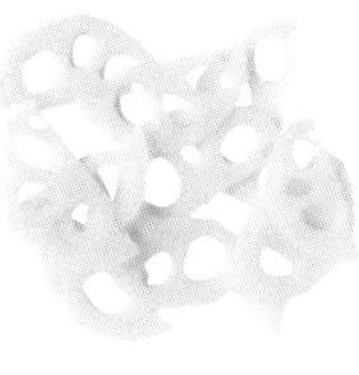

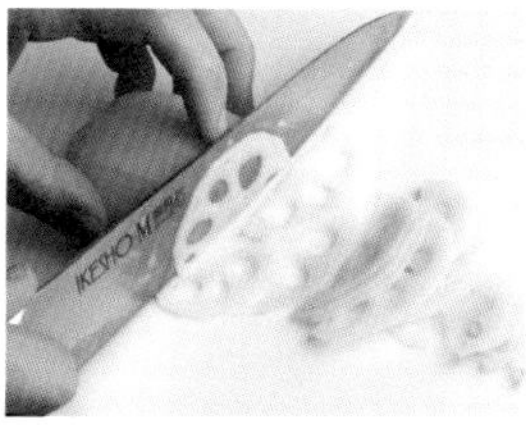

縦半分にし、切り口を下にする。端から1～2mm厚さに切る。

［ 乱切り ］

あえて形がそろわないようにひと口大に切ったもの。煮物に向く。

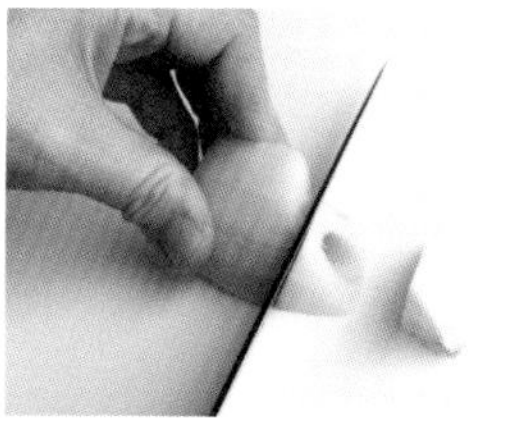

縦に4等分する。90度回しながら同じ角度でななめに切る。

飾り切りにチャレンジ

［花れんこん］

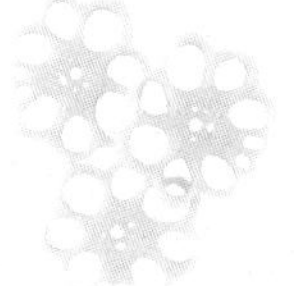

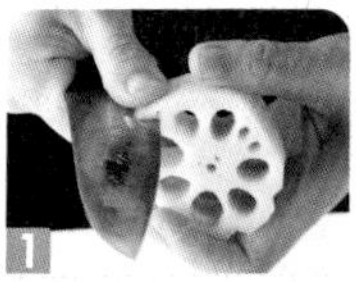

1 れんこんの穴に沿って周りを花形に切り取る。

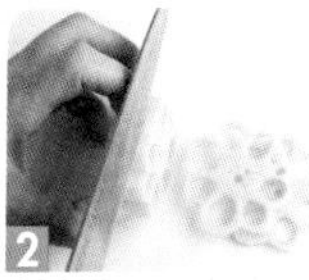

2 横にして置き、端から5㎜厚さに切る。

［蛇かごれんこん］

1 穴が手のひらのほうを向くように持つ。

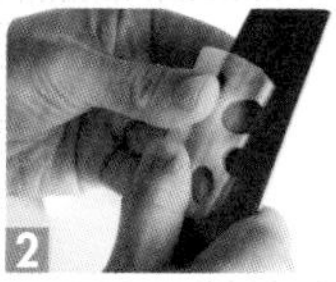

2 穴のある面を、1㎜厚さにかつらむきをする。

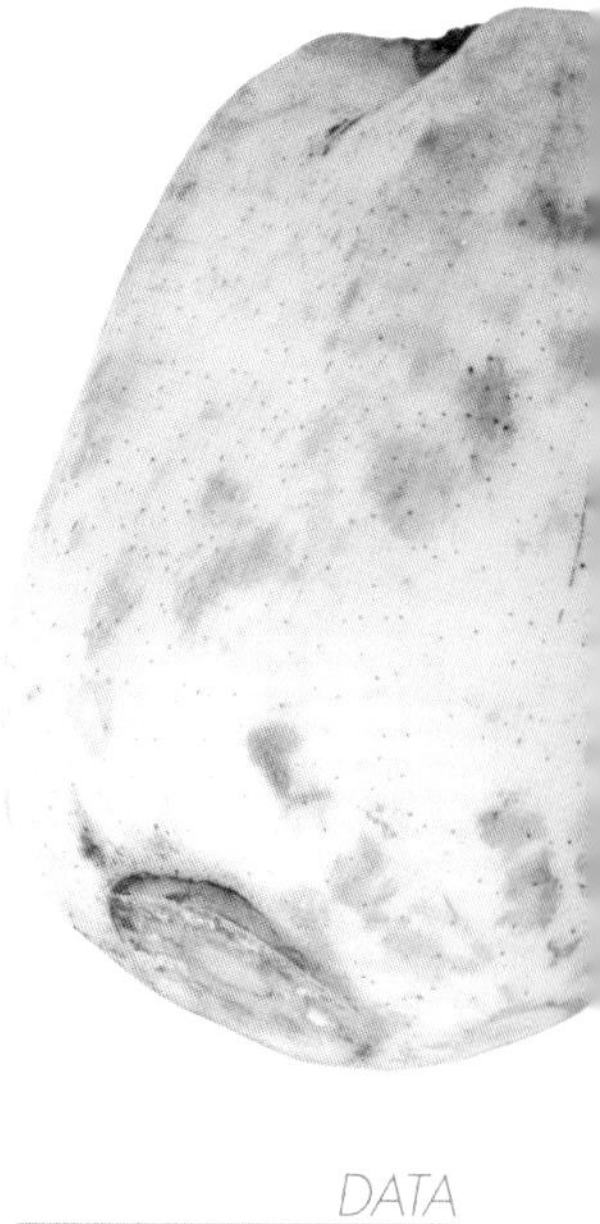

DATA

スイレン科ハス属
旬／11～3月
選び方／全体がふっくらと丸く、肉厚なもの。切り口が白く、穴は小さいものがよい。穴の中が黒っぽいものは古いので避ける。

「森のバター」とも呼ばれるコクのある野菜

アボカド

脂肪分が多く、濃厚な味わいはトロのようだともいわれます。変色しやすいので注意を！

下ごしらえ

1

・ヘタを取る・

ヘタを指で押し上げて外す。熟していると、ヘタがぐらぐらしているので取りやすい。

2

・割る・

中央にある種に刃があたるまで包丁を入れ、種に沿ってぐるりと一周切り込みを入れる。

3

・回す・

アボカドを両手で持ち、瓶のふたをひねるようなイメージで回してふたつに割る。

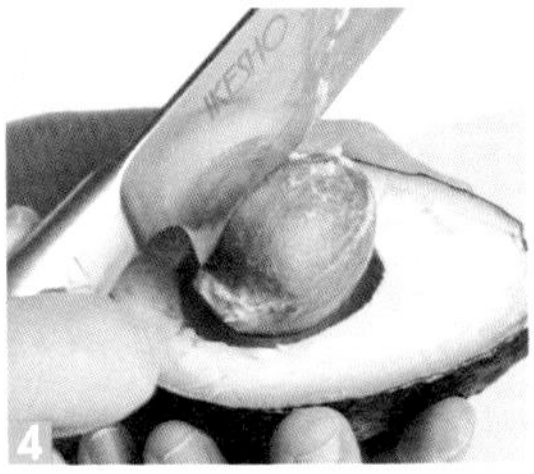
4

・種を取る・

包丁の刃元を種にさして包丁をひねり、種をすぽんときれいに取る。

5

・皮をむく・

皮と果肉の間に指を入れ、ヘタのあたりから手で皮をむく。包丁を使わなくてもむける。

POINT こんな方法も

平らなスプーンやゴムべらで果肉をすくい取る。

切り方

ディップにする

切り口が空気にふれると変色するので、切ったらすぐにレモン汁をかけておく。

すりこ木やフォークの背でつぶし、ペースト状に。クラッカーや野菜スティックにつけるとおいしい。

[さいのめ切り]

食べやすい大きさなので、和え物や丼の具に向いている。

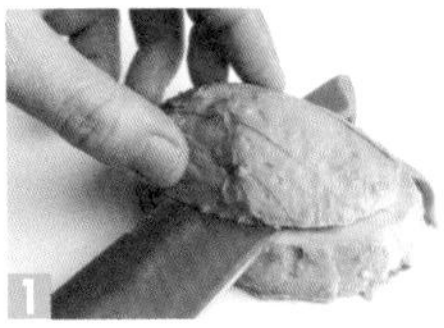
1

切り口を下にして置く。包丁をねかせて厚さを3等分にする。

2

縦にして置き、５mm幅に切る。横にしてさらに切る。

[薄切り]

サンドイッチの具材やカルパッチョなどに。

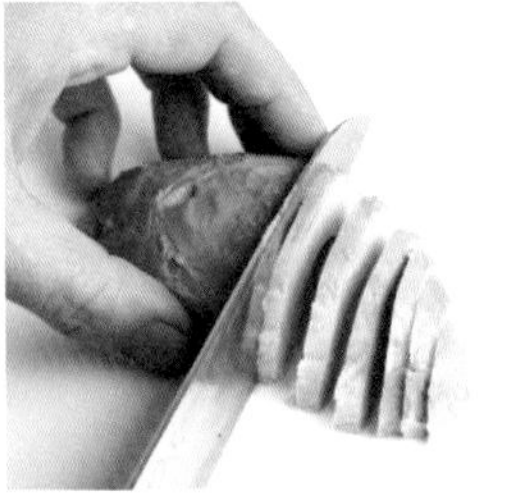

切り口を下にし、横向きにして置く。端から５mm幅に切る。

DATA

クスノキ科ワニナシ属
旬／9～10月
選び方／皮の色が真っ黒で、しわがあるものは熟しすぎている。皮が黒っぽく、軽くにぎったときに少しへこむくらいのものがよい。

煮ても焼いてもOKな色鮮やかな万能野菜

さやいんげん

いんげんまめを若いうちにさやごと食べるもので、最近は筋のない品種が多く出回っています。

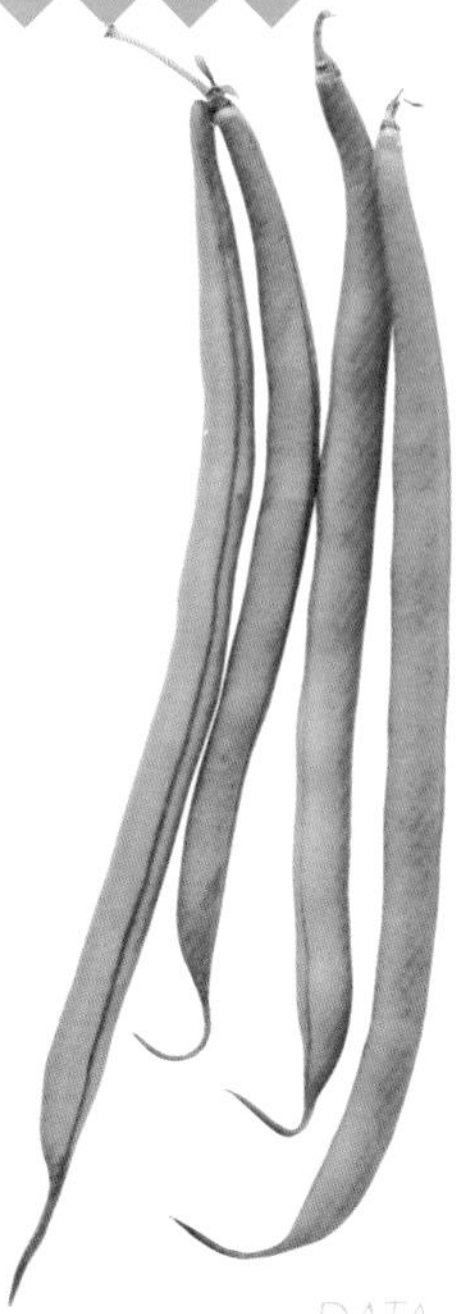

下ごしらえ

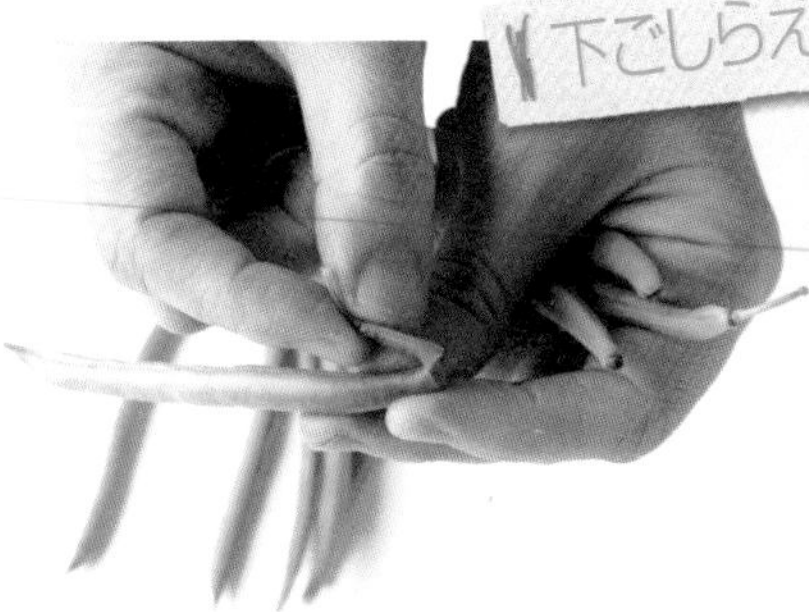

・枝つきと筋を取る・

枝つきを折り、筋がある場合はそのまま筋を引っぱって取り除く。

・筋に沿って切る・

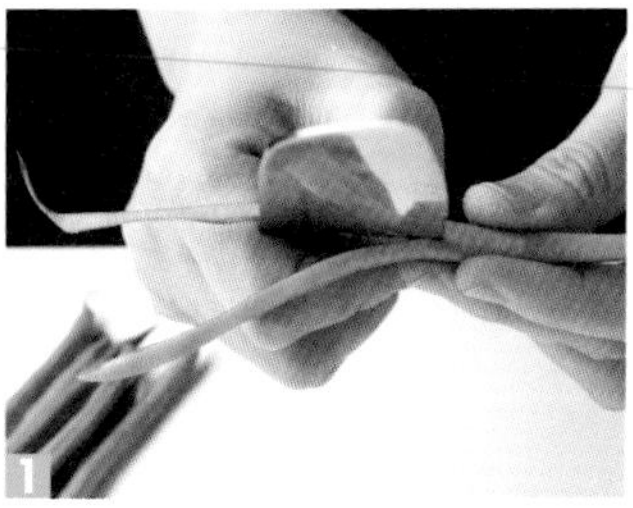

両脇の筋の間に包丁を入れ、すべらすようにして縦半分に切る。

・豆を取る・

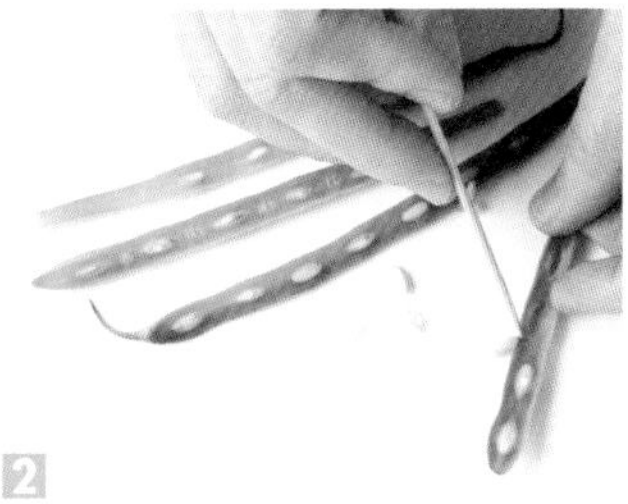

半分に切ったさやいんげんを開き、竹串や菜箸を使って、ていねいに豆を取る。

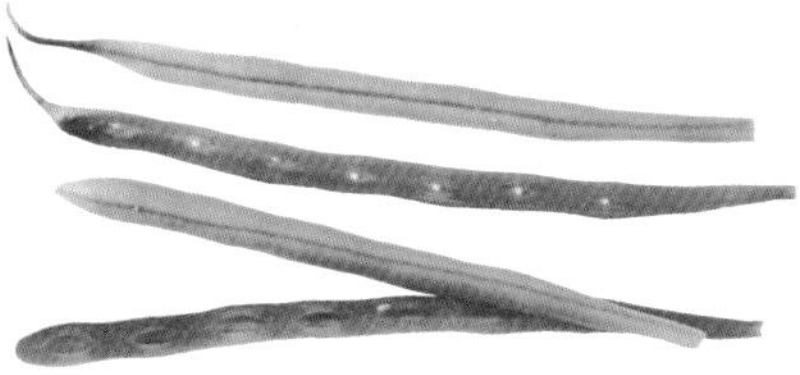

見た目が美しいだけでなく、食感もよくなる。上品に仕上げたい吸い物などに向く。

ゆでるときは

1％の塩を入れたたっぷりの湯で約4分ゆでる。盆ざるに上げ、うちわであおいで冷ますと色よく仕上がる。

切り方

［ ななめ切り ］

大きさをある程度そろえて切り、ごま和えやバター炒めなどにする。

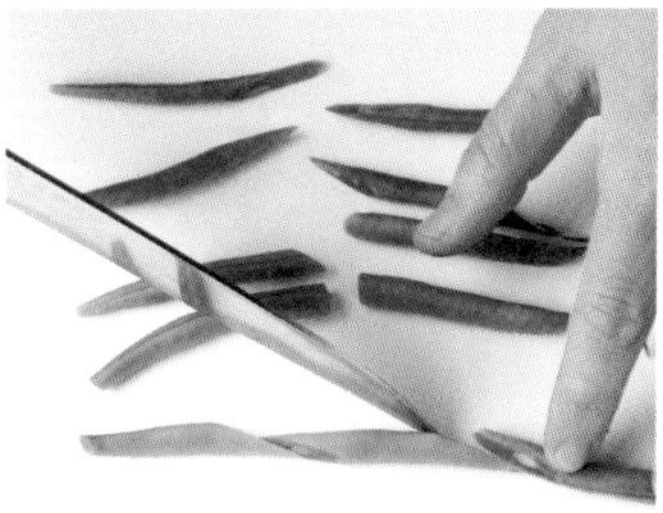

枝つきと筋を取り除き、5㎝長さに切る。長いものはななめに切って長さをそろえる。

［ ななめ薄切り ］

シャキシャキとした食感が楽しい。吸い物などに入れるとよい。

枝つきと筋を取り除き、ななめにして置く。包丁もななめに入れて端から薄く切る。

DATA

マメ科インゲン属
旬／6～9月
選び方／豆の部分があまり盛り上がってなく、太さが均一なものがよい。はりがあり、緑色が濃くて色鮮やかなものを選ぶ。

おくら

ねばねば効果で夏バテ予防にもなる野菜

ねばりには消化を助けるなどのさまざまな働きがあるので、毎日、効果的に活用したい食材です。

下ごしらえ

・枝つきを取る・

丸ごと調理に使うときには枝先を少しだけ切る。枝つきをすべて切ってゆでると、水っぽくなる。

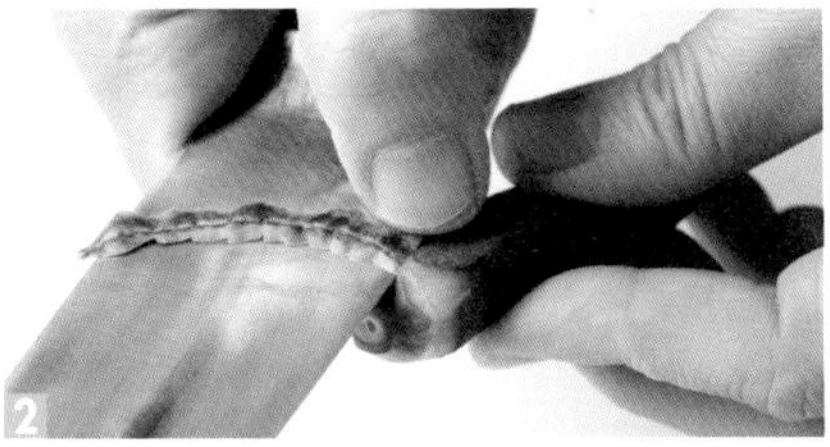

・ガクを取る・

かたいガクの部分を、包丁で削るようにぐるりと一周むく。

・うぶ毛を取る・

全体に塩をまぶし、こすり落とすようにしてうぶ毛を取る。こうすると舌ざわりがよくなる。

そのまま生で食べる、または天ぷらによい。また、塩ゆですると緑色がより鮮やかになる。

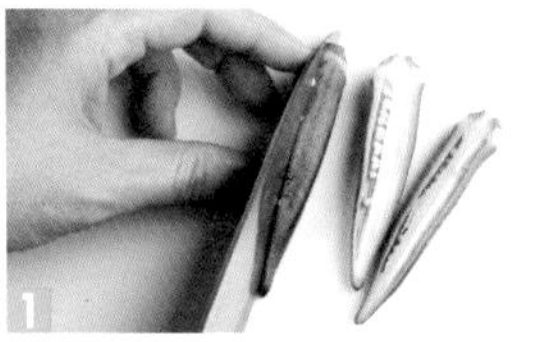

・半分に切る・

下ごしらえのあと、縦にして置き、半分に切る。

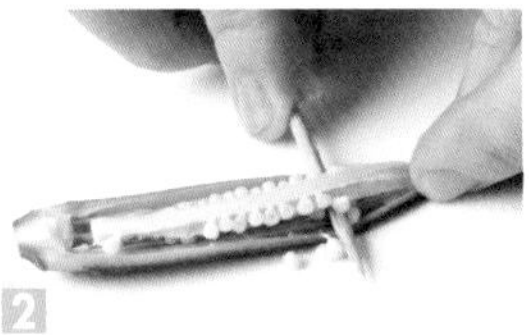

・種を取る・

竹串や菜箸を使い、下からすくうようにして種を取り除く。

種を残さずにせん切りやみじん切りをするときに。

切り方

[小口切り]

ねばねばの食感を楽しむことができる。シンプルな和え物やスープの浮き実に向く。

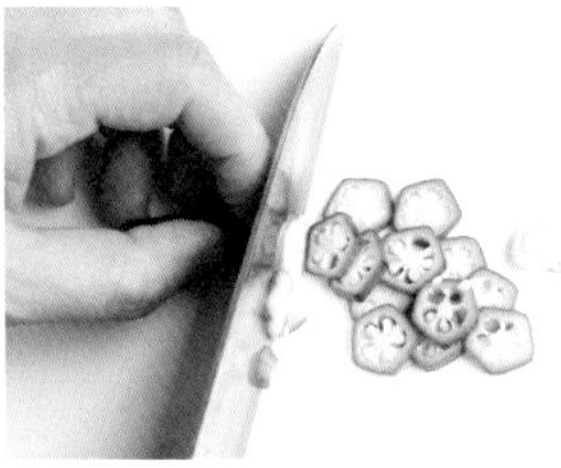

下ごしらえをして横向きに置き、端から好みの厚さに切る。2~3本まとめて一緒に切ってもよい。

[みじん切り]

ミンチ詰めの具材など、ほかの食材と混ぜたり、冷奴、納豆、卵かけごはんに。

種を取り、縦にして置く。せん切りにする。

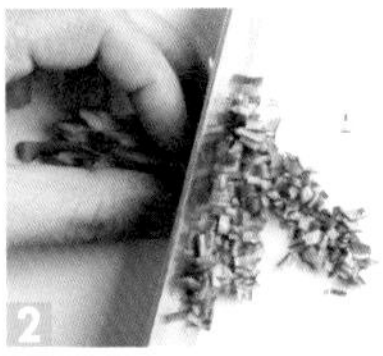

横向きにし、端から細かく切る。

DATA

アオイ科アオイ属
旬／7～9月
選び方／全体的に色鮮やかで、うぶ毛が均一に生えているものがよい。さわってみて黒くて筋があるものは古いので避ける。

ほくほくとした自然の甘味を感じる野菜

かぼちゃ

ビタミンなどの栄養が豊富で「冬至に食べると風邪をひかない」といわれています。

下ごしらえ

・切り込みを入れる・

中央から包丁をさし込み、1/4の大きさになるように2か所に切り込みを入れる。

・切る・

十分すき間があいたら、包丁がまな板につくまで切り、手で分ける。

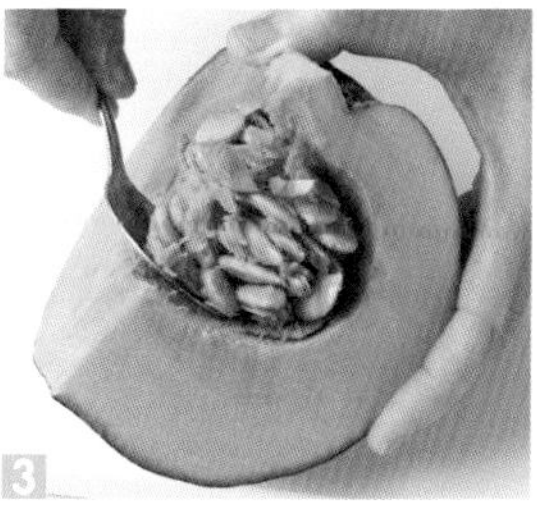

・種とわたを取る・

スプーンを使って、種とわたをこそげ落とすように取り除く。実まで削らないように注意する。

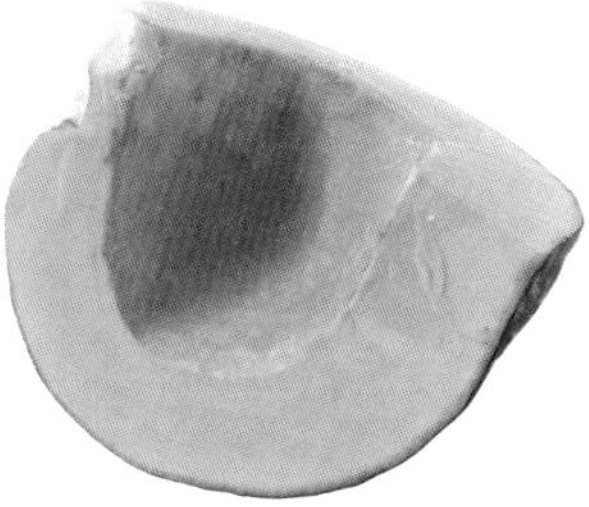

深さがあるので、このまま具材を流し込んでグラタンなどにしてもよい。

レンジでやわらかく

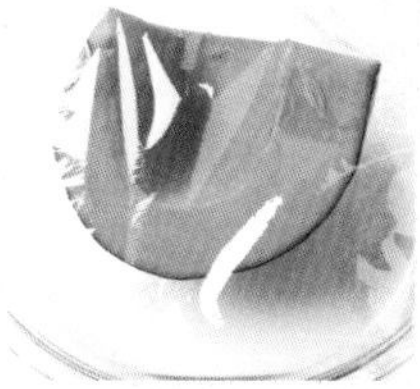

かぼちゃはかたくて切りづらいもの。あまりにかたい場合は、ふんわりとラップをして電子レンジで1～2分加熱し、やわらかくしてから切るとよい。ただし、加熱しすぎると食感がぱさぱさになるので注意が必要。

切り方

[薄切り]

火の通りが早いので、炒め物に向いている。

皮を下にして置き、半分に切る。端から薄く放射状に。

[くし形切り]

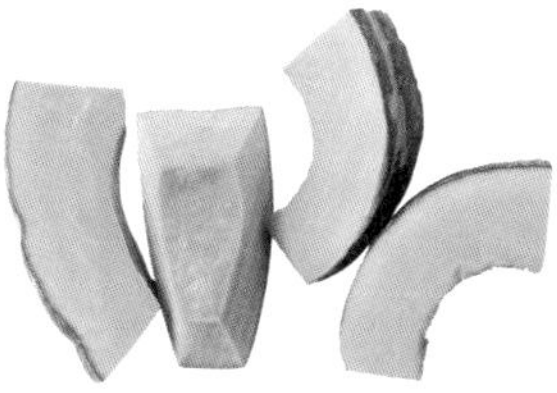

ほくほくの食感を楽しみたいなら、厚みのあるくし形切りに。

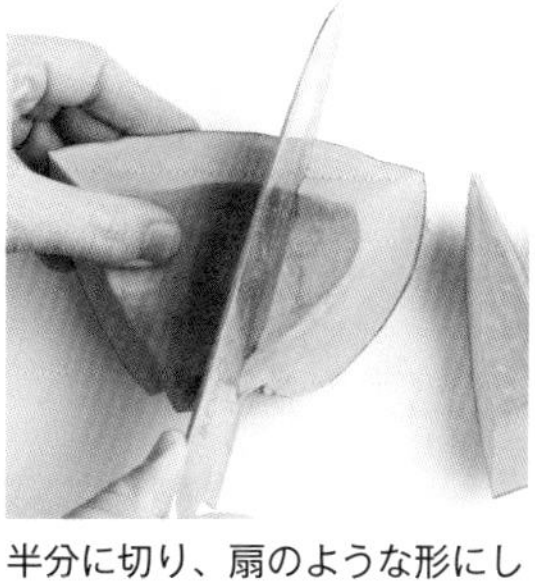

半分に切り、扇のような形にして置く。手前を中心にして、放射状に切り分ける。

煮物には…

くし形切りにしたものを横半分に切る。切り口のかどを浅く削る。

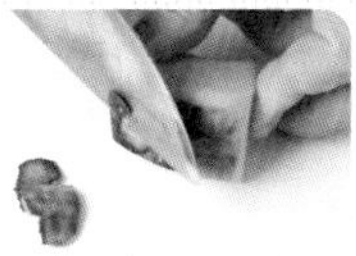

皮をところどころ残して切る。火の通りが早く、味がしみやすくなる。

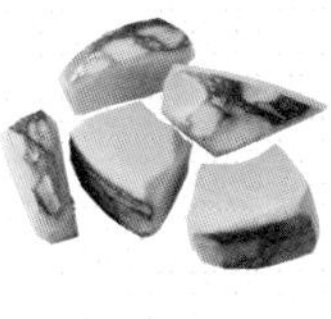

面取りをして、煮くずれを防ぐ。

DATA

ウリ科カボチャ属
旬／6～9月
選び方／重みがあり、皮がかたくて色が濃いものを選ぶ。切って売られているものは、種がぎっしり詰まっていて肉厚なものがよい。

生はもちろん、加熱してもおいしい野菜

きゅうり

体を冷やす作用があるので、暑い夏にぴったり。サラダや和え物の料理にどんどん使いましょう。

DATA

ウリ科キュウリ属
旬／6～8月
選び方／色が濃く、はりがあるものがよい。表面にあるいぼをさわって痛いくらいのほうが新鮮。曲がっていても味は悪くない。

下ごしらえ

1

・いぼを取る・

きゅうりをしっかりと押さえる。包丁の背（みね）で、表面のいぼをこそげ落とす。

2

・枝つきを取る・

両端にある枝つきと花つきを切り落とす。枝つきは、皮がかたく青臭いので除く。

3

・アクを取る・

切った枝つきと切り口をこすり合わせる。こうすると白いアクが出てくる。

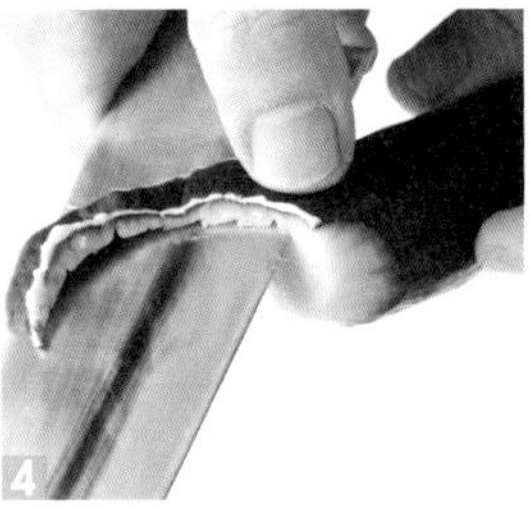

4

・むき取る・

アクがついた部分をぐるりと一周むき取る。

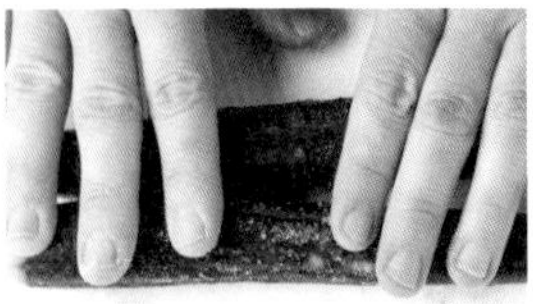

5

・板ずりをする・

塩をまぶし、まな板の上でころころと転がす。塩がなじみ、鮮やかな緑になり、青臭さが抜ける。

POINT 緑色を出す

沸騰した湯にさっとくぐらせ冷水に移すと色よくなる。

切り方

［ たたく ］

繊維がやわらかくなり、味がしみ込みやすくなる。

ビニール袋に入れ、ひびが入るくらい麺棒やすりこぎでたたき、ひと口大に手でちぎる。

［ 輪切り ］

サラダはもちろん、酢の物などの和え物によい。

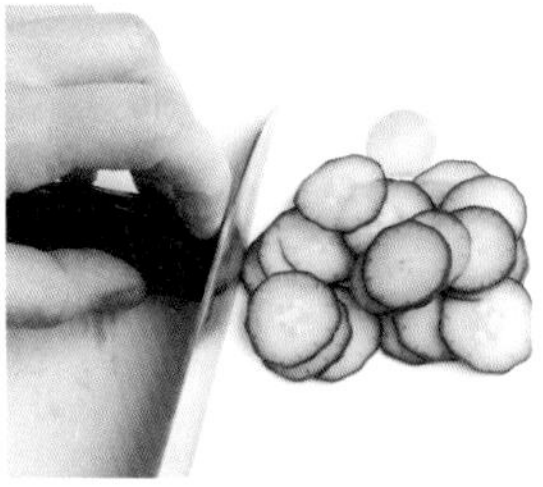

横にして置き、端から好みの厚さに切る。スライサーを使ってもよい。

きゅうりの種類いろいろ

現在、市場に出回っているきゅうりの約9割が白いぼ系。そのほかにも、花丸きゅうりは、花をつけたままのきゅうりで、長さは3cmほど。刺身のあしらいによく使われる。もろきゅうとは、もともときゅうりにもろみ味噌をつける食べ方のことをいったが、それに適した若どりのきゅうりの通称となった。

[ピーラーでむく]

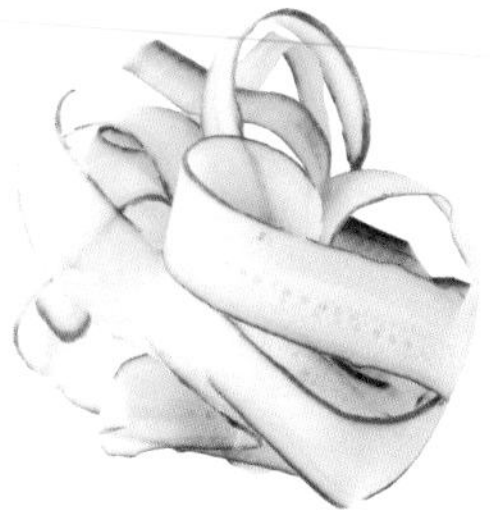

透き通っていて涼しげな印象を与えるので、サラダや刺身のあしらいによい。

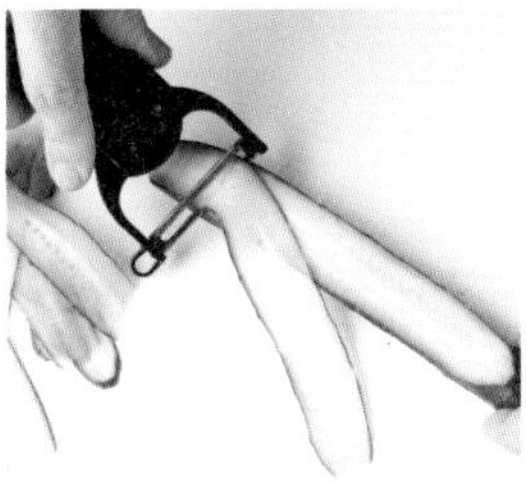

1 まな板にのせてしっかりと押さえ、ピーラーで縦方向に薄くむいていく。

2 氷水にさらす。こうするとシャキッとして歯ごたえがよくなる。長時間さらすと栄養素が抜けるので注意が必要。

[ななめ薄切り]

種を取り除くので、食感がよくなる。炒め物や酢の物にして、パリパリとした食感をいかすとよい。

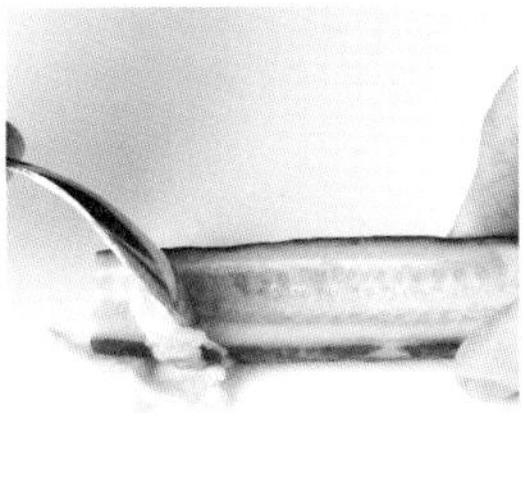

1 縦半分に切り、スプーンなどで種をかき出して取り除く。実を削りすぎないように注意する。

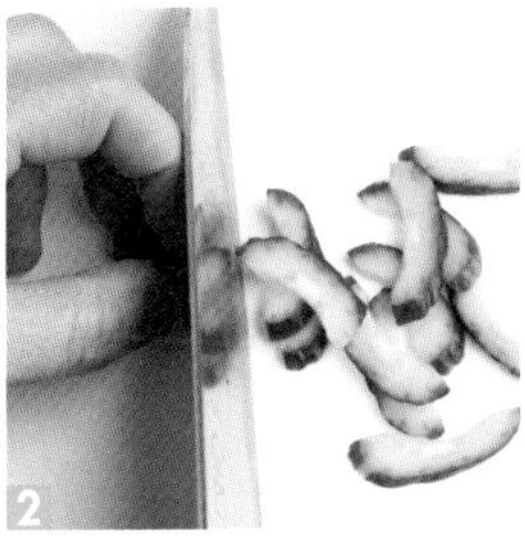

2 切り口を下にしてななめになるように置き、端から薄く切る。

[せん切り]

皮がついていない部分はやわらかく仕上がる。和え物やサラダに合う。

1 横半分に切り、縦にして置く。端から薄く切る。

2 縦長になるようにして置き、端から細く切る。何枚か重ねて切ってもよい。

[薄切り]

サラダやサンドイッチの具材、炒め物などオールマイティーに使える。

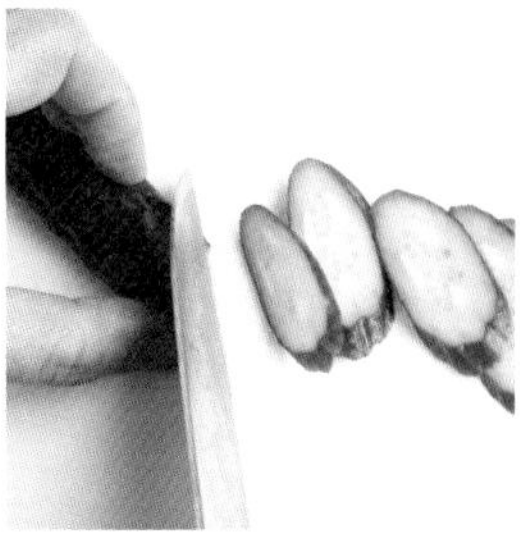

ななめにして置く。包丁をななめに垂直に入れ、端から1～2mmの厚さに薄く切る。

[細切り]

すべてに皮がついているので、色合いがきれいで歯ごたえもよい。春雨サラダなど、中華風のサラダに。

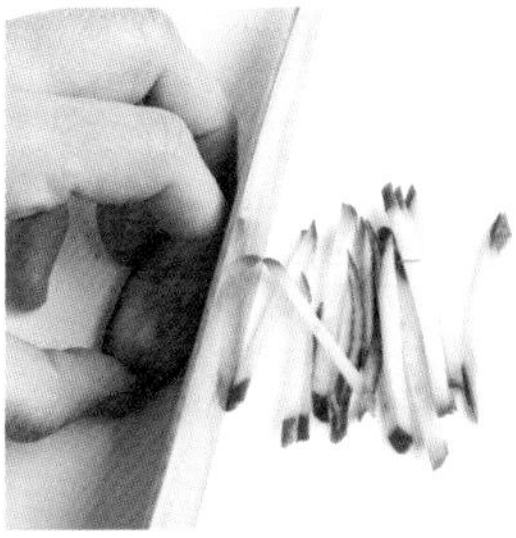

薄切りにしたきゅうりを、縦長にして置き、端から細く切る。何枚か重ねて切ってもよい。

蛇腹切りにチャレンジ

1 ⅔の深さまで端からななめに切り込みを入れる。裏側も同様に切り込みを入れる。

2 ひと口大に切る。両側の切り込みが交差していないと、きれいな蛇腹にならない。

トマト

太陽の申し子ともいえる真っ赤な野菜

欧米では「トマトが赤くなると医者が青くなる」といわれるほど、栄養を豊富に含んでいます。

下ごしらえ

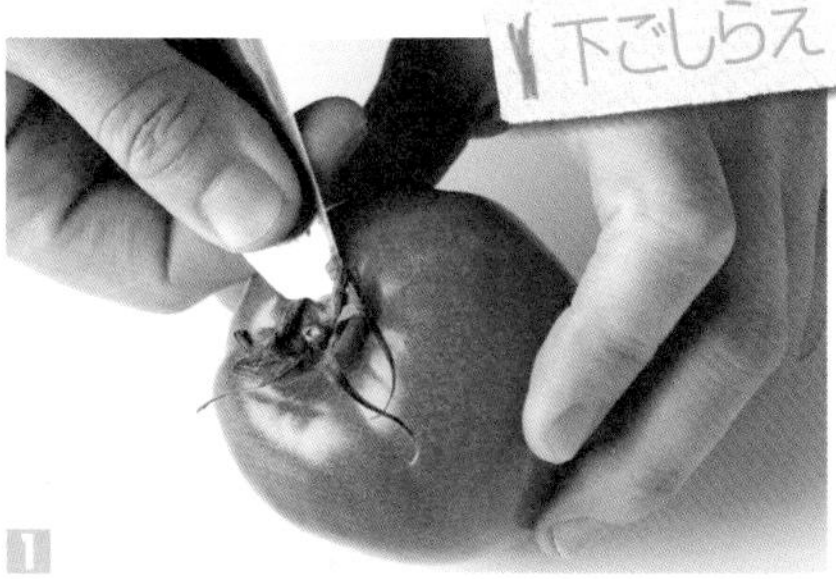

1 ・ヘタに切り込みを入れる・

ナイフの切っ先をヘタの近くにさし、トマトを回しながらヘタに沿って一周切り込みを入れる。

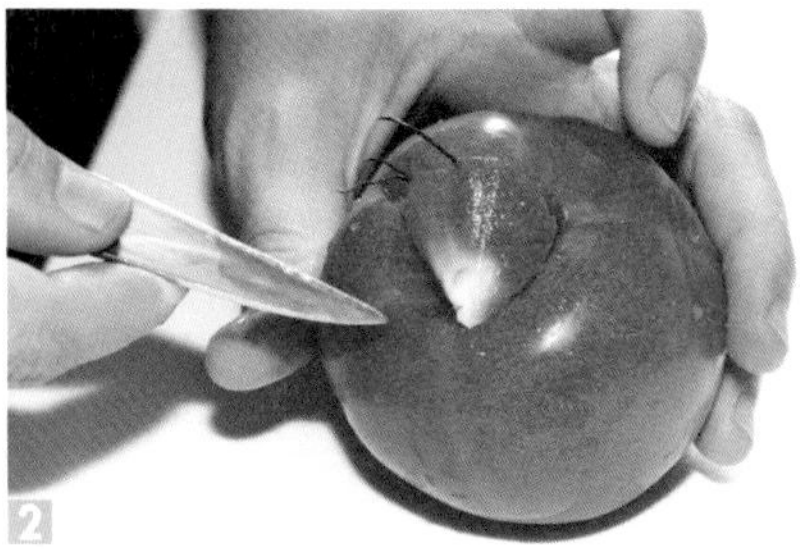

2 ・ヘタをくり抜く・

一周切り込みを入れたら、ヘタをくり抜くようにナイフを回し、ヘタを取り除く。

皮をむく

1 ・フォークでさす・

ヘタのつけ根にフォークをさす。果肉にさすと抜けやすいので、かたいヘタ近くにさす。

2 ・火にかざす・

コンロの火にトマトを直接かざしてあぶる。ヘタの周囲にも火を当てる。

3 ・この状態になったら・

写真のように皮にしわがより、めくれてきたら、火を止める。

4 ・氷水に浸す・

すぐに氷水に2～3分浸して冷ます。フォークを回しながら完全に冷ます。

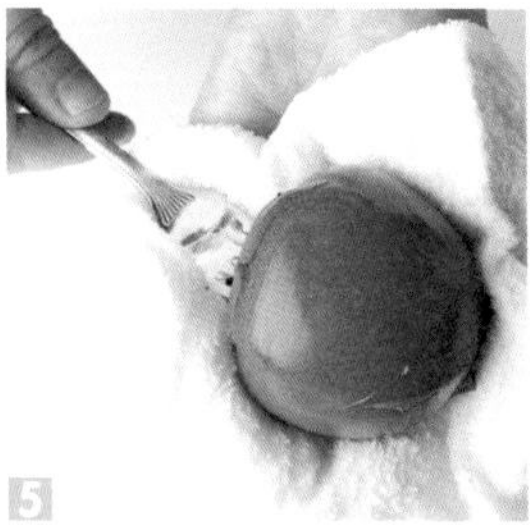

5 ・水気をふく・

トマトの水気をタオルでよくふき取る。水分があると水っぽくなるので注意する。

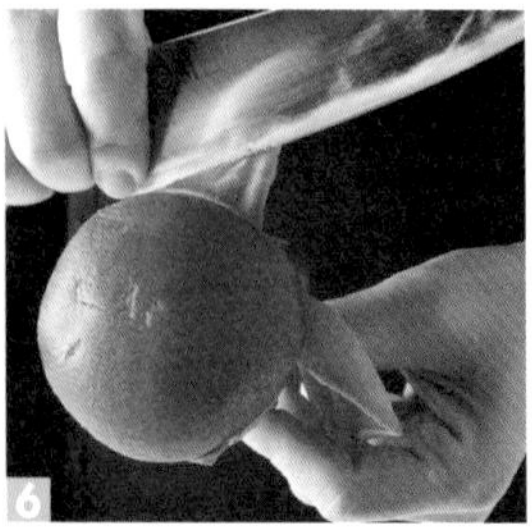

6 ・皮をむく・

皮のめくれた部分に包丁を入れて、ていねいに皮をむく。ヘタと芯を取り除く。

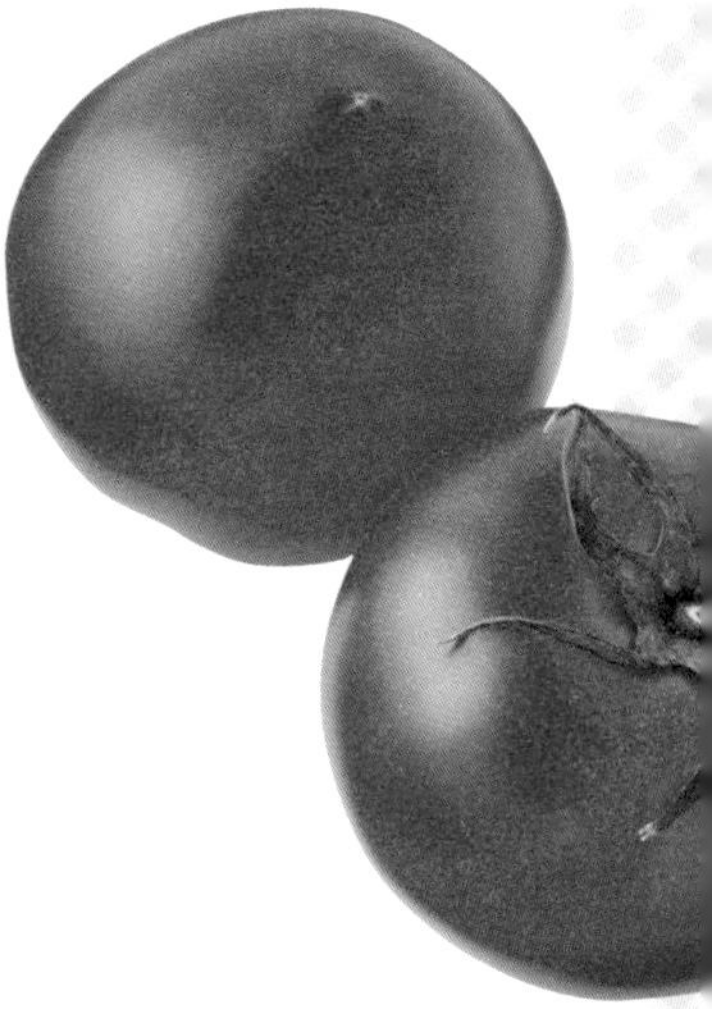

湯むき

ヘタを取り、沸騰した湯に入れ、上下を返す。湯に長く入れすぎるとトマトがどろっとするので、約5秒で取り出す。熟れ具合で調整するとよい。

1 おたまなどにのせ、ヘタの周りの皮がはじけたら取り出す。

2 氷水につけ、皮のめくれた部分に包丁を入れて、皮をむく。

DATA

ナス科トマト属

旬　6～9月

選び方　丸くてはりがあり、ずっしりと重みのあるものがよい。ヘタは色鮮やかで丸まっていないもの、しおれていないものを選ぶ。

くり抜く

[種だけくり抜く]

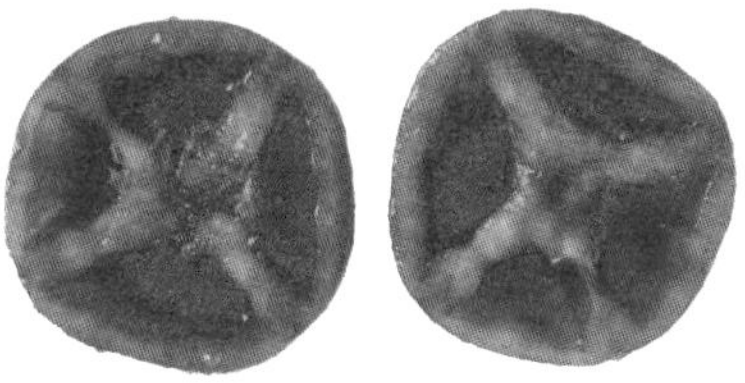

子室の壁を残しておくと、かたさとやわらかさの両方の食感が楽しめる。

1 ヘタを横にして置き、半分に切る。

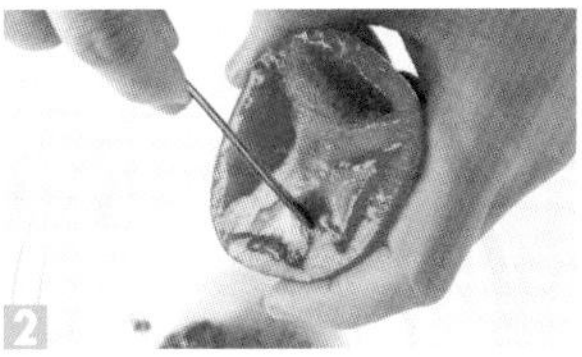

2 子室の壁を壊さないように、スプーンの柄などで種を除く。

[すべてくり抜く]

中身を強くかき出すと貫通して穴があくので注意。

1 横半分に切る。子室の壁と内皮とのつなぎ目を切る。

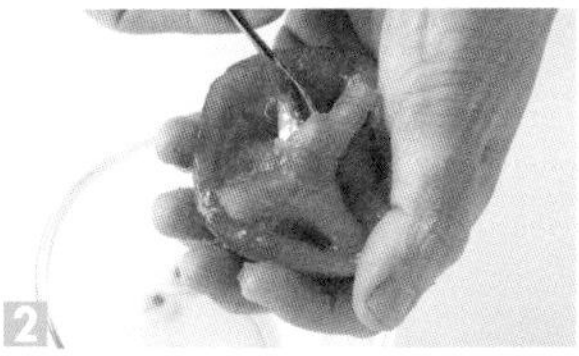

2 スプーンで、子室の壁と種をかき出して取り除く。

3 取り出した中身は料理に使えるので捨てずに取っておく。

切り方

[薄切り]

サラダや、カナッペの上にのせるときに。赤い色を目立たせたいときによい。

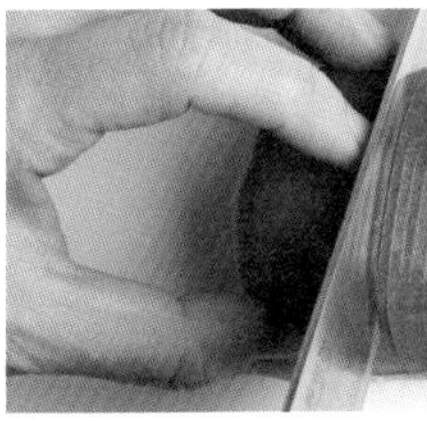

ヘタを横向きにして半分に切り、切り口を下にして置く。端から薄く切る。

[輪切り]

ハンバーガーやサンドイッチといった、はさむ料理の具材によい。

ヘタを横にして置き、端から好みの厚さに切る。

[さいのめ切り]

種を取ると水っぽさがなくなってよい。トマトソースや、オムレツの具材に。

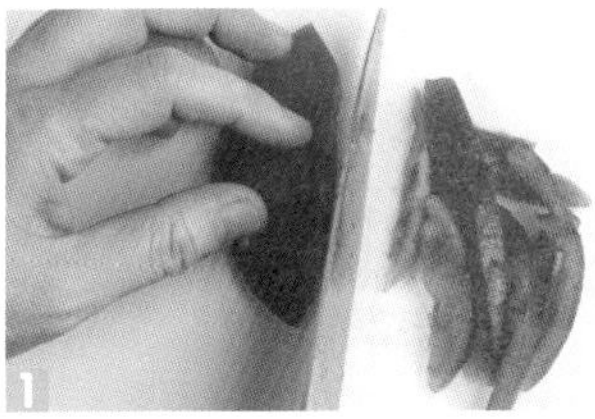

1 半分に切り、中身をすべてくり抜く。切り口を下にして端から1cm幅に切る。

2 90度向きを変え、1cm角になるように端から切る。

[くし形切り]

そのままサラダに入れたり、炒め物に入れたりするのに使う。

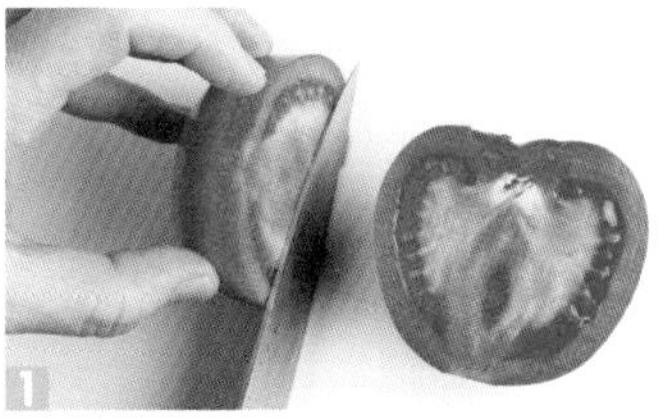

1 ヘタを上にして置き、半分に切る。切り口を下にする。

2 右からななめに包丁を入れて切る。180度回転させ、反対側も同様に切る。

なす

揚げ・焼きなど油を使った料理に向く野菜

大きさや形にさまざまな種類があるので、調理法に合わせて使い分けましょう。

下ごしらえ

POINT　ヘタとガクを取る

ヘタを取って調理する場合は、そのままヘタを切り落として残ったガクを手でむく。

1

・ガクをそろえる・

ガクに浅い切り込みをぐるりと一周入れて長さをそろえる。

2

・ガクをむく・

切り込みに包丁の切っ先を差し込み、ガクを取り除く。逆側の花つきを少し切り落とす。

3

・水にさらす・

変色しやすいので、すぐに水にさらしてアクを抜く。こうすると皮にはりも出る。

切り方

[ななめ切り]

炒め物やグラタンなど油を使って高温で調理する料理に合う。

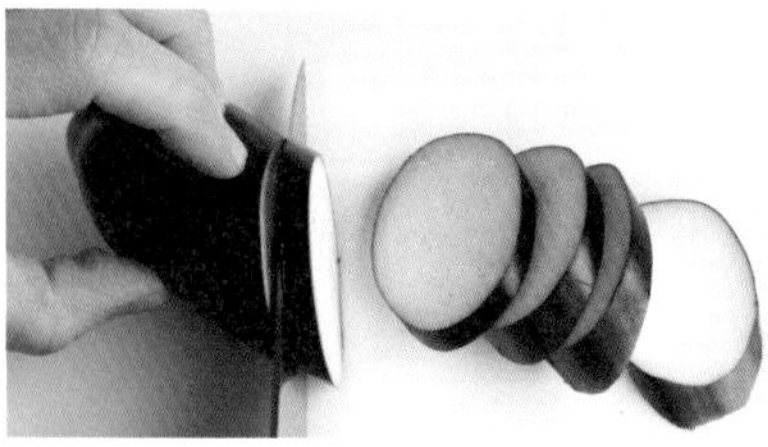

横にして置き、包丁をななめに垂直に入れる。端から好みの厚さに切る。

[乱切り]

ごろごろと大きめに切ったなすは、煮物や炒め物と相性抜群。

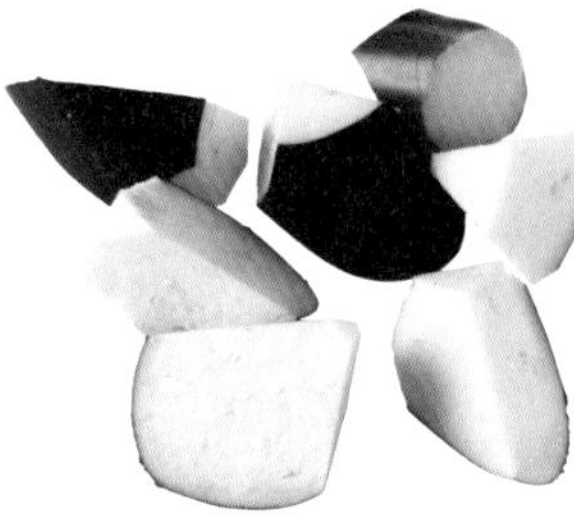

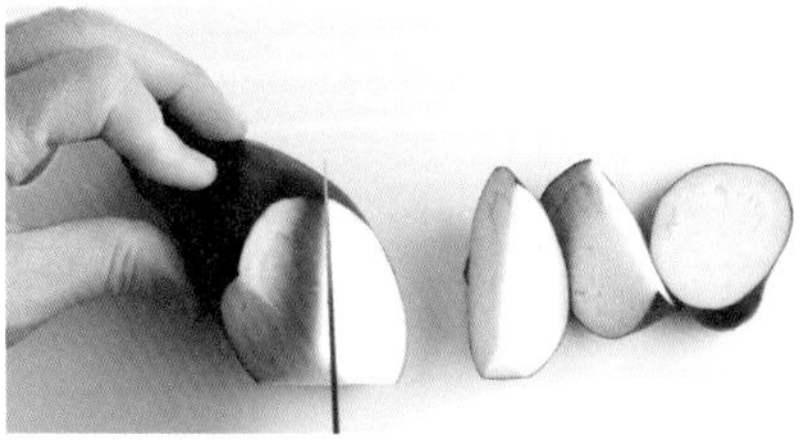

切った面が上になるように転がしながら、ななめに包丁を入れる。大きさをそろえて切る。

DATA

ナス科ナス属

旬／6～9月

選び方／丸みを帯びていて皮の紫色が鮮やかなもの、ガクのとげを軽くさわると痛いくらいとがっているものがよい。

[輪切り]

あまり薄く切りすぎると、火を通したときに歯ごたえがなくなるので注意する。

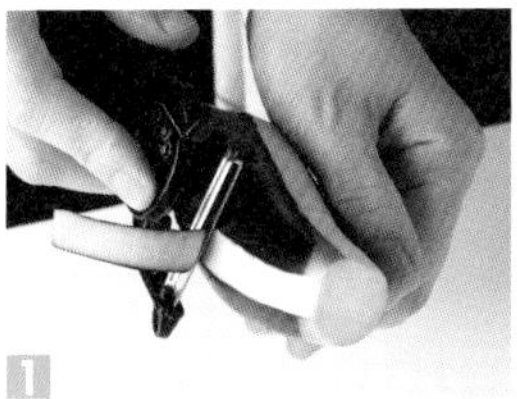

1 ヘタとガクを落とす。なすをしっかりと押さえ、ピーラーで皮をむく。

2 皮はところどころ残してむく。皮の食感を残したまま、味の含みがよくなる。

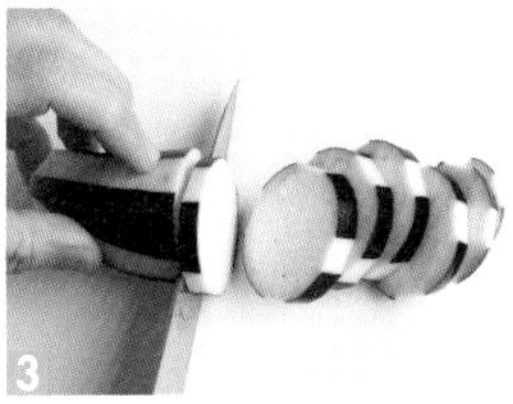

3 下の花つきを切り、横にして置き、端から５～６mmほどの厚さに切る。

[ななめ薄切り]

八つ割りを半分にしたもの。薄くて味がしみ込みやすいので、浅漬けに適している。

ヘタを落として縦半分に切り、八つ割りにする。並べて半分に切る。

[八つ割り]

ぬか漬けや炒め物、蒸しなす、パスタなどの、なすの大きさを生かしたい料理によい。

ヘタを落として縦半分に切る。切り口を下にして置き、放射状に四等分する。

[拍子木切り]

和え物や揚げ煮に向く。皮をむくのでやわらかい食感になる。皮の変色の心配もない。

皮をむいて縦半分、横半分に切る。等分になるように放射状に切る。

[隠し包丁]

切り込みを入れることによって、味がしみ込みやすくなる。焼きなすや煮浸しのときに。

1 縦半分に切り、切り口を下にして置く。皮にななめに細かく浅い切り込みを入れる。

2 格子模様になるように、さらにななめに切り込みを入れる。

[茶せんなす]

小なすを丸ごと天ぷらや揚げ浸しなど、油で揚げるときに。早く均等に揚がる。

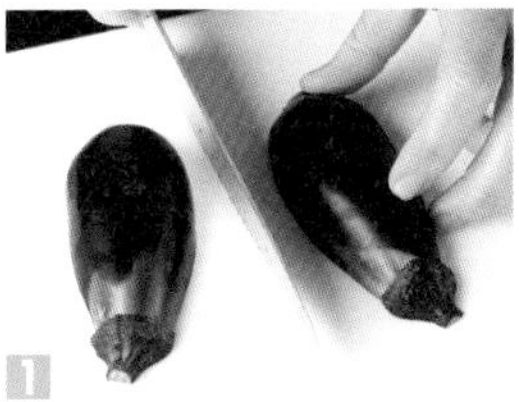

1 縦半分に切り、切り口を下にして縦に置く。

2 端から3mm幅に切り込みを入れる。上から軽く押さえ、切り込みを開かせる。

[飾り包丁]

切り込みを入れることで、味がしみ込みやすく、火の通りがよくなる。

1 縦半分に切り、切り口を下にして置く。2/3の深さまで切り込みを端から細かく入れる。

2 1～2cm幅ずつななめに切り分ける。

アクを抜く

アクが強く、空気にふれると変色するので、すぐに水にさらす。

毎日食べたい栄養たっぷりの緑黄色野菜

ピーマン

辛くはありませんが、実は唐辛子の仲間。独特の苦味があります。

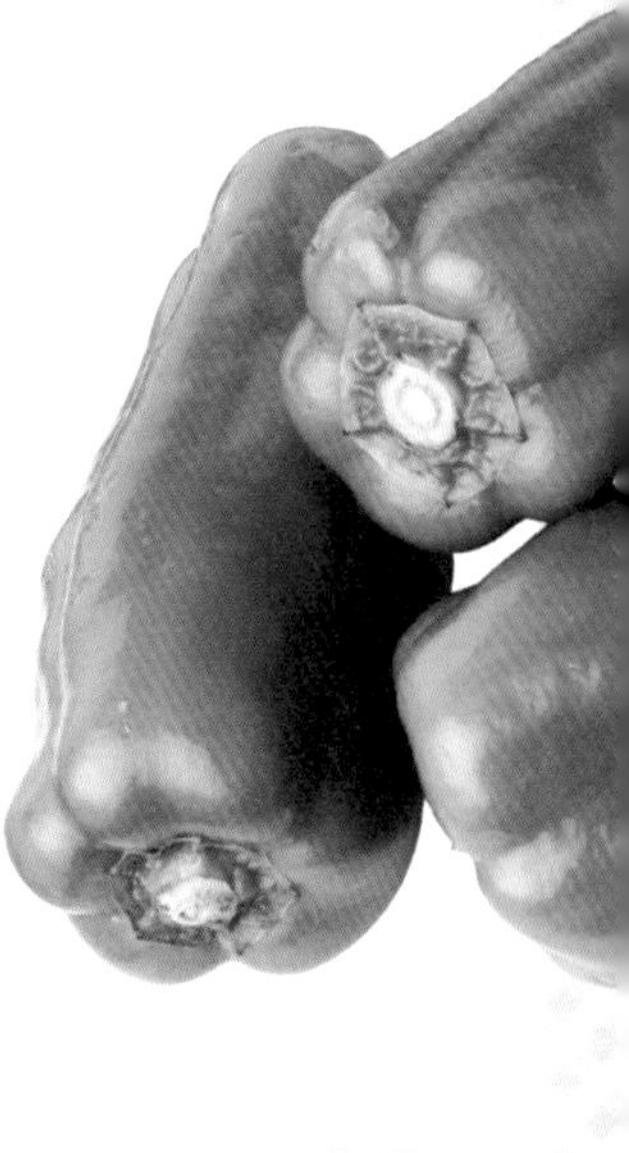

下ごしらえ

[種とわたを丸ごと除く]

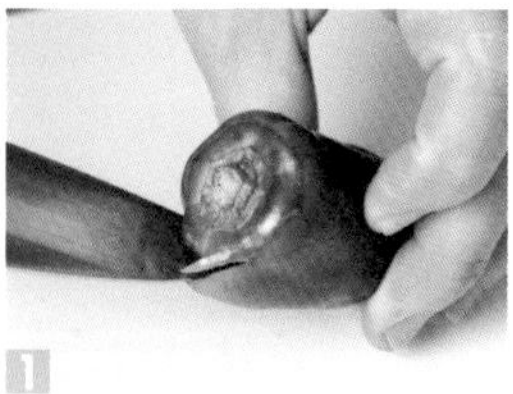

1

・切り込みを入れる・

ヘタの周りにぐるりと一周、切り込みを入れる。

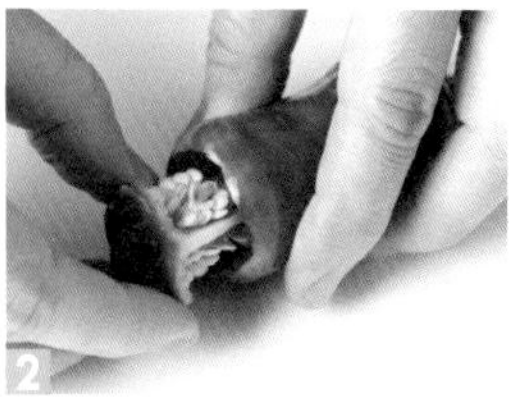

2

・ヘタ・種・わたをくり抜く・

ヘタを引っぱり、種とわたを出して取り除く。逆さにし、中に残った種をすべて出す。

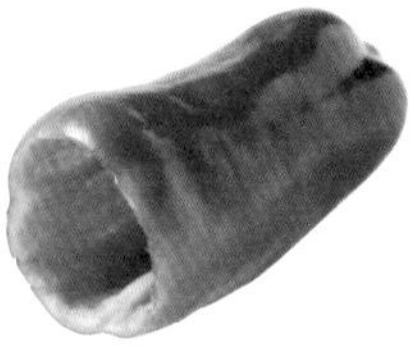

中に詰め物をしたいときや、輪切りにしたいときに向く方法。

[2等分して種とわたを除く]

1

・2等分する・

ヘタをつけたまま縦にして置き、半分に切る。

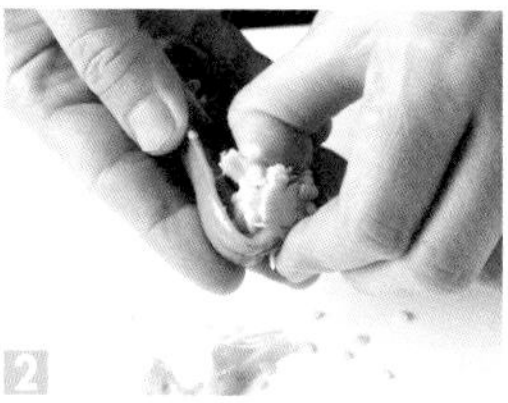

2

・種とわたを取る・

ヘタを指先で取り、手で中の種とわたを取り除く。

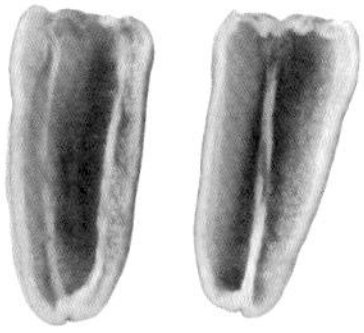

ピーマンの肉詰めなど、中に詰め物をするときに適している方法。

[4等分して種とわたを除く]

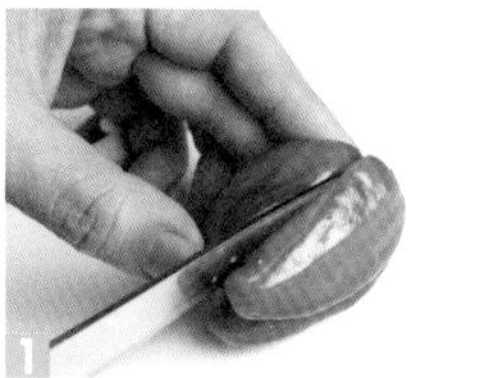

1

・2等分する・

ヘタの周りに切り込みを入れてヘタを取る。縦にして置き、くぼみから半分に切る。

2

・4等分する・

切り口を下にし、縦にして置き、さらにくぼみから半分に切る。

3

・種とわたを切り離す・

種とわたの下に包丁を入れて、種とわたをすくうようにして皮から切り離す。

4

・残った種とわたを取る・

取りきれなかった種とわたは、包丁の切っ先で、ていねいに除く。

種とわたを除くときはペティナイフを使うと便利。

パプリカの使い方

ピーマンよりも甘味があり、大きいのが特徴。黄色や赤、オレンジなどカラフルな色をしている。皮がかたいので、むいてから使うほうがよい。魚焼き器などにパプリカをのせて火であぶって焦がし、熱いうちにビニール袋に入れて蒸らすと皮がむきやすくなる。

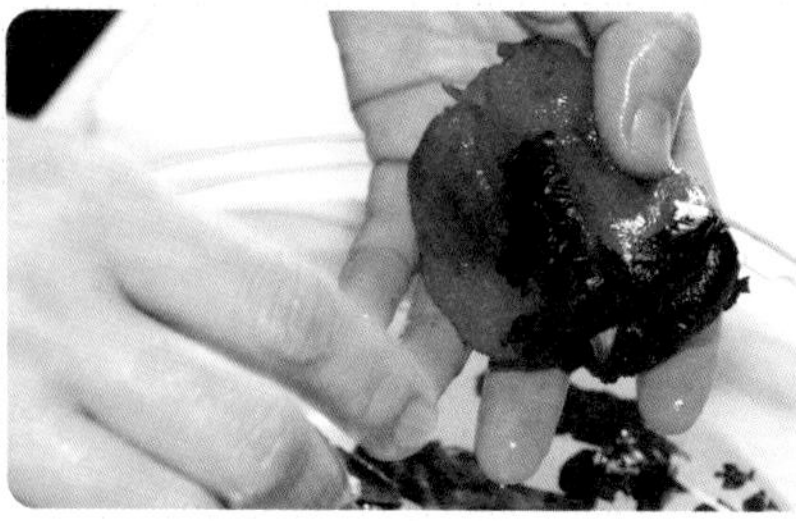

粗熱が取れたら手で皮をむく。皮をむくと口あたりがよく、味がしみ込みやすくなる。

DATA

ナス科トウガラシ属

旬／7〜9月

選び方／ヘタの緑色が鮮やかでぴんとはっているもの、全体につやと弾力があり、色が均一なもの、肉厚でやわらかいものを選ぶ。

切り方

[色紙切り]

ピラフやチャーハンの具材、炒め物によい。小さく切るので、ピーマンの苦味が苦手な人でも食べやすい。

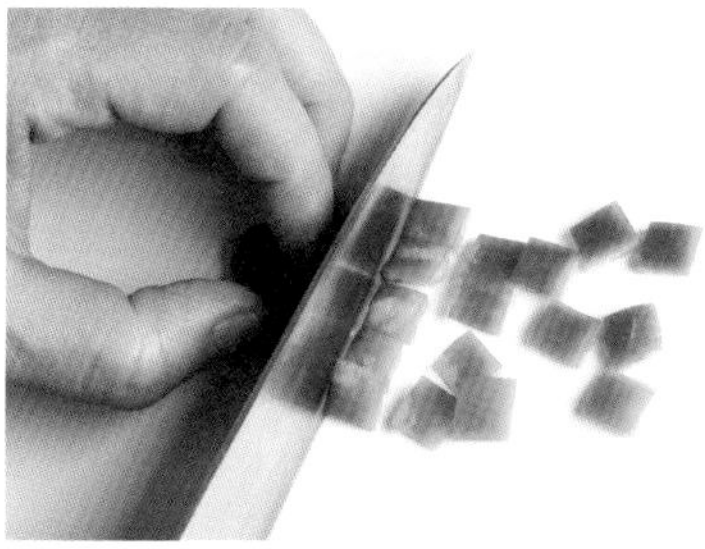

2等分し、切り口を下にして縦に置き、繊維に沿って1cm幅に切る。向きを変え、端から1cm角になるように切る。

[乱切り]

生で食べるより煮込み料理や炒め物など、火を通す調理法に向いている。

4等分したピーマンをまな板に押しつけるようにして押さえ、向きを変えながらななめに切る。

[輪切り]

繊維を断つ切り方なのでやわらかく仕上がる。ピザのトッピング、生で食べるサラダ、マリネによい。

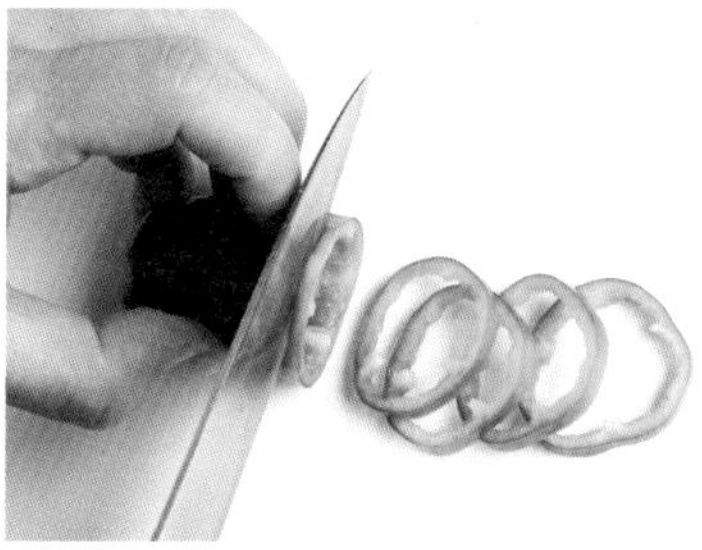

ヘタごと種とわたをくり抜き、横にして置く。転がらないようにしっかり押さえ、端から好みの厚さに細く切る。

繊維に沿うと断つの違いとは

繊維に沿って切ると、形と歯ごたえが残るので炒め物などに。繊維を断って切ると形がくずれやすくなり味が出やすくなるため、ソースなどを作るときに向く。特徴を知り、料理に合った切り方をするとよい。

[せん切り (繊維に沿う)]

シャキシャキとした食感を残したいときには、この切り方が向く。

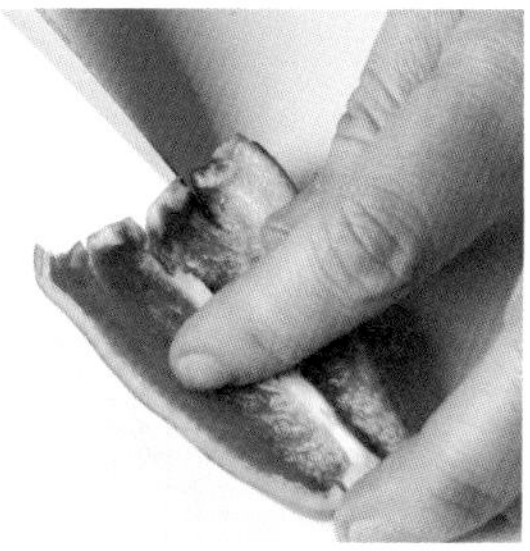

1

縦に2等分し、切り口を上にして置く。ヘタのあった部分に数か所小さく切り込みを入れ、平らにしやすくする。

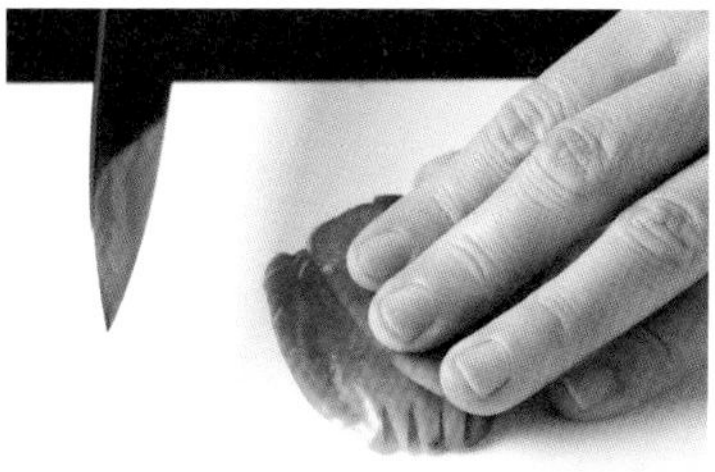

2

切り口を下にして縦に置き、しっかり押さえる。端から繊維に沿って細く切る。

[せん切り (繊維を断つ)]

やわらかいので、サラダなどの生で食べるのに適している。

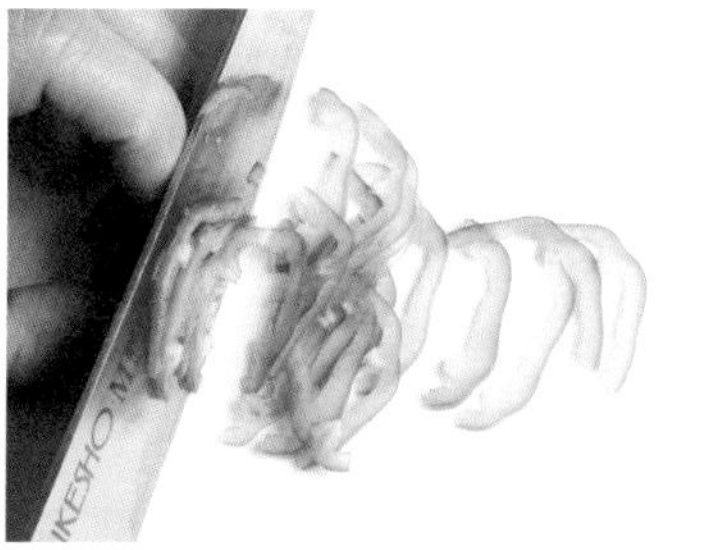

縦に2等分し、切り口を下にして横向きに置く。ピーマンをしっかりと押さえ、端から細く切る。

にがうり

独特の苦味がクセになる温かい地方の野菜

沖縄では昔から食べられていた食材で、地元の「ゴーヤ」という呼び方も全国で定着しました。

下ごしらえ

1

・枝つきと花つきを切る・

横にして置き、転がらないようにしっかり押さえて両端の枝つきと花つきを切って除く。

2

・半分に切る・

縦にして置き、まっすぐ半分に切る。転がらないように、手を添えるとよい。

3

・わたにスプーンを入れる・

枝つきを上にして持ち、スプーンを内側の端ぎりぎりにつきさす。

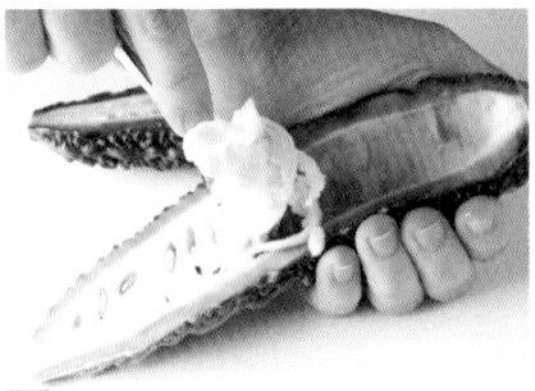

4

・種とわたを取る・

スプーンを軽く押しつけながら下に動かし、種ごとわたをすくい取る。

写真のようになるまで、わたをしっかり取り除く。

わたは苦味のもと

わたをきれいに取り除けば、苦味は弱くなる。逆に、わたを少し残せば苦味を楽しめるので好みに合わせて調節するとよい。

切り方

[薄切り]

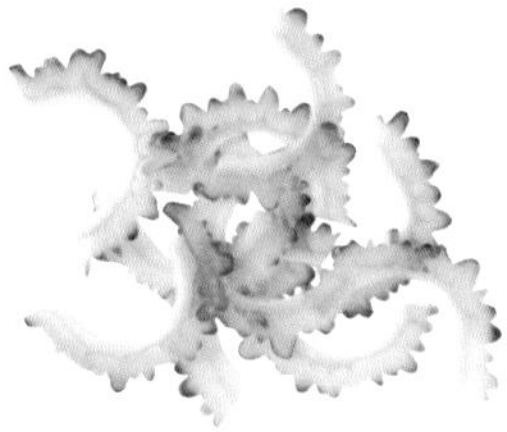

苦味を軽くしたいときは薄切りがよい。スープや和え物に。

1

切り口を下にして置き、端から薄く切る。

2

たっぷりの水をためたボウルにさらす。苦味が抜け、シャキッとする。

[厚切り]

苦味を楽しみたいときは厚切りに。炒め物に合う。

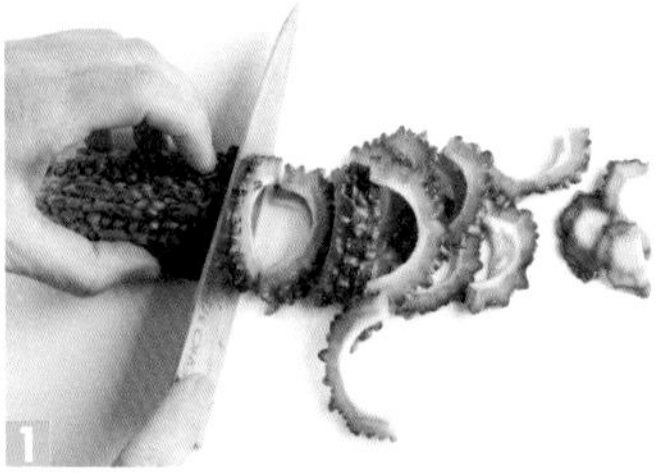

1

切り口を下にして置き、端から厚めに切る。

2

塩ひとつまみをまぶしてもむ。こうすると苦味と青臭さがやわらぐ。

DATA

ウリ科ツルレイシ属

旬／7～10月

緑色が鮮やかでずっしりと重いもの、いぼにはりがあって、つぶれていないものがよい。いぼの密度はびっしりとしているものを。

えだまめ

おつまみとしても大人気。夏野菜の代表格

大豆を若いうちに収獲したもので、もちろんその栄養価は高い。４０００年も前から栽培されています。

下ごしらえ

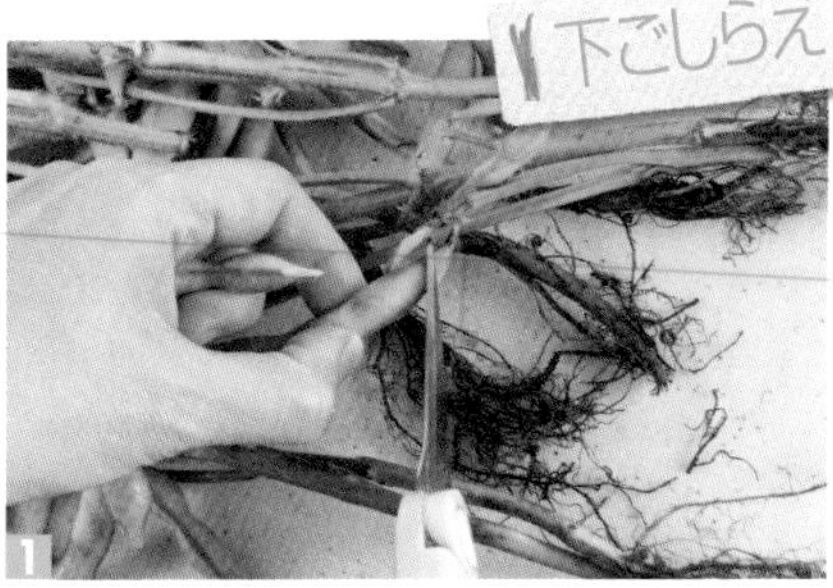

・枝から切り取る・

枝つきの近くを、料理用ばさみでななめに切る。こうすると火が通りやすく塩味が中まで入る。

・塩もみする・

すり鉢にえだまめを入れ、塩大さじ2～3を入れる。すり鉢の溝でこすりながら産毛を取る。

・洗う・

流水を入れ、塩をきれいに洗い流す。水は数回取り替えて洗う。

・水気をきる・

洗った水を捨て、水気をきる。

ゆで方

・塩を溶かす・

4%の粗塩を入れて溶かしてから湯を沸かす。

・ゆでる・

えだまめを入れ、再沸騰してから強火のまま4～5分ゆでる。

・取り出す・

えだまめの色がきれいな緑色になったら、ひとつ出してかたさを確認してから網ですくって出す。

・広げて冷ます・

盆ざるに広げて水気を飛ばし、熱いうちに食べる。冷凍する場合は、冷めてから保存する。

DATA

マメ科ダイズ属
旬／6～9月
豆がよくふくらんでいて大きさがそろっているもの、さやの緑色が濃いものがよい。枝が茶色に変色しているものは避ける。

さやえんどう

若いえんどうまめをさやごとを食べる野菜

さやとさやのすれ合うキュッという音が絹ずれの音に似ていることから「絹さや」とも呼ばれます。

下ごしらえ

・枝つきと筋を取る・

枝つきを折って引っぱり、筋を取る。もう片方の筋も同様に取る。ひげのつけ根を切る。

・さやを開く・

さやを開いて中に入っている豆を取り除く。

スナップえんどう

生長した豆とやわらかいさやを食べる野菜

えんどうまめは生長途中もさやがかたくならず甘いので、さやと豆の両方の食感を楽しめます。

切り方

[せん切り]

かき揚げや和え物、すまし汁などによい。

開いたさやえんどうを何枚かずらして重ね、縦に置く。端から細く切る。

[ななめ切り]

丼や味噌汁に入れる。鮮やかな緑色が料理を引き立てる。

筋を取ったさやえんどうを、2～3等分するようにななめに包丁を入れて切る。

DATA

マメ科エンドウ属
旬／4～6月
豆がしっかり入っていて、はりがあり色つやがよいものを選ぶ。枝つきが生き生きとして鮮やかで、変色していないものがよい。

DATA

マメ科エンドウ属
旬／4～6月
鮮やかな緑色をしており、全体にはりがあるもの、花つきがぴんとしているものを選ぶ。豆の形があまり浮き出ていないものがよい。

下ごしらえ

・枝つきと筋を取る・

1　枝つきを折って引っぱり、かたい両側の筋を取る。

・飾り切り・

2　両端を、V字になるように包丁の切っ先で切る。

ゆでてサラダにしたり、炒めたりして料理のつけ合わせに。

ゆで方

1　・ゆでる・

1%の塩を入れて沸かした湯で、約3分ゆでる。

2　・冷ます・

盆ざるに上げてあおぐか、氷水にとって冷ます。水気をきる。

・ひらく・

3　縦にして持ち、丸みのあるほうから手でさやを開く。

きれいに並んだ豆がアクセントに。料理の飾りになる。

そらまめ

塩ゆでやサラダでシンプルに食べたい野菜

冷凍物が一年中出回りますが、やっぱり旬のとれたてをいただくのが一番です。

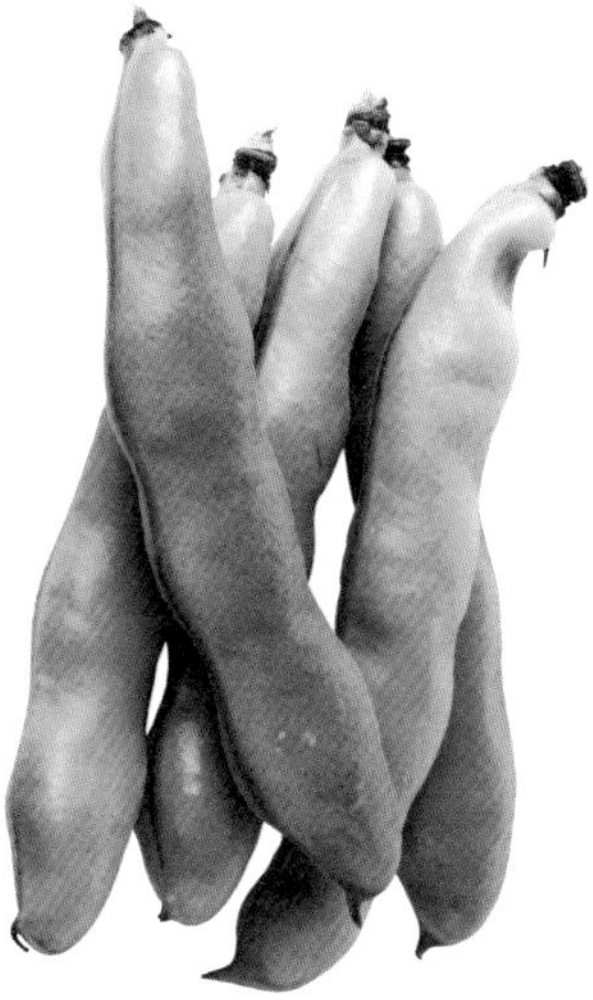

下ごしらえ

・さやを開く・

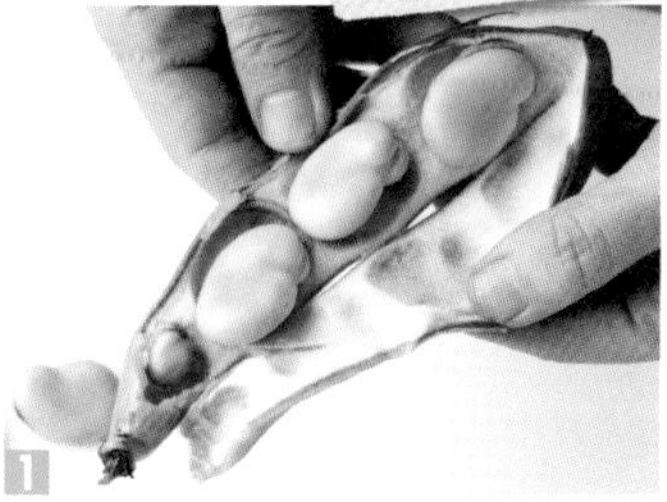

1　さやの間の筋に指をかけて開く。食べる直前に開き、調理する。

・爪を取る・

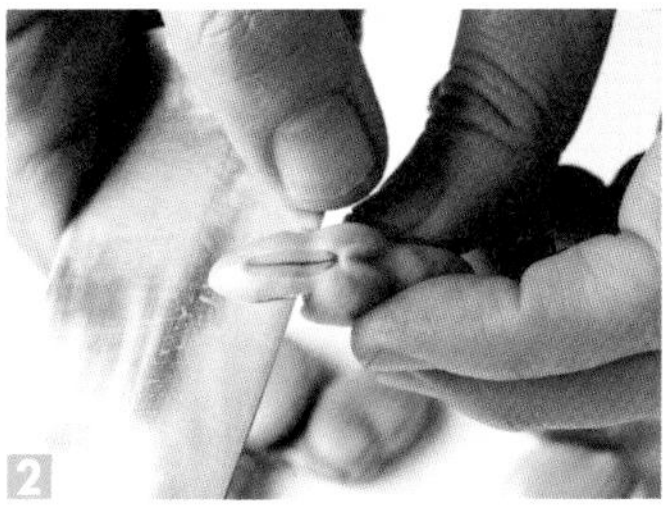

2　黒い筋の部分(爪)を包丁でむき取って除く。または手のつめで横に切り込みを入れる。

ゆで方

・ゆでる・

1　2%の塩を入れて沸かした湯で、2~3分ゆでる。

2　・冷ます・

すぐに氷水に移し、冷まして水気をきる。

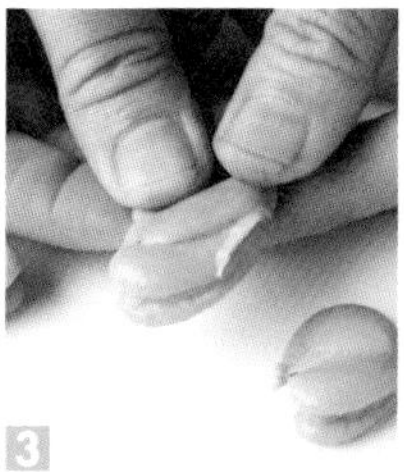

3　・薄皮をむく・

手で豆の下のほうを押し、つるりときれいに薄皮をむく。

そのまま食べるとき

盆ざるに上げて水気を飛ばし、熱いうちに食べる。

DATA

マメ科ソラマメ属

旬／5~6月

さやがふっくらとしていて実が詰まっているもの、全体に緑色が鮮やかなものがよい。さやつきで売られているものを選ぶ。

使い勝手のよいきのこ

えのきたけ

クセの少ないえのきたけは、ほかの食材の味を邪魔しません。

DATA

キシメジ科エノキタケ属
旬／通年（施設栽培で作られている）
選び方／石づきがかたく、軸にはりがあってかさに丸みのあるもの。袋の中の空気が少ないものがよい。

下ごしらえ

・手でほぐす・

石づきを切り落とし、手で好みのサイズに軸をほぐす。

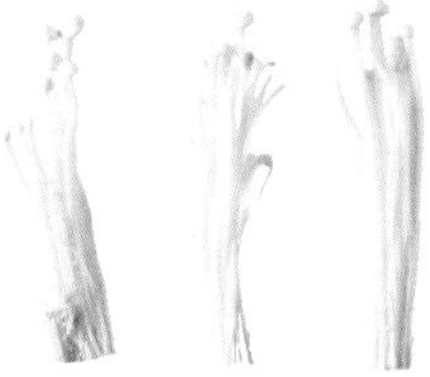

ばらばらにならないので鍋に向いている。

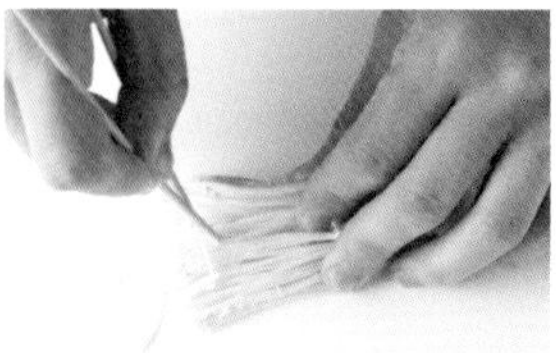

・竹串でほぐす・

石づきを切り落とす。竹串を使い、かさから軸のほうへ動かす。

和え物や汁物に向いている。

旨味の多いきのこ

しめじ

ほんしめじの栽培は難しく、出回るのはぶなしめじです。

DATA

キシメジ科シロタモギタケ属
旬／9～11月
選び方／かさの模様がはっきりとしていて、石づきに近い部分が白くふくらんでいるものがよい。

下ごしらえ

手でさいたほうが断面が広くなり、味がしみ込みやすくなる。煮物、汁物、炒め物、和え物と使い道は多い。

・石づきを落とす・

1 かさが割れないように押さえながら、石づきを切り落とす。

・さく・

2 小さいしめじが落ちないように手で2～3本ずつにさく。

強い風味を持つきのこ

まいたけ

もとは東北の名産だったため、きりたんぽ鍋には欠かせません。

DATA

サルノコシカケ科
マイタケ属
旬／9～11月
選び方／かさの色が濃く、軸は白くしまったもの。袋の中に水滴がついているものは避けたほうがよい。

下ごしらえ

炒め物や鍋、揚げ物に向いている。風味が強いので、あっさり味の料理には下ゆでしてから使用する。

・石づきを切る・

1 軸の変色した部分を切る。中央に切り込みを入れる。

・さく・

2 切り込みを中心にして、手で左右に広げてさく。

フランス料理やイタリア料理の定番きのこ

エリンギ

日本には自生していませんが、現在では大量栽培が行われています。歯ごたえのある太い軸を主に食べます。

下ごしらえ

・石づきを落とす・

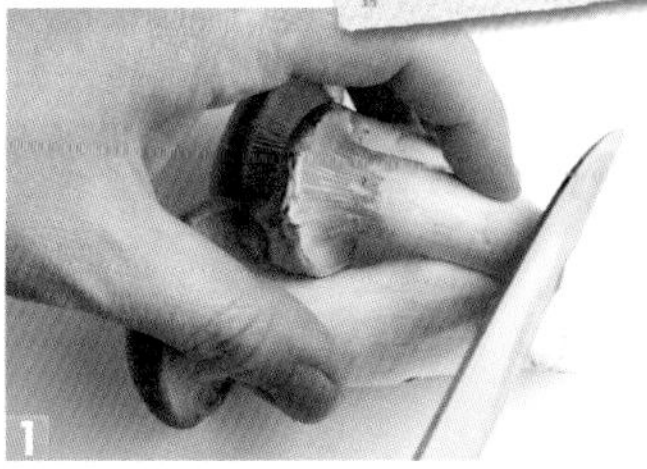

1 石づきを下から5㎜切り落とす。かたい部分が残った場合は削り取る。

・さく・

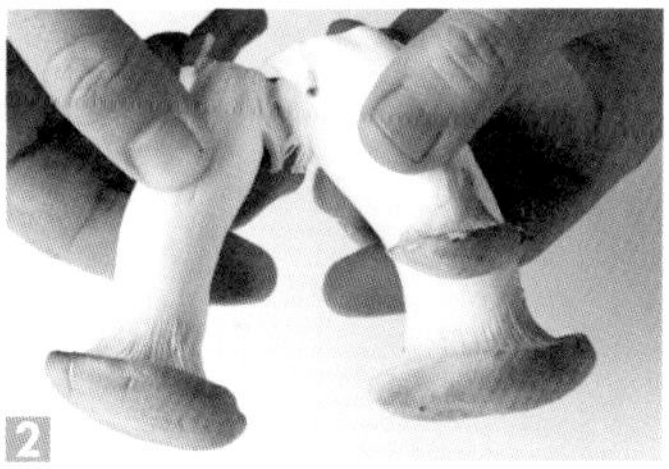

2 1本ずつばらばらになるように分ける。

手でさく

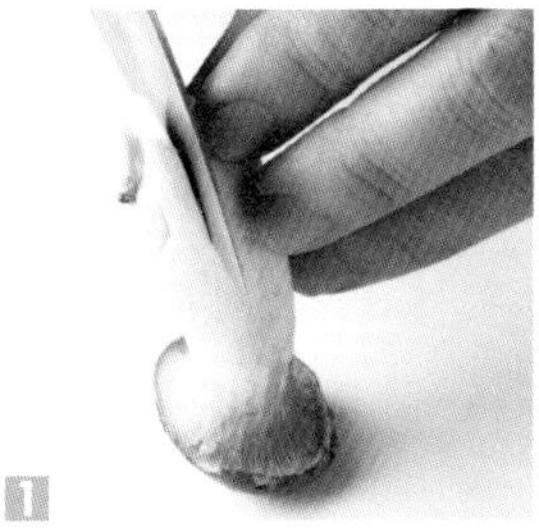

・縦半分に切る・

1 かさを下にして立て、中心に2～3cm深さの切り込みを入れる。

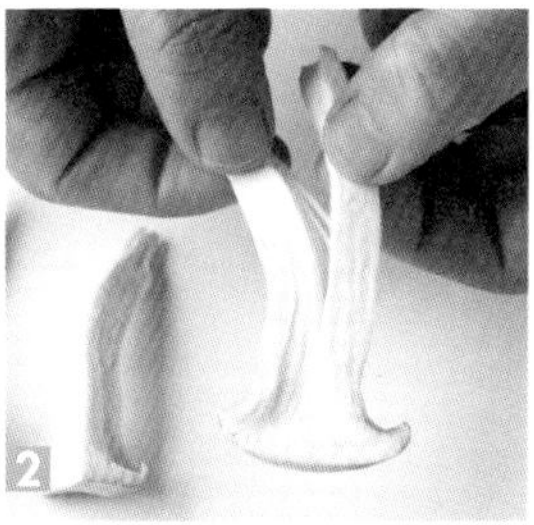

・さく・

2 手で2等分にさく。断面を上にして持ち、さらに2等分する。

金属にふれると風味を失うので、なるべく包丁を使わずに手でさいたほうが風味が残る。

切り方

［ 薄切り ］

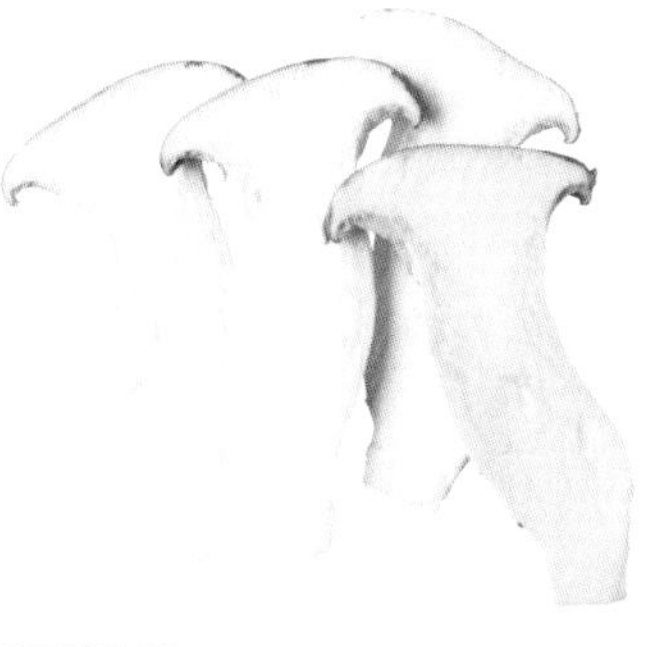

食感を楽しみたいときには繊維に沿って切るとよい。炒め物や素焼きに向いている。

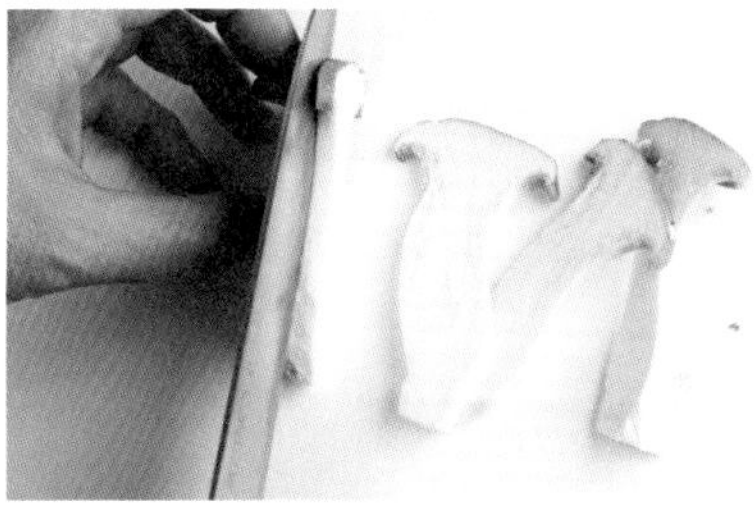

かさを奥にして縦に置く。端から3～4mm厚さに薄く切る。かさが割れないように気をつける。

［ さいのめ切り ］

スープの浮き実やパスタの具に向いている。

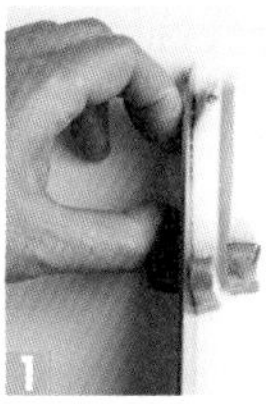

1 繊維に沿って1㎝幅に切る。横に倒して棒状になるようにさらに1㎝幅に切る。

2 90度回転させて、端から1㎝幅に繊維を断って切る。

DATA

ヒラタケ科ヒラタケ属
旬／通年（施設栽培で作られている）
選び方／かさが薄い茶色で開きすぎていない。軸に弾力があり、色が白ければ白いほどよい。

しいたけ

古くから日本で栽培されているきのこ

旨味成分のグルタミン酸やグアニル酸に富み、食材としてだけではなく、だしをひくためにも使います。

下ごしらえ

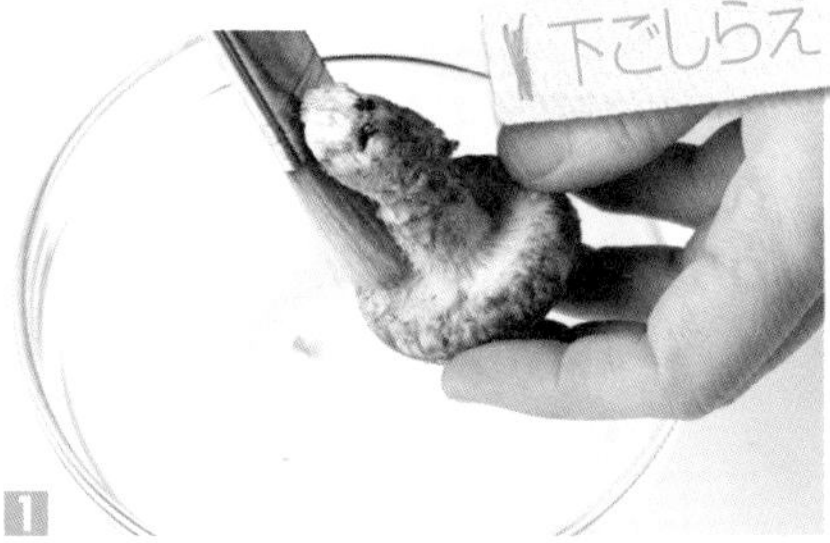

1 ・汚れをはらう・

2 ・石づきを取る・

3 ・軸を切る・

1 汚れをはけではらう。かさの裏のひだの間には汚れがたまりやすいのでていねいに。

2 軸の先にあるかたい石づきを切り落とす。

3 軸をひだのぎりぎりのところで切り落とす。軸は刻んで汁物などに入れるとよい。

DATA

キシメジ科シイタケ属
旬／3〜5月、9〜11月
選び方／表面に傷がなくて乾き、軸が短くて太いもの。かさは肉厚で半開きのものがよい。かさの裏のひだが黒っぽいものは避ける。

干ししいたけの戻し方

干ししいたけには、肉厚でかさの閉じている「冬《どん》茹《こ》」と、薄くてかさの開いている「香信《こうしん》」、その中間にあたる「香茹《こうこ》」がある。それぞれサイズが違うので戻し時間にも差があり、香信や香茹はひと晩で戻るが、冬茹は中心が戻りきらないことがある。冬茹を使うときには早めに戻すとよい。

1

2

3

1 ふきんで表面の汚れをはらう。ボウルに水を入れ、干ししいたけを浸す。かさの裏のひだを下にしたほうが戻りが早い。

2 水面にぴったりとラップを落とす。ラップをすることで均一に戻り、ほこりが入らない。この状態で半日以上つける。

3 両手で1枚ずつはさみ、軽く押さえて水気を絞る。戻し汁をだし汁として活用するときには、きれいな上澄みだけを使う。

切り方

[そぎ切り]

薄く切ったものは和え物に、厚く切ったものは炒め物に向いている。

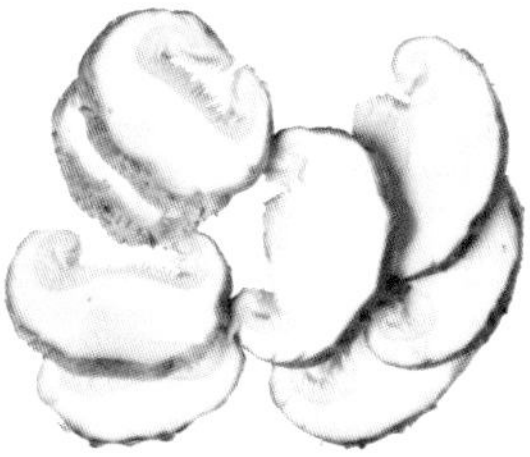

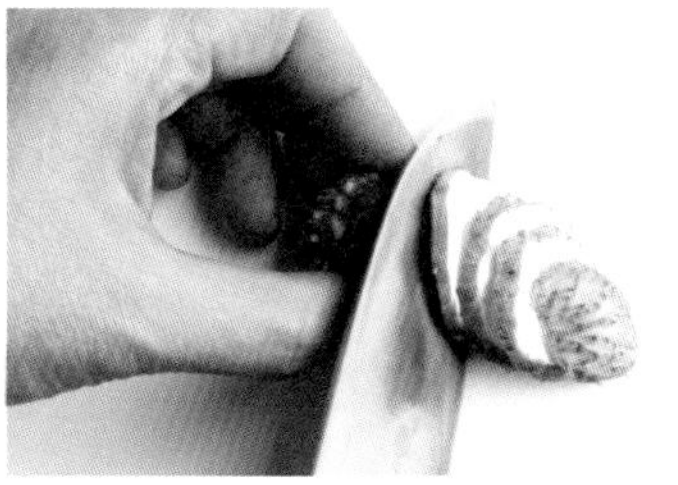

ひだを下にして置く。包丁をねかせて入れ、そぐように切る。

[四つ割り]

肉厚で旨味が残るため、炒め物や煮物に向く。

ひだを下にして置く。縦半分に切る。切り口を横向きにかえ、2等分する。

[薄切り]

スープや和え物によい。薄切りにしたあと、せん切りやみじん切りに応用できる。

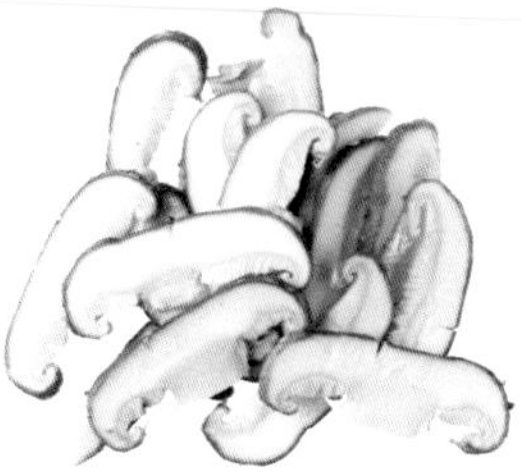

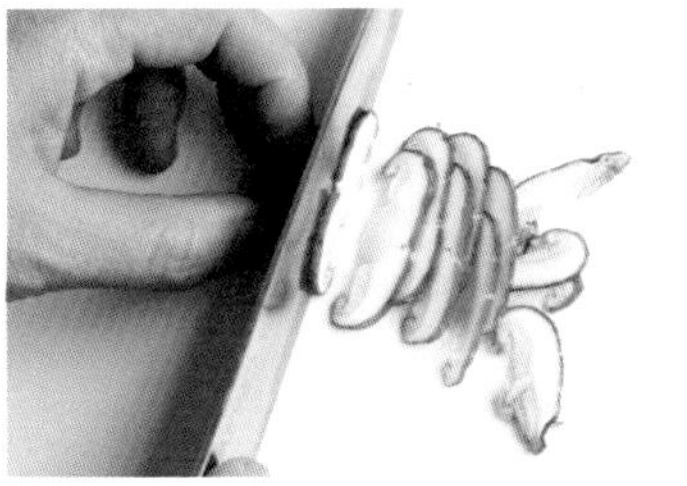

ひだを下にして置く。端から1～2mm厚さに薄く切る。

▼

[みじん切り]

きのこソースやしゅうまいのたねのようにひき肉と混ぜる料理に向いている。

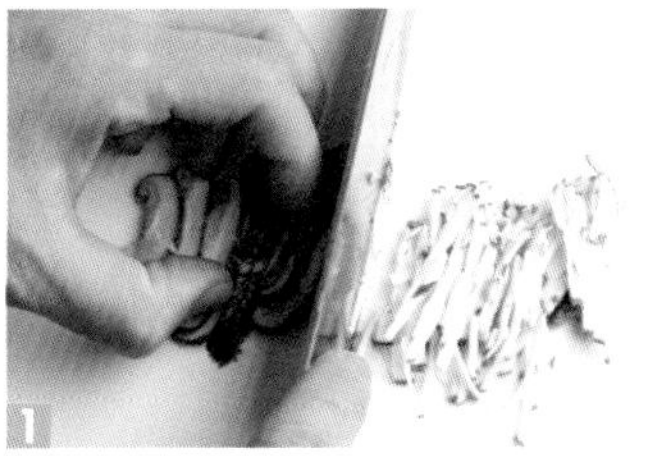

薄切りにしたしいたけをそのまま横に倒す。端から1～2mm幅に細く切る。

細切りにしたしいたけを横にして置く。端から1mm幅に細かく刻む。

飾り切りにチャレンジ

[花切り]

盛りつけがきれいに見えるだけでなく、表面積が増えるので味がしみ込みやすくなる。鍋や煮物などしいたけをそのままの形で使う料理におすすめ。

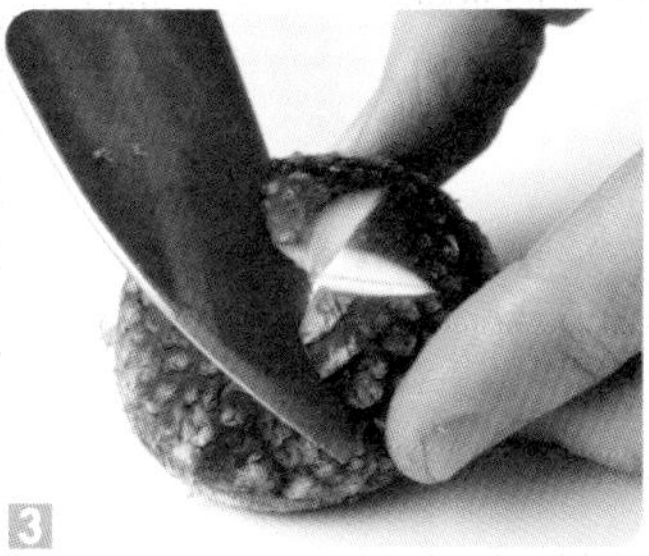

1. ひだを下にして置く。中心で交差するように包丁の切っ先で切り込みを3本入れ、目安線にする。
2. 目安線から3mm離れた場所から、切り込みに向けてななめに包丁を入れる。
3. 逆側からも包丁を入れ、V字になるように切り込みを入れる。残りの2本の目安線も同様に行う。

世界で最も多く栽培されている有名なきのこ

マッシュルーム

きれいな純白色が変色しないように、使う直前に切るのが鉄則です。

DATA

ハラタケ科ハラタケ属
旬／9～12月
選び方／丸くて厚みがあるもの。かさの色が白ければ白いほどよい。かさの裏が黒いものは避ける。

下ごしらえ

・石づきを落とす・

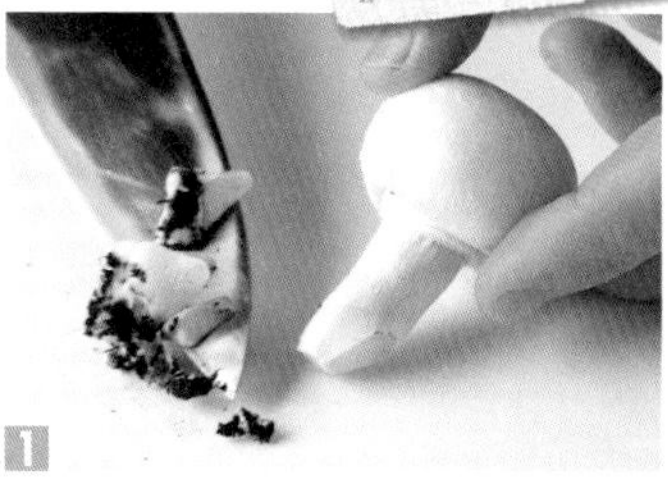

鉛筆を削るようなイメージで、土のついている石づきを削り落とす。

・汚れを落とす・

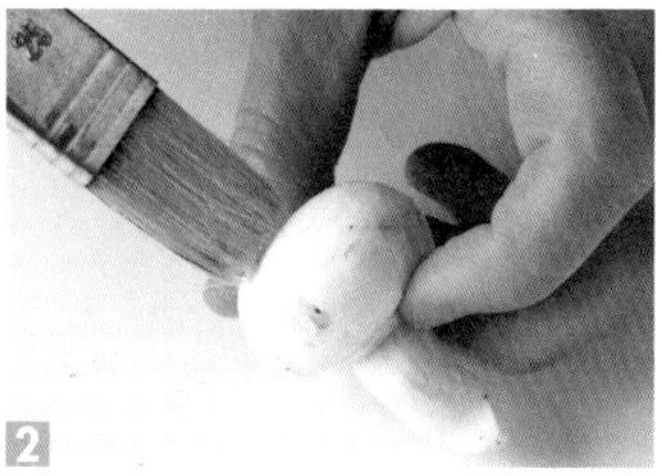

はけを使い、全体の汚れをはらう。汚れがひどいとき以外は、水で洗わない。

切り方

[薄切り]

スープやサラダに向いている。

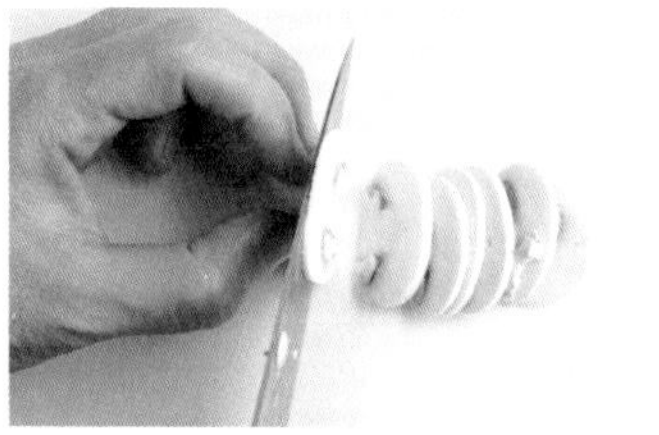

軸をかさのすぐ下で切り落とす。切り口を下にし、端から1㎜厚さに切る。

[四つ割り]

存在感を出したいときに。

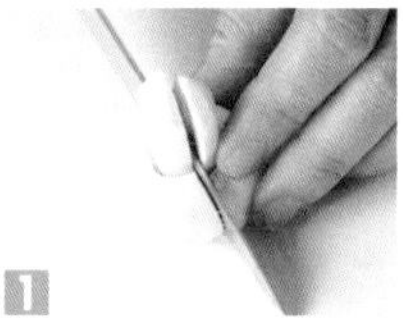

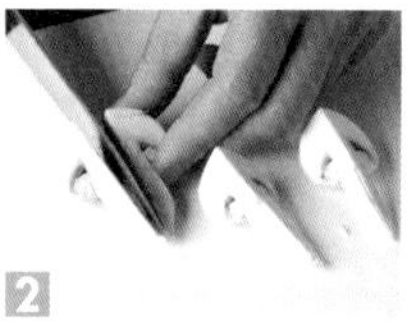

かさを下に向けて立て、縦に2等分する。切り口を上にして置き、さらに縦に2等分する。

[六つ割り]

炒め物や煮込み料理によい。

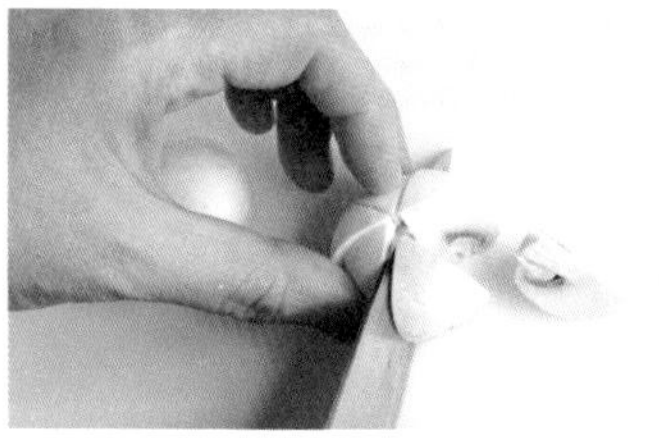

軸をかさのすぐ下で切り落とす。切り口を下にし、放射状に6等分する。

[みじん切り]

香りを強く出したいときに向いている。

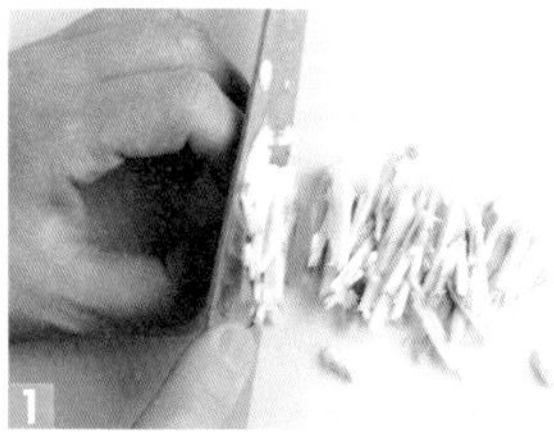

薄切りにしたマッシュルームを重ねて置き、端から1㎜幅に切る。

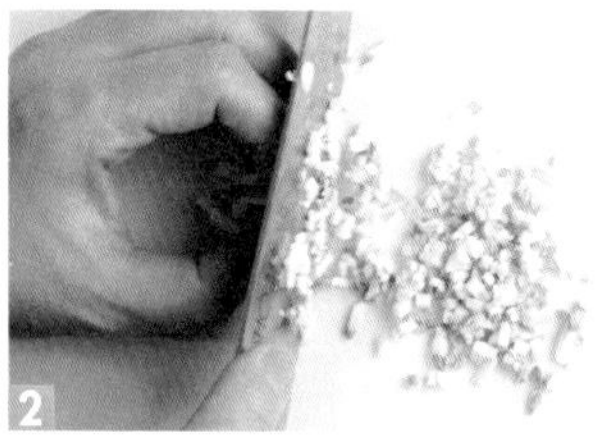

90度向きを変えて置き、端から1㎜幅に細かく刻む。

POINT

変色防止にレモン汁

レモン汁をかけることによって変色を防げるが、酸味がつくのでサラダのときに向く。

使いたい量だけ戻せる便利なきのこ

乾燥きのこ

乾燥しているので長期保存ができるうえに、きのこの旨味がぎゅっと凝縮されています。

きくらげ

DATA

キクラゲ科キクラゲ属
旬／4～8月（乾物として1年中出回っている）
選び方／表面が黒く、よく乾燥しているものがよい。

下ごしらえ

水で20分

たっぷりの水につけ、やわらかくなるまで約20分かけて戻す。

軽く水洗いする。かたい石づきを切り落とす。

ポルチーニ茸

DATA

イグチ科ヤマドリタケ属
旬／9～11月
呼び名／フランス語では「セップ」、日本語では「ヤマドリタケ」という。

下ごしらえ

水で30分

表面の砂や汚れをふきんではらう。たっぷりの水に約30分浸して戻す。

戻し汁は独特な香り

戻し汁の色が濃く、強い香りを出すものがおいしい。上澄みをだしに使う。

モリーユ

DATA

アミガサタケ科
アミガサタケ属
旬／4～5月
呼び名／イタリア語では「スプニョーラ」という。

下ごしらえ

水で40分

水に浸し、約40分かけて戻す。半分に切って中から砂を出す。

トランペット・デ・モール

DATA

アンズタケ科クロラッパタケ属
旬／夏～秋
呼び名／フランス語で「死のトランペット」の意味。

下ごしらえ

水で20分

たっぷりの水に浸し、約20分かけて戻す。水の中で押し、砂を出す。

こんな乾燥きのこもあります

白きくらげ

中国原産。戻すとゼリーのような食感がある。シロップに漬けて、デザートに。

ジロール

「あんずだけ」と呼ばれる淡い赤色をしたきのこ。肉料理のつけ合わせによい。

さわやかな風味が食欲を誘う野菜

青じそ

和のハーブとも呼ばれる青じそは、薬味としてだけではなく、天ぷらにしてそれ自体でも楽しめます。

下ごしらえ

1

・重ねる・

青じその向きをそろえて数枚重ねて置く。

2

・軸を切る・

重ねた状態で軸を切り落として除き、葉だけにする。

切り方

[せん切り]

加熱すると香りが飛び、色が悪くなるので料理には最後に加える。

1

数枚を重ね、繊維の方向を横にして置く。

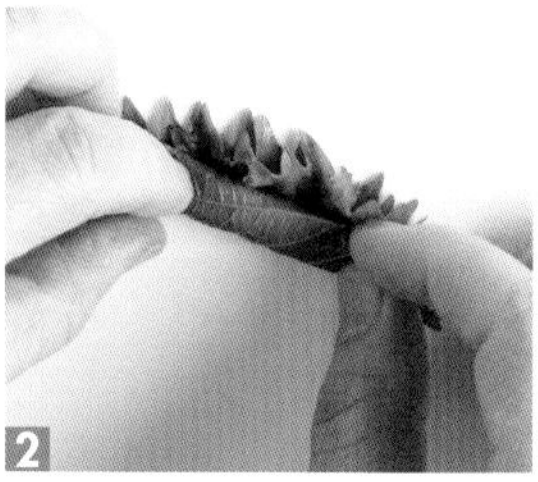

2

手前から奥に向かってくるくると巻き、細い棒状にする。

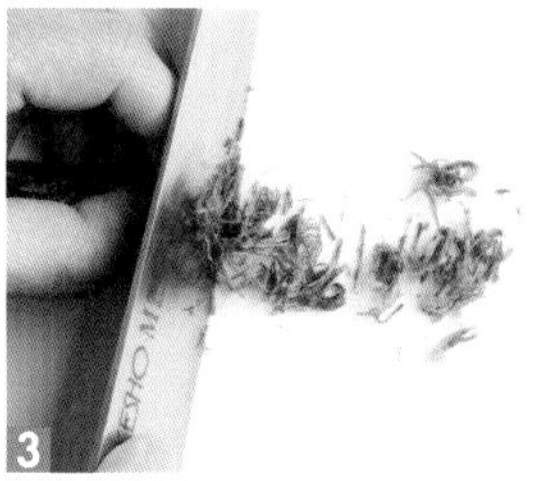

3

巻きが開かないように押さえ、端から1mm幅に細く切る。

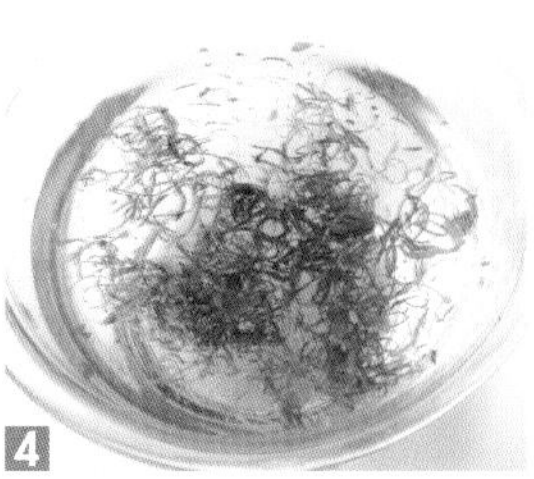

4

切った青じそを水にさらす。色がよくなり、アクが抜ける。

しその種類いろいろ

赤じそ

葉の赤いしそのこと。梅干しや梅酢の着色、ゆかりなどに使う。

花穂じそ

生長して桃色の花をつけた青じそのこと。飾りや塩漬けしてふりかけに。

むらめ

発芽したばかりの赤じそのことで、刺身のつまに使う。少し辛味がある。

DATA

シソ科シソ属
旬／6～10月
選び方／葉にはりがあり、緑色が鮮やかで、切り口が新鮮でみずみずしいものがよい。葉に茶褐色のはん点があるものは避ける。

魚や肉の臭み消しに役立つ野菜

しょうが

収穫したばかりの新しょうがより、収穫後に保管した黄色いひねしょうがのほうが一般的です。

下ごしらえ

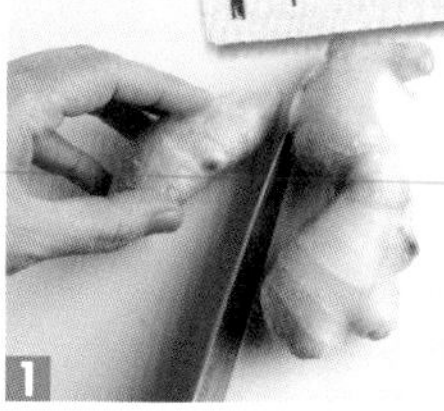

1

・切り分ける・

細くなっている部分で切り、使いやすい大きさに分ける。

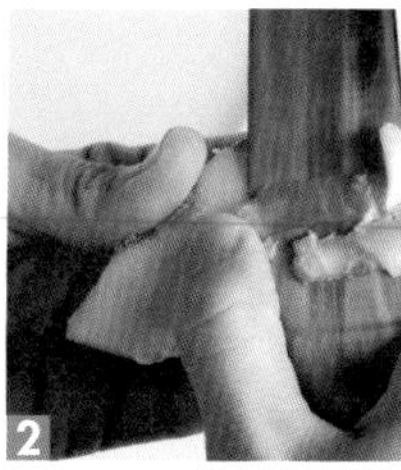

2

・皮をむく・

しょうがを縦長に持ち、奥から手前に向かって薄く皮をむく。

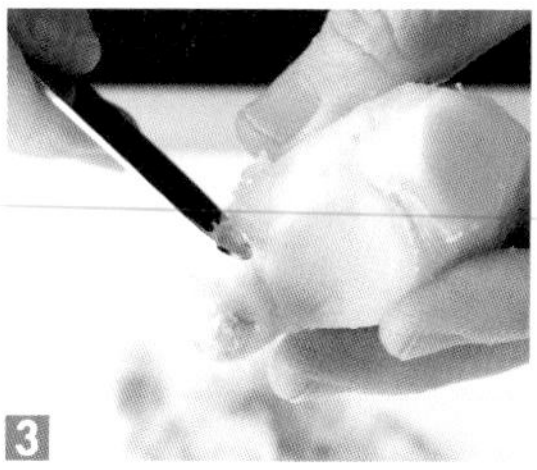

3

・細かいところはナイフで・

テーブルナイフなどを使って細かい部分の皮をこそげ落とす。

切り方

[すりおろす]

繊維の食感をなくしたいときに使う。香りがひかえめになる。

小さめのおろし金に、繊維が直角になるようにあて、円を描くようにおろす。

[薄切り]

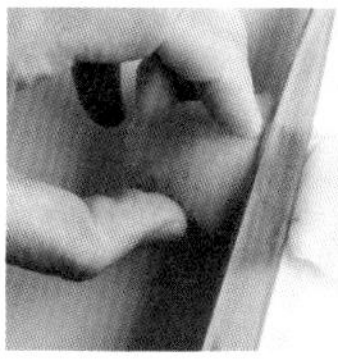

横にして置き、転がらないように押さえる。端から1～2mm厚さに切る。

繊維に逆らうと味が強くなり、繊維に沿うと香りが強く出る。

[みじん切り]

薄切りのときよりも香りを出したいときに向いている。

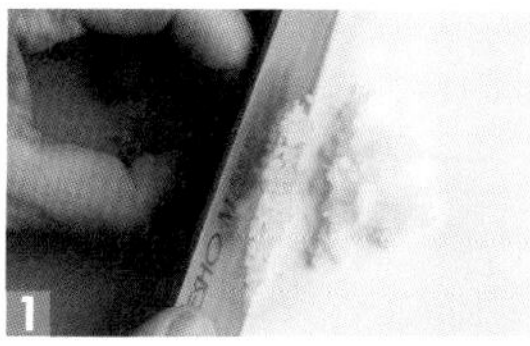

1

せん切りし、90度向きを変えて横にして置き、端から1mm厚さに刻む。

2

刃元のほうを使って、さらに細かく刻む。

[せん切り]

さばの味噌煮などのつけ合わせに向いている。

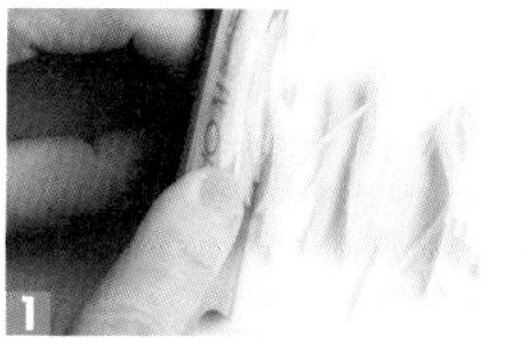

1

薄切りにしたしょうがを重ねて置く。端から1mm以下の厚さに切る。

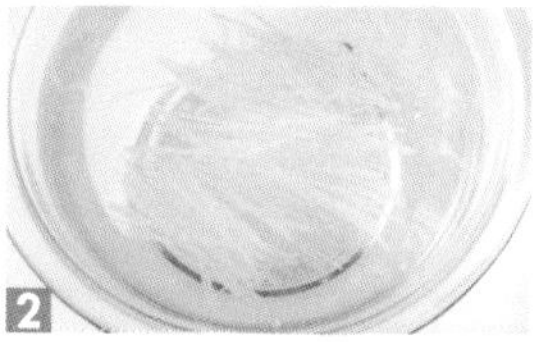

2

生で使用するときにはたっぷりの水にさらして辛味やアクを抜き、シャキッとさせる。

[絞り汁]

風味を強く感じたいとき、ひき肉や液体に混ぜるときに向いている。

すりおろしたしょうがを茶こしに入れ、上から指で押さえて汁を器に絞る。

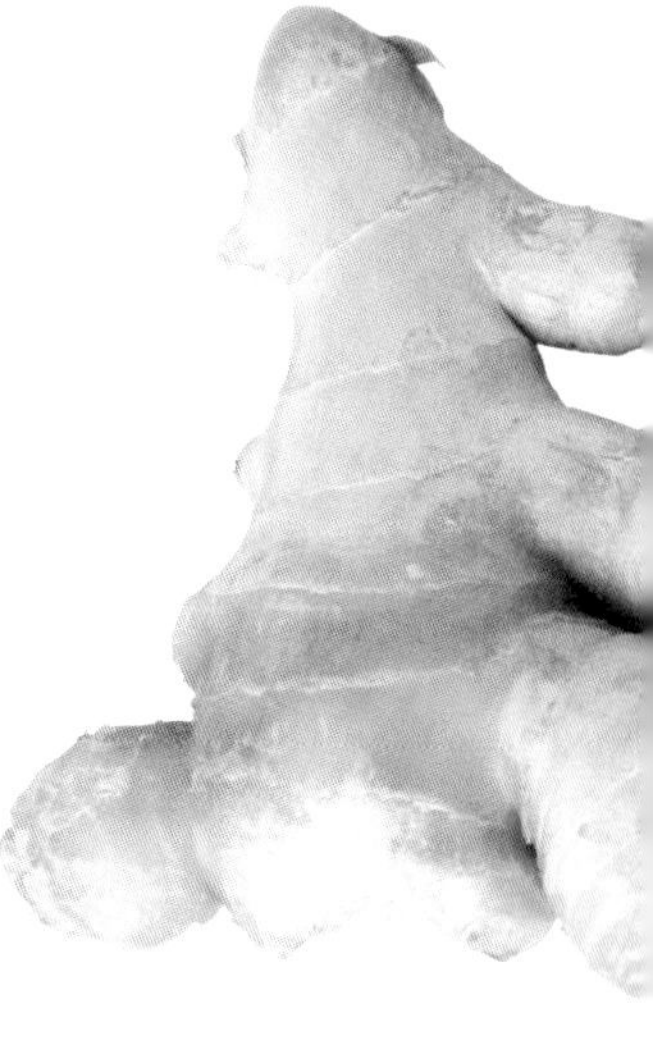

DATA

ショウガ科ショウガ属
旬／通年
（新しょうがは8～9月）
選び方／表面に傷がなく、ふっくらとしていてつやがあるもの。乾燥しているものは筋が多いので避ける。

イタリア料理や中華料理で活躍する野菜

にんにく

炒め物に使うときは、油が冷たいうちから一緒に弱火で熱すると油に香りが十分に移ります。

下ごしらえ

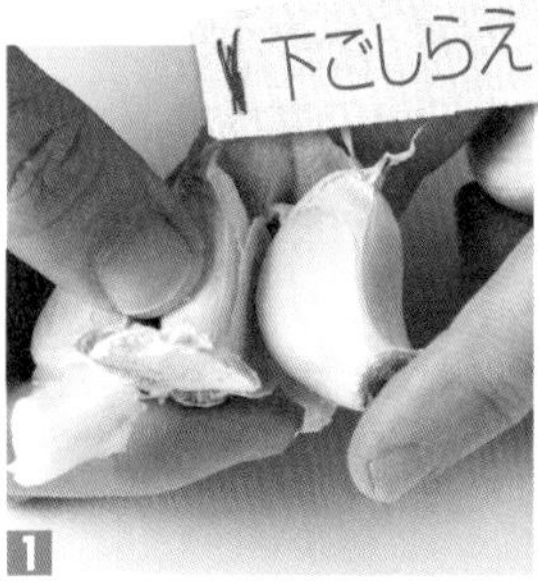

1

・片を取り出す・

外の皮をむき、中のにんにくを1片ずつに分ける。

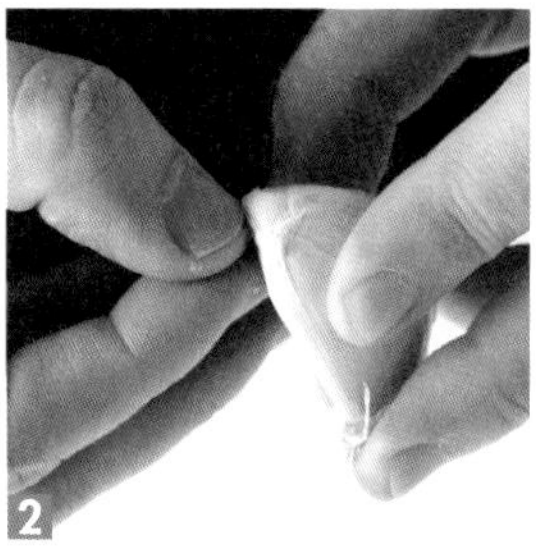

2

・皮をむく・

つめを使ってつけ根を取り、切り口から皮をむいて取り除く。

皮の内側にある薄い皮は、残りやすいので気をつけて除く。

切り方

[つぶす]

刻んでいないので、料理の香りづけに使った後取り出せる。

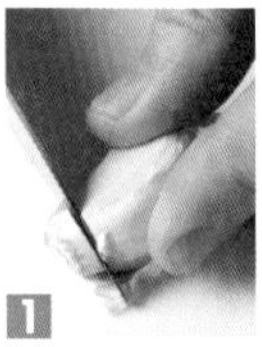

1

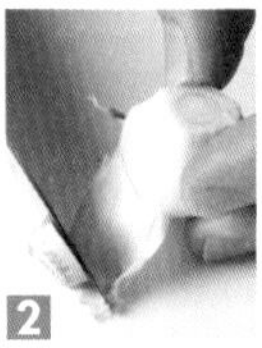

2

下ごしらえの1までしたら、根元を切り落とし、そのまま実を持ち上げて皮をむく。

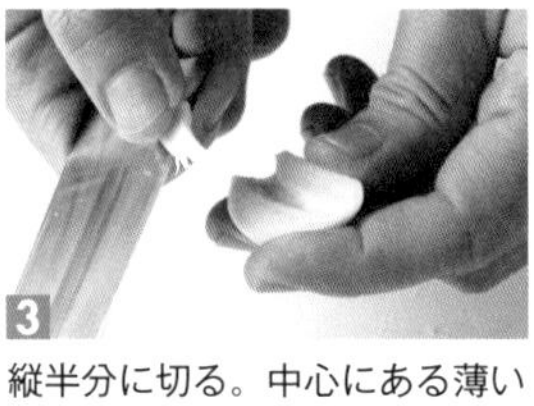

3

縦半分に切る。中心にある薄い黄色の芽を包丁の刃元を使って取り除く。

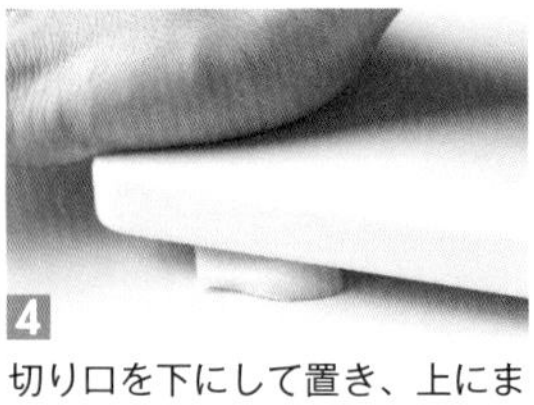

4

切り口を下にして置き、上にまな板をのせる。まな板の上から力を加え、押しつぶす。

[みじん切り]

食感はほとんどなくなるが、独特の香りは強く出る。

1

横に倒して置き、指で押さえる。包丁の切っ先で、水平方向に切り込みを3～4か所入れる。

2

包丁の刃元で、頭のあたりを少し残して細かく切り込みを入れる。

3

90度向きをかえ、端から細く切る。包丁の刃元でさらに細かく刻む。

[薄切り]

にんにくそのものを料理と一緒に食べるときに向いている。

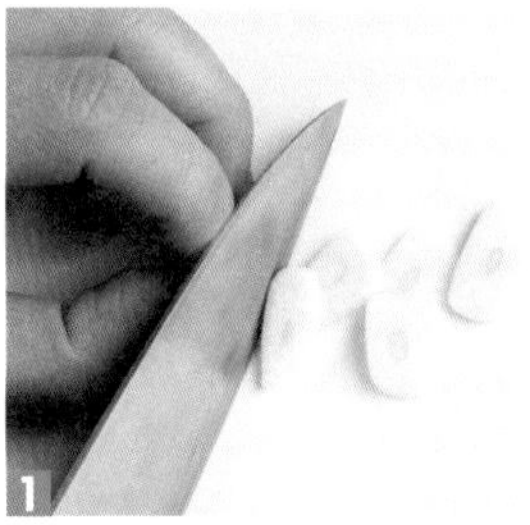

1

繊維を横にして置く。端から1mm厚さに薄く切る。繊維を断って切ると香りが強くなる。

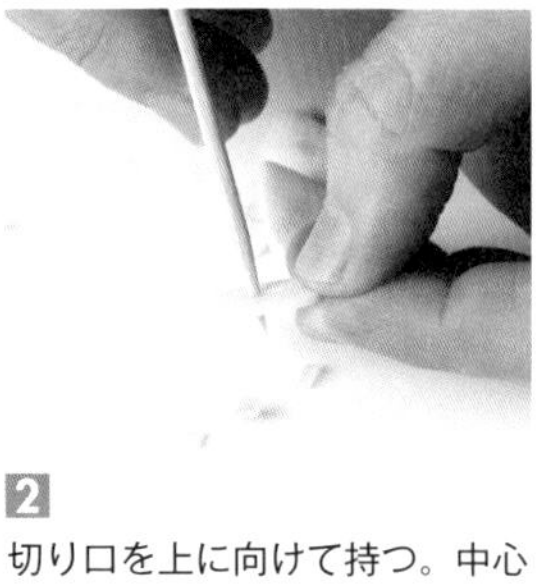

2

切り口を上に向けて持つ。中心にある薄い黄色の芽を、竹串で押して取り除く。

DATA

ヒガンバナ科ネギ属

旬／5～8月

（貯蔵ものは通年）

選び方／全体的に丸みがあり、粒の大きいもの。緑色の芽が出ているものは避けたほうがよい。

パセリ

料理の彩りをよくする名脇役の野菜

添え物としてよく使われるパセリは緑黄色野菜であり、その中でも栄養価の高い食材です。

下ごしらえ

1 ・洗う・

茎を持ち、ボウルにためた水に葉をつける。左右にふり、葉についた汚れを洗う。

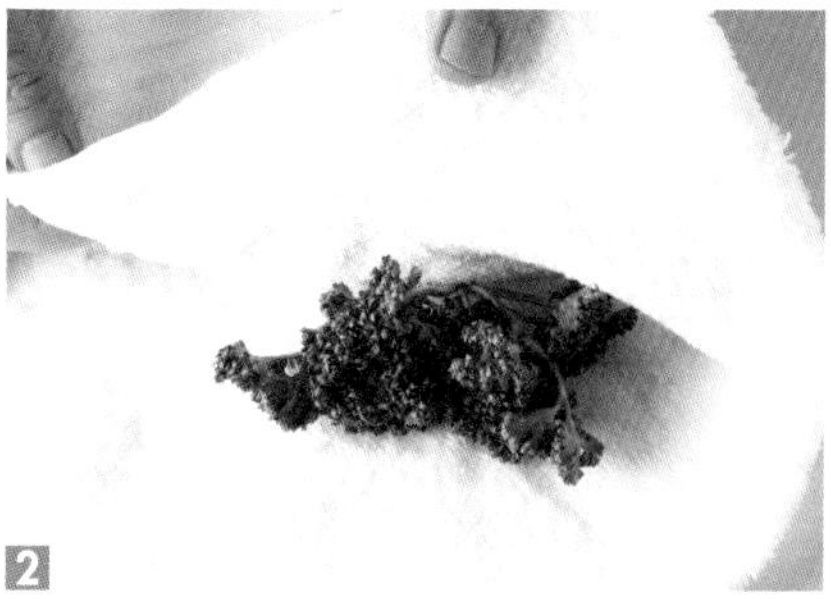

2 ・タオルでふく・

葉をタオルではさみ、水気を取る。葉が傷むのでこすらないようにする。

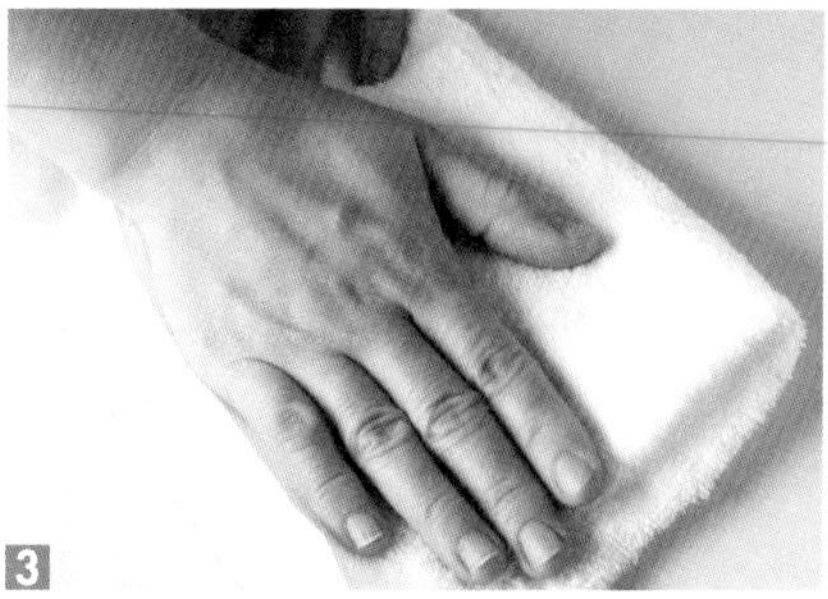

3 ・水気を取る・

パセリをはさんだまま、タオルをたたむ。上から手のひらで軽く押さえ、水気をしっかり取る。

4 ・ちぎる・

茎が残らないように葉をひとつひとつ手でちぎる。茎の部分はかたいので葉だけを食べる。

切り方

[みじん切り]

料理に散らして飾りに使う。

1 葉をちぎってまとめて置き、端から細かく刻む。

2 包丁の刃元を使ってさらに細かく刻む。

冷凍保存が便利

スープに浮かべたり、肉料理に散らしたりと、飾り使いが多いので一度に使うのは少量。余った分は冷凍しておくと、解凍せずにそのまま使えてとても便利。

1 ちぎったパセリの葉を水洗いし、タオルで水気をしっかり取る。

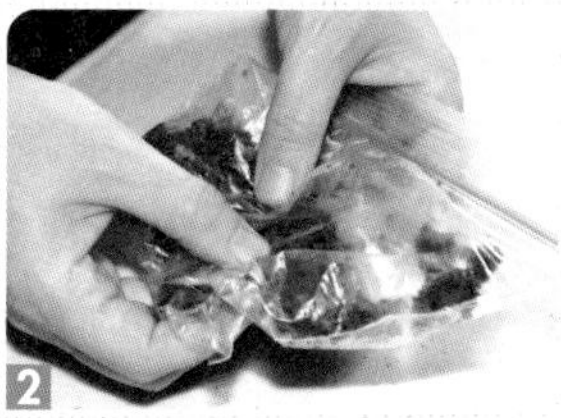

2 袋に入れて冷凍する。凍ったら、袋の上からもみ、葉を細かくする。

DATA

セリ科オランダゼリ属
旬／3～6月
選び方／葉は緑色が濃く、細かく縮んでいるもの。生で食べることが多いので、茎までがやわらかいものがよい。

ねぎ

具材としても薬味としても使われる野菜

白い部分を食べる根深ねぎは、加熱すると甘味が出るので鍋の食材にも最適です。

下ごしらえ

青い部分と白い部分の境目に、包丁の刃をななめに入れて切る。

ねぎの種類いろいろ

ねぎは白ねぎとほそねぎに大別される。白ねぎは長ねぎとも呼び、根深ねぎや下仁田ねぎが有名。ほそねぎは京都でとれる九条ねぎが代表的。万能ねぎやあさつきもほそねぎの仲間である。

切り方

[ななめ切り]

煮物のときには厚め、炒め物のときは薄く切るのがよい。

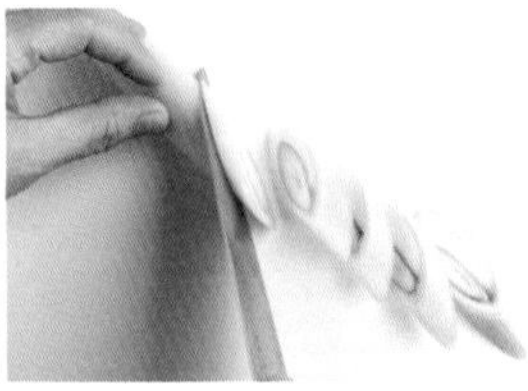

ななめにして置き、ねぎに対してななめに包丁を入れる。端から好みの厚さに切る。

[小口切り（薄）]

味噌汁やそば、冷奴に添えて薬味として使うのに向いている。シャキッとした食感が大切。

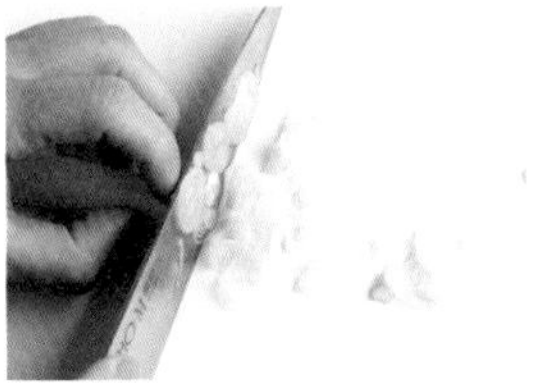

横にして置き、転がらないように親指と中指で両側をしっかり押さえる。端から1mm厚さに切る。

[小口切り（厚）]

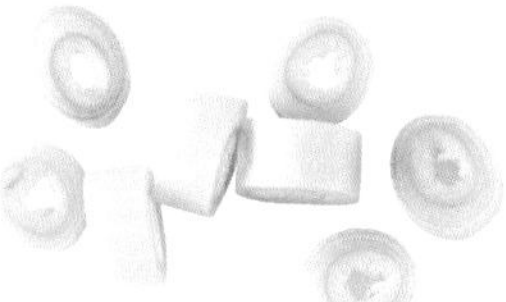

ねぎの味をしっかり味わいたいときによい。

横にして置き、端から1cm厚さに繊維を断って切る。

[ぶつ切り]

鍋や鴨ねぎのように具材としてそのまま食べる料理に向く。

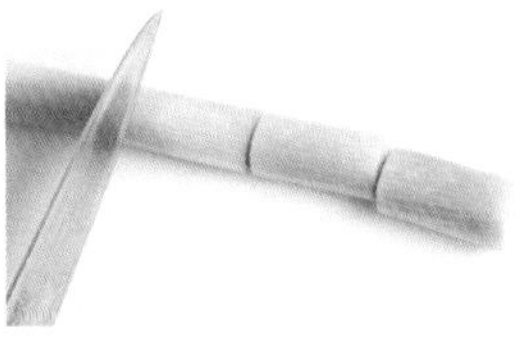

横にして置き、端から4～5cm長さに繊維を断って切る。

POINT

生で食べる場合は水にさらす

独特の辛味と臭みが適度に抜けて食べやすくなり、さらに食感もシャキッとなります。

1 ボウルにたっぷりの水をためる。小口切りにしたねぎを入れて約5分水にさらす。

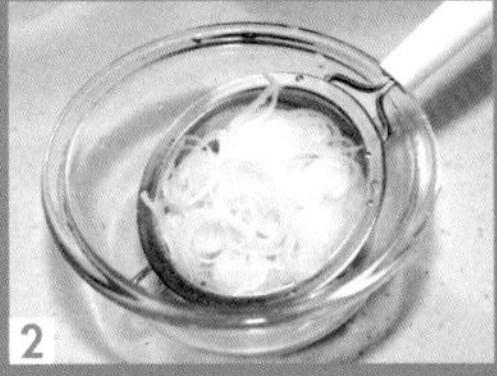

2 ざるに上げ、水気をきる。料理の味が水っぽくならないようにしっかりと水気をきる。

DATA

ヒガンバナ科ネギ属
旬／11～2月
選び方／白い部分がしまっており、みずみずしいもの。葉との境目の色がはっきりしており、葉に白い粉がついているものがよい。

[せん切り]

魚や肉の煮物に添えるのに向いている。

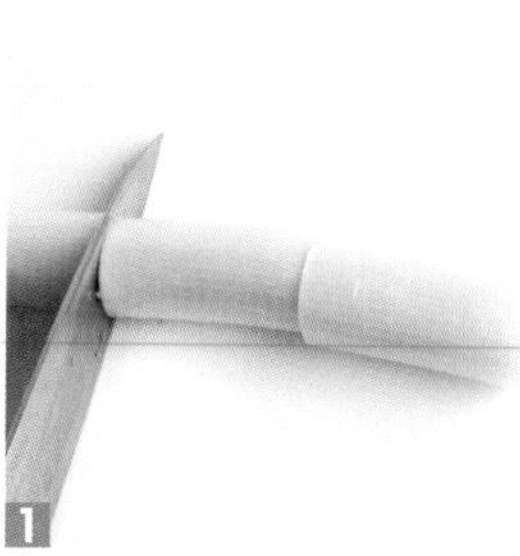

1 白い部分を4～5cm長さに切る。白い色だけを使いたいので緑色の部分は避ける。

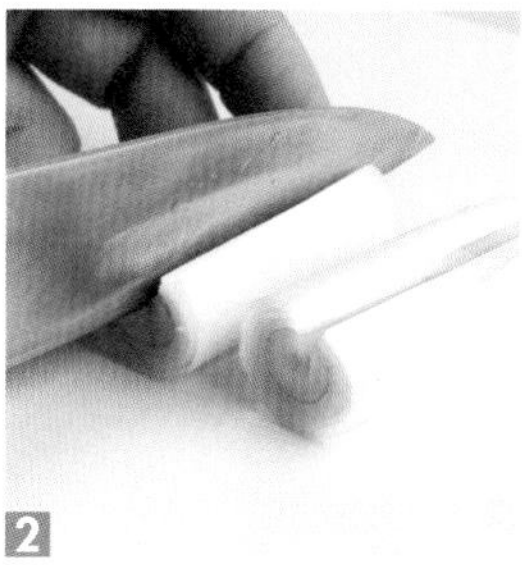

2 縦にして置き、中心まで切り込みを入れる。下まで切らないように気をつける。

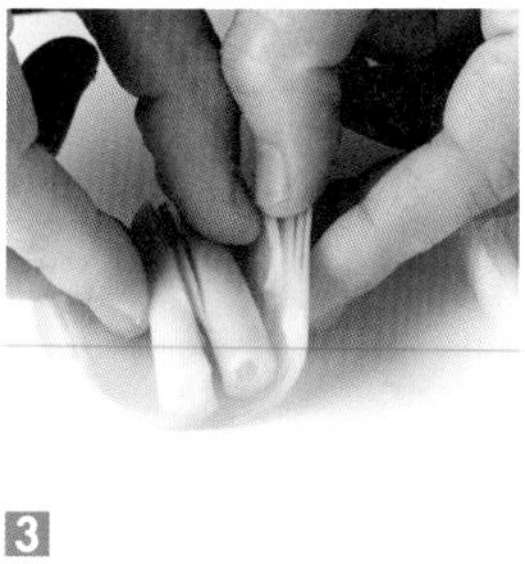

3 切り込みから開き、中の芯を取り出す。芯は捨てずに魚や肉料理の臭み消しに使うとよい。

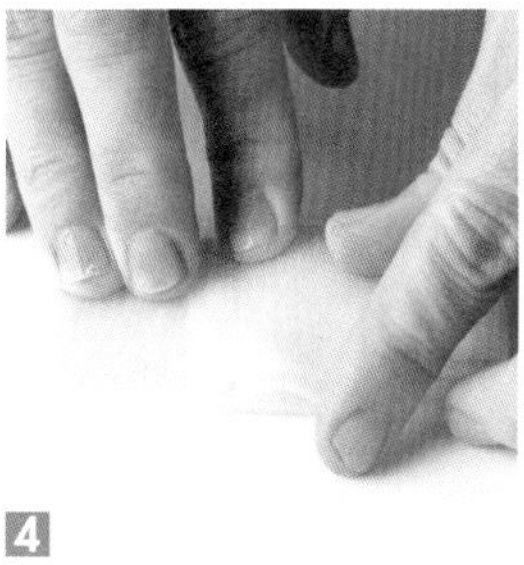

4 外側の白い部分を繊維の方向を縦にそろえて重ねる。

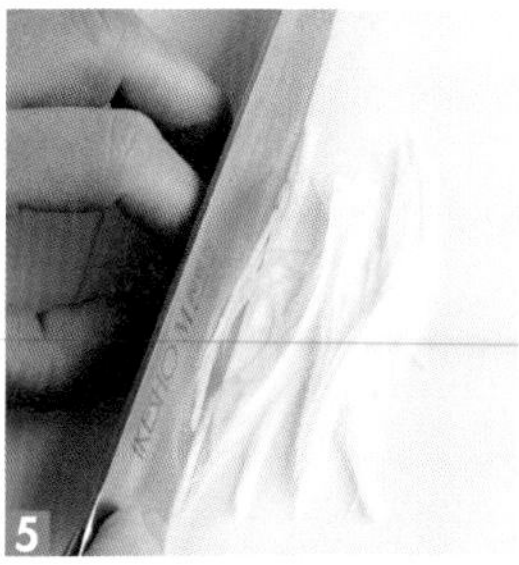

5 端から繊維に沿って1mm以下の幅で細く切る。

6 ボウルにためた水にさらす。独特の辛味と臭みが抜け、生でも食べやすくなる。

白髪ねぎ

5の過程で繊維を断って切る。こうすると香りが押さえられてやわらぐ。

[みじん切り]

香りを強く出したいときに向いている。

1 横にして置く。端を押さえ、繊維に沿って切り込みを入れる。

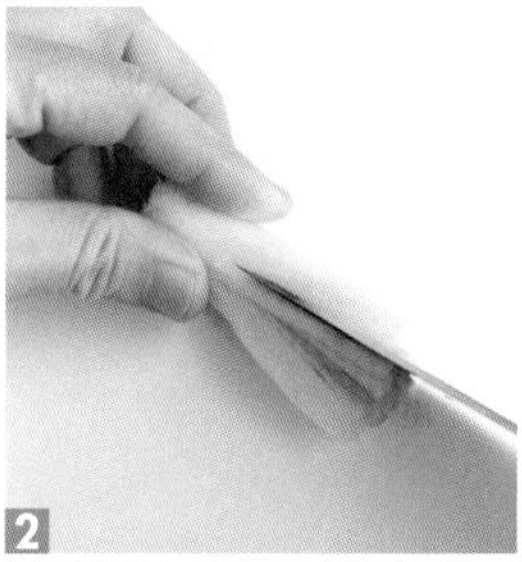

2 少しずつ回転させながら、同様に切り込みを入れる。ばらばらにならないように端は必ず残す。

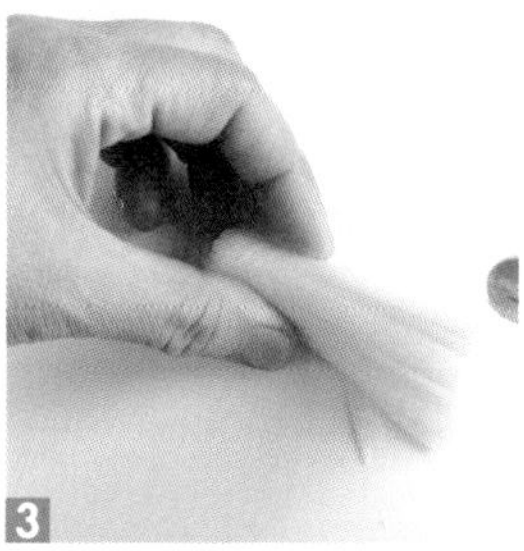

3 2の作業をくり返し、さらに細かい切り込みを入れる。

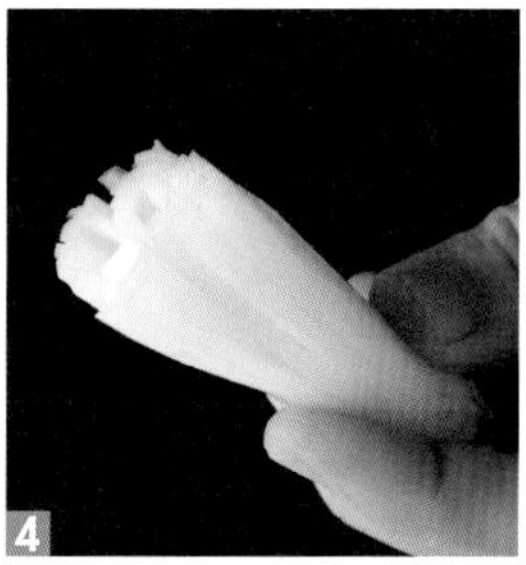

4 切り込みの幅が2～3mmになるように包丁を入れ、写真のような状態にする。

5 切り込みを右に向けて置き、ねぎを指で押さえながら端から2～3mm幅に切る。

みじん切りにはこんな方法も…

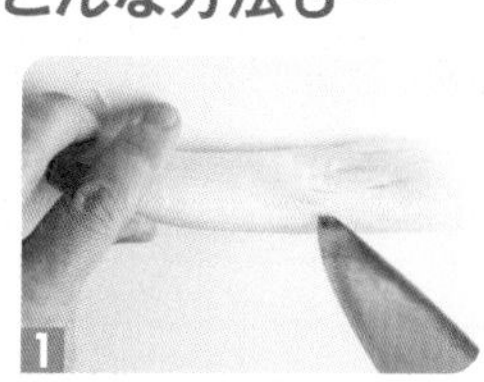

1 端を持ち、回転させながら包丁の切っ先をさすように入れる。

2 端から1mm幅に刻む。この方法だと広がらないので切りやすい。

やさしい味わいが関西で好まれる野菜

ほそねぎ

緑色の葉の部分を食べる細ねぎは辛味と香りがひかえめなので、生のまま薬味や彩りとして使います。

下ごしらえ

1 ・薄皮をめくる・

根元にある薄皮を1枚めくる。

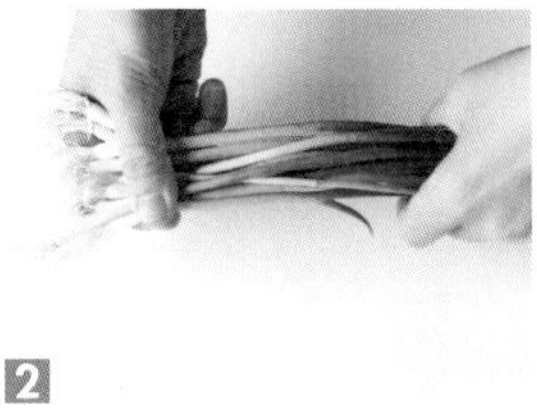

2 ・そろえる・

根元をそろえ、穂先の傷んでいる部分を切って落とす。

3 ・水につける・

ボウルに水をため、根元を水につけてシャキッとさせる。

4 ・ふり洗い・

根元を左右にふって土を落とす。

5 ・ペーパーで巻く・

根元を出してキッチンペーパーで巻く。

6 ・根を切る・

根元から1～2cmの場所を切り、根ごと切り落とす。

切り方

[小口切り]

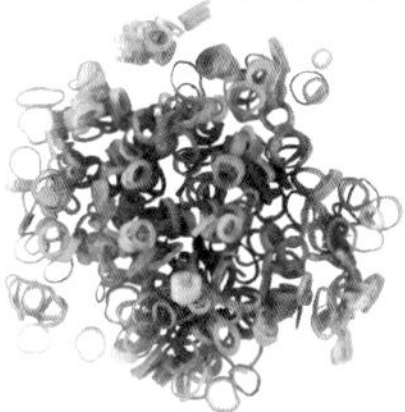

味噌汁や冷奴に散らして使うのに向いている。

キッチンペーパーに包んだほうを左にして置き、端から1mm幅に切る。

[ななめ切り]

うどんやラーメンの具材に向いている。

緑色の濃い部分を使う。ななめにして置き、包丁の角度もななめに入れて、好みの長さに切る。

[ざく切り]

炒め物に使うときに向いている。根元に近い太い部分を使う。

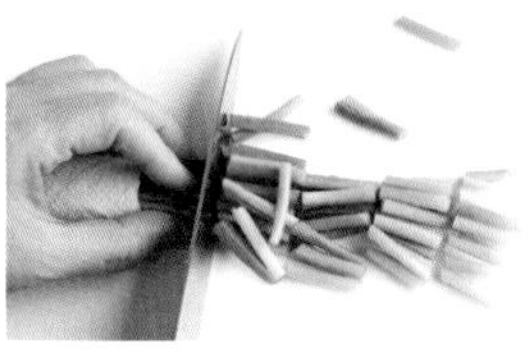

キッチンペーパーに包んだほうを左にして置き、端から3～4cm長さに切る。

POINT **水にさらす** 水を含むとシャキッとしたよい食感になる。独特の臭みが適度に抜け、薬味として生でも食べやすくなる。

1 ボウルに水を入れる。切ったほそねぎを入れて水に約5分さらす。

2 水から上げてしっかりと水気をきる。保存袋に入れて冷凍しておいてもよい。

DATA

ヒガンバナ科ネギ属

旬／11～2月

選び方／緑色の葉が長く、はりのあるもの。根元の白い部分につやがあるものがよい。

みょうが

暑い夏に涼やかな香りをもたらす野菜

東アジアが原産。ほかの国ではほとんど栽培されていないため日本独自の香味野菜といわれています。

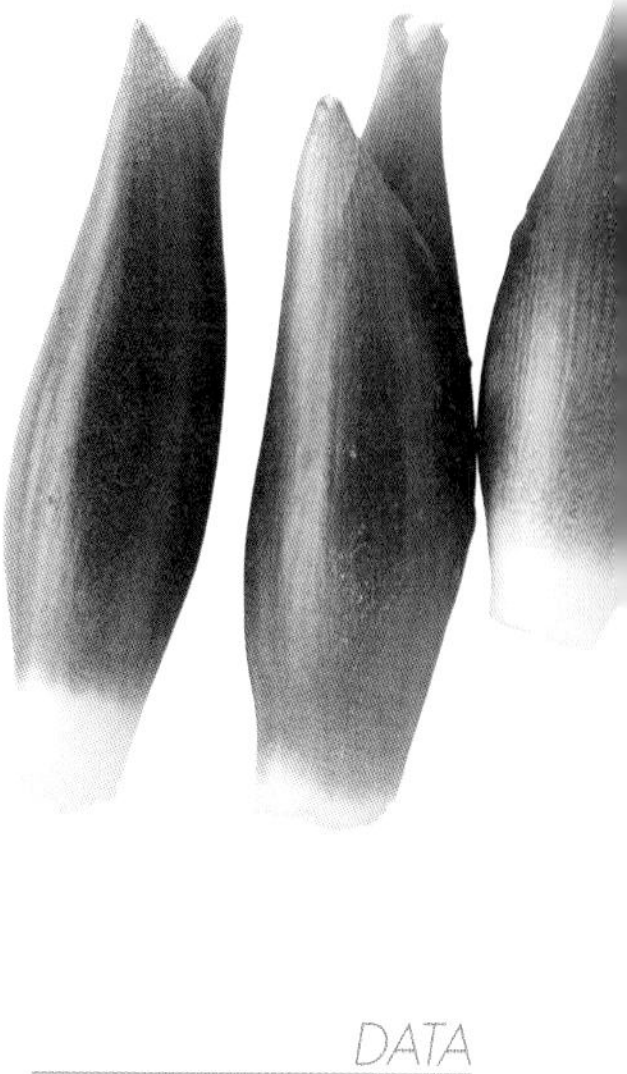

DATA

ショウガ科ショウガ属
旬／6～10月
選び方／身がかたくしまっており、紅色の濃いもの。全体がふっくらと丸い形をしており、つやがあるものがよい。

切り方

[みじん切り]

香りを強く出したいときに向いている。

せん切りにしたあと横にしてそろえて置く。ばらばらにならないように手でしっかり押さえながら細かく刻む。

[小口切り]

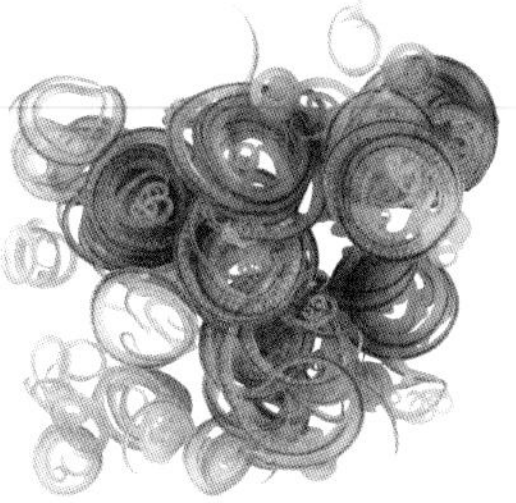

刺身のあしらいやごはんに混ぜるのに向いている。

根元を左にして置き、端から1mm幅に繊維を断って薄く切る。輪の形がつぶれないように気をつける。

[薄切り]

冷奴やうどんの薬味に向いている。

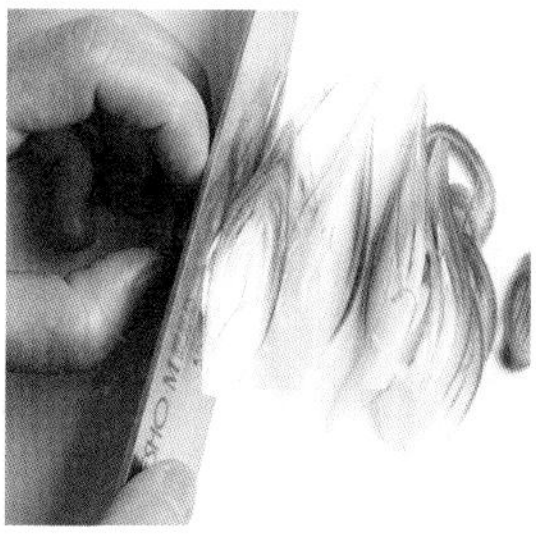

縦にして置き、繊維に沿って端から1mm幅に薄く切る。

[せん切り]

和え物や汁物に入れるのに向いている。

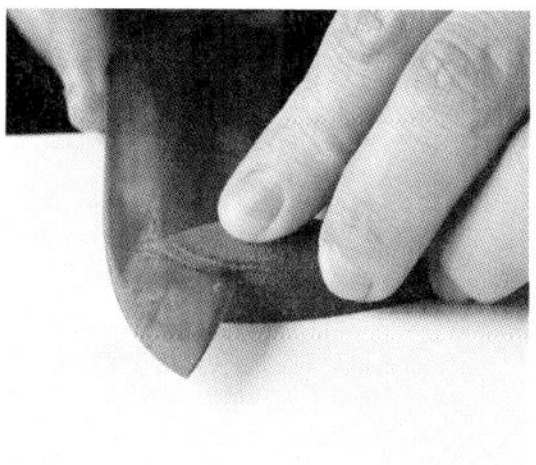

1
縦半分に切り、切り口を下にして置く。まな板と平行に根元に1～2mm厚さの切り込みを入れる。

2
1の切り込みの1～2mm下に同様に切り込みを入れる。これを一番下までくり返す。

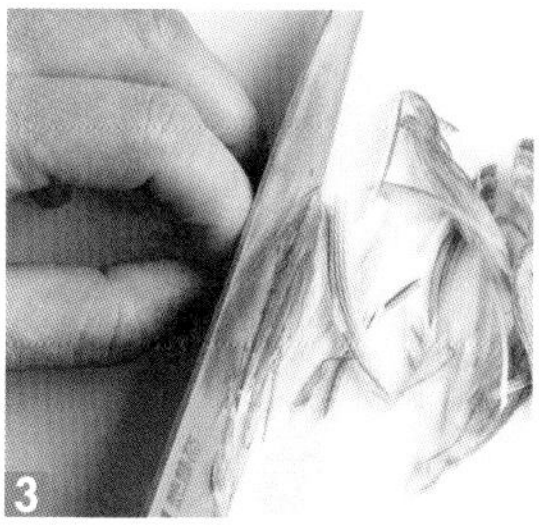

3
根元を手前にして縦に置く。繊維に沿って端から1mm幅に薄く切る。

酢水にさらして色を出す

薬味として料理に添えることが多いので、彩りを大事にしたい。酢水にさらすと、独特の紅色がさらに鮮やかになる。また、水気を含むとシャキッとしたよい食感になる。

酢水にさらす。酢は水500mlに対して大さじ1程度入れる。

豆腐よりたんぱく質を多く含む優秀食材

油揚げ

油抜きをして油臭さを取り除いてから、調理しましょう。調味料もしみ込みやすくなります。

下ごしらえ

1

・湯通しする・

熱湯にさっとくぐらせて油抜きをする。ざるに広げ、熱湯を回しかける方法でもよい。

2

・冷ます・

ざるに上げて冷まし、余分な水気をきる。

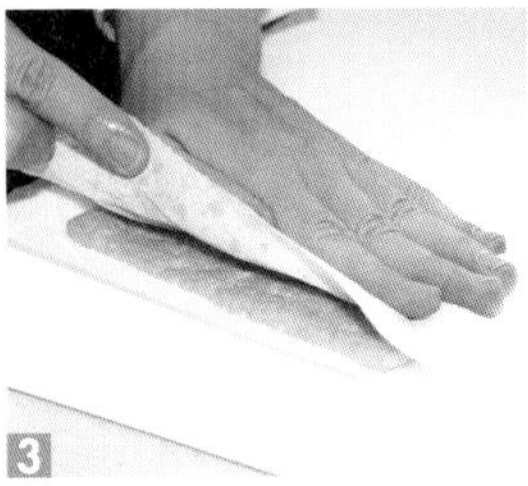

3

・水気をふく・

ふきんやキッチンパーパーではさみ、油揚げを上から押さえて、しっかり水気をふき取る。

DATA

豆腐を薄く切り、水きりをして揚げたもの。厚揚げとは違って薄いので、中心まで揚がっている。切ると袋状になるため、中に食材を詰めることができ、いろいろと活用できる。

切り方

焼いてから切る

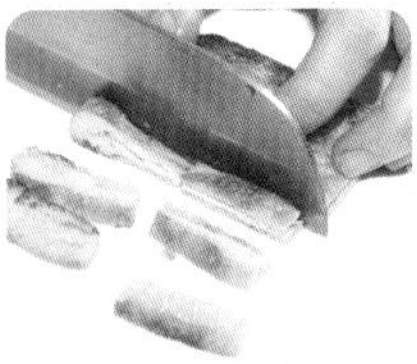

両面がこんがりと色がつくまで焼き、短冊切りにする。こんがりとした風味になる。

巾着・いなりには

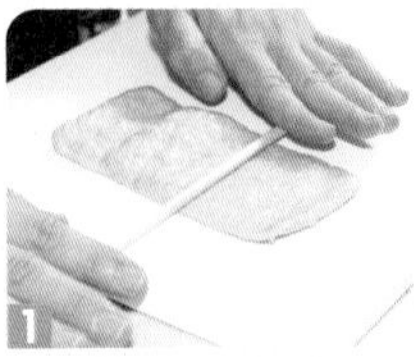

1

油揚げの上で菜箸などをころころと転がす。こうすると破けずにきれいに開くことができる。

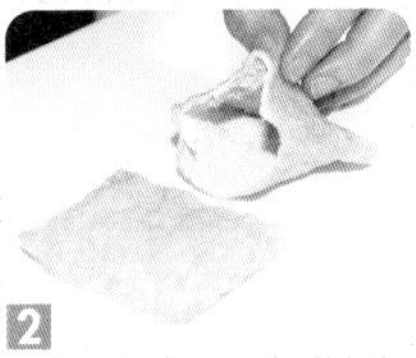

2

横半分に切り、切り口からゆっくりと袋状に開く。具を中に詰めて調理するときに使う。

[開く]

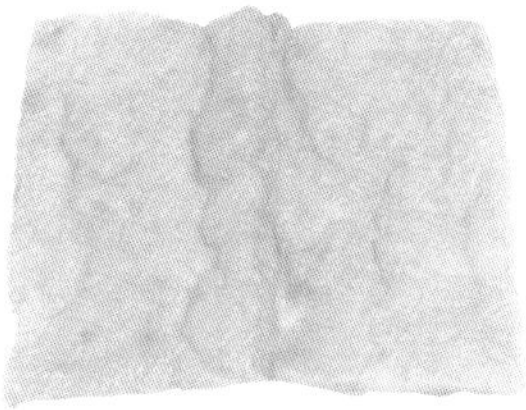

野菜や肉を芯にし、くるくると巻いて調理するときによい。

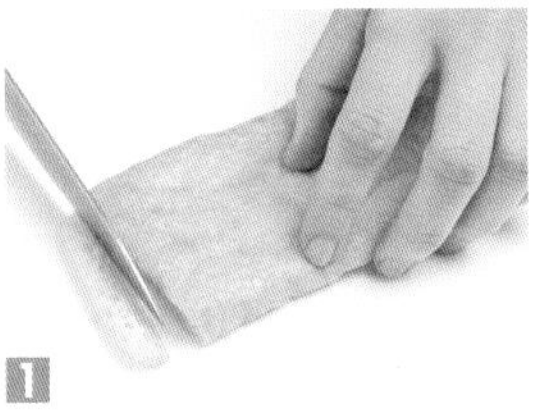

1

横にして置き、両端を約2～3mm切り落とす。

2

縦にして置き、片方の端を2～3mm切り落とす。

3

切り口からていねいに開き、1枚の紙のように広げる。

[短冊切り]

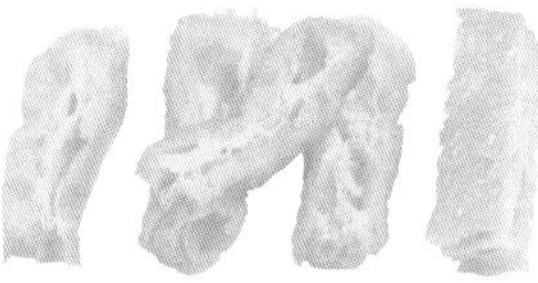

食べやすい大きさなので、味噌汁や炒め物などに。

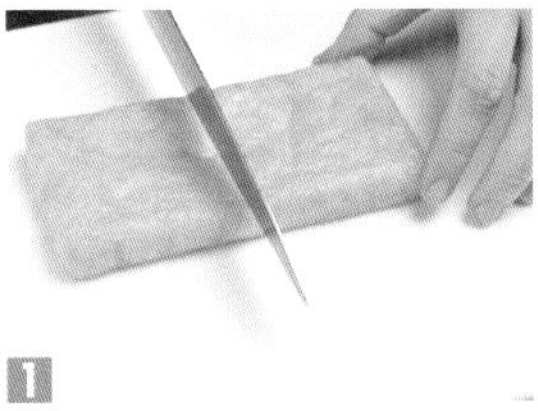

1

横にして置き、半分に切る。

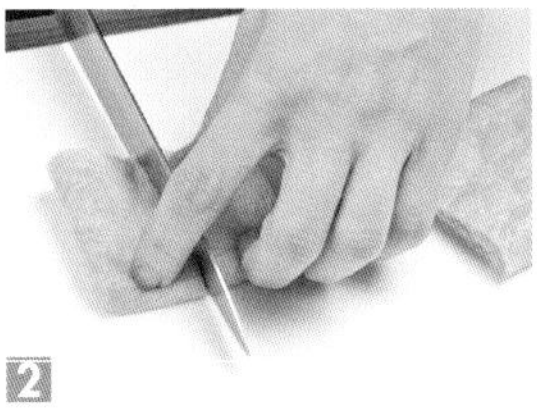

2

向きはそのままで、さらに半分に切る。

3

90度向きを変え、端から1cm幅に切る。

厚揚げ

煮物やおでんに欠かせない食材

外はかたくて中はやわらか。そんな不思議な食感の厚揚げは、調理法によって楽しみ方はさまざまです。

下ごしらえ

・湯通しする・

1 沸騰した湯に約1分入れ、湯通しをする。中心まで温めることで油臭さが抜ける。

・冷ます・

2 盆ざるで冷まし、余分な水気をきる。

・水気をふく・

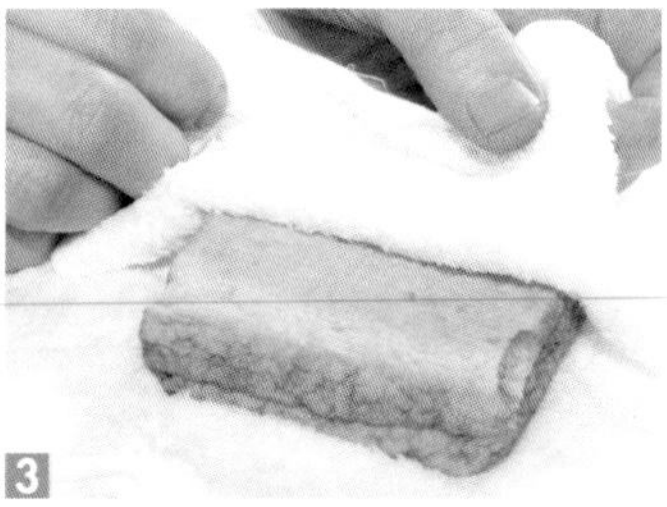

3 タオルで厚揚げを包み、上から軽く押さえてしっかりと水気をふく。

POINT　湯通しした後はくずれやすい

包丁を大きく手前に動かしてスパッと切ると、形がくずれにくい。切るときには厚揚げをしっかりと押さえる。

DATA

豆腐を厚めに切り、水きりをして揚げたもの。完全に火を通さず、中身は豆腐のような状態なので「生揚げ」とも呼ぶ。木綿豆腐で作ったものと、絹ごし豆腐で作ったものがある。

切り方

［ 厚切り ］

味がしみ込みやすいので、薄味で煮たり焼いたりする。

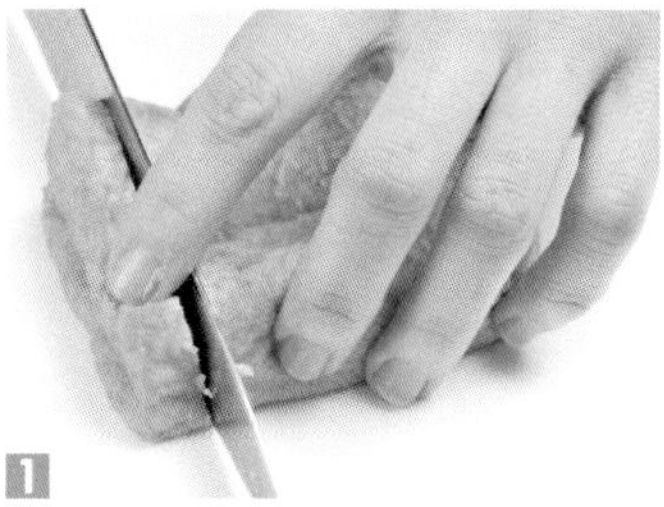

1 横にして置き、端から1㎝幅に切る。包丁は手前に引くように動かす。

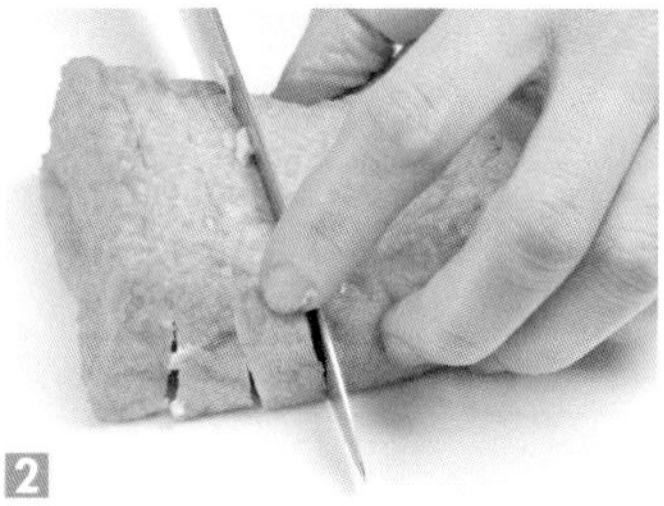

2 安定感がないので、形がくずれないように両端を指でしっかりと押さえて切る。

［ 角切り ］

くずれにくいので煮物や炒め物にするとよい。

1 横にして置き、包丁を奥から手前に引くように動かして、端から2㎝幅に切る。

2 90度向きを変える。形がくずれないように手で押さえ、端から2㎝角になるように切る。

豆腐

味が淡白なので調理法を選ばない食材

生のままでも食べられる大豆の加工食品なので、たんぱく質を手軽にとることができます。

下ごしらえ

・バットにのせる・

1 キッチンペーパーで包み、裏返したバットに置く。水分が出るので下にもバットを置く。

・重しをのせる・

2 豆腐の上に、重し（写真は水を入れた容器）をのせて約30分おく。

・水気をふく・

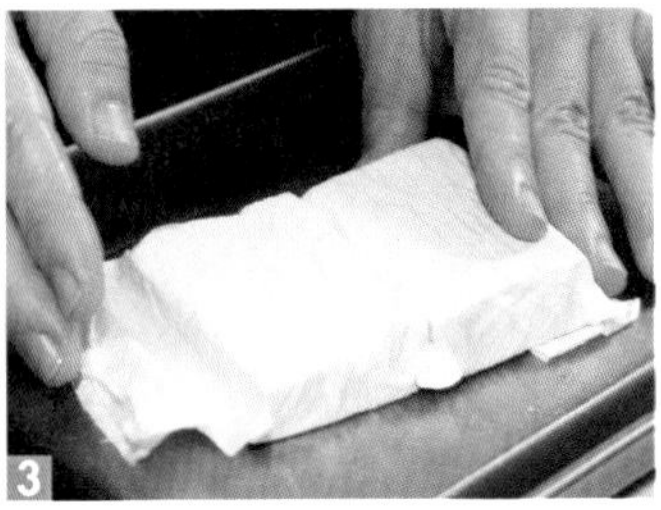

3 重しを外し、豆腐の表面の水気をキッチンペーパーで包んでふく。

レンジで水気をきる

耐熱皿に、キッチンペーパーで全体を包んだ豆腐をのせ、ラップをして約1～2分加熱する。

切り方

［つぶす］

炒り豆腐や白和え、豆腐ハンバーグなどに向く。

カードを豆腐に押しつけて全体を均一につぶす。

POINT 手でつぶす

カードがない場合は、指の腹を使ってつぶすとよい。

［棒状］

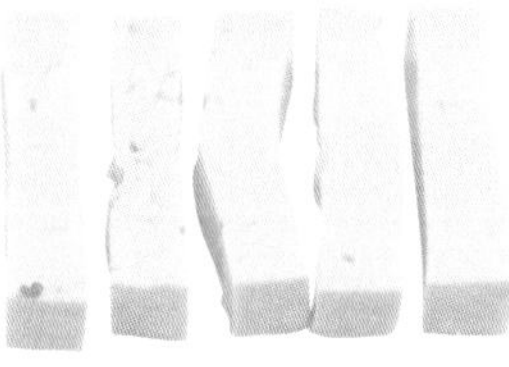

豆腐ステーキなど。調理中はあまりさわらないほうがよい。

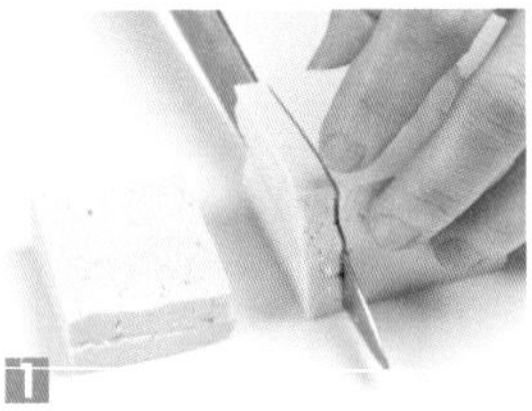

1 端から5mm幅に切る。切った豆腐をそのままの向きで重ねる。

2 重ねたまま、端から5mm幅に切る。

［さいのめ切り］

味噌汁や麻婆豆腐に。下ごしらえはしなくてよい。

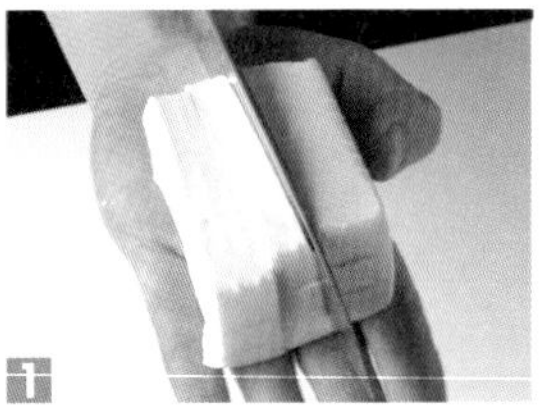

1 包丁をねかせ、厚みを3等分する。端から1cm幅に切る。

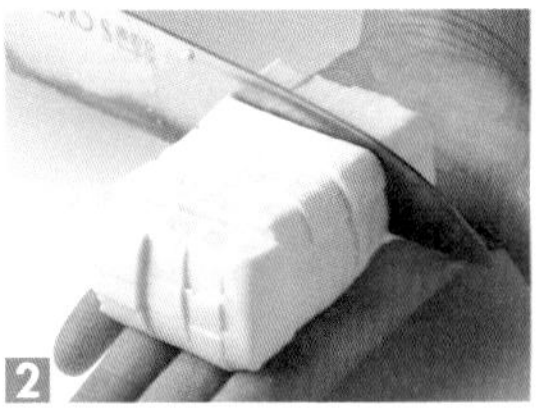

2 向きを変え、端から1cm角になるように軽く切る。

DATA

豆乳を凝固剤でかためたもので、作り方の違いによって木綿豆腐と絹ごし豆腐などに分けられる。木綿は絹ごしよりもかたく、くずれにくいため湯豆腐や鍋のときによい。

こんにゃく

ダイエット食品としても人気がある食材

グルコマンナンという食物繊維を豊富に含んでおり、腸の働きを活発にする作用があります。

下ごしらえ

・塩をまぶす・

全体に塩をまぶしてしばらくおき、臭みのある水分を出す。

・下ゆでする・

水から入れ、沸騰してから2〜3分ゆでる。

・水気をきる・

盆ざるに上げて冷まし、水気をしっかりきる。

切り方

［ 細切り ］

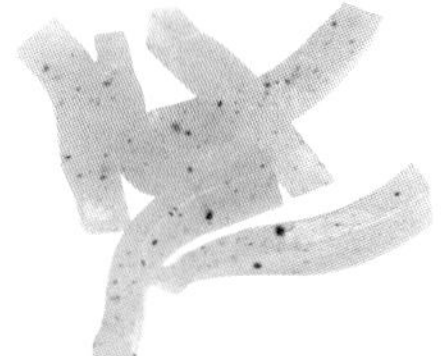

味がよくなじむので、和え物や炒め煮によい。

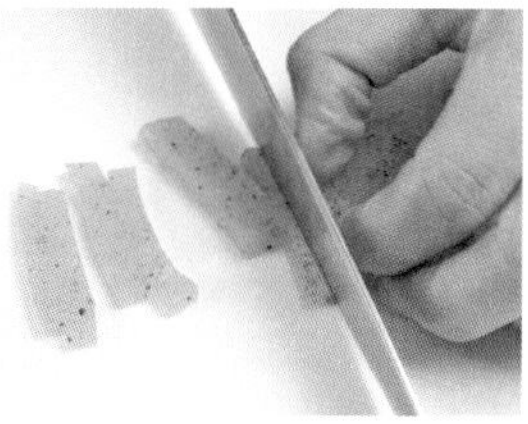

厚みを3等分し、端から2mm幅に切る。

［ ちぎる ］

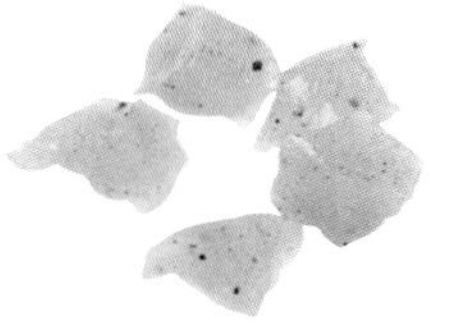

断面の表面積が大きいので、包丁で切るよりも味がしみやすい。

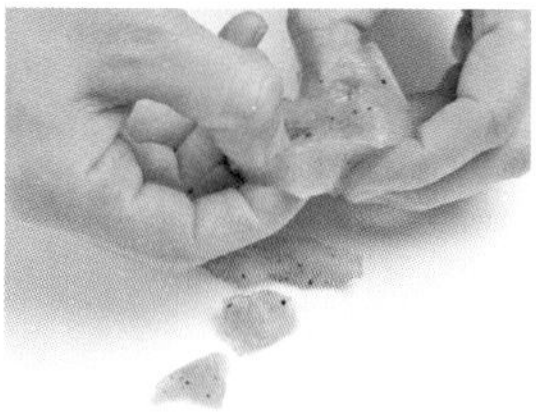

すべらないようにしっかり持ち、手で好みの大きさにちぎる。

［ さいのめ切り ］

小さくてころころとしているので、火が通りやすい。

横半分に切る。包丁をねかせて入れ、厚みを2等分する。

両面に1/3の深さまで浅い切り込みを細かくななめに入れる。

端から1cm幅に切り、向きを変えて1cm角に切る。

［ 手綱結び ］

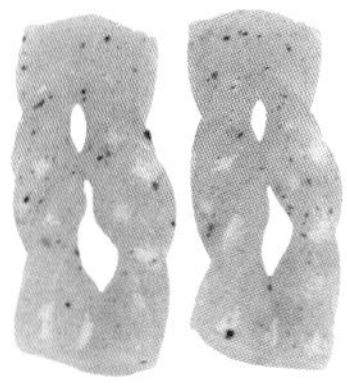

見た目もかわいく、味もしみ込みやすくなる。煮物やおでんに。

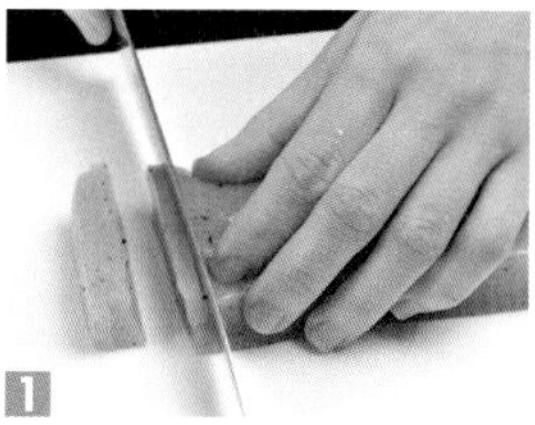

横にして置き、端から5mm幅に切る。

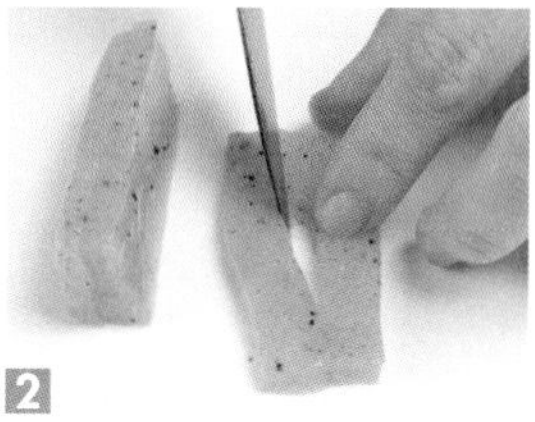

切り口を上にし、そのまま倒して真ん中に切り込みを入れる。

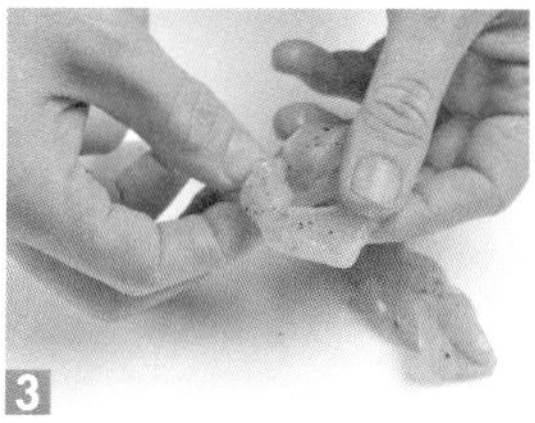

片方の端を切り込みにくぐらせる。

DATA

こんにゃくいもをすりつぶして凝固剤でかためたもの。形状から板こんにゃく、糸こんにゃく、玉こんにゃくなどに分けられる。調理前に水分と一緒に独特の臭みを抜いてから使う。

魚介

seafood

魚介の下ごしらえは、新鮮なうちに手早く行うのが鉄則。もたもたしていると鮮度が落ちて味が悪くなります。始める前に、それぞれの部位の名前と場所を覚えておくと、作業がスムーズにできます。

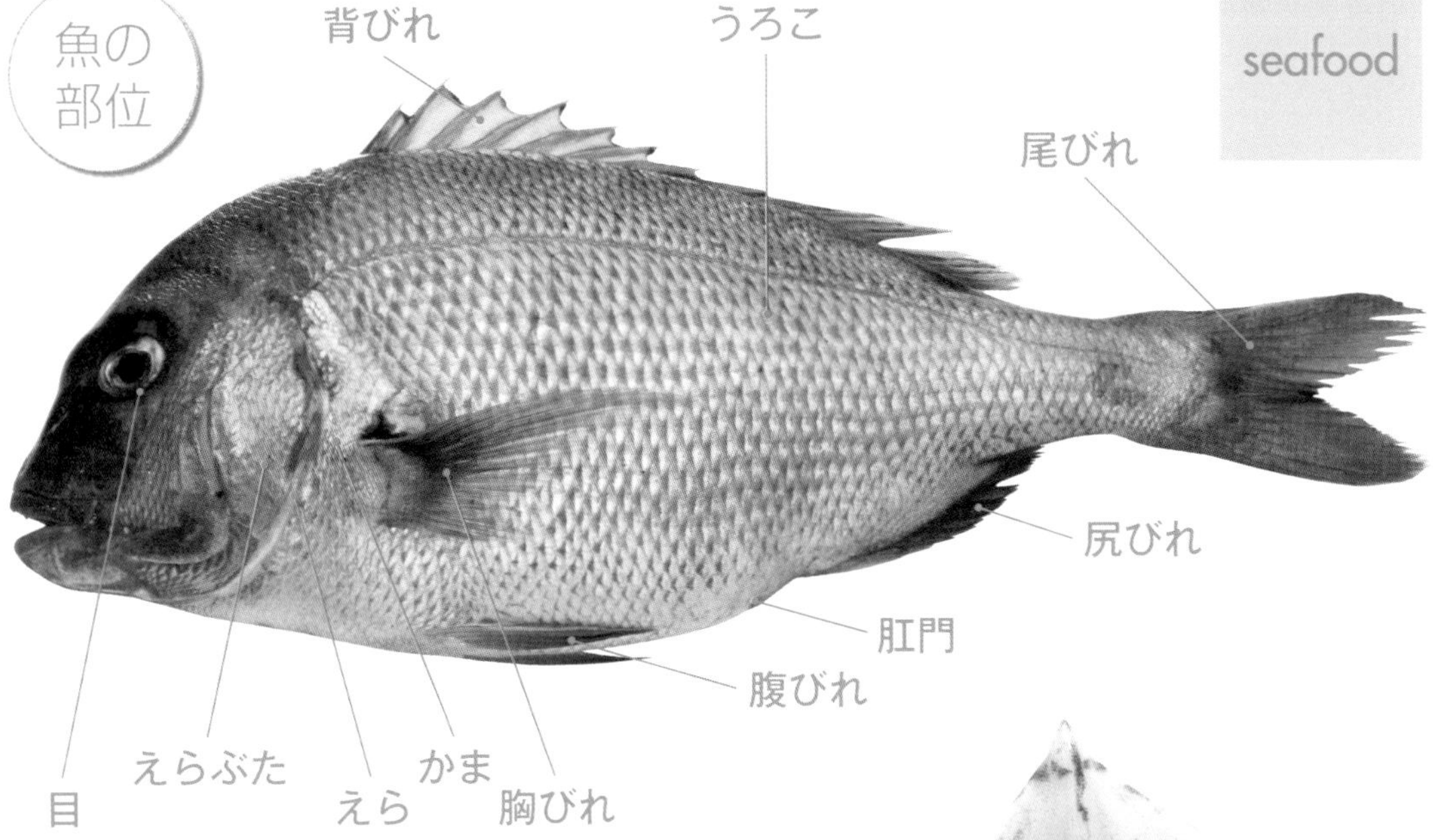

魚介の選び方一覧	
魚	目が黒く澄み、えらが鮮やか、腹を軽くさわったときにはっているものがよい。目がにごったもの、異臭がするものは避ける。
いか・たこ	目が澄んだもの。表面につやがなく、白くにごったものは避ける。
えび	模様がはっきりしていて、頭の殻が黒ずんでいないものを選ぶ。
貝類	口がしっかり閉まり、持ってみて重量感のあるものがよい。殻が欠けているものは避ける。

あじ

年中出回る食卓におなじみの青魚

脂肪が多いわりにクセが少ないのが特徴。豆あじなら、丸ごと唐揚げにするのもおすすめです。

DATA

アジ科マアジ属
旬／5～8月
選び方／身が引きしまったものを選ぶ。目が赤くにごったものは避ける。

下ごしらえ

・ぜいごを取る・

尾の近くにある鋭くて細長いうろこがぜいご。尾側から包丁の刃ですくうように切って除く。

・頭に切り込みを入れる・

両面の胸びれと腹びれの下に、中骨の深さまで切り込みを入れる。

・内臓を取る・

腹を少し切り開き、頭を内臓ごと体から切り離す。腹の奥にある血合いも取り除く。

・腹を洗う・

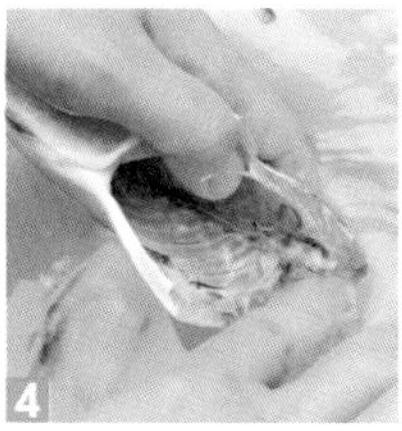

腹に内臓と血が残らないようため水で洗う。

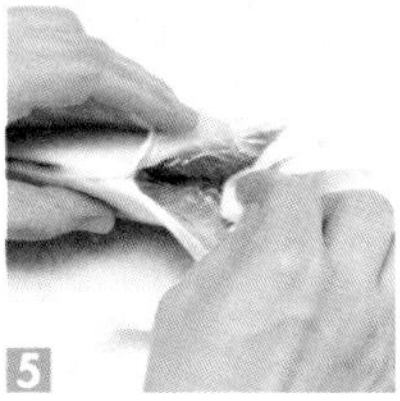

清潔なふきんで水気をきれいにふく。

切り方

[三枚おろし]

身がやわらかいので、同じ部分に何度も包丁を入れずに一度でおろす。

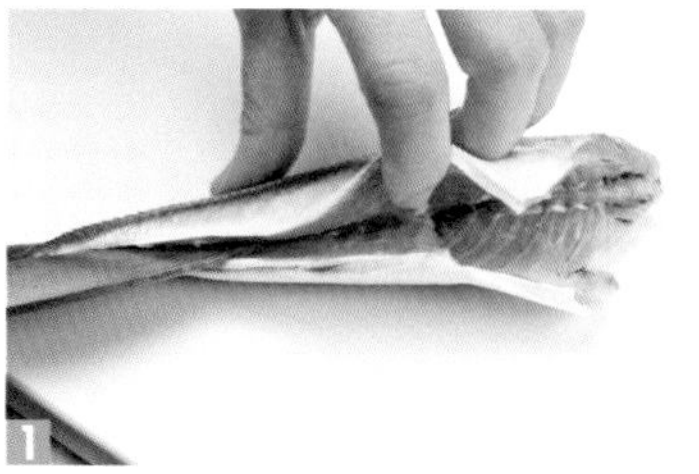

腹を手前にして置く。中骨に沿って包丁を入れ、尾まで切り開く。

背を手前にして置く。尾のつけ根から頭側の方向へ中骨に沿って切る。

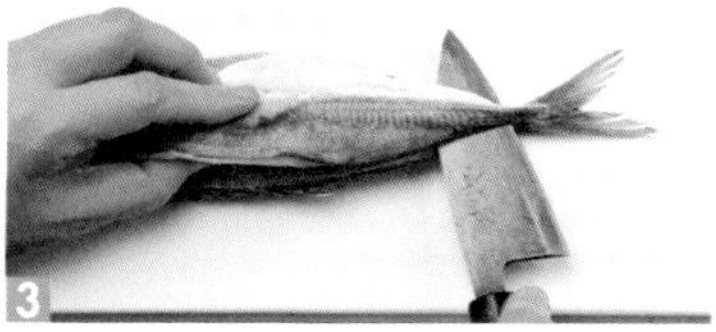

頭側の中骨と身の間に包丁を入れ、中骨から片身を離す。

中骨の残っているほうの身も背びれの上と腹を同様に切り、中骨から身を切り離す。

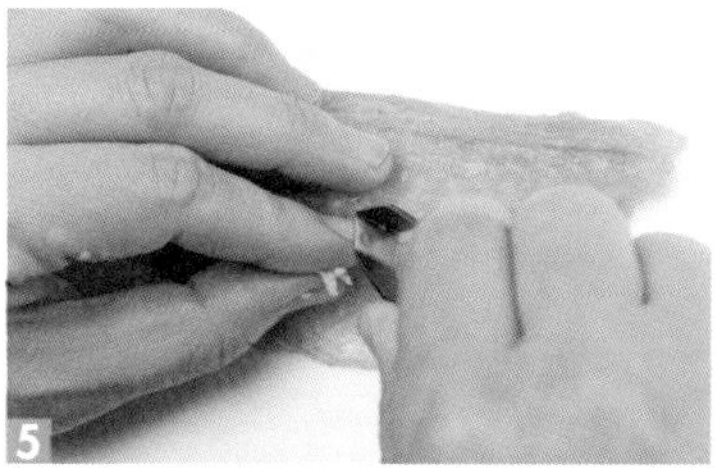

身に残った腹骨をすくい取る。小骨は、身がくずれないように骨抜きでそっと抜く。

たい

祝いの席には欠かせない上品な味わいの魚

刺身はもちろん、あらを使った潮汁も美味。おろすときは、えらでケガをしないように注意します。

DATA

タイ科マダイ属
旬／3～4月
選び方／尾びれの先までぴんとはり、目の上が青色をしているものがよい。

下ごしらえ

・うろこを取る・

尾から頭に向かって包丁を動かし、うろこを取る。流水を当てながら行うとうろこが飛び散らず取りやすい。

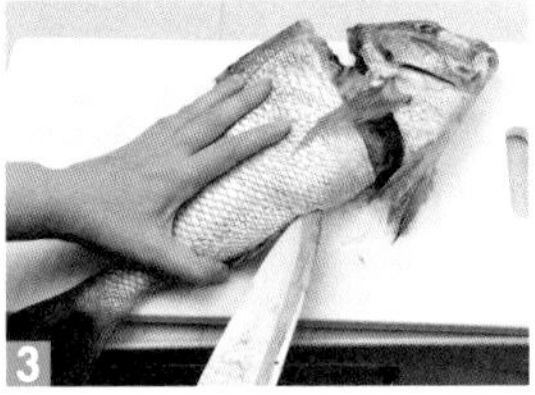

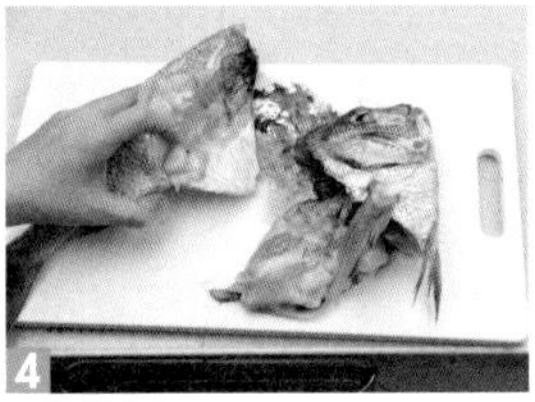

・内臓を取る・

2 両面の胸びれの脇に、中骨にあたる深さまで切り込みを入れる。

3 頭を右に向けて置く。肛門から逆さ包丁で頭に向かって腹を切り開く。

4 頭を内臓ごと体から離し、取り除く。頭を調理に使う場合は、内臓を除き、頭を割る。

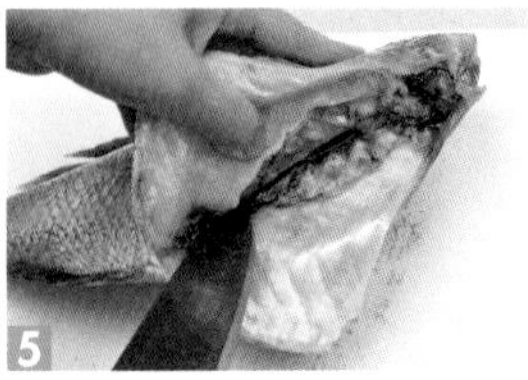

・血合いを出す・

腹の奥にある薄い膜（血合い袋）を切って開き、中の血（血合い）を包丁でかき出す。

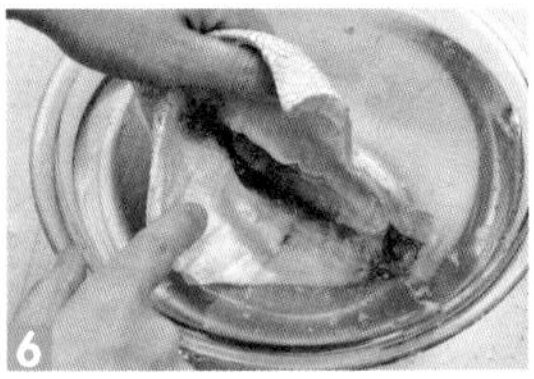

・腹を洗う・

指の腹や竹串で腹の中を洗い、ふきんで水気をふく。

切り方

［ 三枚おろし ］

身の表面が、がたがたにならないようにおろす。中骨を使うときはぶつ切りにする。

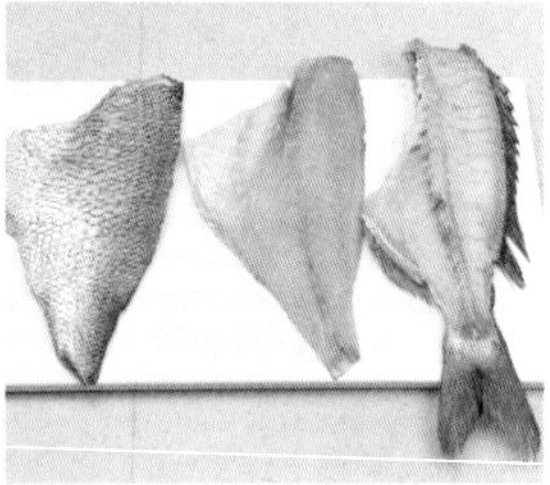

腹側から包丁を入れ、尾の近くまで切る。中骨に沿って背まで身を切り開く。

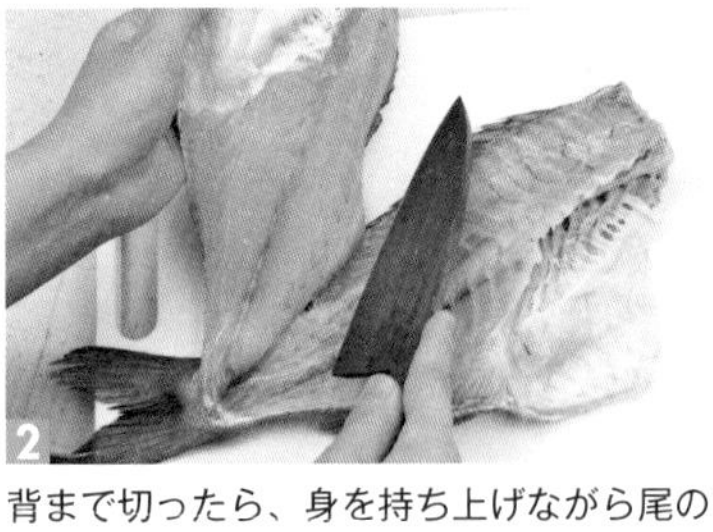

背まで切ったら、身を持ち上げながら尾のつけ根を切り、中骨から片身を離す。

中骨を下にして置き、背びれの上から中骨に沿って切る。

中骨に沿って、腹まで切ったら、中骨から身を離す。

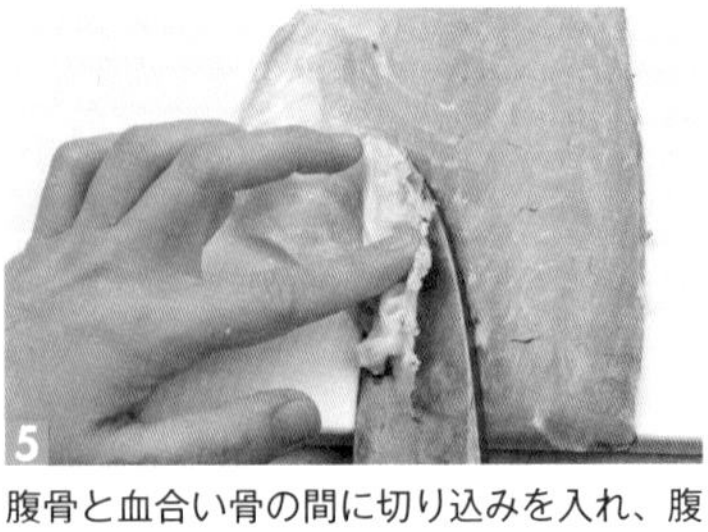

腹骨と血合い骨の間に切り込みを入れ、腹骨をすくうように切る。小骨を取り除く。

いわし

日本で昔から好まれているなじみ深い魚

漢字で魚偏に弱いと書き、文字通り傷みやすい魚です。開く前に冷蔵庫で冷やし、手早く作業しましょう。

DATA

ニシン科ニシン属
旬／8～10月
選び方／うろこがびっしりとついていて、身に光沢があるものが新鮮でよい。

下ごしらえ

・うろこを取る・

1 うろこは、包丁で軽くなでると、簡単に取れる。両面取ったら、洗ってふきんで軽く水気をふく。

・頭を落とす・

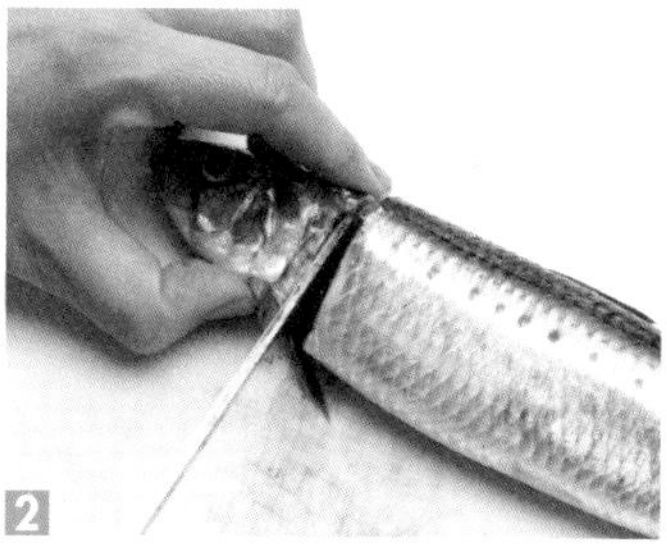

2 頭を左に向けて置く。胸びれの脇から包丁を入れ、頭を切り落とす。

・内臓を取る・

3 腹は小骨が多いので開かない。腹を頭側から肛門まで切り落とし、内臓をかき出す。

・腹を洗う・

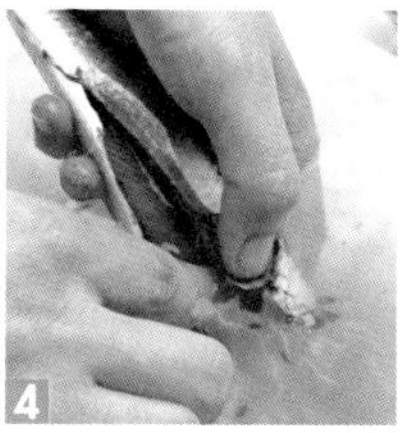

4 腹に残った内臓や血をため水で洗って除く。

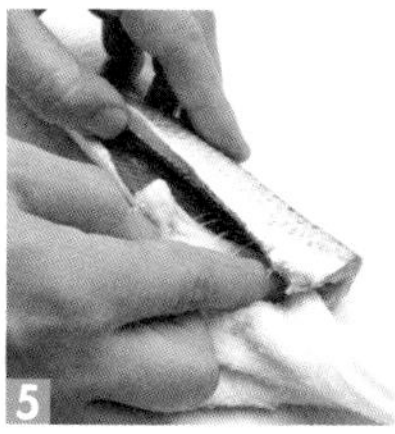

5 身がくずれないようにふきんで水気をふく。

切り方

［ 手開き ］

身がやわらかいため、包丁を使わずに手で開くことができる。手の温度で傷むので、冷水で冷やしてから作業する。

1 腹に人指し指を入れ、中骨をなぞりながら尾のつけ根まで腹を開く。

2 開いたら中骨と身の間をなぞって背まで開く。

3 尾の近くの中骨を折る。中骨の下に指を入れて身から中骨を外していく。

4 身に骨が残らないように中骨を引き上げながら小骨を抜く。腹の細かい骨は骨抜きで抜く。

かつお

江戸時代から重宝されていた人気の大型魚

初夏の初がつおはさっぱり、秋の戻りがつおは脂がのって濃厚な味わい。年に2回の旬が楽しめます。

DATA

サバ科カツオ属

旬／5～6月、10月

選び方／青色に光り、尾の近くがざらざらとした手ざわりのものがよい。

下ごしらえ

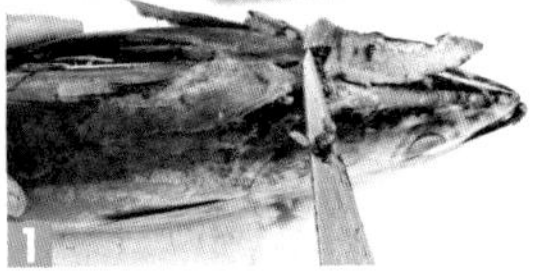

1 ・うろこを取る・

胸びれと背の周りにある濃い青色の部分がうろこ。かたいので、包丁でそぐようにはぎ取る。

2 ・切り込みを入れる・

胸びれの脇から中骨まで包丁をななめに入れる。魚を裏返し、同様に包丁を入れる。

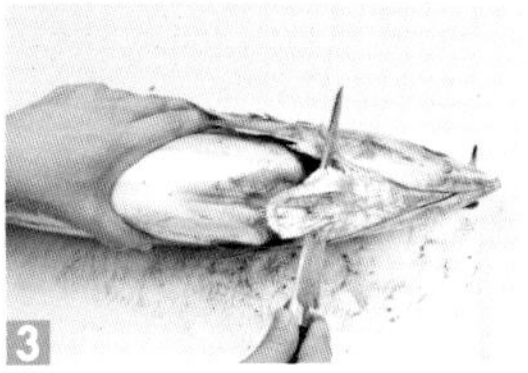

3 ・頭を落とす・

魚を軽く起こし、のどもとからも包丁で切り込みを入れる。中骨を切り、頭を切り離す。

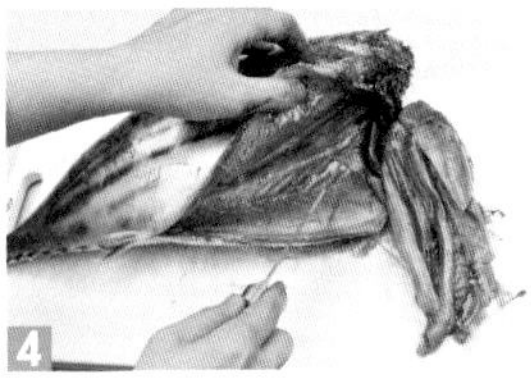

4 ・内臓を取る・

肛門から頭側に向かって逆さ包丁を入れ、腹を切り開く。包丁で内臓をかき出して除く。

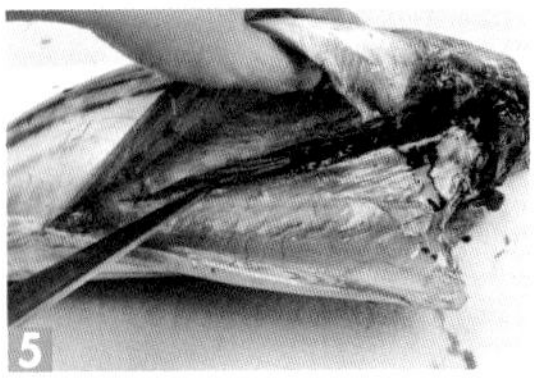

5 ・血合いを出す・

腹の奥の膜（血合い袋）を包丁で破り、血をかき出す。血が残っていると臭みの原因に。

6 ・腹を洗う・

腹の中を指でなぞりながら水で洗い、残っている内臓や血を除く。ふきんで水気をふく。

切り方

[五枚おろし]

かつおのように身がやわらかくて横幅の広い魚は、同様におろせる。

1 背びれの両脇からV字に切り込みを入れ、背びれを手で引っぱって取り除く。

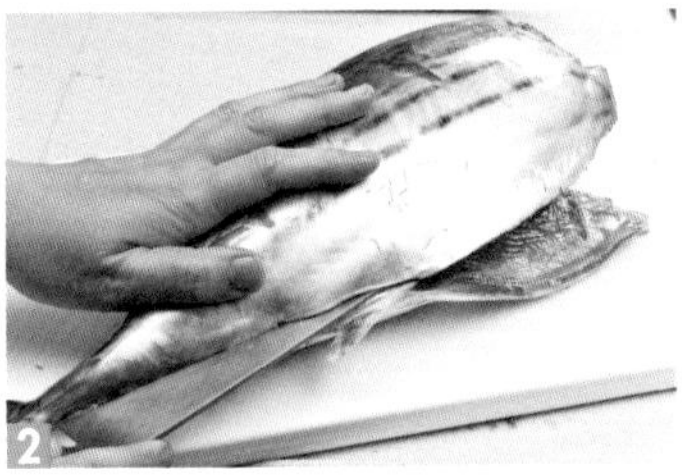

2 腹に、中骨に沿って頭側から尾まで切り込みを入れる。

3 まな板ごと動かして背を手前に向ける。背は中骨に沿って、山を描くように切る。

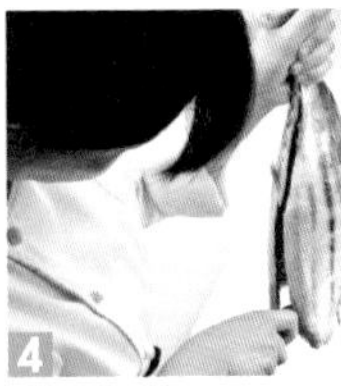

4 尾の手前に切り込みを入れる。逆さに持ち上げ、縦に刃を入れて片身を切り離す。

5 残った身を下にして置く。中骨の下に包丁を入れてそぐように身を切る。

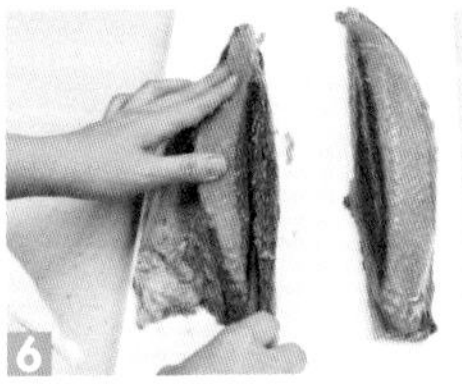

6 身を中央で切り、間にある骨（血合い骨）を除く。もう片方の身も同様に切る。

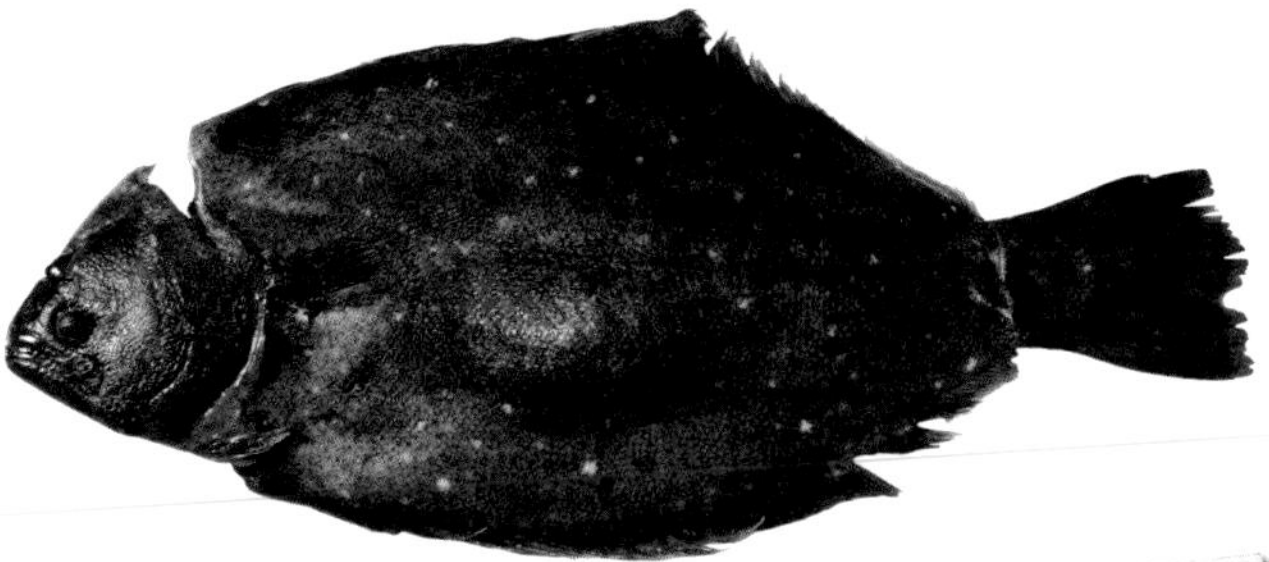

DATA
ヒラメ科ヒラメ属
旬／12～2月
選び方／身がはっているものがよい。目が落ちくぼんでいるものは避ける。

ひれに近い「縁側」という部分が好まれる魚

ひらめ

かれいと似た容姿なので「左ひらめに右かれい」と、顔の向きで区別します。ひらめのほうが淡白な味。

下ごしらえ

・うろこを取る・

尾の近くの皮と身の間に包丁を入れて、細かいうろこをむくように切る。腹側のうろこも取る。

・頭を落とす・

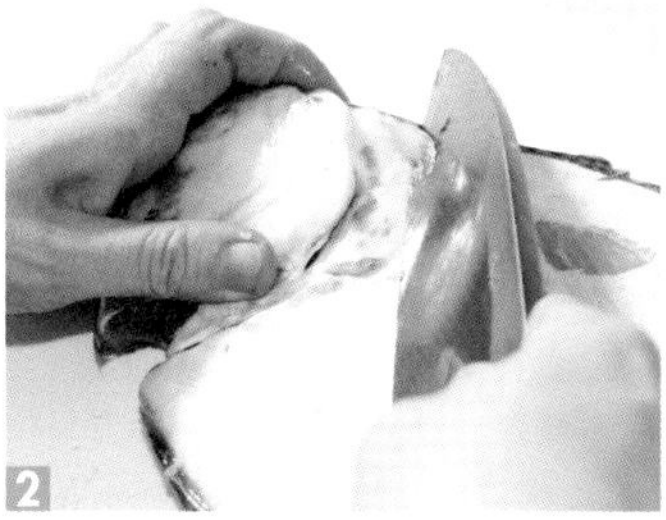

腹を上にして置く。えらの下のかまに沿って両側からV字に切り込みを入れ、頭を落とす。

・内臓を取る・

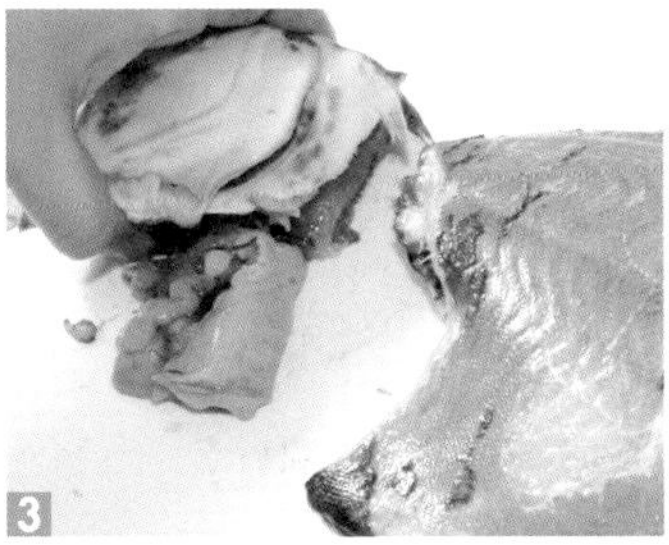

腹を少し切って広げ、中の内臓を包丁でかき出して取り除く。

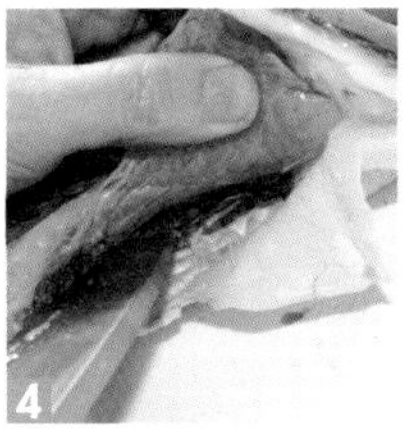

・血合いを出す・

腹の奥の膜（血合い袋）を切り、血を除く。

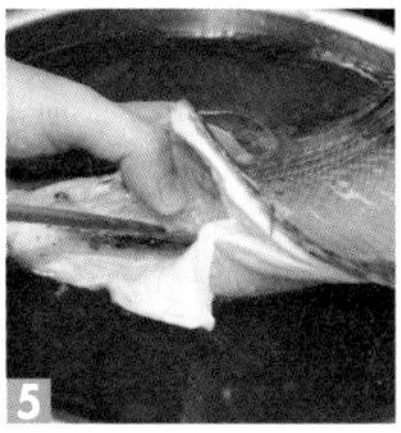

・腹を洗う・

内臓と血が残らないように洗い、ふく。

切り方

［ 五枚おろし ］

身が薄くて平たく、幅が広いので5枚におろす。

うろこを取ったほうの身の中央に、中骨の深さまで切り込みを入れる。

両方のひれのつけ根（縁側）に切り込みを入れる。

中央から包丁を入れ、中骨に沿って身を切る。ひれに沿って身を切り離す。

反対側の身も同様に中骨から切り離す。身がくずれやすいので、手早く作業する。

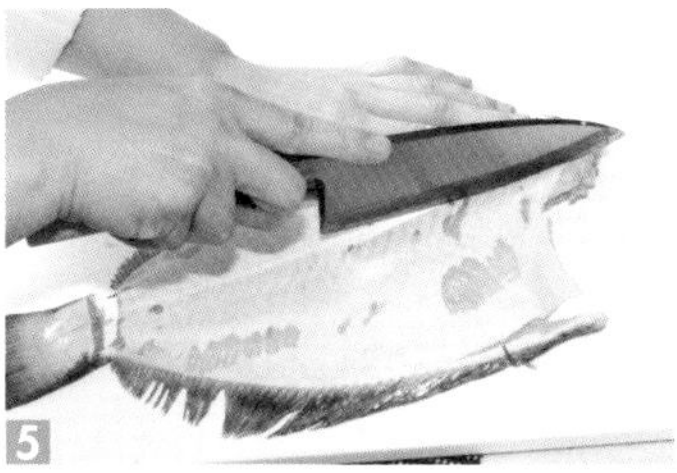

魚を裏返し、1、2と同様に中央とえらのつけ根（縁側）に切り込みを入れる。

3、4と同様に、中央から包丁を入れて中骨から身を切り離す。腹骨を取り除く。

安価で手に入りやすいのも魅力の魚介

するめいか

胴の皮がむきづらいときは、ぬれたふきんでこすると簡単にむくことができます。

下ごしらえ

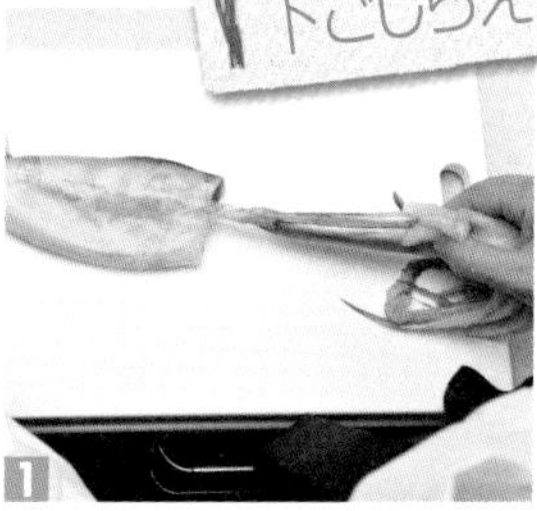

・胴から足と内臓を外す・

胴の奥に指を入れ、数か所ある胴と内臓のつなぎ目を外す。足を軽く引っぱって抜く。

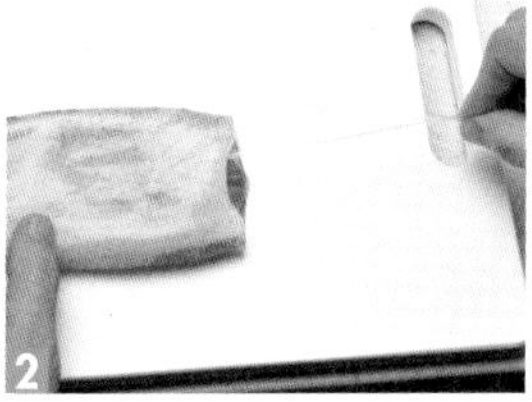

・軟骨を取る・

胴の内側についている、細長くて透明な軟骨を軽く引っぱって取り除く。胴の中を水洗いする。

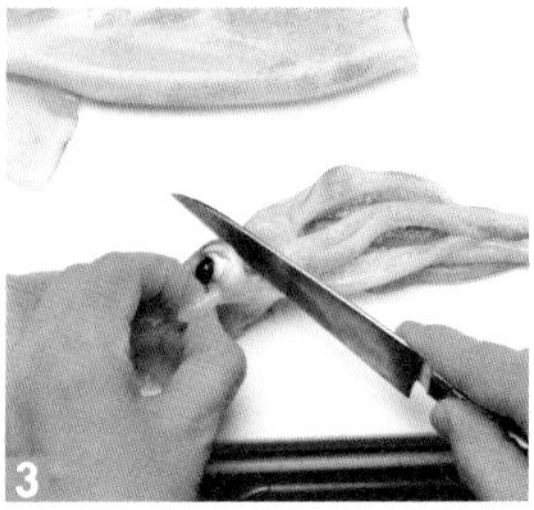

・内臓と足を離す・

1で胴から外した足の目の下を切り、内臓と足を離す。目をつぶさないように注意すること。

胴の下ごしらえ

・エンペラをはがす・

胴の先の三角がエンペラ。胴とエンペラの間に指を入れ、引っぱって外す。

・胴の皮をむく・

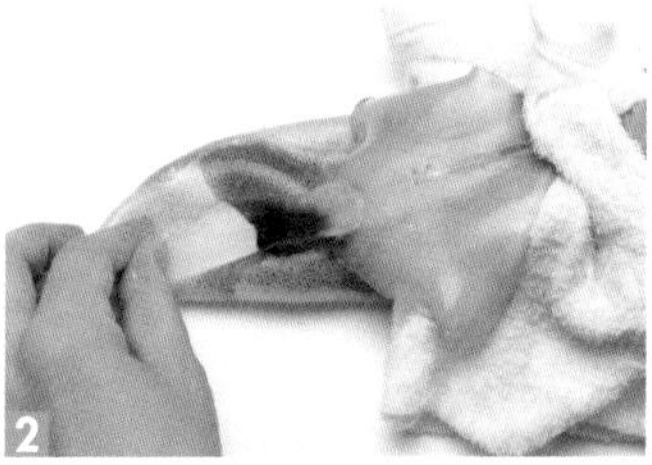

エンペラを外した部分から、胴体の表面の赤い皮と透明な薄皮をむく。

・エンペラの皮をむく・

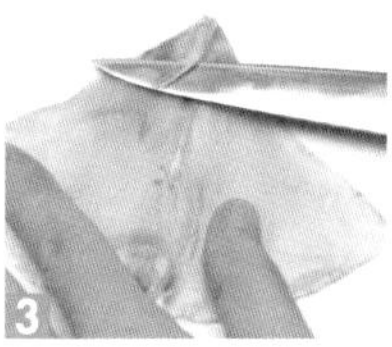

エンペラの先端の軟骨を切って起こす。

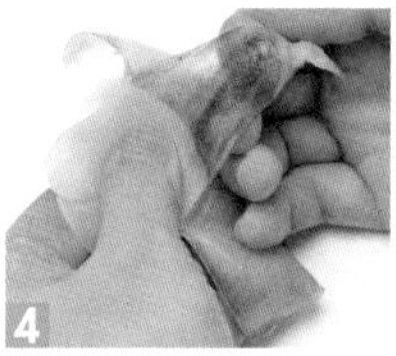

軟骨部分を引っぱって皮をむく。

・墨袋を取る・

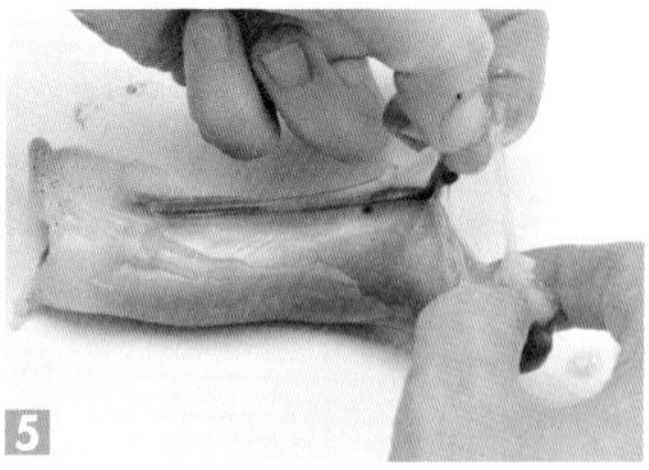

足から切り離した内臓を使う場合は、墨袋を破かないように引ぱって除く。

足の下ごしらえ

・口ばしを取る・

足のつけ根にあるかたい口ばし（とんび）を切って取り除く。

・足をそろえる・

2本の長い足は、ほかの足と長さをそろえて切る。吸盤はかたいので使わない。

・吸盤を取る・

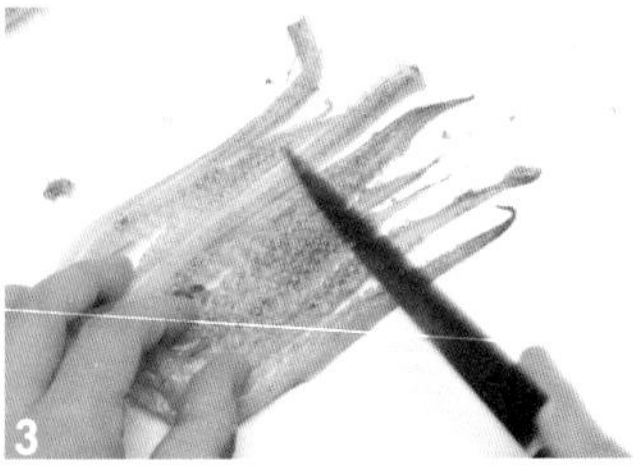

足をのばして置く。包丁の背（みね）を使って吸盤をこそげ落とし、よく洗う。

胴、エンペラ、足、内臓の4つに分けた状態。内臓は塩辛やわた焼きに使える。

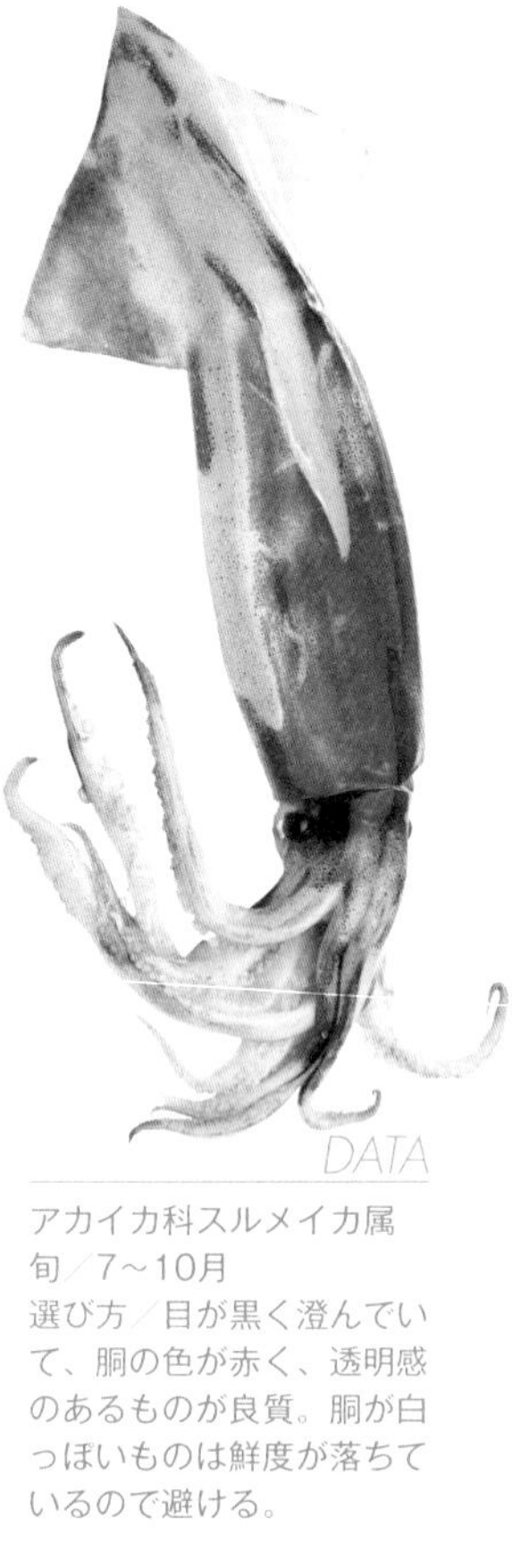

DATA

アカイカ科スルメイカ属

旬／7〜10月

選び方／目が黒く澄んでいて、胴の色が赤く、透明感のあるものが良質。胴が白っぽいものは鮮度が落ちているので避ける。

えび

ぷりぷりの食感がたまらない魚介

料理によって下ごしらえが違うので、3つの基本的な方法を紹介します。

頭を残す場合

オーストラリアタイガー

DATA
クルマエビ科
クルマエビ属
有頭えびとして売られているものは、冷凍のオーストラリアタイガーなどが多い。

こんな料理のときに

フライや甘煮などの火を通す料理に向く。頭を残すので豪華に見える。冷凍の場合は、塩水につけて解凍するとよい。

下ごしらえ

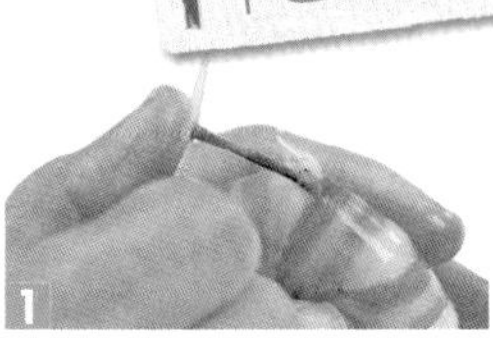

1 ・背わたを取る・
背わたとは腸のこと。背の殻の2～3節目に竹串をさし、背わたを引っぱって抜く。

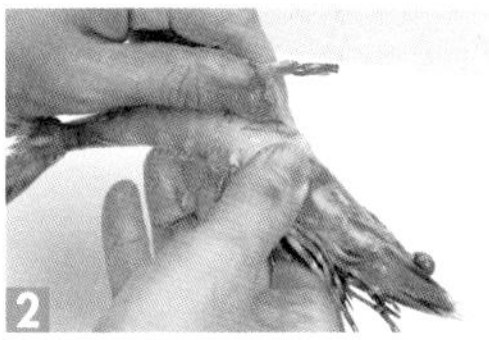

2 ・殻をむく・
足のほうから胴の殻をめくるようにむく。殻はスープのだしとして使うことができる。

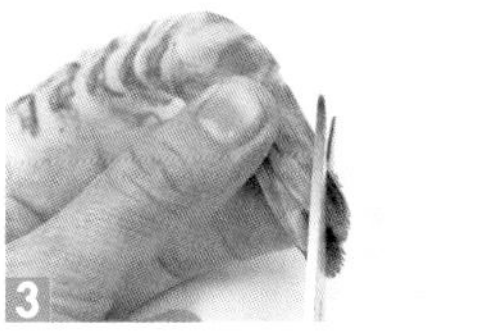

3 ・尾を切る・
尾の真ん中にある、かたくて鋭い部分を料理用ばさみで切り、中の余分な水分を抜く。

頭を取る場合

車えび

DATA
クルマエビ科クルマエビ属　旬／6～10月
選び方／殻に透明感があるものがよい。生きた新鮮なものを選ぶとよい。

こんな料理のときに

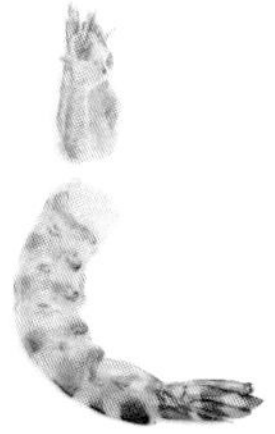

新鮮な活えびを使う料理に向く。身は天ぷらやしゃぶしゃぶ、ゆでて寿司だねにするのもよい。頭の身は素揚げや鉄板焼きに向く。

下ごしらえ

1 ・背わたを取る・
頭を背のほうに折り、ゆっくりと引っぱって頭ごと背わたを取り除く。

2 ・殻をむく・
足のほうから一節ずつていねいに胴の皮をむく。

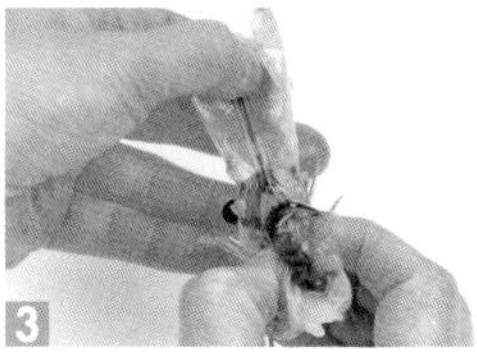

3 ・頭の殻を外す・
取り除いた頭の殻の間に指を入れて殻を外す。

背を開く場合

赤座えび

DATA
アカザエビ科アカザエビ属　旬／10～3月
選び方／手長えび類は、殻が鮮やかなものをがよい。

こんな料理のときに

殻ごと使ってグリルで焼いたり、煮込んだりすると料理に殻の香ばしさがプラスされる。フランス料理のブイヤベースにもおすすめ。

下ごしらえ

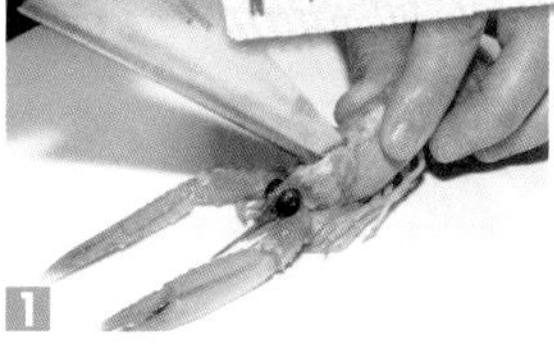

1 ・頭を切る・
胴を押さえ、頭の真ん中にある十字の部分に、縦に切り込みを入れる。

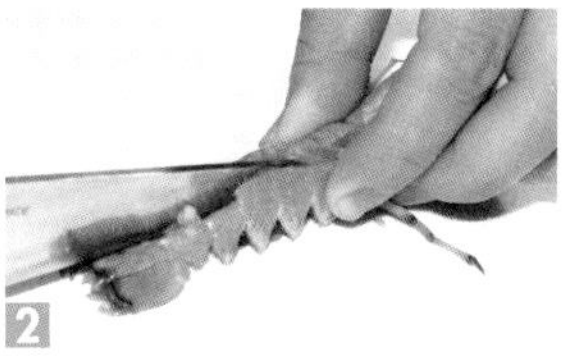

2 ・胴を切り開く・
背の殻の上から切り込みを半分の深さまで入れ、背を開く。

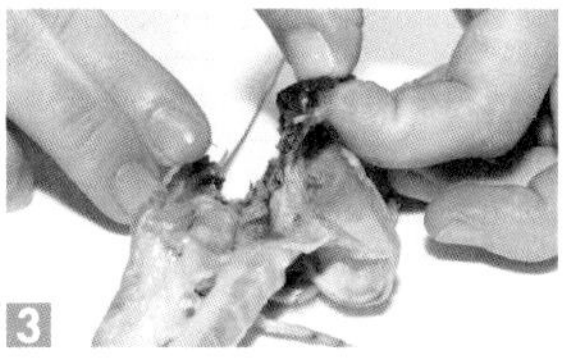

3 ・背わたを取る・
黒い背わたを手で取り、透明な胃袋は軽く引っぱって除く。

かめばかむほど、旨味が増す魚介

いいだこ

頭いっぱいに詰まった卵が、米粒に似ていることから漢字で「飯だこ」と書きます。

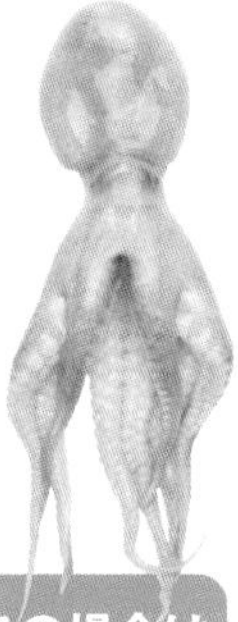

DATA

マダコ科マダコ属
旬／10～12月
選び方／体長は10cmくらい。目がはり出し、表面につやのあるものを選ぶとよい。

下ごしらえ

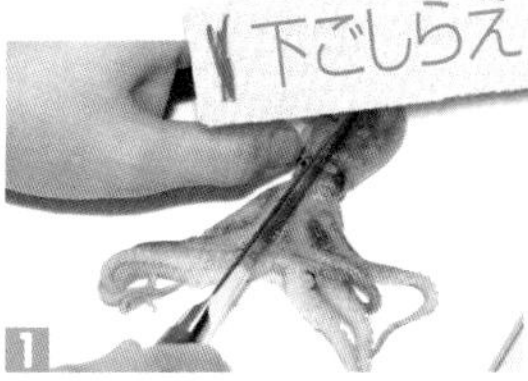

1 ・半分に切る・

胴の中央に、縦にまっすぐ切り込みを入れる。

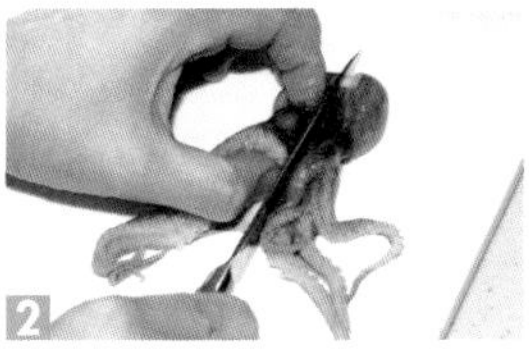

2 ・内臓を取る・

胴の中の内臓、口ばし、目を取り除く。洗って水気をふく。

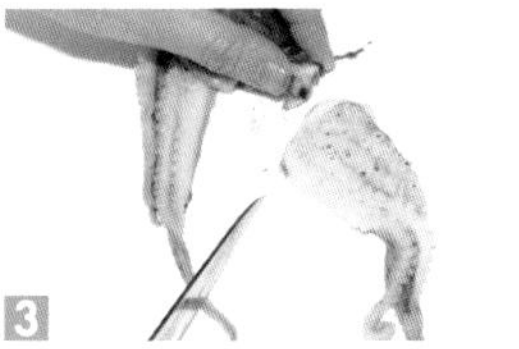

3 ・足を４本に切る・

足が4本ずつになるように足のつけ根を切る。

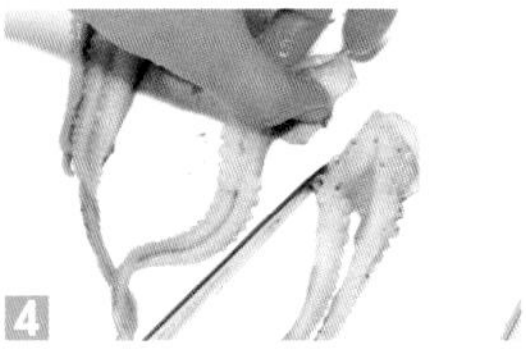

4 ・足を２本に切る・

食べやすいように足を2本ずつ、つなげて切り分ける。

POINT 生だこの場合はやわらかくする

使う前に木棒でたたき、繊維を壊してから調理する。

潮干狩りで人気の貝

あさり

海水に生息しているので、塩水に浸して砂抜きします。

DATA

マルスダレガイ科アサリ属
旬／3～4月
選び方／殻がしっかりと閉じ、模様がはっきりとしているもの。

砂抜きとは?

貝が含んでいる砂を、調理の前に吐かせること。

下ごしらえ

1 ・塩水に入れる・

海水に近い、3%の塩水になるように、塩と水を入れる。

2 ・砂抜きする・

塩水はひたひたの量にし、約2時間浸して砂を吐かせる。

3 ・こすり洗いする・

塩水を捨てる。塩をかけてこすり洗いしたあと、水洗いする。

味噌汁の定番の貝

しじみ

淡水に生息しているので、真水に浸して砂抜きします。

DATA

シジミ科シジミ属
旬／7～8月
選び方／殻が大きいものほど身が詰まっている。

砂抜きする冷暗所は?

静かな冷暗所が適している。新聞紙をかぶせるのも手。

下ごしらえ

1 ・砂抜きする・

殻が少し出るくらいのひたひたの水に入れ、約2時間おく。

2 ・こすり洗いする・

塩をたっぷりかけてこすり洗いし、表面の汚れを取り除く。

3 ・水洗いする・

表面の塩を水で洗い落とす。殻が欠けないように洗うこと。

「海のミルク」と呼ばれる栄養価の高い貝

かき

真がきは冬、岩がきは夏に旬を迎えます。殻開けはテーブルナイフでも代用できます。

DATA
イタボカキ科マガキ属
旬／9～4月
選び方／持ってみて重量感があり、口が閉まっているもの。

下ごしらえ

1 ・殻を洗う・
表面についている苔や汚れをたわしで洗って落とす。

2 ・殻を開ける・
殻と殻の間にナイフを入れ、貝柱を外して殻を開ける。

3 ・殻を外す・
身を傷つけないように殻を半分外す。中の汁を器に出す。

4 ・身を出す・
身の重さで自然に落ちるように殻をかたむけて身を出す。

汁は料理に活用

かきの殻を開けたときに出てくる汁には旨味がたっぷり含まれているので、捨てずにスープやチャウダーに使える。

POINT 貝柱の位置を確認する

殻の深いほうを下にし、ちょうつがいを手前にして持つ。右側のやや前方に貝柱がある。貝柱をなぞると殻を開けやすい。

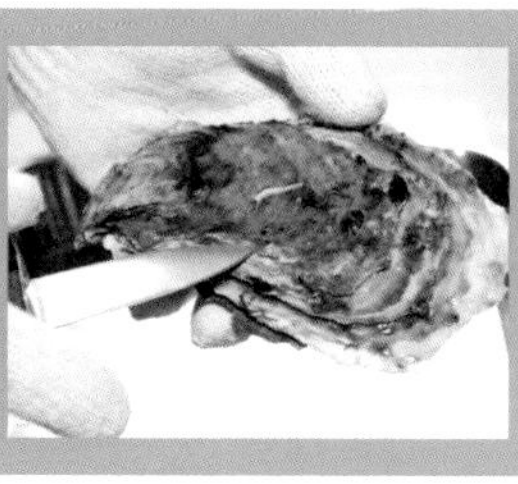

むき身の場合

大根おろしまたは小麦粉を使うとひだの中まで洗える。

1 大根をすりおろし、かきと合わせる。

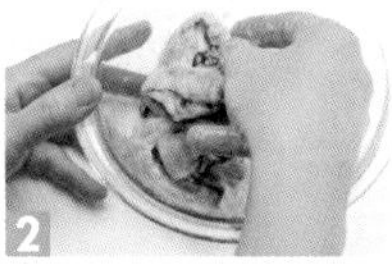

2 大根が黒くなるまでやさしく洗う。

3 水でやさしくふり洗いする。1～3を数回くり返す。

4 ふきんをしいたバットに並べ、水気をふく。

地中海料理定番の貝

ムール貝

殻から出ている足糸は、調理する直前に取り除きます。

DATA
イガイ科イガイ属
旬／7～8月
選び方／重みがあり、殻に傷がないものを選ぶ。

下ごしらえ

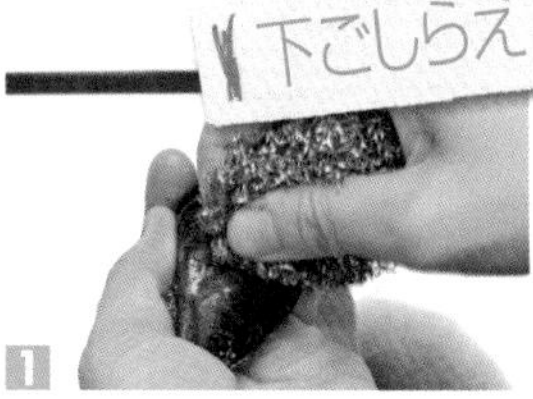

1 ・殻を洗う・
表面の苔や汚れを金たわしでみがいて落とす。

2 ・足糸をフォークに巻く・
ちょうつがいを奥にして持ち、足糸をフォークに巻く。

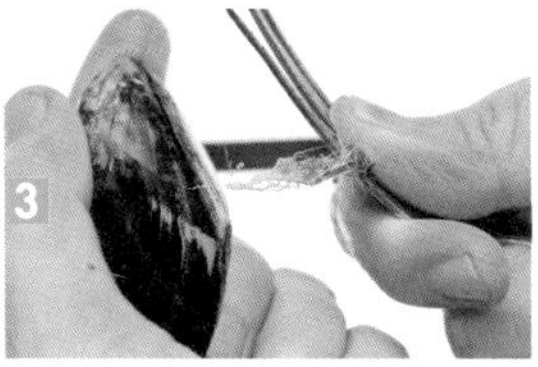

3 ・足糸を抜く・
手前の口のほうにフォークを引っぱり、足糸を取り除く。

足糸とは？

岩肌にくっつくためにある。抜くと死んでしまう。

豚肉

pork

脂肪分が多く、ビタミンB1を豊富に含む日本で一番消費されている肉です。選ぶときのポイントは、肉は薄紅色で光沢があり、脂肪がよくしまった白色がきれいなものを選ぶこと。脂肪が黄色く変色したものは避けます。

肩ロース

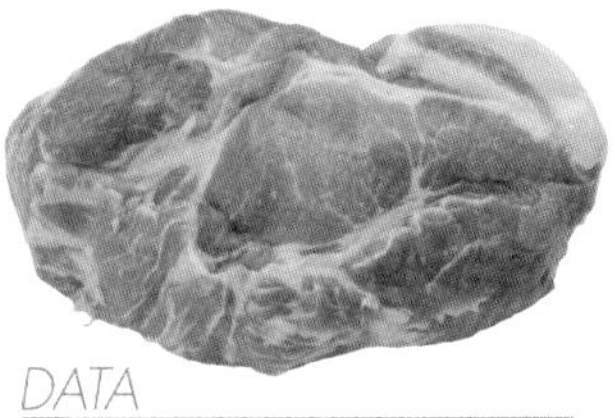

DATA

ロースとネックにはさまれた背中の肉。適度な脂肪があって味がよいため、厚切りにされる。とんかつなどに向く。

ロース

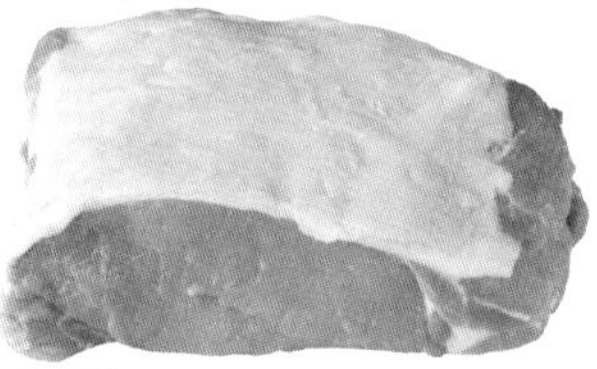

DATA

背中の中央部分で、きめが細かく、適度に脂がある上級肉。薄切りにし、しゃぶしゃぶやしょうが焼き用として好まれる。

ひれ

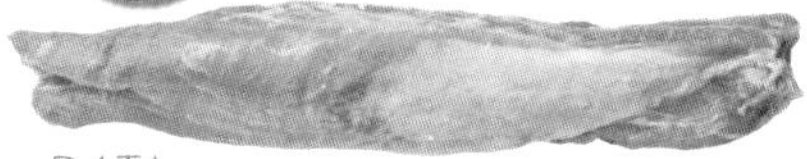

DATA

ロースの内側にある細長い肉。きめが細かくてやわらかく、脂肪が少なめ。あっさりしているのでステーキやひれかつに向く。

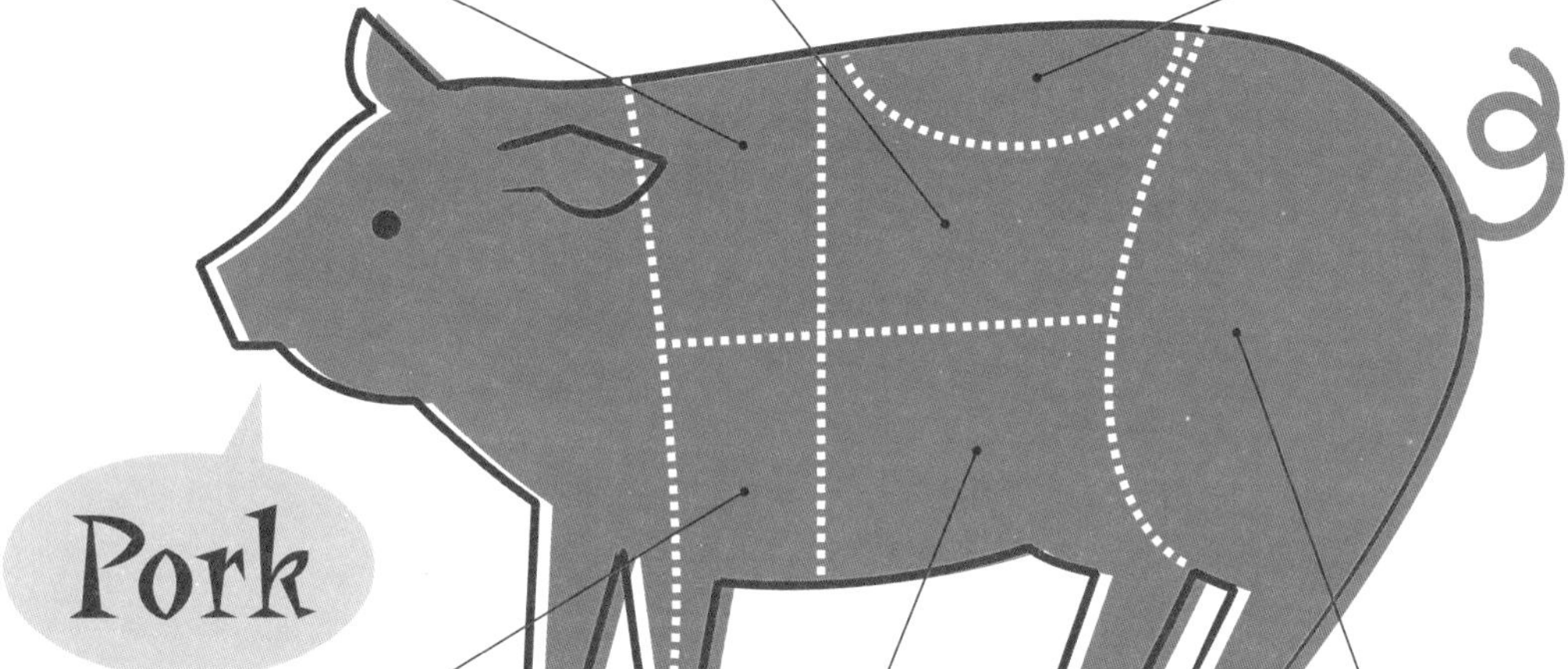

肩

DATA

腕の部分。運動するときに使われる部位なので筋が多くてややかたい。薄切りやひき肉にして食べられる。

ばら

DATA

腹の肉。筋肉である赤身と脂肪が交互に三層になっているため、三枚肉とも呼ばれる。長時間加熱する煮込みに向く。

スペアリブ

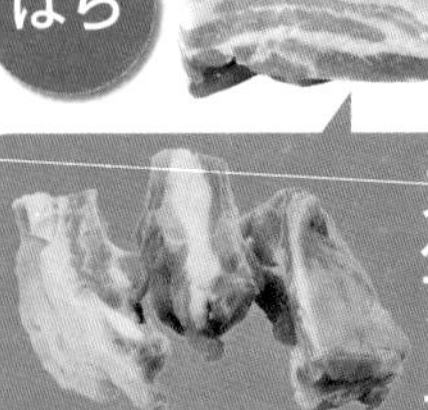

DATA

骨つきのばら肉のこと。加熱してもパサパサになりにくいので、バーベキューに向く。

もも

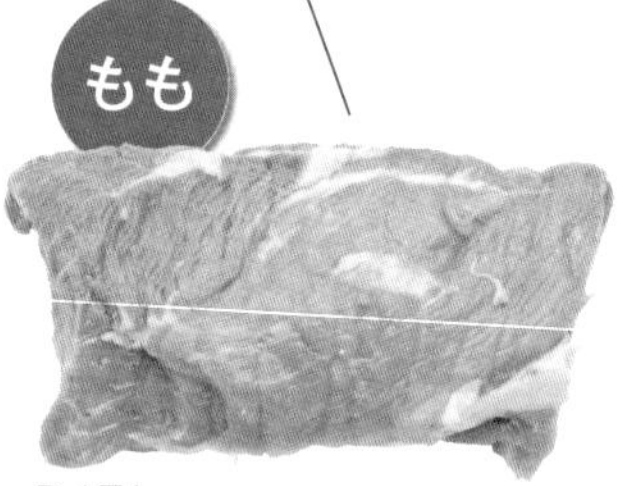

DATA

ほとんど赤身なので脂肪が少なく、きめが細かい。酢豚など濃い味つけの料理に向く。

豚ロース肉

肉質がそろっていて使いやすい部位

きめの細かいやわらかな肉質と、風味のよい脂身が特徴です。

下ごしらえ

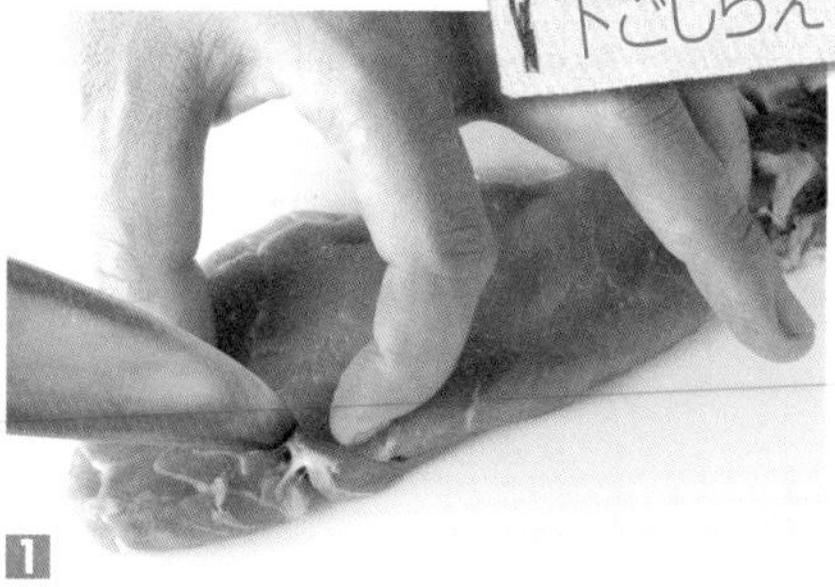

1

・内側の筋を切る・

肉の内側の筋を切る。赤身と脂身の間にある半透明な筋を断つように切る。

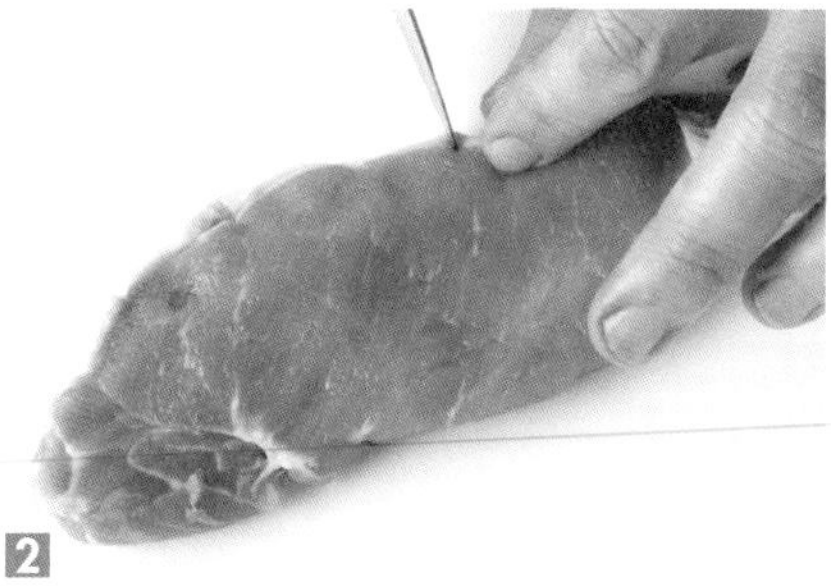

2

・外側の筋を切る・

肉の外側の筋を切る。赤身と脂身の間にある筋を包丁の切っ先または刃元を使って切る。

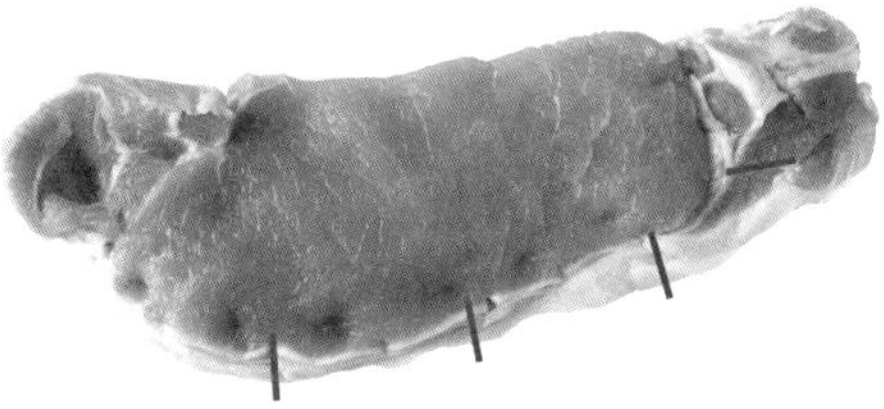

赤身と脂身の間にある筋は、約2cm間隔をあけて数か所切るとよい。裏まで貫通するように切る。

筋を切って縮みを防ぐ

赤身と脂身の間にある筋は加熱すると縮み、肉が反る。反ると見た目がよくないばかりか均一に火が通らなくなるので、しっかりと筋を断つように切ること。

切り方

［ 薄切り ］

しょうが焼きやしゃぶしゃぶなどに向く。厚切りよりも早く火が通る。

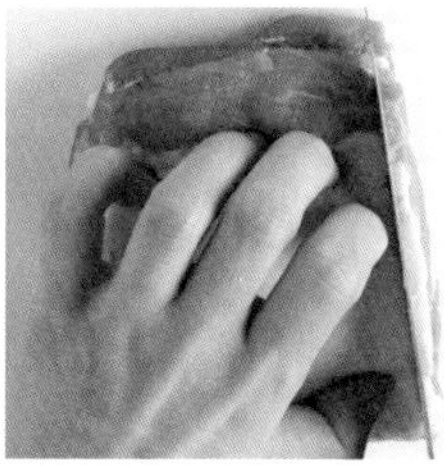

脂身を上にして置く。しっかりと押さえ、繊維に対して直角に包丁を入れ、端から3㎜幅に切る。

［ 厚切り ］

とんかつなど、ジューシーな肉の旨味を味わいたいときに適した切り方。

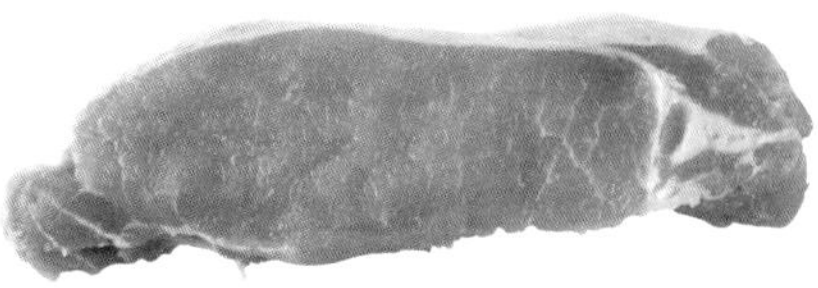

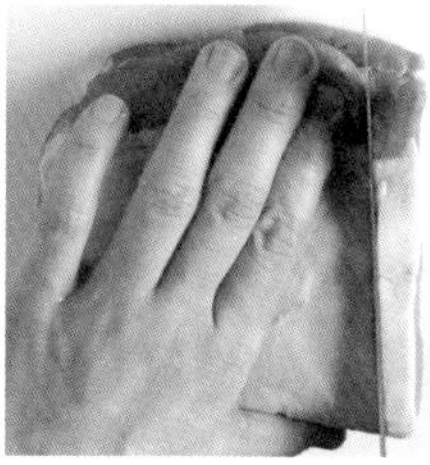

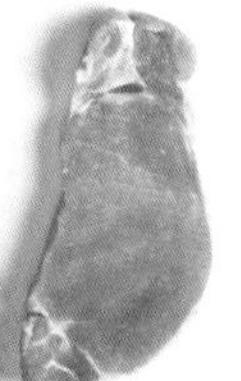

脂身を上にして置く。しっかりと押さえ、繊維に対して直角に包丁を入れ、端から1㎝幅に切る。

ソテーに向く切り方

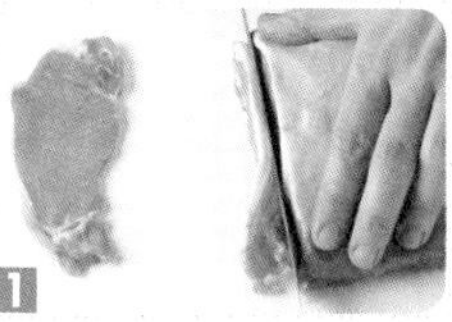

1

脂身を上にして置き、繊維に対して直角に包丁を入れ、端から5mm幅に切る。

2

赤身と脂身の間にある筋を断つように切り、肉が反り返るのを防ぐ。

3

ラップで包み、ぬらした肉たたきや麺棒で繊維がやわらかくなるまでたたく。

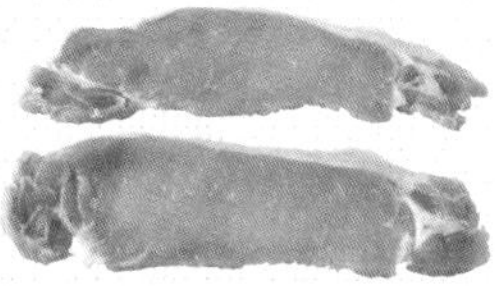

写真のように、肉をきれいにのばすようにたたく。

豚ばら肉

煮豚やシチューなどの煮込みに向く部位

腹の肉で脂身が多く、赤身と脂身が三層に見えることから「三枚肉」とも呼ばれています。

切り方

［ 薄切り ］

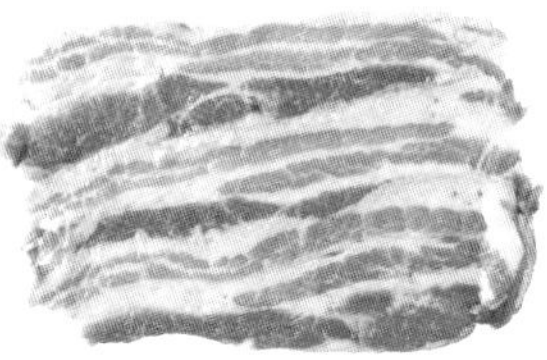

キャベツや青じそなどの野菜をくるくると巻いたり、具材を重ねて蒸し豚にするときに。

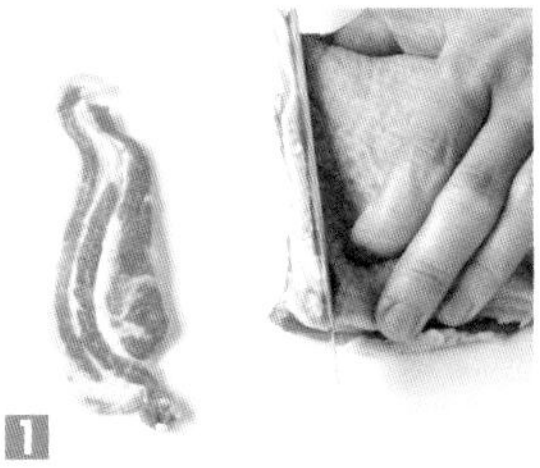

1 脂身を上にして置く。しっかりと押さえ、端から5mm幅に切る。

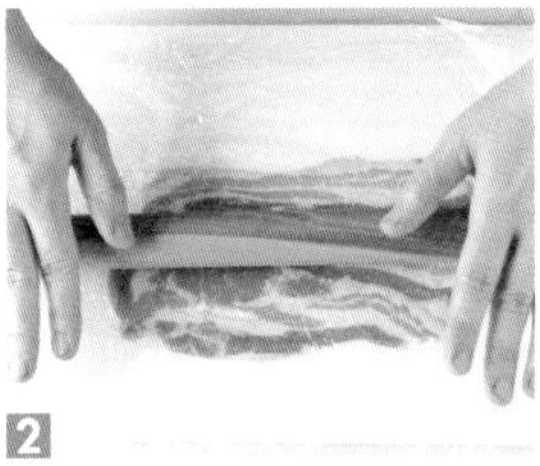

2 ラップで包み、上から押し広げるように麺棒を転がしてのばし、厚みを均一にする。

［ 角切り ］

角煮やシチューなど、煮込み料理との相性がよい。

3～5cm幅に切り、向きを変えてさらに四角になるように切る。

▼

［ 薄切り ］

火が通りやすいので、炒め物や炒め煮に向いている。

厚切りにした肉の脂身部分を手前に倒し、端から薄く切る。

［ 細切り ］

中華風の炒め物や丼の具に使われることが多い。

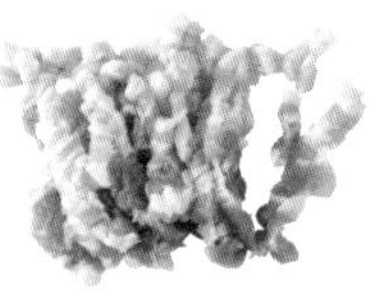

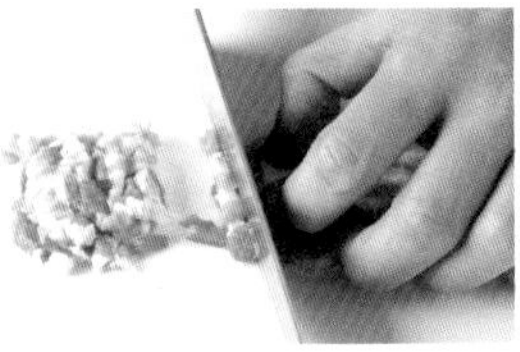

薄切りにした肉を横にして置き、端から細く切る。

▼

［ ミンチ ］

麻婆豆腐、ハンバーグ、豚まんのたね、肉味噌などに。

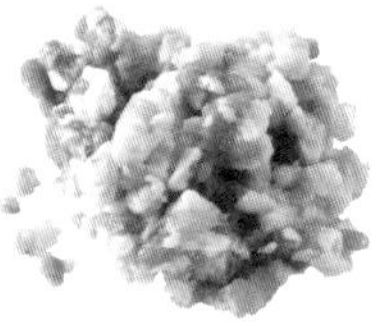

細切りにした肉を横にして置き、端から細かく切る。

結び方

チャーシューの場合

肉を丸めると内側にも脂身がくる。たこ糸でしばるのは、煮くずれしないようにするため。

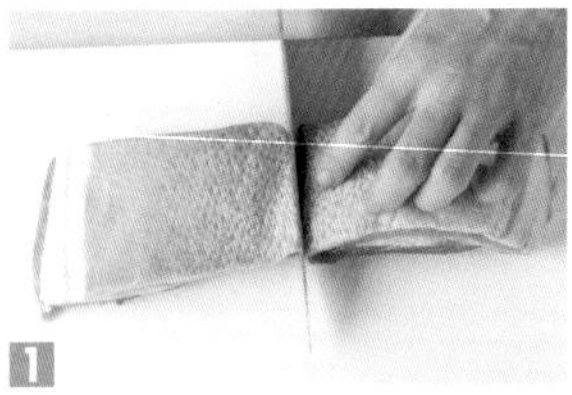

1 15㎝幅くらいに切り、重ねて丸める。

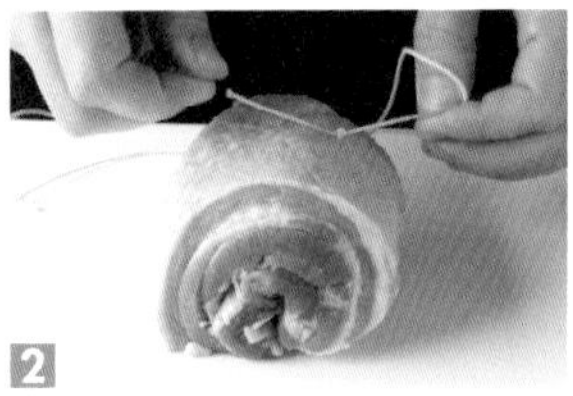

2 端から1㎝くらいのところを、たこ糸でぎゅっときつくしばる。

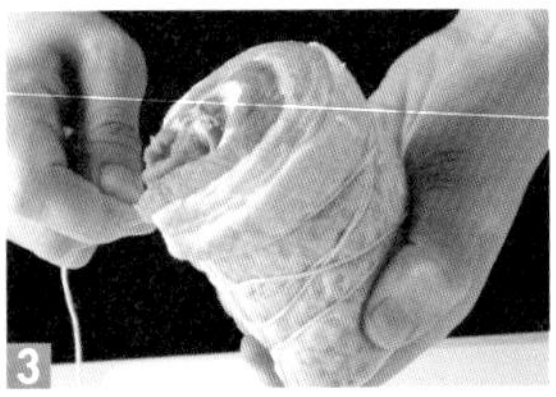

3 しばったところから逆の端に向かってたこ糸を巻きつける。

4 端まできたら、きつくかた結びをする。

豚ひれ肉

肉質がよく、とれる量が少ない貴重な部位

シンプルにステーキ、衣をつけてひれかつにと、油を使った調理法が肉の旨味を引き立てます。

下ごしらえ

・脂を取る・

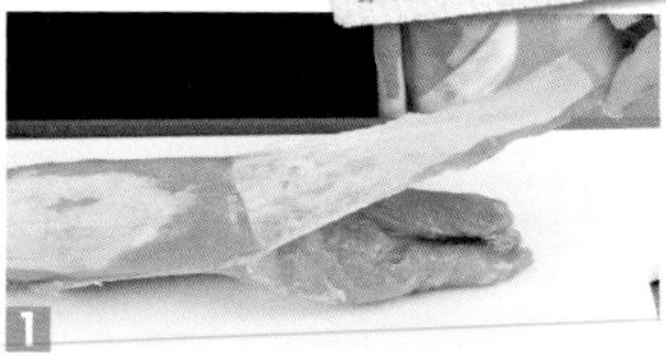

1 赤身の上についている脂身を手で引っぱって取る。

・筋を取る・

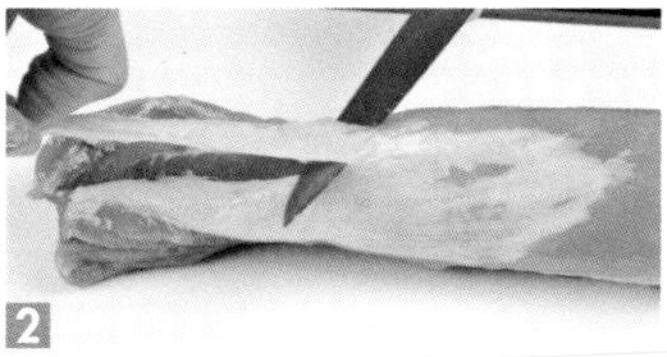

2 筋を引っぱりながら逆方向に刃を進めて切り取る。

筋を取るときに、肉の表面ががたがたにならないように注意する。

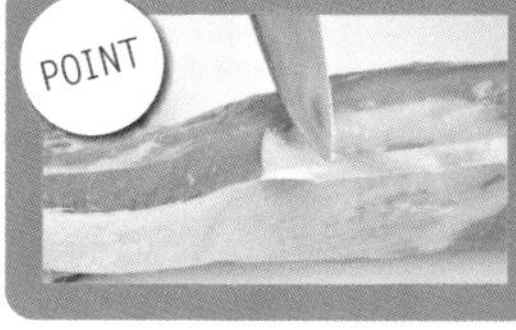

脂身と筋の見分け方

手で引っぱって簡単にはがれるのが脂身。筋は赤身についているので、包丁でそぎ取る。

切り方

1 同じ重さになるように切る。手で押し、形を丸く整える。

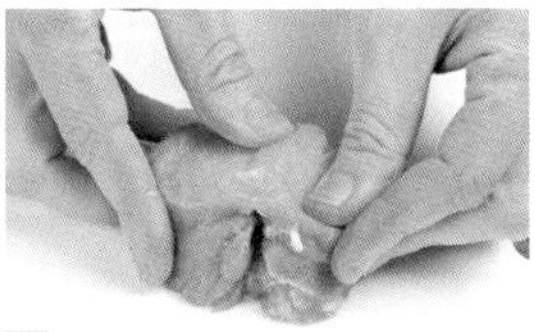

2 端の部分の肉は、切り込みを入れて折り返し、丸く整える。

［ ステーキ用 ］

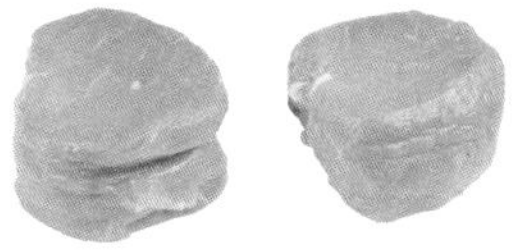

形を整えると、見た目はもちろん火も均一に通る。

豚もも肉

脂身が少なくやわらかな肉質の部位

うちもも、しんたま、そとももに分けられます。場所により肉質が異なりますが、ほぼ赤身です。

切り方

［ 肉巻き用 ］

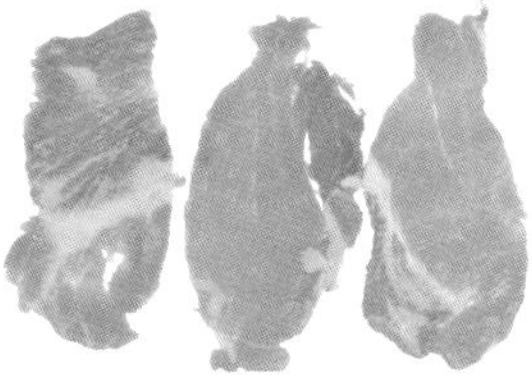

大きくて広いので、野菜などの食材を包むのにぴったり。

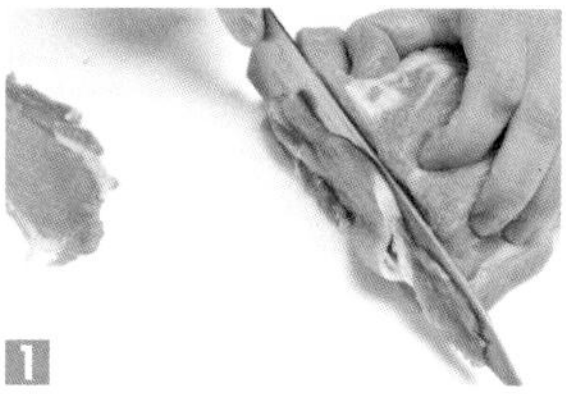

1 手でしっかり押さえ、端から2～3㎜幅に切る。

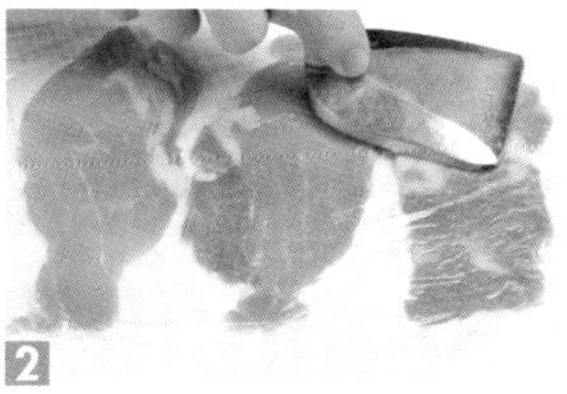

2 ラップで包み、ぬらしたたたきなどで肉を広げるようにたたく。

かたまりをゆでるときには

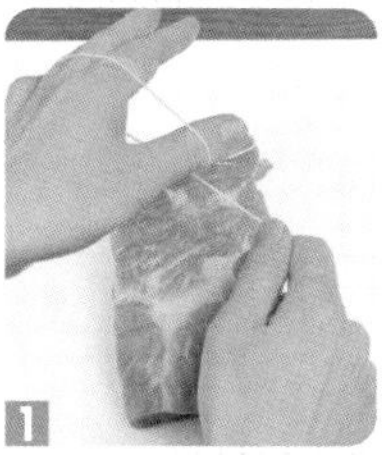

1 肉の端にたこ糸をしばる。手に糸をかけ、輪を作る。

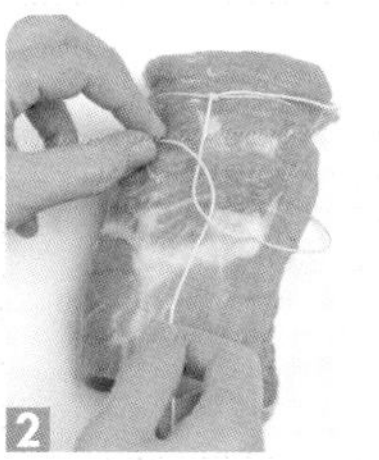

2 作った輪に肉をくぐらせ、最初に結んだ場所から離してしばる。

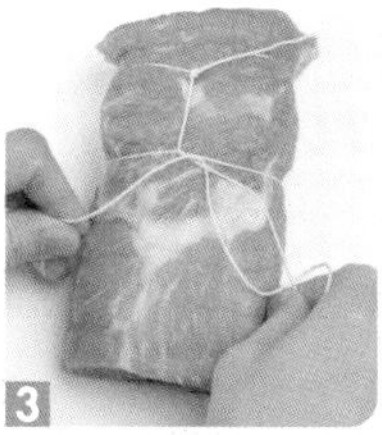

3 きつくしばり、同様の作業を端にくるまで数回くり返す。

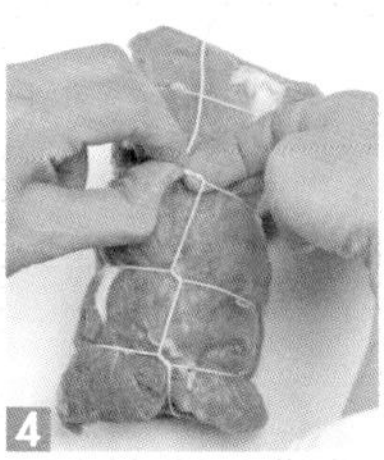

4 裏返して糸の端を横糸に巻き、十字を作りながら糸をかける。

牛肉

beef

部位によって肉質が違うので料理に合わせて選びましょう。赤身は赤色で光沢のあるもの、脂肪はややクリームがかった白色で、つやのあるものが上質。霜降りとは、赤身の中に細かな脂肪が入ることです。

肩ロース

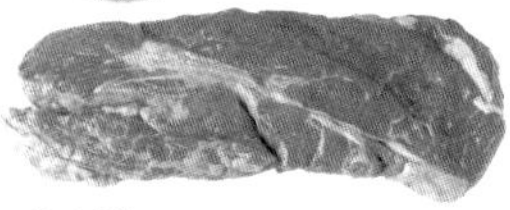

DATA

頭に近い背中の部分。やや筋っぽいが、脂肪が適度についている。薄切りにしてしゃぶしゃぶやすき焼きに向く。

リブロース

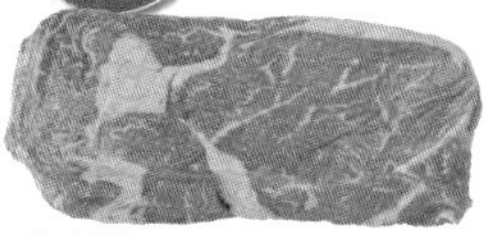

DATA

肩ロースに続く部位で、サーロインと並んで上級肉。霜降りになりやすく、きめが細かくてやわらかい。ローストビーフやステーキに。

サーロイン

DATA

牛肉の中で最上級肉。脂肪が少なく、霜降りが入りやすい。やわらかくて風味があるので、薄い味つけの料理に。

ランプ

DATA

サーロインにつながる腰の部位。きめが細かくてやわらかい赤身肉。バーベキューやすき焼きに。

肩

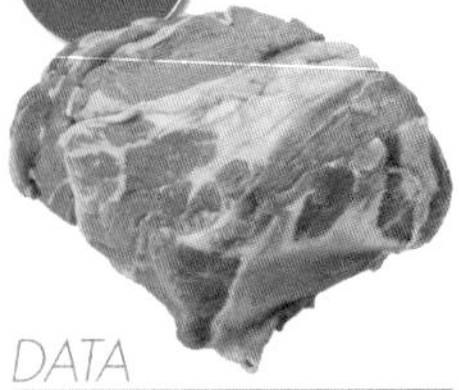

DATA

腕の部分。運動に使われるので筋肉があるため、かたくて脂肪が少ない。味は濃厚なのでスープやシチューに。

ばら

DATA

肩よりにある肋骨の外側。呼吸などで常に動いているため、繊維質でかたい。ひき肉にしてハンバーグなどに使われる。

ひれ

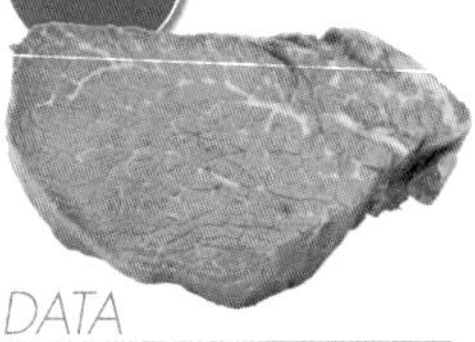

DATA

サーロインの内側の細長い部分で、ほとんど運動に使われないため、きめが細かくてやわらかい。ステーキ用にされることが多い。

もも

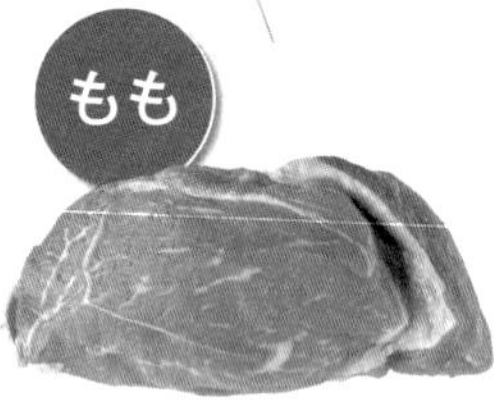

DATA

脂肪が少なく、赤身がやわらかいのが特徴。厚切り肉はローストビーフに、薄切りは炒め物や煮物など使い道は幅広い。

肉質がやわらかく、脂の少ない部位

牛もも肉

脂肪が少ないため風味はひかえめ。マリネ液などに漬け込むとよく味がなじみます。

下ごしらえ

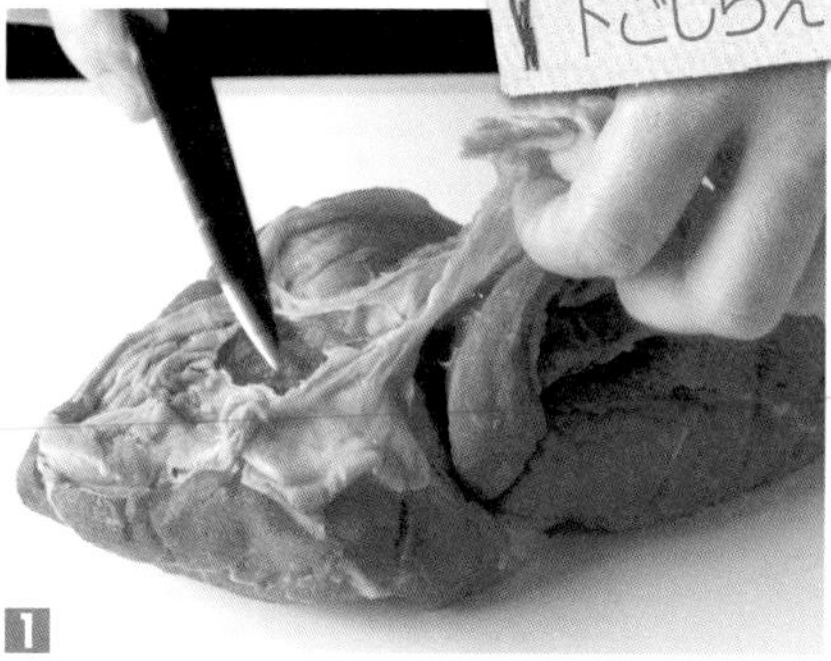

1

・切り分ける・

広げて半分に切る。肉の表面についている脂身を手で引っぱって取る。

2

・筋を取る・

筋を手で引っぱりながら、逆方向に包丁を進めて切り取る。

POINT

表面が、がたがたにならないようにする

筋を取るときは何回も刃を入れない。筋を引っぱりながら包丁をやや上に向けながらていねいに取る。表面が、がたがただと見栄えがよくないので注意。

かたまりのもも肉はローストビーフやスモークドビーフにするとよい。

切り方

［ 薄切り ］

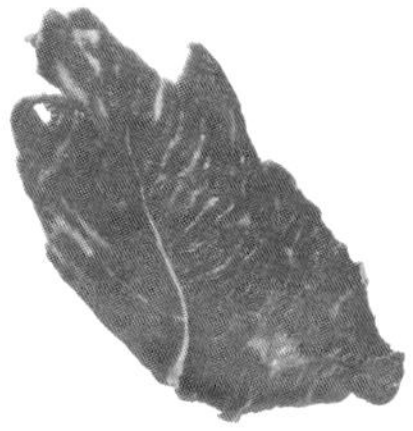

肉巻きやしゃぶしゃぶ、炒め物などに。

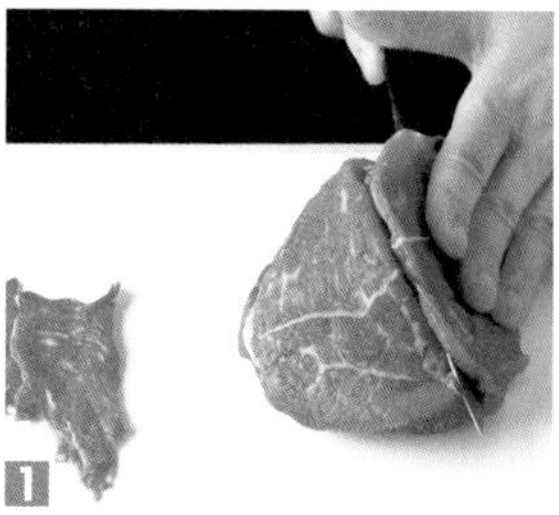

1

包丁をややねかせて手前に引くように動かす。端から均一の厚さに切る。

たたいて広げる

繊維をやわらかくし、倍にのばして肉巻きなどに使う。

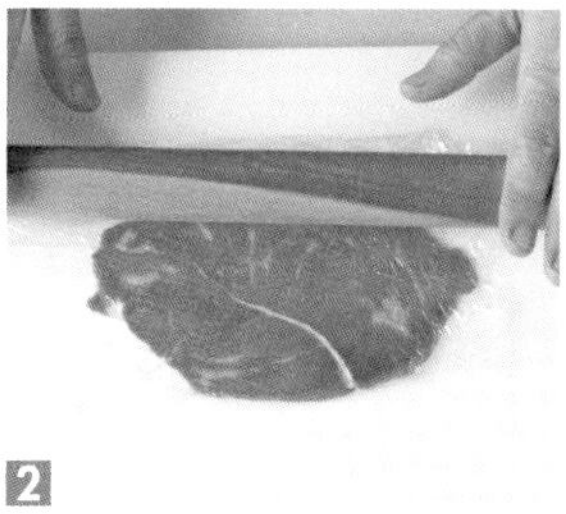

2

ラップではさみ、麺棒や肉たたきでのばす。肉を広げるように上から押して転がしてもよい。

［ 細切り ］

チンジャオロースーなどの中華料理の炒め物によく使われる切り方。

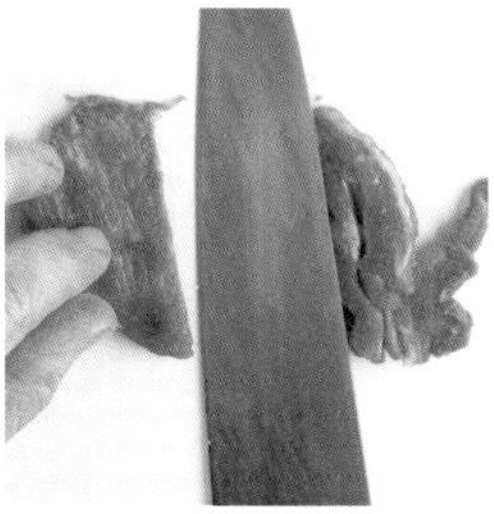

薄切りにした肉を5mm幅に切る。

［ ミンチ ］

ミートボールやタコライスなどの濃いめに味をつける料理と相性がよい。

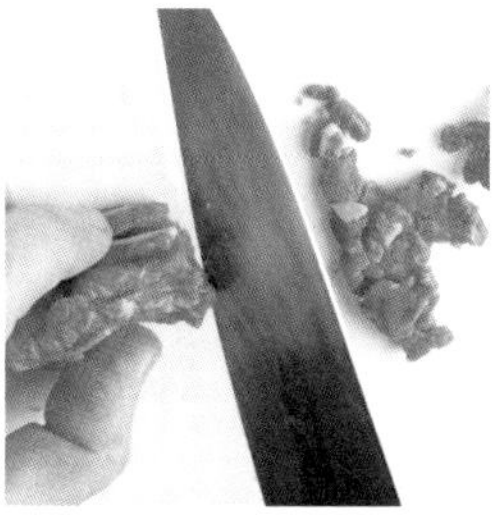

細切りにした肉を横にして置き、端から細かく切る。

牛肩ロース肉

強い風味のある肩に近い背中の部位

やや筋っぽいので、ビーフシチューなどの煮込み料理にして食べるのがおすすめです。

下ごしらえ

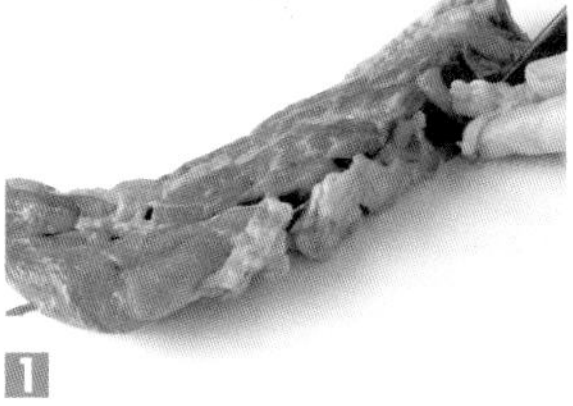

1 ・脂を取る・

白くてやわらかい部分が脂身。なるべく赤身を切らないように、外側の脂身だけを包丁で切り取る。

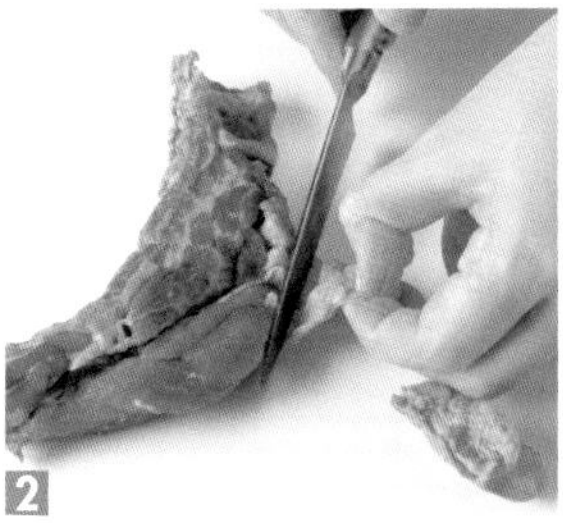

2 ・筋を取る・

筋は脂身よりもかたい。筋に沿って包丁を入れ、筋を引っぱりながら赤身から切り取る。

切り方

[角切り]

3～4cm角の大きさが食べやすくてよい。煮込み料理に。

繊維を断つように端から適当な大きさに切る。

下味をつけるときはしっかりともみ込む

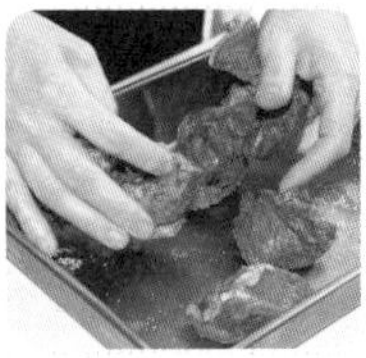

肩ロースはかたさがあるので、調味料をふりかけただけでは下味はつかない。調味料をふったら、しっかりと手でよくもみ込むこと。調味液の場合はビニール袋に入れてもむ。

サーロイン・リブロース

濃厚な旨味を持つやわらかな高級部位

背側の肉で、きめが細かくやわらかな肉質です。霜降りになりやすく、濃厚な味が楽しめます。

下ごしらえ

1 ・適切な温度にする・

冷蔵庫から出したら、室温に戻す。冷たさが少し残るくらいがよい。

冷たい状態で切ると脂身がかたくて切りやすい

冷凍の肉は冷蔵庫で自然解凍させてから、室温に戻す。完全に戻すと脂がやわらかくなって切りづらいので、冷たいうちに切り分けるとよい。

・切る・

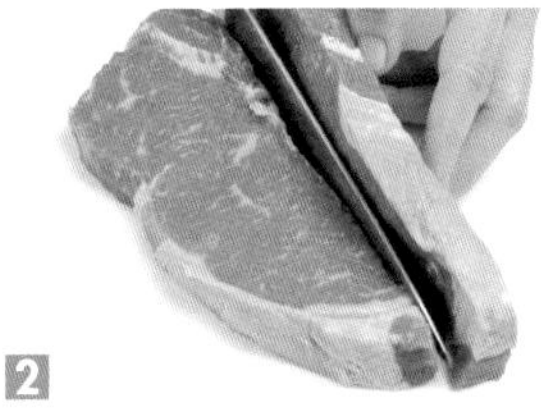

2 脂身を上にして置き、端から同じ厚さに切る。ステーキ用なら、2㎝の厚さがよい。

・室温に戻す・

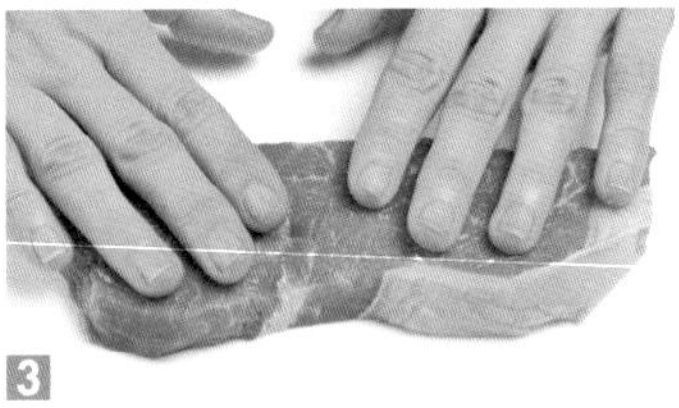

3 手の温度を利用して肉を冷たさが少し残るくらいの室温に戻す。指の腹で肉を軽く押す。

・形を整える・

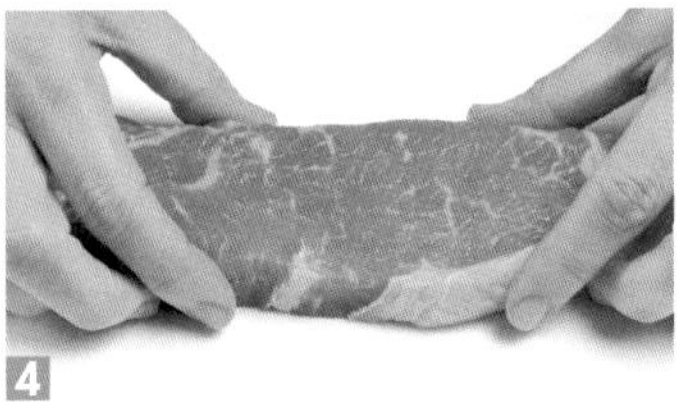

4 全体の厚さが均一になるように、手で肉の周りを押さえて形を整える。

牛すじの下ごしらえ

アキレス腱などの腱がついている部分のことで、ほとんどが筋である。長時間煮込まないとかたい。

下ごしらえ

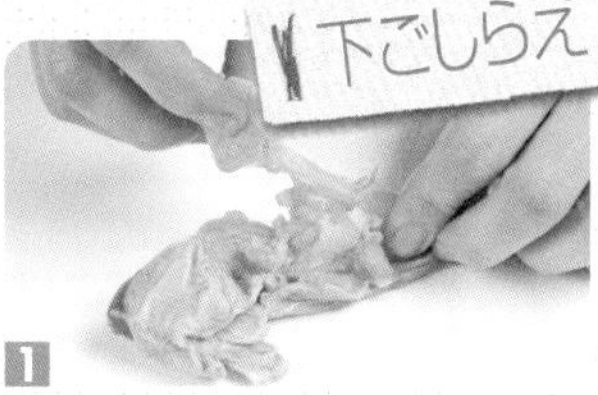

1 脂身を手で引っぱって取る。手で取れる部分が脂身。

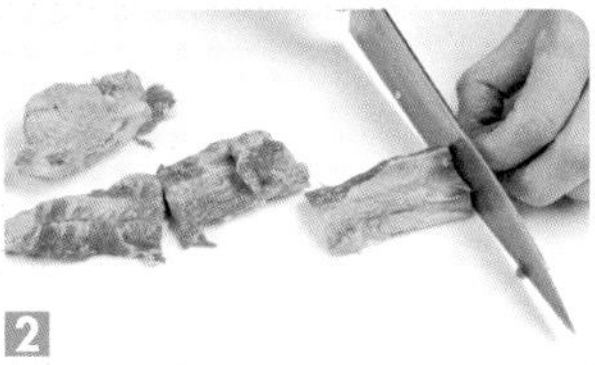

2 大きいものは適当な大きさに切り分ける。

ゆで方

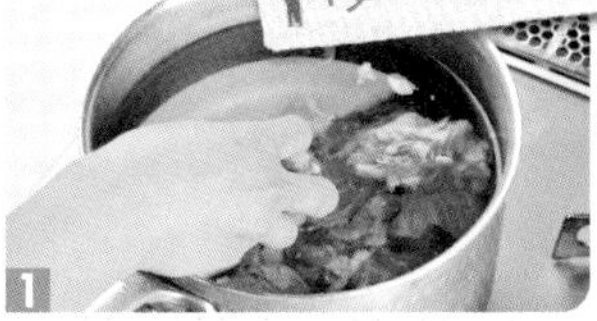

1 水からゆでる。たっぷりの水に牛すじを入れ、強火でゆでる。

2 沸騰してアクが浮いたらレードルで取り、弱火で2～3時間ゆでる。

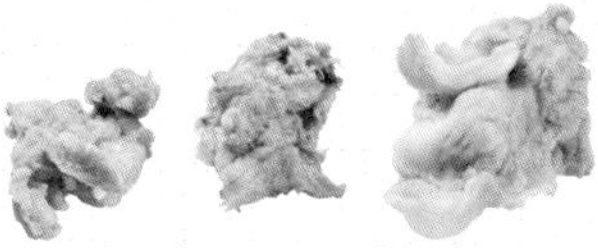

おでんや煮込みに。手間がかかるが、おいしさは折り紙つき。

牛肉のなかで一番やわらかい極上の部位

牛ひれ肉

サーロインの内側にあり、きめが細かくやわらかな肉質です。とれる量が少ないため貴重です。

下ごしらえ

1

・形を整える・

肉を押さえながら丸くなるように、ていねいに形を整える。厚みをほかの肉とそろえるようにする。

after

見た目がよいだけでなく、火が均一に通る。

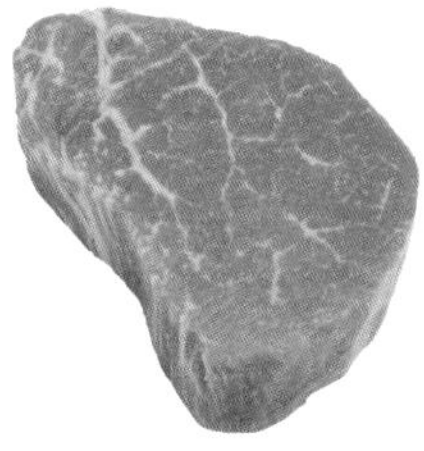

before

見た目が悪く、厚みもばらばら。

結び方

1 肉の側面をたこ糸でぐるりと2周巻いて、焼いても形がくずれないようにする。

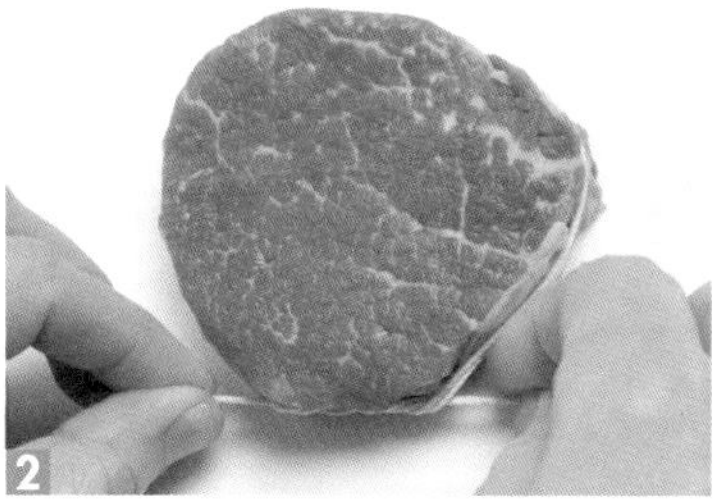

2 焼いた後、すぐに糸が外せるように、かたく結ばずに軽く結ぶ。

ステーキの焼き加減（P73参照）

ウェルダン

中まで十分に火が通り、断面は薄いピンク色になる。水分が減るので、肉はかたくなる。

ミディアム

肉の中心がピンク色で、全体の半分程度が焼けている状態。側面にも少し焼き色がつく。

レア

表面から1/3までが焼けている状態。肉の表面にうっすらと血がにじんでいる。

ベリーレア

焼けているのは表面だけで、中はほとんど生の状態。肉本来の味が一番わかる焼き方。

鶏肉

chicken

牛肉や豚肉に比べて脂肪分が少なく、低カロリー。また、ビタミンAが豊富に含まれています。厚みとつやがあり、皮はやや黄色がかった白の、鮮度のよいものを選びます。

むね

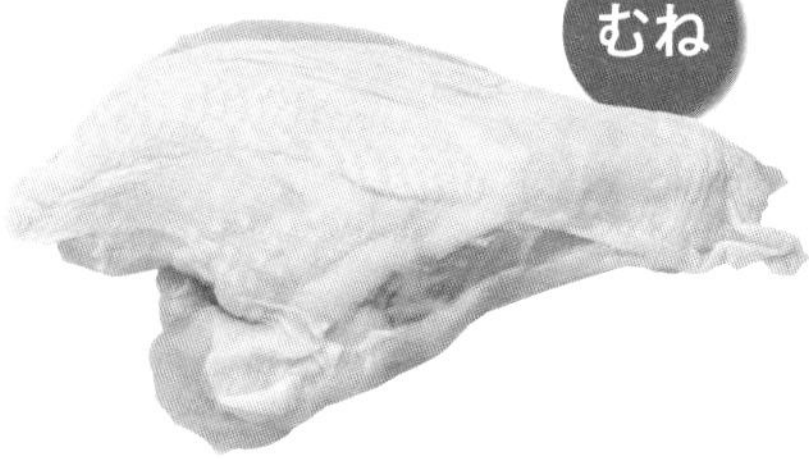

DATA

胸の部分。骨つきもあるが、除かれているものが多い。やわらかく、皮を除くと脂肪が少ない。味は淡白なので濃い味つけの料理に向く。

手羽元・手羽先

DATA

手羽元は脂肪が少なくてやわらかい。手羽先は運動量が多く、ゼラチン質や脂肪が多い。フライドチキンなどに向く。

Chicken

ささみ

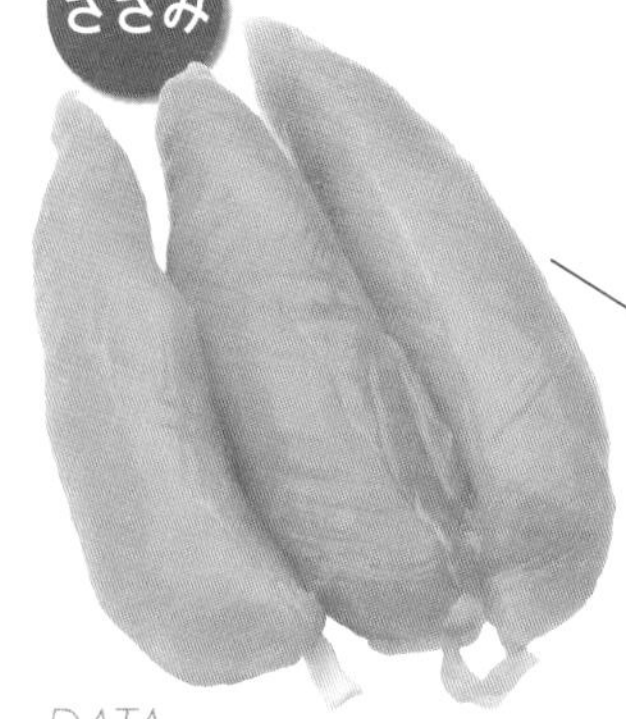

DATA

両胸の内側に肋骨に沿って1本ずつついている。形が笹の葉に似ていることから名づけられた。やわらかく、味は淡白。新鮮なものは刺身にも。

もも

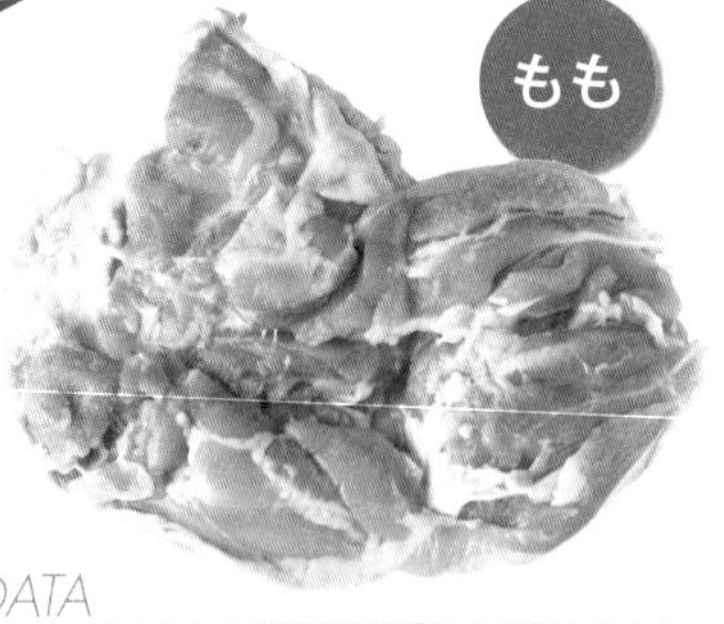

DATA

足からもものつけ根にかけての肉。運動に使われるのでむね肉に比べてややかたい。味にコクがあり、煮物や焼き物に向く。

砂肝

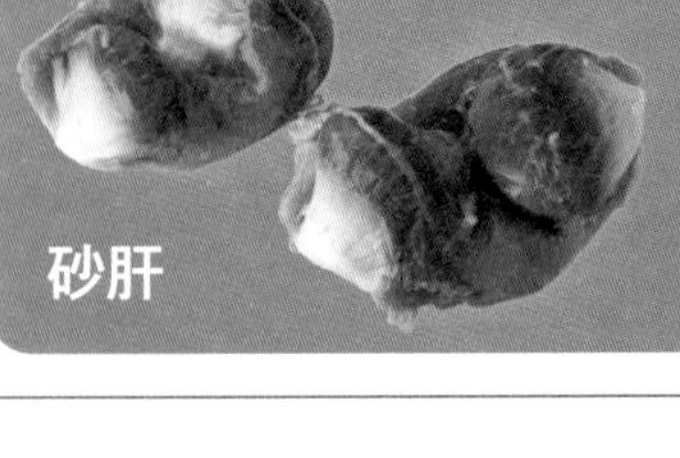

DATA

鶏はえさを飲み込むので、砂をたくわえた胃で消化を助けている。かたいが、独特の歯ごたえがあるので好まれている。

鶏もも肉

弾力のある食感で、使いやすい部位

運動するときに使われる部分なので引きしまっており、火を通すとぷりぷりとした食感になります。

下ごしらえ

1 ・軟骨を取る・

皮を下にして置く。軟骨を引っぱり、包丁を逆方向へとすべらせてすくうように切り取る。

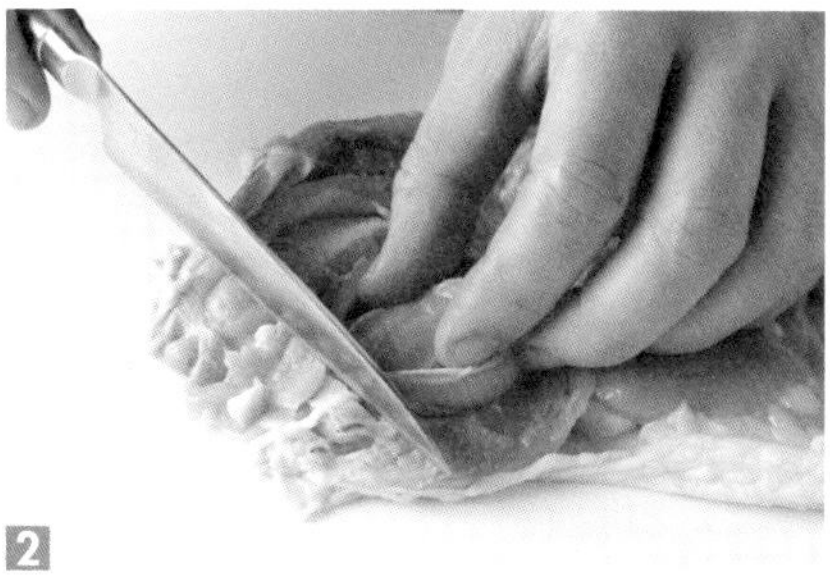

2 ・筋を切る・

端のほうに筋があれば切り込みを入れる。包丁は奥へ押すように動かす。

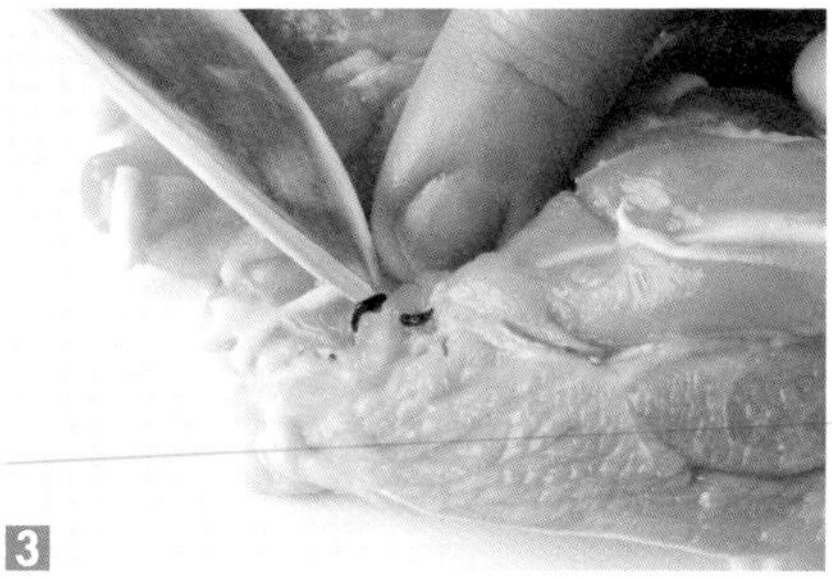

3 ・血を取る・

血管を包丁の切っ先で引っぱるようにして除く。

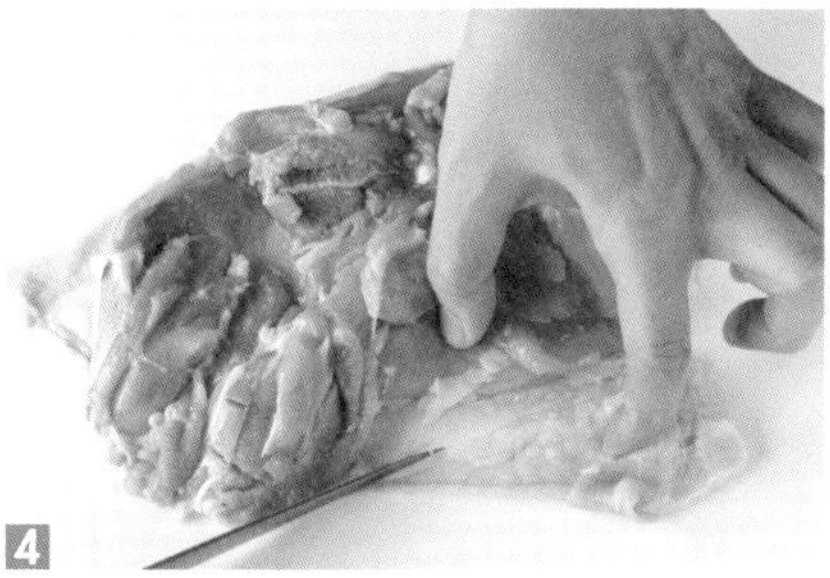

4 ・脂を取る・

余分な脂身や皮が肉からはみ出ていたら、包丁で切り落とす。こうすると脂っぽくなくなる。

切り方

皮の取り方

皮を取ると舌ざわりがよくなる。皮は別に調理するとよい。

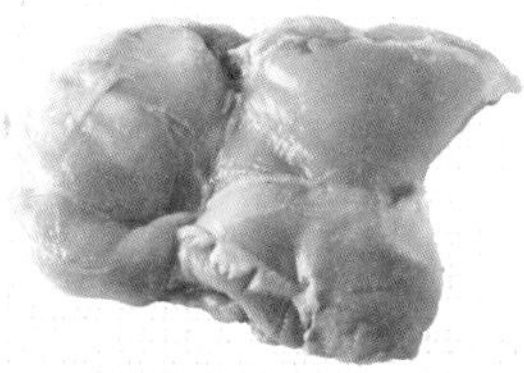

1 肉を押さえ、皮をゆっくりと手で引っぱって取る。

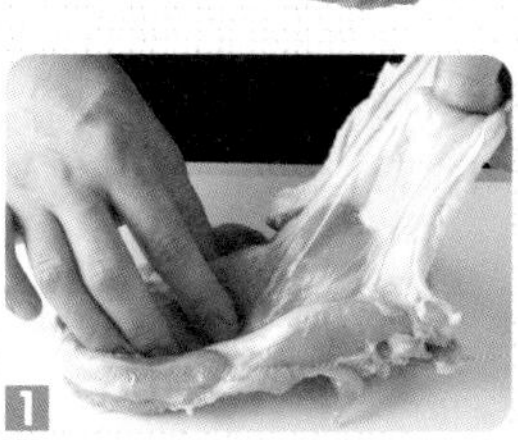

2 残った皮は包丁でそぐように、ていねいに切り取る。

［ 皮を切る ］

皮も含め、丸ごと調理するときは、皮に穴をあけると、焼き縮みが防げる。

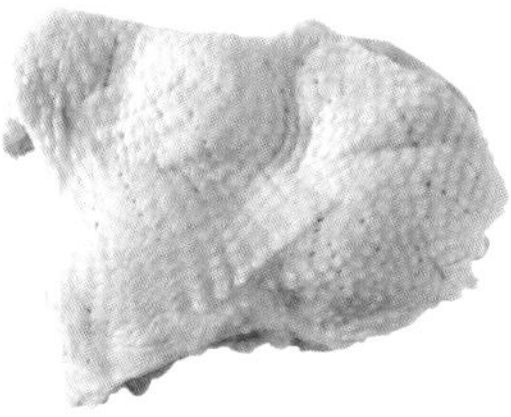

皮を上にして置く。皮にフォークをところどころさし、穴をあける。

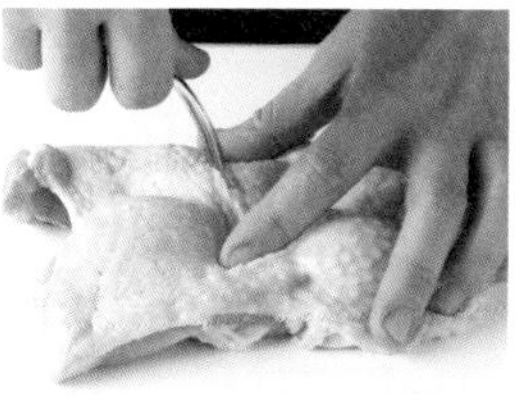

POINT 味をしみ込みやすくする

皮に穴をあけると余分な脂がにじみ出て味がしみ込みやすくなり、火の通りもよくなる。包丁でところどころ切り込みを入れてもよい。

［ 角切り ］

唐揚げやみぞれ煮、ソテーなどのさまざまな調理法に向く。

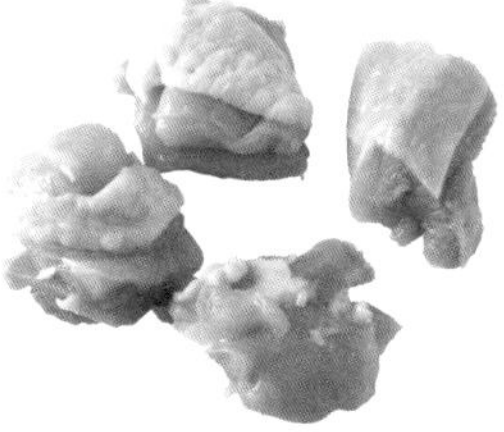

1 繊維を断って3㎝幅に切る。皮がずれないように気をつける。

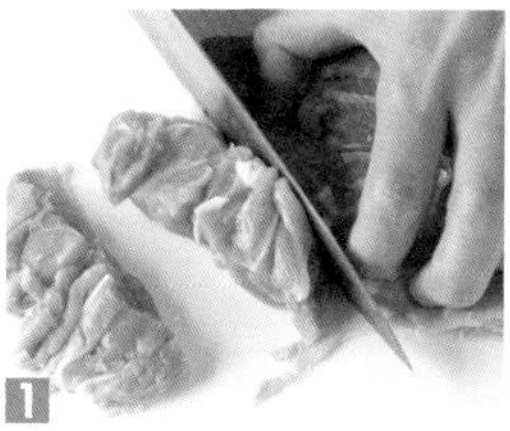

2 向きを変え、3㎝角になるように切る。

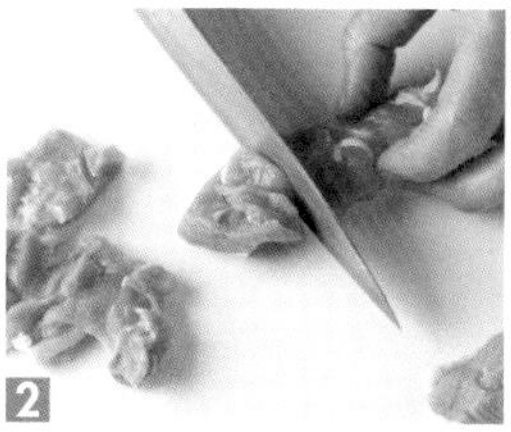

脂が少なくあっさりした味わいの部位

鶏むね肉

ソテーなどの油を使った調理法だと、やわらかな食感が引き立ちます。値段も手頃です。

下ごしらえ

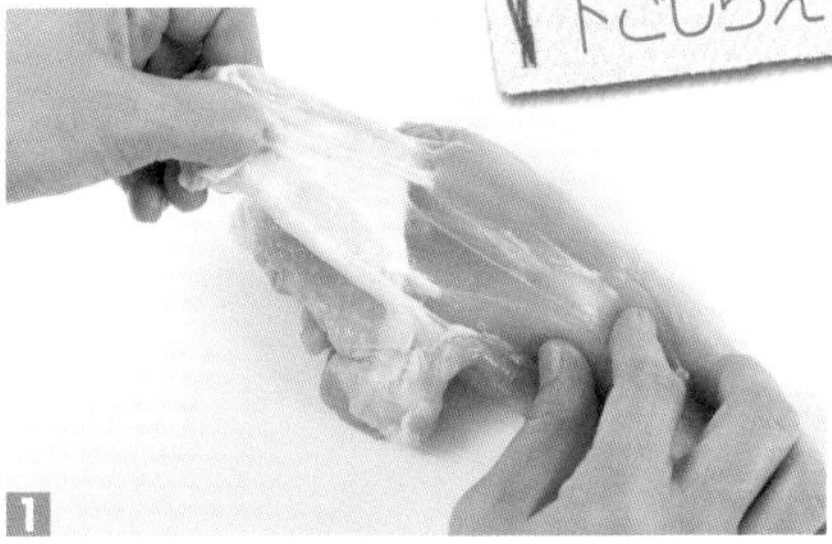

1 ・皮を取る・

肉を押さえながら、皮をゆっくりと手で引っぱって取り除く。

2 ・脂を取る・

身の周りについている脂を包丁で切って取り除く。気にならない場合は、残してもよい。

切り方

[観音開き]

中に野菜などを巻いて調理するときに使う方法。

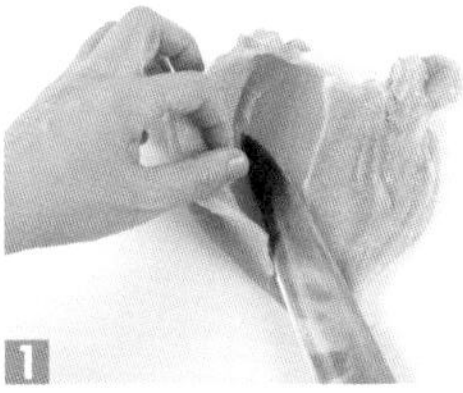

1 余分な皮と脂を取り、筋を切る。厚みを半分に切って開く。

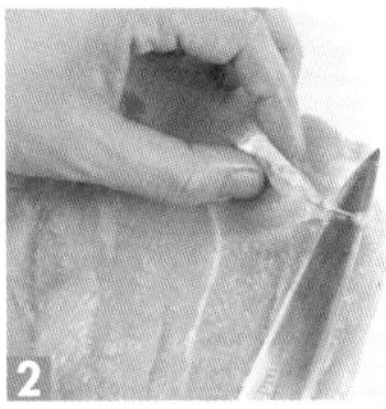

2 さらに厚みのある部分を切り開き、全体の厚さを均一にする。

骨つきで豪華に見えるやわらかな部位

手羽先・手羽元

手羽先は脂やゼラチン質が多く、手羽元は脂が少なく淡白です。揚げ物や煮物に向いています。

切り方

[開く]

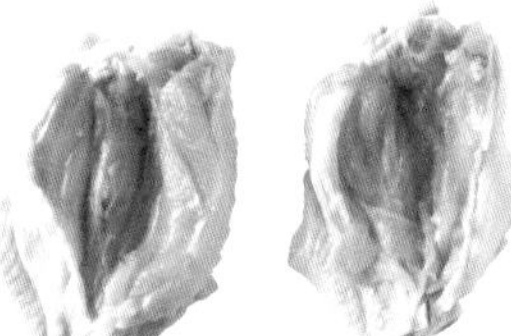

手羽元は厚みを均一にすると火の通りがよく、骨から旨味が出る。

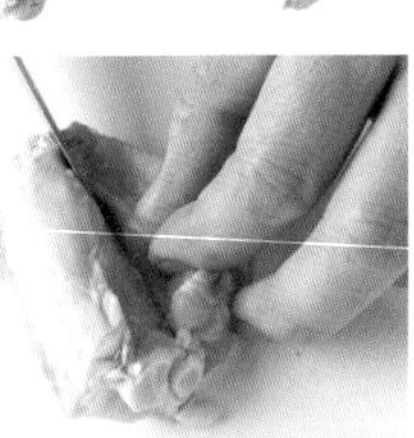

1 皮を下にして置き、骨に沿って包丁で切り込みを入れて肉を開く。

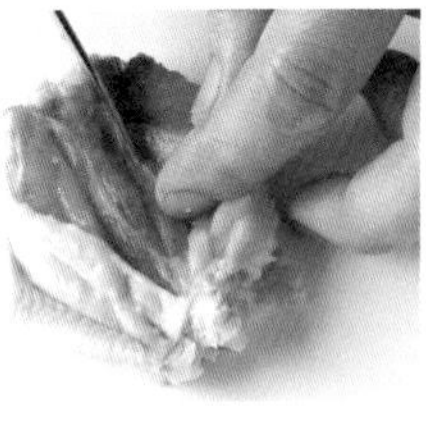

2 同様に、もう片側にも切り込みを入れて開く。

[チューリップ型]

骨が持ち手として使えるので、より食べやすくなる。

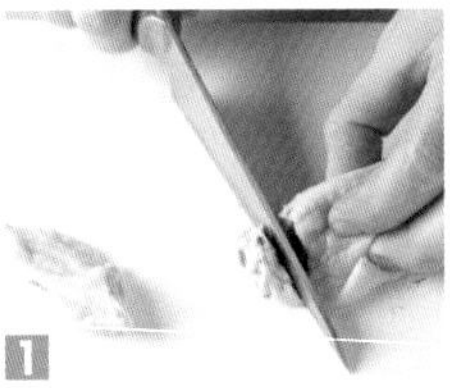

1 関節から手羽端を切り離す。

2 手羽元側の切り込みから2本の骨を出して立てる。

3 細いほうの骨を反らせるように引っぱって抜く。

4 残った骨の端をつかみ、肉を裏返して形を整える。

砂肝

脂肪が少なく、独特の歯ごたえがある部位

胃の一部で、ほぼ筋肉のため引きしまっており、こりこりとした食感があります。

下ごしらえ

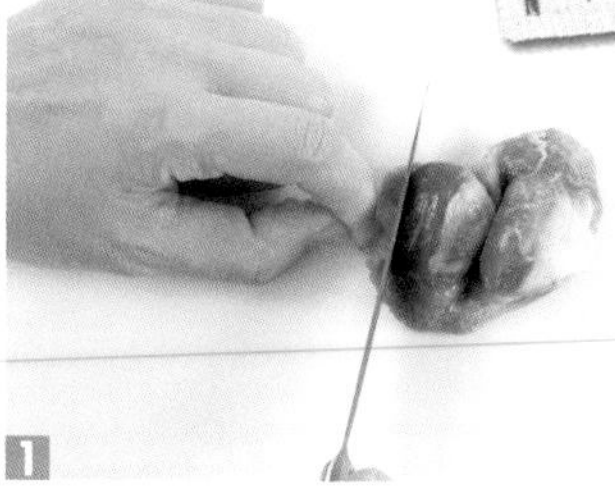

・開く・

皮を下にして置き、包丁でそぐように皮を取る。半分になるように切り込みを入れて左右に開く。

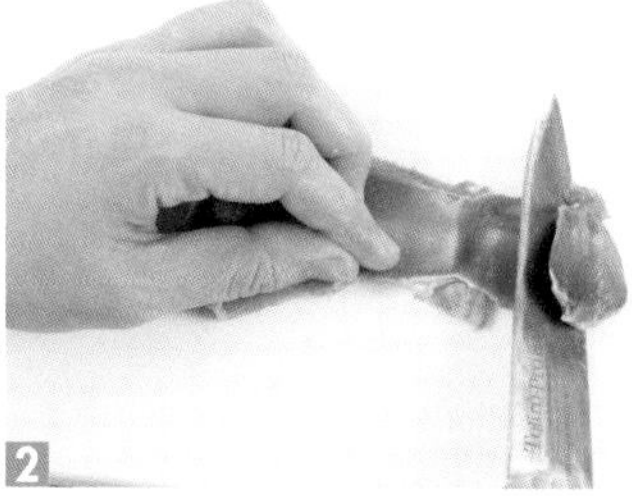

・筋を取る・

しっかりと押さえ、包丁をななめに入れて白くてかたい部分だけをそぐように切り取る。

切り方

［皮を取る］

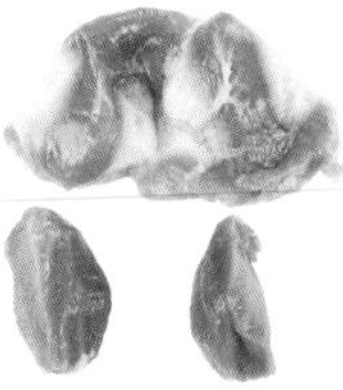

皮を除くことで火を通しやすくする。唐揚げや炒め物によい。

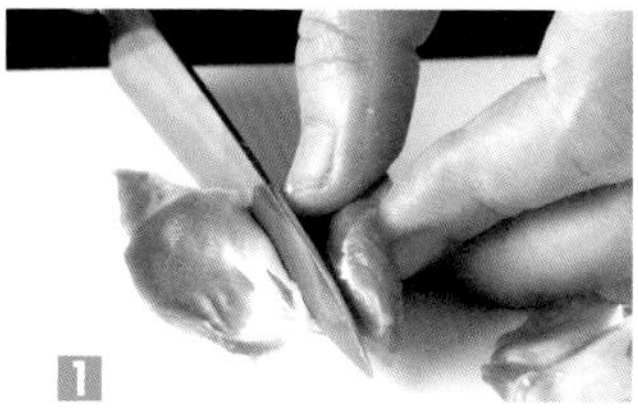

半分に切る。小さめの包丁を使うと切りやすい。

包丁をねかせて入れ、手前に引くようにして薄い皮を取る。

鶏ささみ

脂が少なく、たんぱく質を多く含む部位

形が笹の葉に似ていることからこの名前がつきました。新鮮なものは刺身にしても食べられます。

下ごしらえ

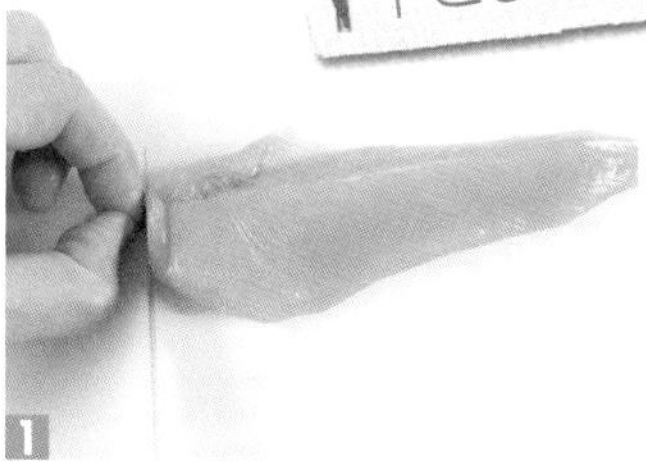

・切り込みを入れる・

厚みのある先端の筋の横に切り込みを入れる。

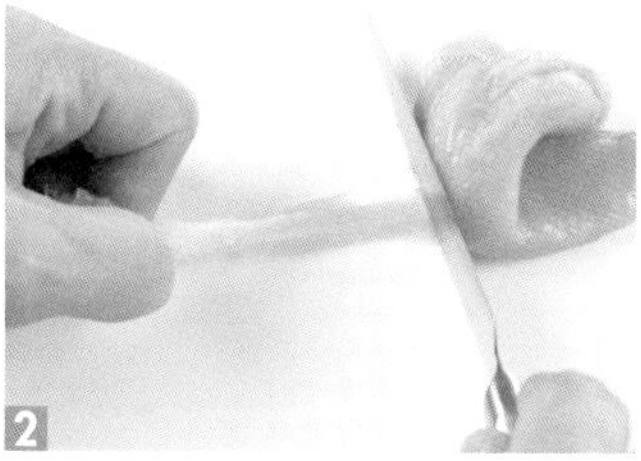

・筋を取る・

筋を手で押さえながら引っぱる。包丁を立てて右へ動かし、筋を取り除く。

レバーの下ごしらえ

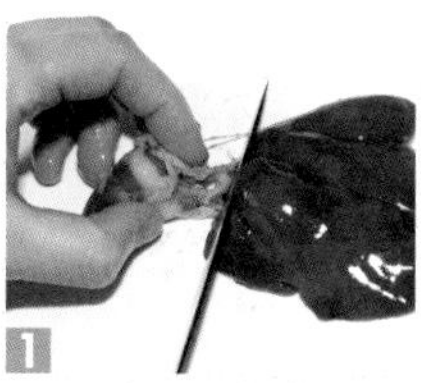

・つなぎ目を切る・

白い部分（心臓）とレバー（肝臓）のつなぎ目を切る。

・切り分ける・

繊維に沿って2〜3cmくらいの大きさに切る。

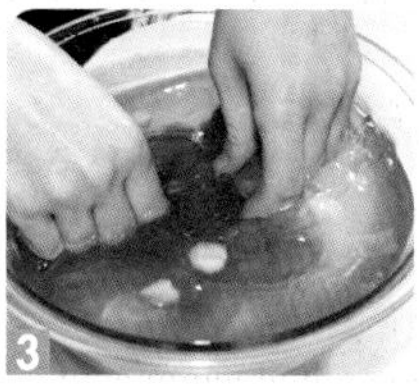

・氷水で洗う・

切れ目から血管が浮き出てきたら、手でつまんで押し、取り除く。

・水気をふく・

ふきんの上にのせ、表面の水気をしっかりとふき取る。

下ごしらえ

丸鶏

特別な日には、ぜひ丸ごと使いに挑戦！

骨や関節の位置を把握していると上手におろせます。出刃包丁を使うと作業がしやすいです。

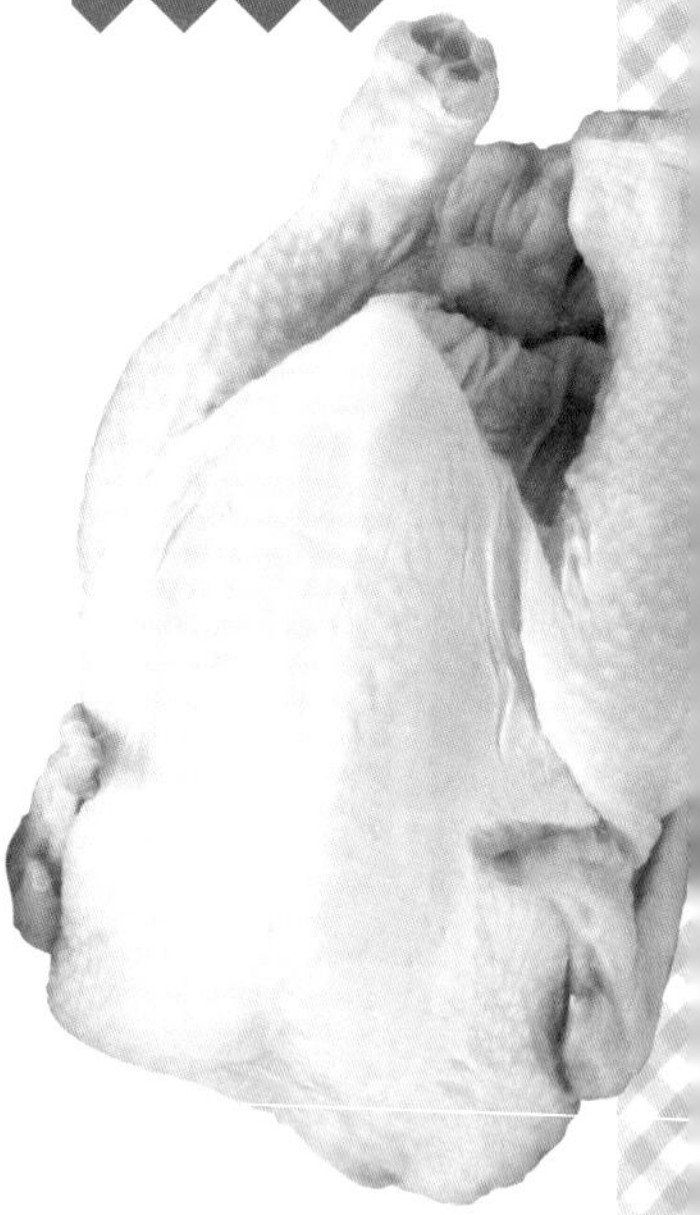

DATA

現在、出回っている品種はブロイラーが大半で、そのほかに特定の産地や品種を強調した地鶏がある。代表的な地鶏は比内地鶏や薩摩地鶏など。地鶏はブロイラーに比べて高価である。

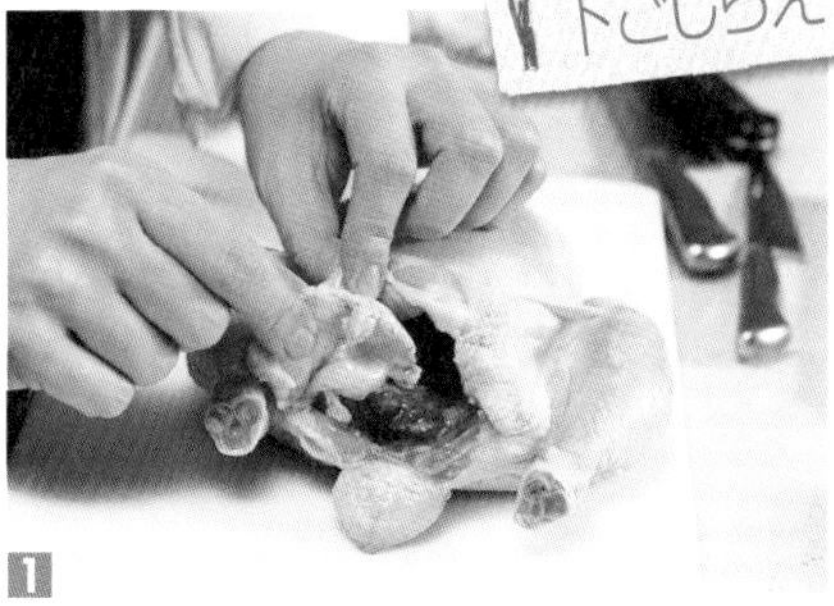

1

・余分な脂を取る・

腹が上、尻が右にくるように置く。尻に手を入れて中の脂身を指でかき出して取り除く。

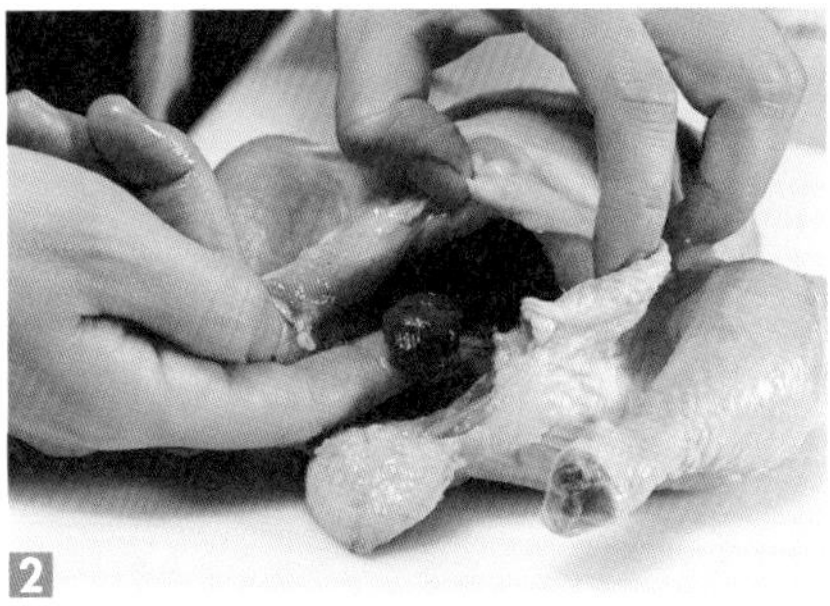

2

・血を取り除く・

内臓が腹の中に残っていた場合は、一緒に取り除く。血のかたまりも除く。

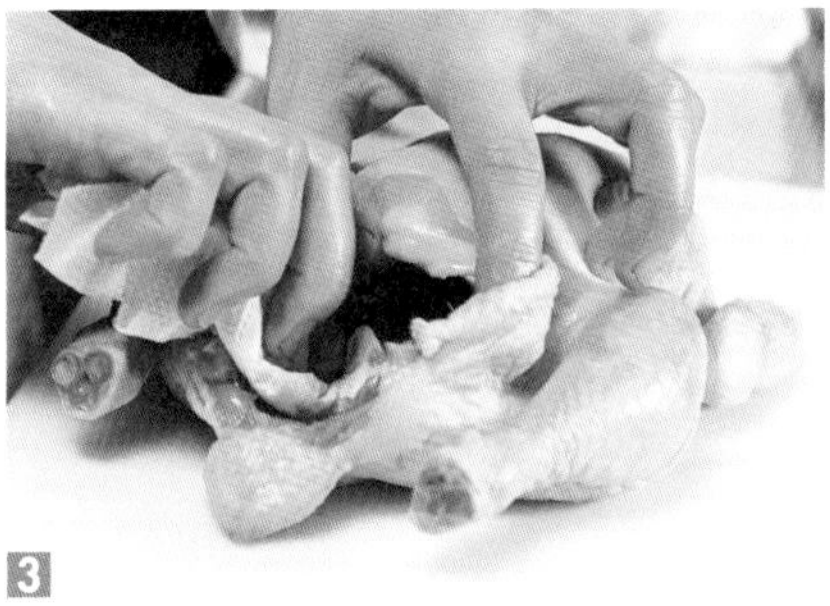

3

・腹の中をふく・

キッチンペーパーで腹の中をよくふく。血や脂が腹の中に残らないように気をつける。

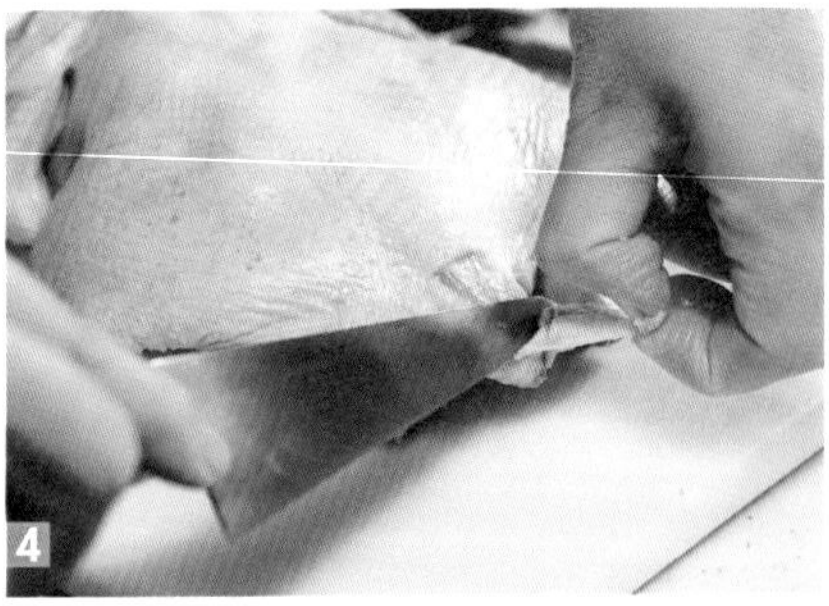

4

・尾に切り込みを入れる・

背を上にして置き、尾の肉（ボンジリ）の皮に切り込みを入れる。中にある臭い脂を取り除く。

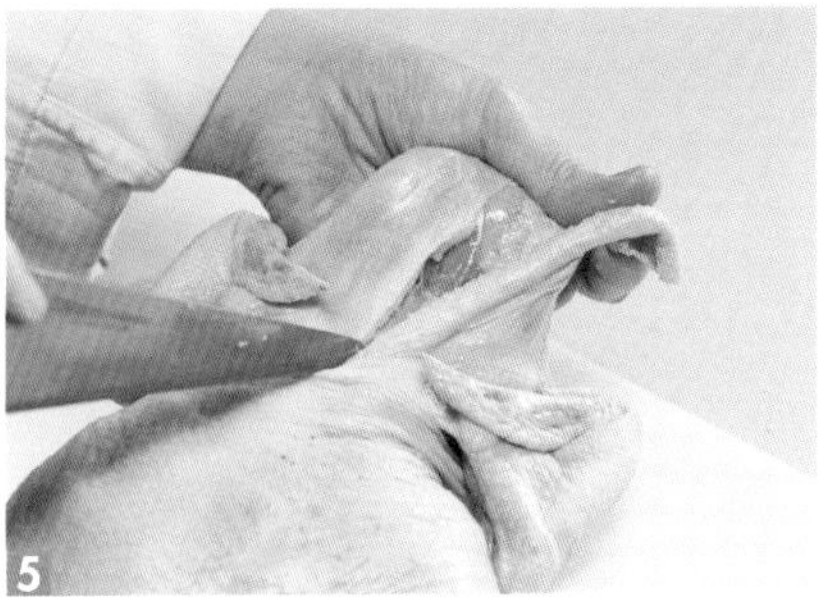

5

・首の皮を切る・

首の皮を軽く引っぱりながら、首から尻に向かって5cmほどの切り込みを入れる。

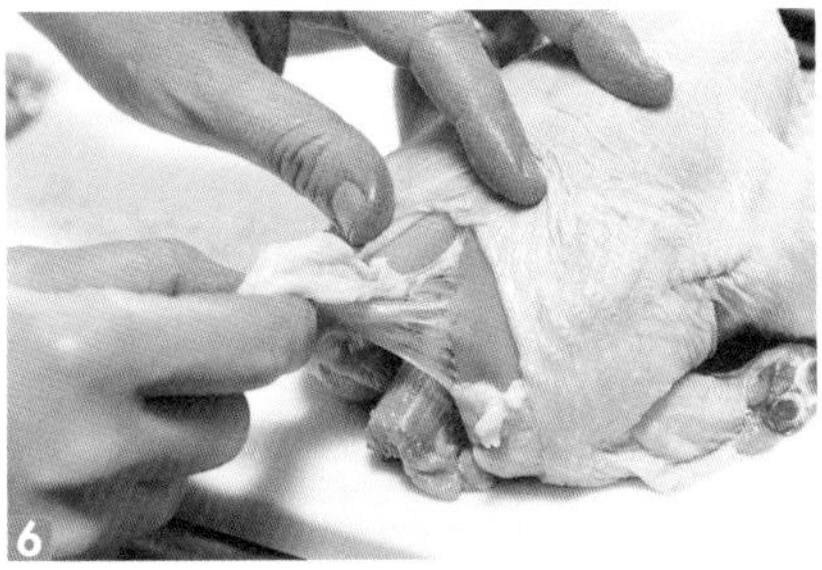

6

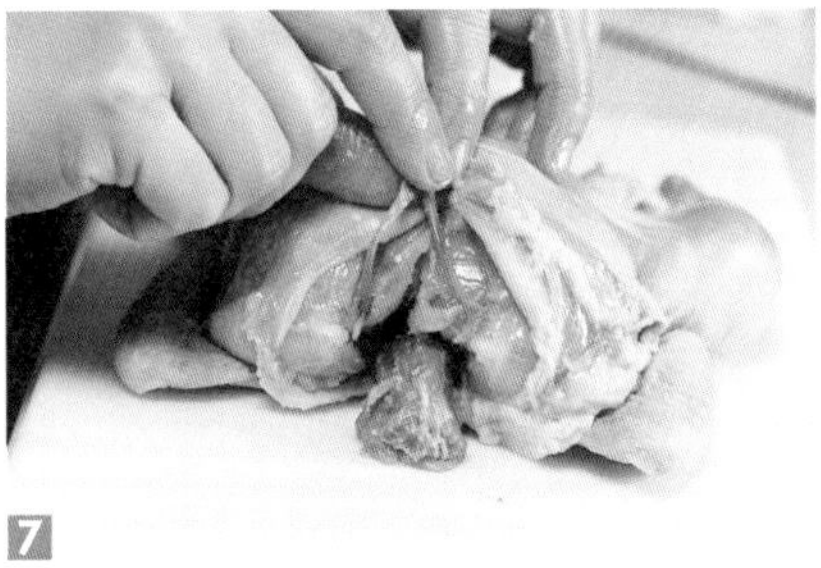

7

・鎖骨を取る・

頭側の皮を取り、内側の白い脂を除く。V字の鎖骨部分に切り込みを入れて骨を引き抜く。

鶏を丸ごと使うときには

背を上にして置き、首の皮を引っぱって背にかぶせる。手羽を背のほうに持っていき、手羽で皮を押さえるようにして形を整える。

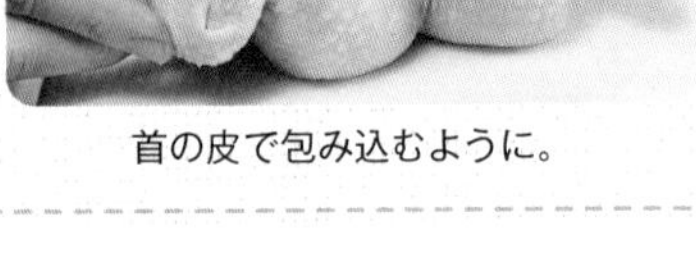

首の皮で包み込むように。

切り分け方

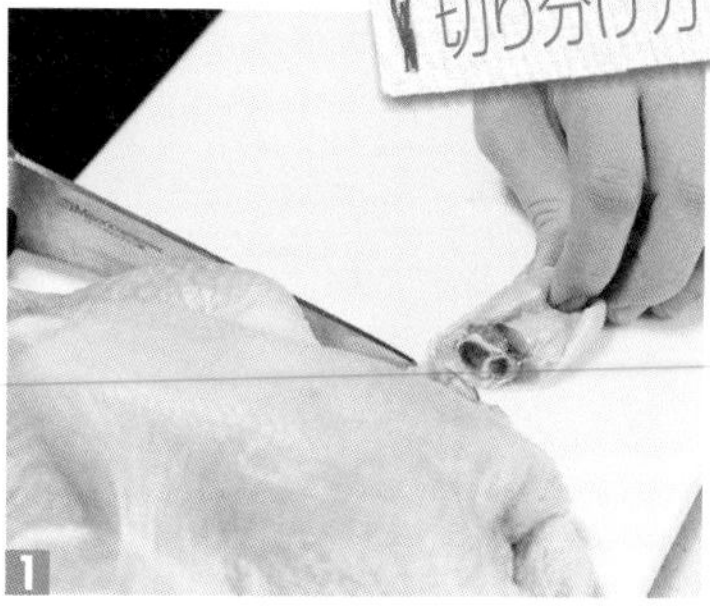

・手羽を切る・

背を下にして置き、手羽を切る。関節に包丁を入れ、手羽先と手羽元に分ける。

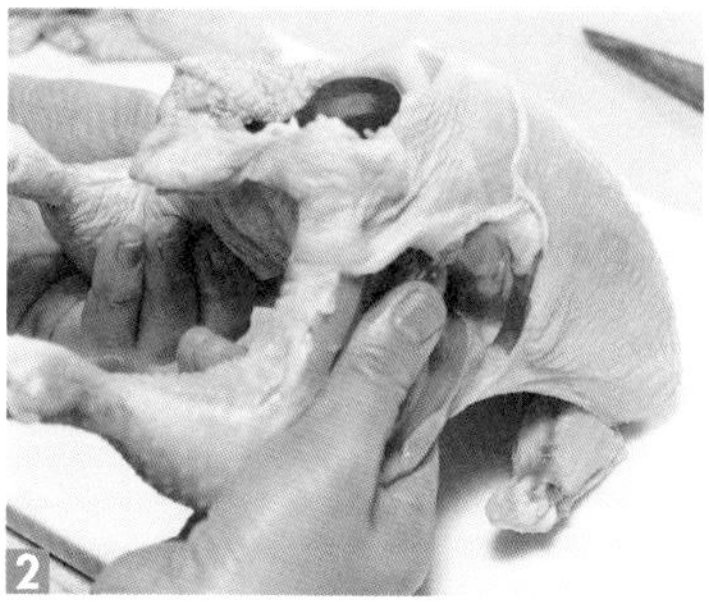

・両ももをを折る・

ももとむねの間の皮に切り込みを入れる。切り込みに指を入れて関節を折る。

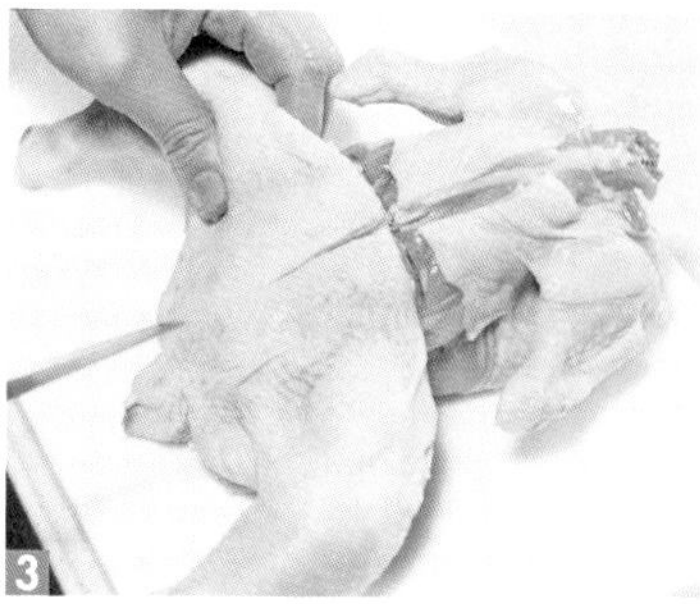

・背に切り込みを入れる・

背を上にして十字に切り込みを入れる。

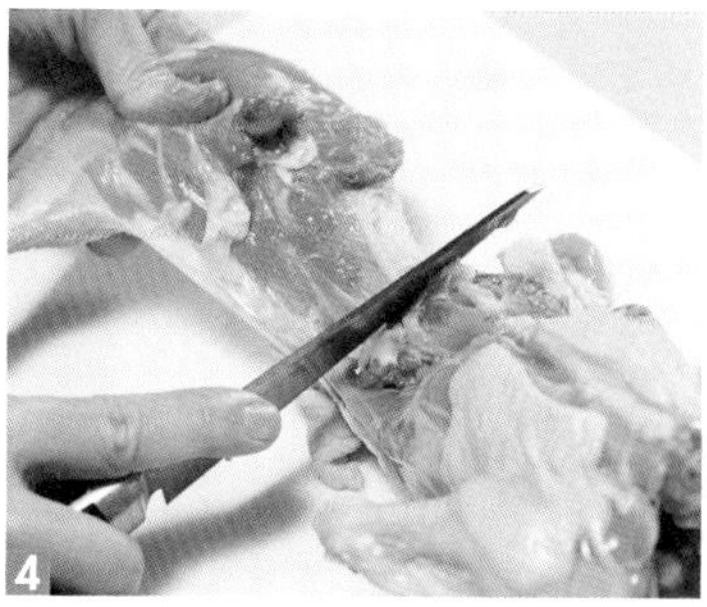

・ももを切る・

もものつけ根にある筋を切る。腰の骨からももを引っぱって取る。

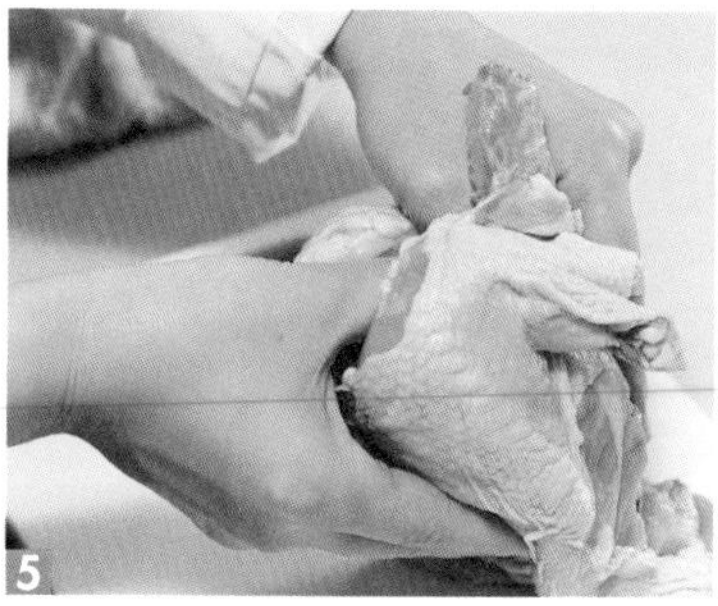

・背と腹を分ける・

首から両親指を差し込み背側と胸側に分ける。胸側の骨（ガラ）を身から離す。

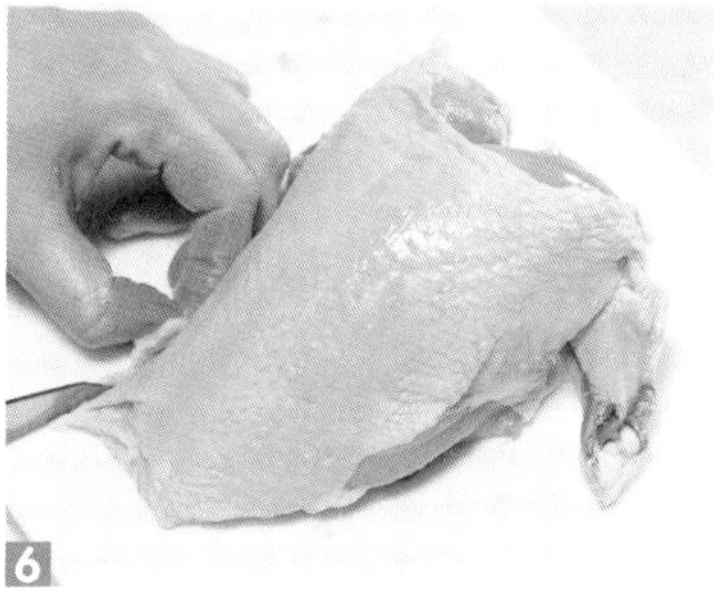

・脂を取る・

肉からはみ出た脂を取り除く。内側の内臓や白い脂も取り除く。

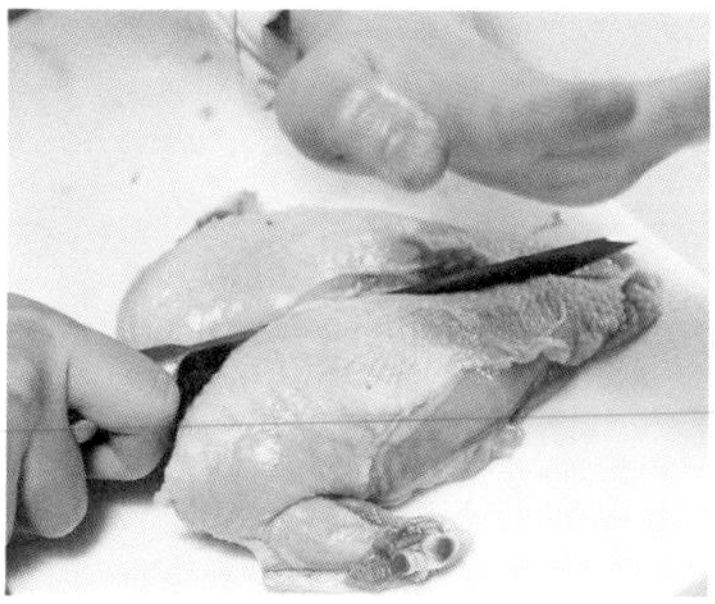

7 ・胸を切る・

胸の骨に沿って半分に切る。包丁の背（みね）を上から押して切るとよい。

・切り分ける・

胴体をぶつ切りにし、4のもも肉も食べやすい大きさに切る。

鶏ガラをだしに使う

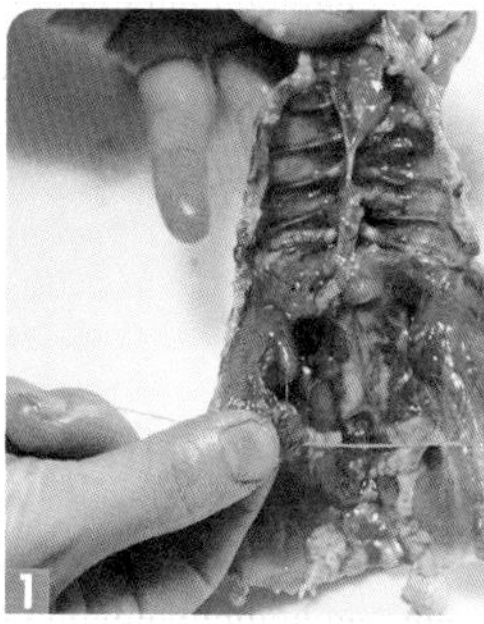

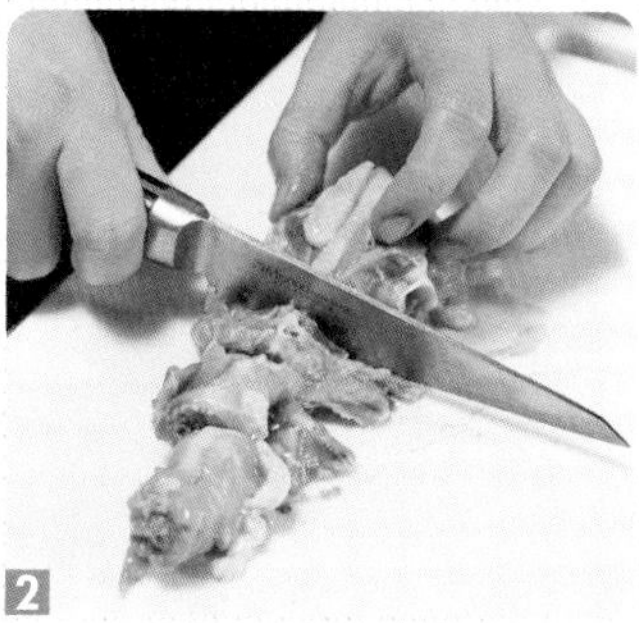

1 切り分け方の5ではがした胸側の骨（ガラ）を使う。内側の内臓と脂身を指でつまんで取り除く。

2 血や水気をふきんでふく。手首のスナップをきかせ、包丁の刃元で4～5cmのぶつ切りにする。

3 鍋にたっぷりの水を入れ、沸騰直前の温度にする。弱火にし、鶏ガラを入れて2～3時間煮る。

乾物の戻し方いろいろ

戻し作業がめんどうだと避けられがちな乾物ですが、素材の香りや味わい、栄養分が凝縮されているお得感あふれる食材です。戻し方を覚え、煮物やスープ、サラダにとさまざまな料理に使ってみましょう。

切り干しだいこん

DATA

だいこんを乾燥させたもの。切り方によって種類はいろいろあるが、せん切りにしただいこんを天日に干したものが一般的である。

下ごしらえ

・水に浸す・

全体がかぶるくらいの水に約10分浸す。

・洗う・

水の中でほぐしながら手早くもみ洗いする。汚れをきれいに落とす。

・水気をきる・

切り干しだいこんが戻ったらざるに上げ、水気をきる。戻すと約4倍に増える。

・絞る・

丸めて両手に持ち、ぐっとにぎり、余分な水分をしっかりと絞る。

かんぴょう

DATA

ゆうがお(ウリ科)の果実を細くむき、天日で乾燥させたもの。褐色に変化したものや白すぎるものは避け、クリーム色のものを選ぶとよい。

下ごしらえ

・水に浸す・

水洗いして汚れを落とす。10倍量の水に浸し、約10分かけて戻す。

・しぼる・

戻ったら片手でぐっとにぎり、水分をしっかり絞る。

・塩でもむ・

塩をまぶしてよくもむ。こうするとかんぴょうの歯ごたえがよくなる。

・ゆでる・

沸騰した鍋に入れ、3~4分煮る。手でちぎれるかたさがよい。

干しえび

DATA

赤えびを乾燥させたもの。殻つきと殻なしのタイプがある。中華料理の食材で、中国語では「蝦米（シャーミー）」という。

・水に浸す・

さっと洗い、水につけて戻す。半分に折り、中心までふやけていれば戻っている。

干し貝柱

DATA

ほたて貝やたいらぎの貝柱をゆで、天日で乾燥させたもの。中華料理の材料で、中国語では「干貝（カンペイ）」という。

・水に浸す・

水でさっと洗い、干し貝柱全体がしっかり浸る量の水を入れて戻す。

大豆

DATA

大豆を乾燥させたもの。あずきやささげ以外の豆も同様の下ごしらえで戻すことができる。

・水に浸す・

水洗いしてたっぷりの水に入れる。ひと晩かけて戻す。

・水気をきる・

ざるに上げ、ボウルを重ねて水気をきる。薄い皮が破れやすいので揺らさない。

たっぷりの水で戻しましょう

完全に戻っていないと調理してもやわらかくならない。たっぷりの水で戻すようにする。

大豆は4〜5倍量の水で戻すとよい。

ひじき

DATA

海藻のひじきを乾燥させたもの。長ひじき（茎ひじき）と姫ひじき（芽ひじき）の2種類がある。

・水に浸す・

水洗いし、砂やほこりを落とす。たっぷりの水に浸す。

・芯がなくなったら・

長ひじきは約30分、姫ひじきは約20分かけて指でつぶれる程度に戻す。

・水気をきる・

ざるに上げて水気をきる。流水にあてて軽く洗い、再び水気をきる。

焼き麩

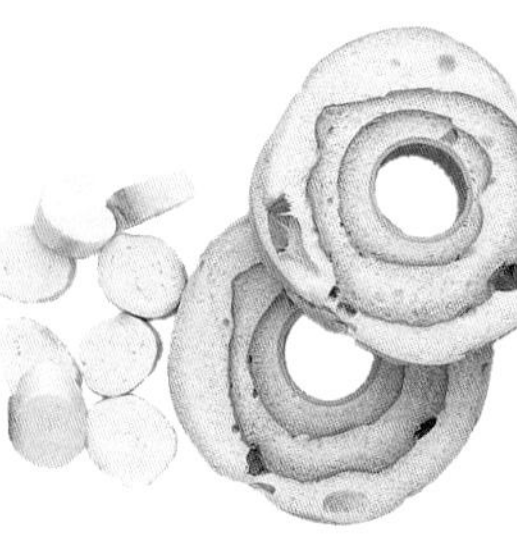

DATA

小麦粉からとれるグルテンを蒸して焼いたもの。形によりさまざまな名があり、写真右を車麩、左を小町麩という。

・水に浸す・

たっぷりの水に浸し、上からラップを水面に落とす。ラップによって均一に戻る。

・芯がなくなったら・

中心まで戻ったら両手にはさんで絞る。形をくずさないように気をつける。

戻し汁は捨てずに使いましょう

戻し汁には乾物の風味が溶け出しているので、煮物に戻し汁を加えれば、味わいがより強くなる。とくに干し貝柱や干しえびなら素材の旨味成分がたっぷりしみ出るので、ほかの料理のだしにも使える。

高野豆腐

DATA

豆腐を凍らせたあとに自然解凍させたもの。製造方法から別名「凍り豆腐(こおりどうふ)」とも呼ばれる。

・ぬるま湯に浸す・

バットにたっぷりのぬるま湯を入れ、高野豆腐を浸す。

・芯がなくなったら・

約15分たったら裏返し、さらに約15分浸す。中心の芯がなくなるまで戻す。

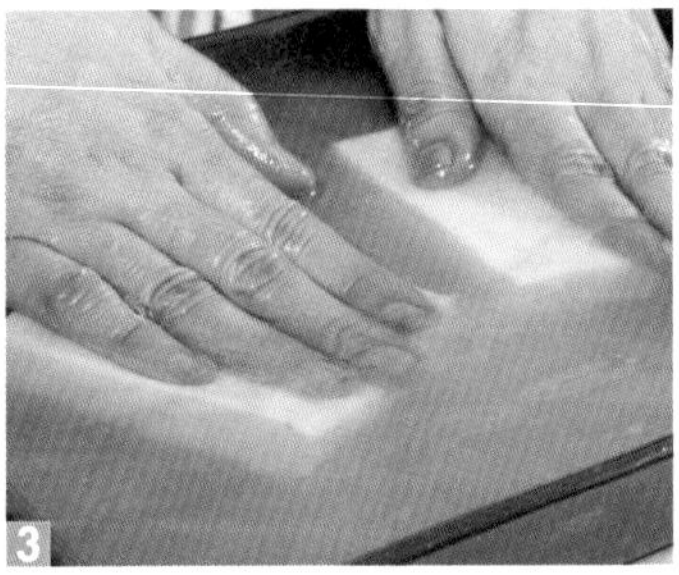

・水気をきる・

湯がにごらなくなるまで何度も押し洗いする。両手ではさみ、水気をきる。

カットわかめ

DATA

塩蔵のわかめを塩抜きしてひと口大に切り乾燥させたもの。そのまま味噌汁などに入れられて便利。戻せば酢のものなどにも。

・水に浸す・

水でさっと洗い、ほこりやごみを取り除く。たっぷりの水に約5分つけて戻す。

・芯がなくなったら・

しっかりと芯が残らないように戻す。戻しすぎるとべたっとするので注意。

・水気をきる・

シノワまたはざるに移し、水気をしっかりときる。

かしこく保存するとおいしさが続く

保存に役立つアイテム

安売りの日に多めに買ってきた食材や余った具材は、保存に適したアイテムを使って保存し、おいしさを長持ちさせます。

保存袋

●こんな保存に役立つ

ジッパーで封をするポリエチレン製の袋。冷凍保存からレンジ解凍までできる。肉や魚などの厚みのある食材でも密封できる。

使いやすいサイズに切り分けた食材を袋に入れ、空気を抜きながらジッパーをしっかり閉じる。

密閉容器

●こんな保存に役立つ

だし汁やソース、マリネなど汁気の多いものを保存するときに。ポリプロピレン製のものは冷凍・解凍にも使え、ガラス製のものはにおいがつきにくい。

容器に保存したいものを入れ、ふたをしっかり閉める。入れるのは容量の８分目まで。

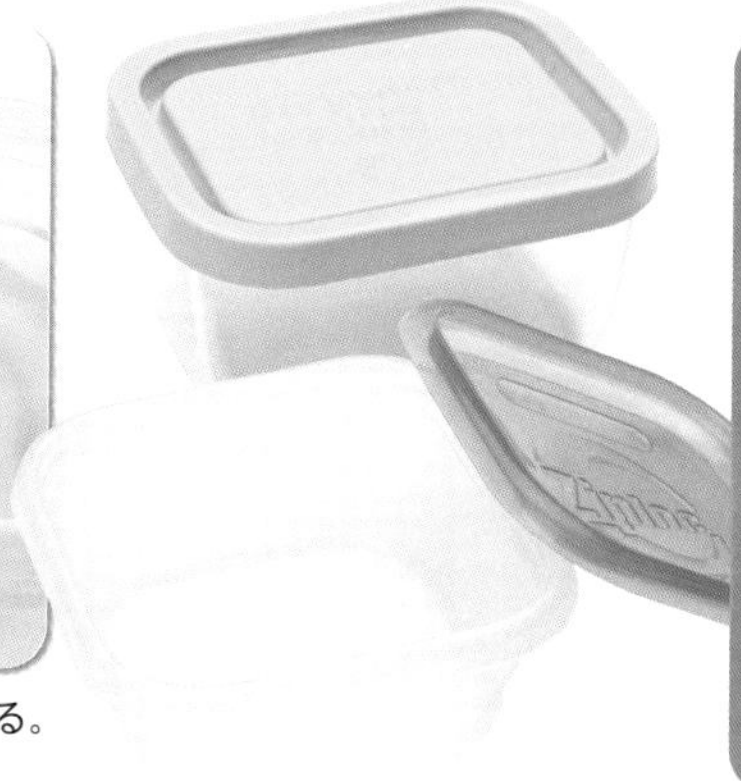

冷凍保存用高密閉性ラップ

●こんな保存に役立つ

食材の余分な水分を素材内部から吸うシート。凍結するときの組織破壊を防ぐので、解凍時に肉や魚の汁気が出にくい。また、霜がつきにくい。

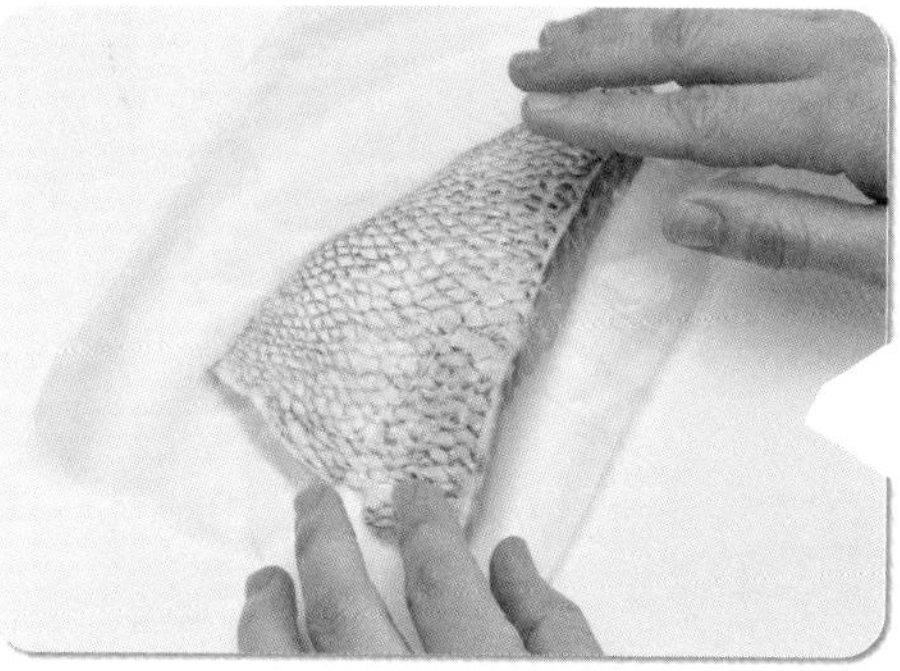

使いやすいサイズに分けた食材をひとつずつシートで包み、保存袋に入れる。

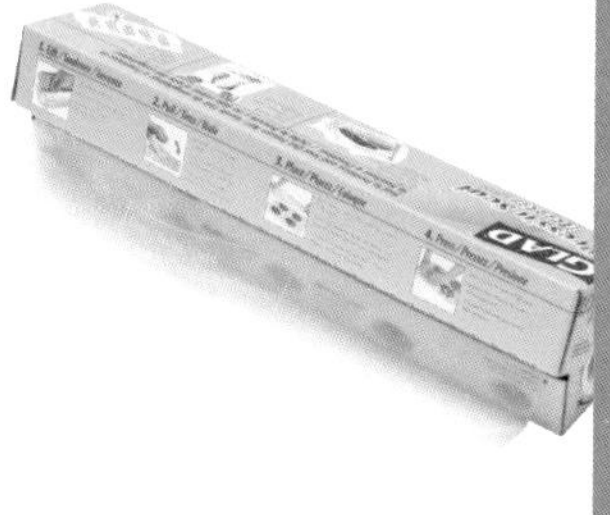

著者

川上文代

FUMIYO KAWAKAMI

幼少の頃より料理に興味を持ち、中学3年生から高校3年生までの4年間、池田幸恵料理教室で料理を学ぶ。大阪阿倍野辻調理師専門学校卒業後、同校職員として12年間勤務。その間、辻調理師専門学校・大阪校、フランス・リヨン校、エコール辻東京にてプロの料理人育成に勤める。フランス・リヨン校では初の女性講師となり、フランスの三ツ星レストラン「ジョルジュ・ブラン」での研修も体験。1996年東京・渋谷に「デリス・ド・キュイエール／川上文代料理教室」を開設。2010～2019年はオーナーシェフとしてレストランを併設。辻調理師専門学校外来講師、食育インストラクター、フードアナリスト、出身地の千葉県館山クッキング大使として、各地での公演、テレビや雑誌などメディアへの出演、食品メーカーの商品開発など、多方面で活躍中。『低音真空調理のレシピ』（グラフィック社）や『イチバン親切な料理の教科書』（新星出版社）シリーズなど著書多数。

デリス・ド・キュイエール　川上文代料理教室

東京都渋谷区広尾1-7-2 藤和広尾レジデンス404
tel 03-6427-7799
https://www.delice-dc.com

本書は『ひと目でわかる料理の教科書 きほん編』（2010年10月初版発行）の内容を見直し、再編集したものです。判型を変え、書名を変更しました。

本書の内容に関するお問い合わせは、**書名、発行年月日、該当ページを明記**の上、書面、FAX、お問い合わせフォームにて、当社編集部宛にお送りください。**電話によるお問い合わせはお受けしておりません。**
また、本書の範囲を超えるご質問等にもお答えできませんので、あらかじめご了承ください。
FAX：03－3831－0902
お問い合わせフォーム：https://www.shin-sei.co.jp/np/contact-form3.html

落丁・乱丁のあった場合は、送料当社負担でお取替えいたします。当社営業部宛にお送りください。

ひと目でわかる 料理のきほん

2023年5月25日　初版発行
2024年3月15日　第2刷発行

著者　川上文代
発行者　富永靖弘
印刷所　株式会社新藤慶昌堂

発行所　東京都台東区台東2丁目24　株式会社 新星出版社
〒110-0016　☎03(3831)0743

ISBN978-4-405-09442-0